Henry Wimmer

Steinwart Wurzelknopf und die Salzseen von Birudur

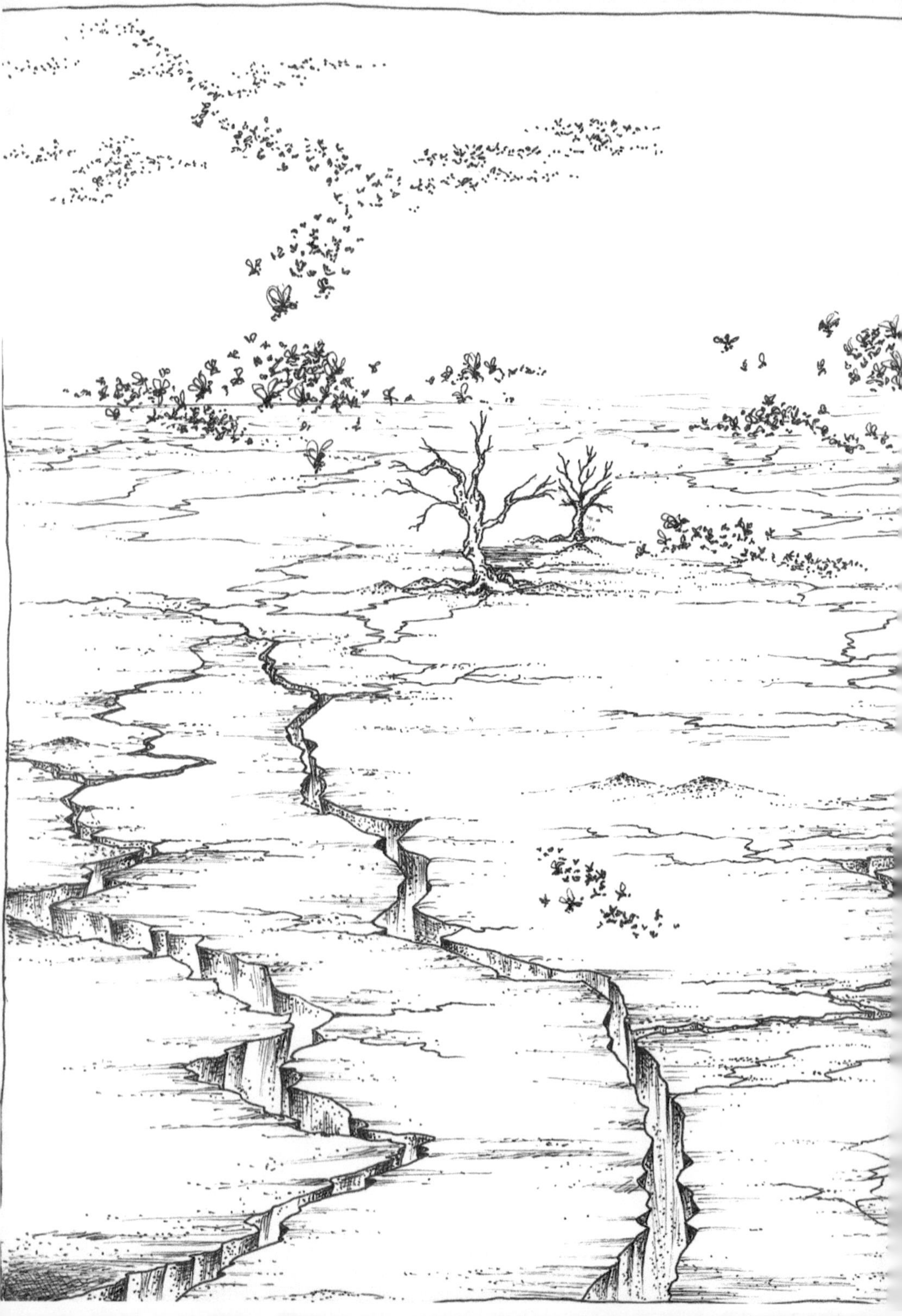

C.L.

Schweitzerhaus Verlag
Schrift * Wort * Ton
Karin Schweitzer

Frangenberg 21 * 51789 Lindlar * Telefon 02266 47 98 211
eMail: info@schweitzerhaus.de

Zeichnung Cover, Satzlayout und Umschlaggestaltung:
Karin Schweitzer, Lindlar
Zeichnungen Inhalt: Christine Lichter
Gedruckt in Deutschland
Papier FSC zertifiziert

Besuchen Sie uns im Internet:
www.schweitzerhaus.de
Auflage 2016

ISBN: 978-3-86332-042-3

SV

Inhaltsverzeichnis

Prolog

Heute, da es nun an mir liegt, die komplette Legende um den tapferen Zwerg Steinwart Wurzelknopf und seine Freunde niederzuschreiben, lasse ich meine Feder für einen Augenblick sinken. Ich frage mich oft, weshalb Steinwart in jener Nacht an meine Türe klopfte und darum bat, seine Abenteuer für spätere Generationen festzuhalten. Er selbst hat mir nie eine erschöpfende Antwort darauf geben können. Irgendwann sagte er mir einmal, es sei eine spontane Entscheidung gewesen. Von der er selbst nicht gewusst habe, welchen Umfang sie einmal annehmen werde. Ich glaube, aber das ist meine ganz persönliche Meinung, dass es ihm vor allem darum ging, sich selbst nochmal seine eigenen Beweggründe für bestimmte Richtungen in seinem Handeln vor Augen zu führen. Sich darüber hinaus in Phasen tiefer Freundschaft noch einmal selbst zu betrachten. Und nicht zuletzt diejenigen zu warnen, die seine Geschichte nun lesen, nicht selbst Fehler aus Unachtsamkeit oder Leichtgläubigkeit zu begehen.

Da mein Freund jetzt vor mir sitzt und es kaum abwarten kann, wieder in seine Erinnerungen einzutauchen, habe ich mir einen dritten Band mit pergamentenen Seiten aus meinem schier unerschöpflichen Fundus gegriffen. Ich liebe es, zu schreiben. Das Schlimmste für mich wäre, Gedanken zu verspüren und sie nicht festhalten zu können, weil es mir an Papier und Tinte fehlt. Aus diesem Grund bin ich stets vorbereitet. Als ich mit den Fingern die leeren Seiten fächere, den Duft des Papiers einatme, weiß ich noch nicht, was mich erwartet und in welche Richtung mich diese Reise noch führen wird. Wie oft habe ich den Zwerg gebeten, mir doch wenigstens vorab zu sagen, ob die Abenteuer für alle ein gutes Ende nehmen. Er hat mich nur unergründlich angelächelt, an seiner Pfeife gezogen und gesagt, ich solle nicht so voreilig sein. Stattdessen sei es besser, meine Kraft für das Führen der Feder aufzusparen.

Ich massiere meine rechte Hand, da sie bereits von den vielen Worten steif geworden ist und schmerzt. Da es Steinwart jedoch an Geduld fehlt, treibt er mich an, überflüssige Pausen auf ein Minimum zu beschränken.

Ja, wenn ich ehrlich bin, kann auch ich es nicht abwarten zu erfahren, wie diese Geschichte endet.

Für einen letzten Moment schließe ich meine Augen und rufe mir die letzten Phasen des zweiten Bandes, der sorgsam verstaut in einer der riesigen Schubladen meines Schreibtisches liegt, in Erinnerung. Zwischendurch nippe ich an einem heißen Tee. Der Geschmack und der Geruch lassen mich entspannen und Bilder entstehen vor meinem Geist.

Ich sehe Steinwart und seine Freunde ihren Platz am Kai verlassen. Die Salzseen von Birudur sind ihr Ziel, nachdem sie einen weiten Weg von ihrem Zuhause durch die Ebene von Marsandt bewältigt haben. Ob sie an diesem Ort die Erfüllung ihrer Pläne und Wünsche finden werden, weiß keiner von ihnen zu sagen. Getrieben von einer Prophezeiung, von der sie noch nicht einmal sagen können, ob sie richtig gedeutet wurde, folgen sie ihrem Weg. Bei genauem Hinsehen meine ich sogar, Steinwarts Ängste vor der ersten Reise über das Meer ablesen zu können.

Meine Gedanken fliegen zu Targor, der sich von Gorms Plänen befreien konnte und seiner großen Liebe Barina durch die Ebene von Marsandt folgt. Gorm, der begreifen musste, dass er zwar nahe daran ist, ein ursprüngliches Dasein wiederzuerlangen, aber auch realisieren muss, dass er auf unselige Art mit dem Baum verbunden ist, der über lange Zeit sein Gefängnis darstellte. Sy-Bita, im Beisein ihrer Qwarn, geplagt von Selbstzweifeln und schon lange nicht mehr Herrin ihrer eigenen Entscheidungen. Was ihr immer schmerzlicher bewusst wird.

Alles läuft auf ein Ende zu, das vielleicht nahe bevorsteht, aber für mich immer noch viele Seiten, viele Worte und noch mehr Stunden und Tage entfernt ist.

Ich hole tief Luft, sehe Steinwart an und stelle fest, dass er mich vermutlich bereits seit Minuten aufmerksam beobachtet. Peinlich berührt grinse ich ihn hilflos an.

«Na, mein Freund. Bist du wieder wach?»

Ich nicke, tauche die Feder in das Tintenfass und warte auf die ersten Worte meines Freundes, um den dritten Band der Legende zu beginnen.

1

Sturmwind

Mit den unterschiedlichsten Gedanken gingen die Freunde in Richtung des wartenden Schiffes, Pantagar und Farim, immer noch gepackt vom Reiz des Abenteuers. Karlotta war es im Grunde genommen egal, wie oder wohin ihr Weg sie führen würde. Hauptsache, sie konnte in der Nähe Steinwarts bleiben, um ein wachsames Auge auf ihn zu haben. Melinae, gerade aus seinen Tagträumen erwacht, schwankte zwischen großer Neugier und den stetig wiederkehrenden Selbstzweifeln. Barina und Fram gingen in Begleitung des Fuchses voran. Sie wussten bereits mehr darüber, was sie erwartete, als die anderen. Ganz am Ende der Gruppe folgte Steinwart. Jetzt, da der Punkt der Abreise bevorstand, machte sich wieder diese entsetzliche Unruhe in ihm breit. Mehrfach hatte er das Gefühl einfach umdrehen zu müssen, um zu verschwinden. Er wusste nicht, ob die anderen ihn verstanden hätten. In manchen Phasen war es ihm sogar egal. Dann aber packten ihn erneut Pflichtbewusstsein und der Ehrgeiz, das, was sie begonnen hatten, zu einem Ende zu bringen. Er sah sich ein letztes Mal um, holte tief Luft und legte ein paar schnellere Schritte ein, um nicht völlig den Anschluss zu verlieren.

Als er kurz nach oben sah, um die Sterne zu betrachten, stellte er fest, dass sich eine dichte Wolkendecke vor den Himmel schob. Kaum hatte er das registriert, klatschten ihm die ersten schweren Regentropfen aufs Gesicht und ein strammer Wind kam auf, der die Segel der Schiffe, die sie passierten, schlagen und knattern ließ. Die Gischt schlug gegen die Kaimauern und kündete davon, dass ihnen zu Beginn eine unruhige Überfahrt bevorstand.

«Das hat mir gerade noch gefehlt», murmelte Steinwart und zog das Bündel mit seinen Habseligkeiten über seiner Schulter gerade. Da er den Kopf gesenkt hielt, um seine Augen vor dem inzwischen peitschenden Regen zu schützen, bekam er nicht mit, dass Fram stehengeblieben war. Zum wiederholten Male stieß er dem vor ihm Gehenden in den Rücken.

Fram lachte.

«Wenn wir auf dem Schiff sind, solltest du schon sehen, dass du deine Sinne ein bisschen besser zusammenhältst. Du gehst ansonsten schneller über Bord, als es dir lieb sein könnte.»

Der Zwerg warf ihm einen vernichtenden Blick zu. Woraufhin Karlotta sich genötigt sah, helfend einzugreifen.

«Fram, lass ihn doch endlich in Ruhe. Jeder von uns weiß, dass Steinwart große Angst vor dem offenen Wasser hat. Warum musst du ihn dann immer noch aufziehen? Ich halte es bereits für eine beachtliche Leistung, dass er uns überhaupt folgt. Stell´ seinen Ehrgeiz nicht aufs Spiel. Wir alle fühlen, dass ihm noch eine wichtige Rolle zuteil werden wird.»

Fram lächelte entschuldigend.

«Ja, natürlich. Du hast ja recht. Manchmal kann ich einfach nicht aus meiner Haut. Entschuldige bitte, mein Freund.»

Steinwart nickte.

«Weshalb ich angehalten hatte, trotz dieses Mistwetters, hat einen einfachen Grund. Ich will euch noch kurz darauf vorbereiten, was uns bevorsteht. Es war nicht einfach, die Plätze auf diesem Seelenverkäufer zu ergattern. Und ehrlich gesagt, traue ich diesem Kapitän und seiner Mannschaft nicht von hier bis zur Kaimauer. Es hat mich viel Gold, sehr viel Gold gekostet, damit sie uns überhaupt mitnehmen. Aber ich habe die gierigen Augen des Mannes gesehen, als er meine, immer noch prall gefüllte Börse, bemerkte. Ich weiß weder, wo er uns unterbringen wird, noch wie sehr wir auf Barina aufzupassen haben. Ebenso gierig, wie er auf meinen Geldbeutel schaute, hat er Barina angegafft. Ehrlich gesagt weiß ich nicht, was letztendlich den Ausschlag für unsere Überfahrt gegeben hat. Das hier», dabei klopfte er auf seine Tasche, «oder die junge Frau an meiner Seite.»

Melinae zeigte schüchtern auf.

«Wenn du dir so unsicher bist, sollten wir dann nicht besser versuchen, ein anderes Schiff zu finden? Es kann doch wohl nicht so schwer sein, eine besser geeignete Passage zu bekommen.»

Die Freunde murmelten Worte der Zustimmung. Vor allem Steinwart tat sich dabei hervor, der viel dafür gegeben hätte, zurück an seinen geschützten Platz am Hafen gehen zu dürfen.

«Nein. So einfach ist es nicht.»

Barina, die bisher ruhig und zurückhaltend neben Fram stand, sah sich genötigt, einzugreifen.

«Wir haben lange gebraucht, bis wir dieses Schiff gefunden haben. Beinahe hätten wir die Hoffnung schon aufgegeben. Es gibt zwar noch andere Kapitäne, die in unsere Richtung segeln. Doch diese haben sich aus den unterschiedlichsten Gründen verweigert. Ich weiß nicht, was uns anhaftet, das sie so zaudern ließ. Dieser Segler *Sturmwind* war jedenfalls der Einzige, der uns eine Passage angeboten hat. Und der nächste wird erst in einigen Wochen in Richtung der Salzseen aufbrechen. Von daher gibt es also keine Alternative.»

Fram blickte nochmal in die Runde.

«Gut gesagt, Barina. Sind wir uns also alle einig, dass wir diese Überfahrt wählen? Dann ist es gut. Ich erwarte eigentlich keine Antwort. Wer meint, er könne diesen Weg nicht wagen, der muss hierbleiben. Egal, wer es ist. Haben wir uns verstanden? Und jetzt lasst uns sehen, dass wir aufs Schiff kommen. Ich bin schon nass bis auf die Knochen.»

Ohne ein weiteres Wort eilte Fram in Richtung der Sturmwind. Und alle folgten ihm. Erst jetzt, als sie sich dem Schiff näherten, bemerkten Steinwart und die übrigen Gefährten in welch einem miserablen Zustand sich der Segler befand. Der Kapitän schien keinen großen Wert auf Sauberkeit oder Funktionstüchtigkeit seiner Ausrüstung zu legen. An vielen Stellen war zu erkennen, dass die Segel bereits hundertmal oder mehr geflickt waren. Wo man hinsah blätterte das Holz an den Aufbauten ab. Und auch der Holzwurm schien nicht untätig gewesen zu sein. Sie mussten einfach davon ausgehen, dass die Mannschaft auch an ihrem Leben hing. Und dass das Aussehen und der Zustand der Sturmwind nicht unbedingt Rückschlüsse auf die Funktionstüchtigkeit zuließen.

Aufseufzend setzte Steinwart seinen ersten Schritt auf die Planke, die auf das Schiff führte.

Schwankend und vorsichtig, mit den Armen rudernd, betrat er den Segler. Wenn der Stand bereits jetzt im Hafen so unruhig war, was würde ihn nur während der Überfahrt erwarten? Siedend heiß fiel ihm ein, dass er noch nicht gefragt hatte, auf welche Dauer er sich einrichten musste.

«Fram, wie lange haben wir es auf diesem verrotteten Kahn eigentlich auszuhalten?»

«Auf diesem verrotteten Kahn? Habe ich das jetzt richtig verstanden? Wenn du willst, dass ich dich eigenhändig über Bord werfe, musst du nur weiterhin höflich darum bitten.»

Erschrocken sah Steinwart nach rechts, wo sich ihm ein wahrer Berg aus Fleisch und Muskeln näherte. Natürlich war fast jeder größer als der Zwerg. Doch er konnte sich kaum daran erinnern, bereits jemals einem solchen Koloss begegnet zu sein.

Krampfhaft schluckend suchte er nach Worten und war

heilfroh, als Fram ihm zu Hilfe eilte.

«Kapitän, er hat es gewiss nicht so gemeint. Es ist das erste Mal, dass er ein Schiff betritt. Noch dazu hat er einen wahnsinnigen Respekt vor dem Meer. Es ist nur seine Angst und seine Unsicherheit, die aus ihm spricht.»

Der Kapitän schien nicht ganz überzeugt. Doch noch bevor er eine Antwort geben konnte, ließ Barina einen Aufschrei hören und brach, ehe noch jemand zu ihr eilen konnte, auf den nassen Planken zusammen.

«Ich glaube, ich sollte es mir nochmals reiflich überlegen, euch mitzunehmen», knurrte der Schiffsführer und spie in Richtung der Freunde aus.

2 Zu viele Fragen

Inzwischen war Targors Wut abgeklungen. Natürlich hatte er sich Luft machen müssen. Dass er damit nichts erreichen konnte, war ihm dabei völlig klar gewesen. Selbst die innere Stimme, die ihn warnte seinen Mund zu halten, um nicht alles noch schlimmer zu machen, ignorierte er. Erst als er seine kurze Tirade beendete, wurde ihm bewusst, wie weit er sich hatte gehen lassen. Irgendwo war es ihm allerdings egal. Er würde sterben. Das stand an diesem Punkt für ihn unumstößlich fest. Warum also sich noch weiter bemühen? Warum sich noch anstrengen? Was sollte das noch bewirken können?

«Weil du Idiot dennoch einen Überlebenswillen hast, solange noch ein Funken Hoffnung in dir ist!»

Targor sah sich erschrocken um.

Wer hatte zu ihm gesprochen? Niemand weit und breit zu sehen.

Erst da wurde ihm bewusst, dass es seine eigene Stimme gewesen war, die er gehört hatte.

Er lief noch wenige Schritte weiter. Dann lehnte er sich gegen einen Baum und ließ sich langsam zu Boden sinken. Er lauschte in sich hinein. Waren da bereits erste Anzeichen einer Vergiftung zu erkennen? Der Qwarn hatte ihn nur ganz leicht geritzt. Vielleicht war das Gift nur in einem so geringen Maße in ihn eingedrungen, dass sein Körper so in der Lage sein würde, es zu absorbieren.

«Unsinn», schalt er sich selbst. In viel zu vielen Fällen hatte er miterleben müssen, was selbst kleinste Spuren den Opfern angetan hatten. Nicht ohne Grund würde Sy-Bita ihm das Fläschchen mit dem Gegengift mitgegeben haben. Behutsam nahm er es aus seiner Tasche. So groß wie sein Daumen vielleicht. Gefüllt mit einer tiefroten Flüssigkeit.

Fast wie Blut, ging es ihm durch seinen Kopf. Für wie viele Schlucke mochte es reichen? Für wie viele Tage? Wie viel Zeit würde ihm bleiben? Dabei wusste er noch nicht einmal, wo er sich auf die Suche begeben musste. Targor fühlte sich erschöpft. Sollten das Anzeichen seiner Vergiftung sein? Sollte er bereits jetzt den ersten Schluck zu sich nehmen? Wenn das aber tatsächlich nach so kurzer Zeit bereits vonnöten wäre, dann müsste er sich über seine Zukunft wohl kaum Illusionen machen. Warum aber schickte Sy-Bita ausgerechnet ihn auf die Suche? Verstand sie ihn als ein Druckmittel, um Barina und Steinwart zu bewegen zurückzukommen? War sie wirklich so naiv, zu glauben ...?

Warum naiv? Selbstverständlich würde Barina nichts unversucht lassen, ihm zu helfen! Aber durfte und konnte er sie überhaupt dieser Gefahr aussetzen? Wenn er sich Sy-Bita hier und jetzt widersetzte, würde es kaum mehr Hoffnung geben, Gorm in ein, wie auch immer geartetes Dasein, zurückzuholen. War es dann nicht tatsächlich besser nichts zu tun?

Als habe sein Innerstes auf diese Selbstzweifel gewartet, begannen genau bei diesem Gedanken die Schmerzen. Nicht leicht und in Wellen ansteigend. Nein. Sie waren genau in diesem Augenblick da. So heftig, als versuche man, ihm die Haut bei lebendigem Leibe vom Gesicht zu ziehen. Und dann setzten diese Bilder ein. Erst flackernd. Dann plötzlich rein und klar, als stehe Sy-Bita leibhaftig vor ihm.

«Halte mich nicht für dumm. Ich habe mit diesen Zweifeln gerechnet. Diese Schmerzen aber sind nur der Anfang. Ich kann dir dein Leben zu einer puren Hölle machen. Soll ich es dir beweisen?»

Was Targor bis zu diesem Zeitpunkt gespürt hatte, war trotz der Intensität nicht mehr gewesen, als eine bloße Vorahnung. Schreiend und wimmernd wand er sich am Boden. Und war schließlich heilfroh, als die Schmerzen auf das vorher bereits unerträgliche Maß abklangen.

«Wenn du meinst, es sei ein Ausweg, dich in den Tod zu flüchten, so vergiss es. Diese Schmerzen wirst du mit dir nehmen an den Ort, der nach diesem jämmerlichen Leben folgt. Wo auch immer dieser sein mag. Versuche Kontakt mit Barina aufzunehmen. Glaube mir, du kannst es. Teile ihr mit, wie es dir geht. Sie wird dich schützen wollen. Sag ihr ruhig, dass ich dich in der Hand habe. Es wird nichts an ihrer Entscheidung ändern. Liebende sind so unvernünftig.»

Das Bild flackerte noch einmal kurz. Targor vernahm ein Lachen. Dann herrschte Stille.

Die Schmerzen aber blieben.

Was hatte Sy-Bita gesagt? Er würde in der Lage sein, Kontakt mit Barina aufzunehmen? Doch wie sollte ihm das möglich sein? Wenn er dazu in der Lage gewesen wäre, so hätte er das doch bereits seit langem getan! Was aber, wenn die Verletzung durch den Qwarn etwas in ihm verändert hatte?

Oder aber …

Targor sah sich das Fläschchen in seiner Hand an. Dann schraubte er es vorsichtig auf. Er roch daran. Metallisch. Behutsam ließ er einen winzigen Tropfen auf seinen Handrücken fallen. Sah ihn eine ganze Zeit misstrauisch an. Und leckte ihn schließlich ab. Gleich dem Geruch auch ein metallischer Geschmack. Blut! Hatte er es doch geahnt. Und er musste nicht sehr lange überlegen, um zu erraten, um wessen Blut es sich handelte.

Im ersten Moment war er geneigt, das Blut auszuspucken. Doch dann stellte er fest, dass die Schmerzen so weit nachließen, bis sie fast nicht mehr wahrzunehmen waren. Stattdessen stieg eine Wärme in ihm auf.

Eine Veränderung.

Mit wem sollte er Kontakt aufnehmen? Barina?

Er suchte in Gedanken Bilder der Person, zu der dieser Name gehörte. Eine junge Frau zeichnete sich heraus. Eine Frau, die zugegebenermaßen wunderschön war. Die aber nichts in seinem Inneren berührte. Nicht so wie die Frau, nach der sein Herz sich sehnte. «Sy-Bita», flüsterte er immer wieder vor sich hin. Warum hatte sie ihn fortgeschickt? Hatte sie ihm nicht eine Aufgabe mit auf den Weg gegeben? Er sollte diese Frau und einen Zwerg in deren Begleitung zu Sy-Bita bringen. Zu seiner großen und einzig wahren Liebe. Und in diesem Moment wusste er, dass er alles dafür tun würde, ihren Wunsch zu erfüllen. Erst wenn er das getan hatte, würde auch sie ihm ihre Liebe schenken.

Targor schloss die Augen.

Plötzlich war alles so denkbar einfach.

Er dachte an Barina und spürte augenblicklich, wie der Kontakt hergestellt wurde. Es war, als raste in unbegreiflicher Art von Realität etwas in ihm ein, das zusammengehörte.

Dann vernahm er die Stimme.

«Wer…? Targor, bist du das? Targor? Mein Schatz, ich bin so glücklich, dass du mich gefunden hast.»

Warum nannte sie ihn Schatz? Gehörte das zu diesem Spiel? Wenn es so sein sollte, würde er sich darauf einlassen.

«Ja, mein Herz. Wo bist du? Ich muss dich finden. Ich … mir geht es nicht gut.»

«Bei den Göttern. Was ist passiert? Ich bin am Hafen von Belugio. Wir besteigen gerade ein Schiff.»

Nein! Das durfte nicht sein. Er musste sie davon abbringen.

«Ich wurde von einem Qwarn verletzt. Ich brauche deine

Hilfe. Bei den Göttern. Diese Schmerzen. Ich halte es nicht mehr aus.»

Er konzentrierte sich auf die Erinnerung an den Schmerz. Und schaffte es, ihr eine Ahnung davon zu übermitteln.

In diesem Moment brach die Verbindung mit einem Schrei von ihrer Seite ab.

3 Entscheidung

Karlotta löste sich als Erste aus ihrer Erstarrung. Mit dem Ellbogen stieß sie dem Kapitän des Schiffes in den Bauch, um an ihm vorbeizukommen. Dieser war so überrascht, dass er kein Sterbenswörtchen mehr von sich gab und bereitwillig einen Schritt beiseite trat. Karlotta ließ sich auf die Knie sinken und strich Barina vorsichtig über den Kopf.

«Was ist los, Mädchen? Mach uns bitte keine Sorgen.»

Karlotta schaute auf.

«Sie ist bei Bewusstsein. Helft mir, sie aufzurichten.»

Barina winkte mit ihrer rechten Hand ermattet ab und gab Zeichen, die Freunde sollten sie noch für einen Augenblick in Ruhe lassen. Als sie ihr Gesicht in Richtung Karlotta drehte, erschrak diese bis aufs Mark. Barina schaute gequält, als leide sie große Schmerzen. Was konnte nur dazu geführt haben, dass sie von einem Moment auf den anderen zusammenbrach? Die Zwergin marterte sich ihr Hirn, ob ihre Freundin in den letzten Tagen Zeichen des Unwohlseins von sich gegeben hatte. Doch so sehr sie sich auch anstrengte, ihr fiel nichts ein.

Hilflos strich sie Barina weiterhin über die Stirn, bemerkte aber, dass sich die Verkrampfung des Körpers nach und nach zu geben schien.

«Ich wusste, dass es ein Fehler war, euch auf mein Schiff zu lassen. Auch wenn mir das Geld für eure Überfahrt gut in den Kram passt, hätte ich besser nein gesagt. Weiber an Bord bringen immer Unglück!»

Frams Kopf flog herum.

«Lass diese dummen Andeutungen. Du hättest dir vorher überlegen können, was du willst oder was auch nicht. Gib mir das Geld zurück und wir ziehen unserer Wege. Du wirst nicht der einzige Seelenverkäufer sein, auf dessen Schiff wir anheuern können.»

Fram hielt kurz die Luft an. Er wusste sehr wohl, dass er ein gewagtes Spiel spielte. Wenn der Kapitän sich jetzt in seiner Ehre gekränkt fühlte, würde er ihre gesamte Truppe von Bord werfen. Ob sie das Gold zurückbekommen würden, wäre dann eher fraglich. Fram rechnete trotzdem mit der Geldgier des Seemanns. Für einen Augenblick sah er, dass es in dessen Gesicht arbeitete. Dann aber trat das ein, was Fram gehofft hatte.

«Wir fahren gleich los. Und wehe, ich vernehme von euch auch nur noch den geringsten Laut. Dann werfe ich euch eigenhändig über Bord.»

Er wies einen der Matrosen an, den Gästen eine Kajüte zuzuweisen. Dann verschwand er unter Deck.

Melinae und Fram halfen Barina auf. Auf zitternden Beinen und leichenblass stieg die junge Frau vorsichtig die Stiege in das Innere des Schiffes hinunter. Der abkommandierte Matrose ging zielstrebig auf eine Kajüte im Heck des Seglers zu und öffnete die Tür.

«Das ist euer Reich während der Überfahrt. Richtet euch ein. Und wenn ich euch warnen darf, so reizt den Kapitän nicht auf Dauer. Er kann sehr jähzornig sein.»

Bei diesen Worten sah sich der junge Mann immer wieder vorsichtig um. So, als wolle er sichergehen, dass niemand seine Worte hörte. Fram lagen zwar noch weitere Fragen auf dem Herzen. Doch er wollte den Matrosen nicht über Gebühr strapazieren. Es würden sich noch weitere Gelegenheiten ergeben, sich in Ruhe mit dem Mann zu unterhalten. Vorläufig zählte erst einmal Barinas Zustand.

Als sich die Tür schloss, ging Fram zu der jungen Frau, die sich auf eine Matratze gelegt, aber scheinbar auch weitgehend erholt hatte.

«Was war los mit dir? Du hast uns einen gehörigen Schrecken eingejagt.»

Barinas Gesichtsausdruck verdüsterte sich wieder. Für einen Moment schien sie nach Worten zu suchen. Dann richtete sie sich auf.

«Ich hatte, auch wenn das jetzt für eure Ohren seltsam klingen mag, Kontakt mit Targor. Sagt jetzt bitte nichts. Ich weiß, dass ich mir das nicht einbilde.»

Niemand aus der Gruppe hätte auch nur im Ansatz ihre Worte angezweifelt. Dazu hatten sie zu viel mit Barina erlebt, das über die Normalität hinausging.

«Als ich auf der Planke in Richtung des Oberdecks ging, war plötzlich Targors Stimme in meinem Kopf. Er …, er hörte sich so gequält an. So voller Angst. Er hat große Schmerzen. Als er mich daran teilhaben ließ, um mir die Dringlichkeit bewusst zu machen, brach ich zusammen. Es war kaum auszuhalten.»

Steinwart kniete nieder und ergriff Barinas Hand.

«Was ist ihm zugestoßen? Hat Sy-Bita ihn etwa erneut gequält?»

Barina schaute Steinwart in die Augen.

«Schlimmer. Viel schlimmer. Erinnerst du dich, als du dich damals an der Klaue des Qwarn verletzt hast?»

Vor Steinwarts geistigem Auge erschien ein Bild, welches er jedoch eher aus den Erzählungen seiner Freunde kannte, als dass er es aus eigenem Bewusstsein wahrgenommen hätte. Damals im Berg wäre er beinahe an der Vergiftung gestorben, hätte Barina ihn nicht im buchstäblich letzten Moment ins Leben zurückholen können. Aber Schmerzen? Er konnte sich nicht daran erinnern, damals Schmerzen erlitten zu haben.

«Sy-Bita hat Targor durch die vergiftete Kralle eines

Qwarn verletzten lassen. Nur ein kurzes Ritzen der Haut. Doch er wird unweigerlich daran sterben, wenn ich …»

Barina stand auf.

«Ich will es auf den Punkt bringen. Diese Überfahrt kann ich nicht gemeinsam mit euch antreten. Ich muss zurück zu ihm. Dafür werdet ihr doch Verständnis haben.»

Die Tränen liefen Barina übers Gesicht. Der innere Zwiespalt, in dem sie sich befand, war ihr in jeder einzelnen Regung anzusehen.

Fram dachte nach.

«Ich weiß nicht, ob es ohne deine unzweifelhaft vorhandenen magischen Fähigkeiten von Erfolg gekrönt sein wird, Barina. Was wird sein, wenn wir die Salzseen erreichen, aber den Zugang nicht finden, zu denen diese uns weiterhelfen sollen? Wie hast du selbst vor einiger Zeit rezitiert? Nicht wir werden sie finden, sondern sie uns. Was wird sein, wenn du der Schlüssel bist?»

Barina war vor Qual zerrissen. Sie spürte, dass sie jetzt und hier eine Entscheidung zu treffen hatte. Eine Entscheidung, deren Konsequenzen sie überhaupt nicht absehen konnte. Fram hatte natürlich recht. Wenn sie jetzt ging, um Targor zur Seite zu stehen, konnte das dazu führen, dass sie alles aufs Spiel setzte, was ihrer aller Rettung bedeuten könnte. Ging sie allerdings nicht, dann sprach sie möglicherweise ein Urteil aus, welches sie niemals würde zurücknehmen können. In dieser Phase der inneren Unsicherheit, erstarrte sie plötzlich.

«Barina? Barina, hörst du mich? Hast du eine Entscheidung gefällt? Komm zu mir. Ich brauche dich!»

Barina sah ihre Freunde an. Dann holte sie tief Luft.

«Ich weiß, dass ich es eines Tages bereuen werde. Ich trete die Reise gemeinsam mit euch an.»

Nach diesen Worten verließ sie aufschluchzend die Kajüte.

4 Verrat

«Targor? Targor, hörst du mich?»

Eine ganze Weile hatte er nichts mehr von dieser Frau gehört. Jetzt plötzlich versuchte sie erneut, Kontakt mit ihm aufzunehmen. Immer noch an diesen Baum im Wald gelehnt, richtete er sich gespannt auf.

«Ja. Natürlich. Endlich. Ich hatte schon Angst, du hättest mich vergessen.»

«Mein Herz. Wie könnte ich das jemals?»

«Bist du schon auf dem Weg zu mir? Wo soll ich auf dich warten?»

Für eine ganze Weile herrschte Stille. Fast kam es vor, als sei ihre Verbindung erneut abgebrochen, da erklang unvermittelt Barinas Stimme erneut in seinem Kopf.

«Targor. Mein Leben. Ich … ich weiß nicht, wie ich es dir sagen soll. Aber …, warum macht ihr es mir so schwer? Ich werde nicht zu dir kommen können. Wir legen in wenigen Augenblicken ab in Richtung der Salzseen von Birudur. Wenn ich mich jetzt weigere, die Gruppe zu begleiten, gefährde ich vielleicht damit unser aller Ziel!»

Targor spürte, dass die Frau zu weinen begann. Welch eine falsche Schlange, dass sie ihn in seiner Not jetzt zurückließ. Wie sollte er das nur Sy-Bita begreiflich machen?

«Barina, das kannst du nicht tun. Liegt dir denn wirklich gar nichts mehr an mir? Sind deine Worte nur leere Floskeln?

Du weißt, dass ich sterben werde, wenn du mir nicht zur Seite stehst!»

Erneut lange Zeit kein Wort.

«Targor. Das Schiff legt ab. Halte durch. Ich komme zurück. Bitte, bitte, halte durch ...»

Ihre Stimme wurde immer leiser. Dann war plötzlich kein Laut mehr zu hören. Targor blieb ratlos zurück. Was sollte er jetzt tun? Am besten wäre es, Kontakt mit Sy-Bita aufzunehmen. Als er diesen Entschluss für sich gefasst hatte, begann er so intensiv an die Schmetterlingsfrau zu denken, wie ihm das nur möglich war. Er blendete alles, was um ihn herum war aus. Entweder sie würde darauf reagieren oder er wüsste sich keinen weiteren Rat mehr. Der Gedanke aber, dass die Frau, der all sein Sehnen galt, möglicherweise gleich wieder bei ihm sein könnte, ließ sein Herz in Vorfreude, aber auch in banger Erwartung höherschlagen. Ein schillernd bunter Schmetterling ließ sich in Sichtweite des Mannes nieder. Noch hatte er ihn nicht entdeckt.

«Du hast mich gerufen, mein Freund? Gibt es etwas, das du mir sagen möchtest?»

Wie aus einer Trance erwacht, registrierte Targor, dass Sy-Bita wieder vor ihm stand. Strahlend schön. Doch irgendwie auch unnahbar. Er spürte, wie er nahe daran war, sich in Sehnsucht nach ihr zu verzehren. Würde sie es ihn spüren lassen, dass er bereits zu Beginn seiner Mission vollends versagte? Die Schmerzen begannen erneut. So intensiv, dass er nicht mehr in der Lage war, sich auf seine Gedanken und die Worte, die er ihr sagen wollte, zu konzentrieren. Sy-Bita schien es zu spüren.

«Du hast doch meine Medizin. Nimm nur ruhig noch einen kleinen Schluck. Es ist wichtig, dass du mir alles sagst, was du weißt. Da können wir doch keine störenden Einflüsse gebrauchen, nicht wahr?»

Sie lachte so glockenhell, dass es Targor in Liebe zu ihr fast das Herz zum Überlaufen brachte. Mit zitternden Fingern nahm er das Fläschchen und ließ erneut einen winzigen Tropfen auf seine Zunge gleiten. Wieder durchfuhr ihn eine glühende Hitze. Die Schmerzen verschwanden bis auf einen kaum spürbaren Rest. Und Sy-Bita? War sie eben noch der Inbegriff der Schönheit gewesen, so nahm sie jetzt sphärische Züge an. Tränen traten Targor in die Augen. Sie jetzt enttäuschen zu müssen, widerstrebte ihm mehr alles andere. Er drehte und wand sich. Dann begann er: «Sy-Bita. Bitte glaube mir, dass ich alles versucht habe, was in meiner Macht stand …»

Er sah, dass sich die Züge der Frau verfinsterten. Würde sie ihn jetzt strafen, so hätte er es verdient. Ja, natürlich. Er war es, der schwach war. Jede Reaktion von ihr würde er annehmen. Nur verstoßen, nein, verstoßen durfte sie ihn auf keinen Fall.

«Ich habe alles versucht, Barina zu mir zu locken. Ich habe ihr eine Ahnung meiner Schmerzen geschickt. Und ich meine auch gespürt zu haben, dass sie nahe daran war, zu mir zu kommen. Aber es scheint Kräfte zu geben, die dagegen sind. Und die sie überzeugt haben, zu bleiben.»

Sy-Bita legte lauernd ihre Stirn in Falten.

«Ist das alles, was du in Erfahrung bringen konntest?»

Targor überlegte. Was hatte Barina ihm noch mitgeteilt, wo sie sich befand und wo ihr Weg sie hinführte. Plötzlich fiel es ihm wieder ein.

«Ja … Natürlich, nein. Ich habe selbstverständlich noch mehr in Erfahrung bringen können. Sie befinden sich auf einem Schiff im Hafen von Belugio, welches vermutlich gerade dabei war, abzulegen. Die Verbindung mit Barina brach ab, als sie sich auf dem freien Wasser befanden.»

«Hat sie dir auch gesagt, wohin sie fahren wollen? Denk nach, es ist sehr wichtig!»

Sie hatte ihm den Ort genannt. Wenn er sich doch nur an den Namen erinnern könnte.

«Bi … Es war irgendetwas mit Biru …»

Sy-Bita fuhr auf.

«Die Salzseen von Birudur etwa?»

Targor nickte ihr strahlend zu.

«Genau. Das war der Ort, von dem sie sprach. Sie wollen zu den Salzseen von Birudur.»

Sy-Bita grübelte.

Sollte an diesem Ammenmärchen, das über Generationen überliefert war, tatsächlich ein Fünkchen Wahrheit sein? War dort tatsächlich etwas zu finden, das sich als Schlüssel für die Gruppe der Angreifer herausstellen konnte?

Sie sah Targor an.

Die Verliebtheit in seinen Augen nervte sie. Aber diesen Fakt hatte sie sich selbst zuzuschreiben. Auf keinen Fall aber durfte sie zulassen, dass er sterben würde. Die Tatsache, dass Fram und seine Begleiter sich weiter entfernten, würde es notwendig machen, Targor von der Vergiftung zu heilen. Sie konnte nur erahnen, wie lange es dauern würde, bis Barina zurückkäme. So lange konnte Targor nicht durchhalten. Langsam näherte sie ihr Gesicht dem Seinigen. Targors Augen nahmen einen entrückten Glanz an. Er schloss die Lider und öffnete seine Lippen.

5 Die Reise beginnt

Barina starrte auf die Decke der engen Kajüte, in der sie untergebracht waren. Schimmelflecken an der Holzvertäfelung bestätigten den Eindruck, den das Schiff auch vor dem ersten Betreten gemacht hatte. Die besten Jahre lagen lange zurück. Und niemand schien es für notwendig zu halten, an diesem Eindruck jemals etwas ändern zu wollen. Die lieblos auf den Boden geworfenen Strohsäcke rochen muffig. Das Fenster, welches das Bullauge sicherlich einstmals fest verschloss, quietschte in seinen Angeln. Es zog durch die Ritzen und wenn die Gischt hochspritzte, konnte man einen feinen Wassernebel im Inneren der Kajüte auf der Haut spüren. An der linken Wand hingen vergilbte Zertifikate, die von der Ernennung des Kapitäns berichteten. Vielleicht sollte man besser sagen, von der Ernennung irgendeines Kapitäns. Ob damit ihr Schiffsführer gemeint war, sollte man besser nicht hinterfragen. In einer Ecke ihrer Behausung stand ein überraschend fester Tisch. Daneben vier Stühle, die hingegen den Eindruck machten, man solle besser erst gar nicht versuchen, auf ihnen Platz zu nehmen. Ein großer Krug mit Wasser und einige speckige Gläser waren gegen den ersten Durst gedacht. Bei diesem Anblick fragten sich die Freunde spontan, ob es wirklich ratsam sei, sich auf das angebotene Essen des schiffseigenen Smutje bedenkenlos einzulassen.

Doch all das sah Barina nicht, beziehungsweise nahm es

nicht wissentlich zur Kenntnis. Steinwart hatte eine ganze Zeit neben ihr gesessen, ihre Hand in seinen ungelenken Fingern haltend. Immer wieder sagte er, dass sie nur so hatte handeln können. Dabei schienen ihm allerdings seine eigenen Worte wie ein Hohn. Wie hätte er wohl gehandelt, wäre es um Karlotta oder Jahre zuvor um Hyazintha gegangen? Es war gefährlich für ihn, sich diese Frage selbst zu stellen. Denn wenn er ehrlich zu sich war, kannte er die Antwort.

Nichts und niemand hätten ihn auf dieses Schiff gebracht. Umso schwerer fielen ihm die Worte. Auch wenn die junge Frau ihm dankbar zunickte, weil sie sehr wohl um seine innere Zerrissenheit wusste, machte es das nicht einfacher. Irgendwann war Steinwart aufgestanden, um sich zu den anderen zu setzen.

«Da muss sie jetzt selbst durch», flüsterte Fram. «Niemand kann ihr dabei helfen. Entweder sie erkennt für sich, dass es der richtige Schritt war. Oder sie zerbricht daran. Ich glaube, dass niemand von uns im Augenblick mit ihr tauschen möchte.»

Langsam hob und senkte sich der Rumpf des Seglers. Steinwart achtete jetzt wieder bewusster auf die Schiffsbewegungen. Wenn es so bliebe, war es weniger schlimm, als er es sich vorstellte. Dabei wusste er aber genau, dass er sich nur etwas vormachte. Noch war das weitläufige Hafengebiet nicht einmal verlassen. Würden sie erst auf offener See sein, wäre es vermutlich vorbei mit der trügerischen Ruhe.

Von draußen waren die Rufe der Matrosen zu hören. Schnelle Schritte, die über das Deck hasteten, welches sich nur einige Handbreit über ihren Köpfen befand. Laute Befehle, das Aufblähen der Segel im Wind, polternde Geräusche, als nicht mehr benötigte Utensilien achtlos zu Boden geworfen wurden. Dann herrschte mit einem Mal Stille. Die wichtigsten Aufgaben schienen getan. Jetzt ging es darum, das Schiff auf Kurs zu bringen.

«Du hast mir meine Frage übrigens immer noch nicht beantwortet, Fram.»

Steinwart durchbrach die Ruhe mit seiner erneuten Frage. Wusste aber nicht wirklich, ob er die Antwort überhaupt hören wollte.

Fram, der am Bullauge stand und hinaus in das Dunkel der Nacht sah, drehte sich um. Sein ahnungsloser Blick verriet, dass er sich tief in Gedanken befunden hatte. Im Augenblick wusste er das Ansinnen des Zwerges nicht einmal einzuschätzen.

«Hilf mir bitte, Steinwart. Im Augenblick kann ich dir nicht folgen.»

«Oh. Kein Problem.» Steinwart stand auf.

«Wir haben im Moment wohl alle mehr oder weniger ernste Gedanken, denen wir nachhängen. Jeder auf seine Weise. Ich fragte dich, wie lange unsere Überfahrt zu den Salzseen in etwa dauern kann. Hast du dir auch bereits Gedanken gemacht, wie wir von dort aus zurückkommen? Sollten wir überhaupt bei unserer Suche belohnt werden?»

Fram ging in Richtung des Tisches und kramte dabei eine Karte aus der Innentasche seines Wamses. Diese Jacke stellte sich immer mehr als ein Wunder bezüglich ihres Inhaltes heraus. Es war, als sei sie ein unerschöpflicher Vorrat an allen möglichen Utensilien, die gerade benötigt wurden.

«Kommt her zu mir. Dann zeige ich euch, wohin uns unsere Reise führen wird.»

Alle standen auf. Nur Barina blieb liegen, so, als habe sie seine Worte überhaupt nicht vernommen. Melinae schaute in ihre Richtung, um sie aufzufordern, zu ihnen zu kommen. Doch Karlotta schüttelte den Kopf.

«Lass sie in Ruhe. Es wird nicht so wichtig sein, dass sie nun unbedingt dabei sein muss.»

Fram breitete die Karte auf dem Tisch aus und tippte schließlich mit seinem rechten Zeigefinger auf einen Punkt am unteren Ende der Karte.

«Das ist der Hafen von Belugio, den wir gerade verlassen. Die Route des Schiffes führt nach Beskania.»

Sein Finger zeigte nunmehr auf einen Punkt, der fast genau an entgegengesetzter Stelle lag. Dann fuhr er auf halber Strecke ein Stück nach rechts.

«Hier liegen die Salzseen. Unser erklärtes Ziel. Es gibt dort keinen direkten Hafen. Im Grunde genommen ist es Niemandsland. Der Kapitän hat nicht verstanden, warum wir überhaupt in diese Einöde wollen. Es hat mich viel Überredungskunst gekostet, ihn von weiteren misstrauischen Fragen abzubringen. Er wird uns ein gutes Stück vor der Küste absetzen, um uns von dort per Ruderboot ans Ufer bringen zu lassen. Ihr seht, welch ein unnötiger Umweg es für die Besatzung bedeutet, diesen Punkt anzulaufen. Es hat mich einen erheblichen Teil meines Goldes gekostet. Und noch einmal fast genauso viel, wenn er uns auf dem Rückweg abholen wird. Denn eine andere Chance, von dort zurückzukehren, werden wir nicht haben. Ich setze auf die Geldgier des Kapitäns. Sollte er darauf verzichten weiteres Gold zu erhalten, was ich mir nicht vorstellen kann, haben wir ein großes Problem.»

Fram schaute mit ernster Miene in die Runde.

«Ich bin mir auch nicht sicher, ob er nicht versuchen wird, auf andere Art und Weise an meine Barschaft zu gelangen. Es würde ihm Aufwand und Zeit ersparen. Wir sollten uns zu keiner Zeit hier an Bord sicher fühlen.»

Die letzten Worte flüsterte Fram. So, als besäßen die Wände Ohren. Was vermutlich auch gar nicht so abwegig war.

«Um jetzt endlich zur Antwort auf Steinwarts Frage zu kommen. Ich rechne mit etwa 20 Tagen, bis wir unser Ziel erreichen. 20 weitere Tage, bis die Sturmwind ihr eigentliches Ziel erreicht. Und nochmals 20 Tage, bis sie uns wieder aufnehmen. Es wird also einige Zeit in Anspruch nehmen, bis wir wieder in Belugio sind. Auch wenn uns die Zeit davonläuft, eine andere Möglichkeit gibt es nicht. Nur über eines bin ich mehr als froh ...» Dabei schaute Fram sich erneut um, als spreche er Dinge aus, die besser ungesagt blieben. «Ich bin froh, dass Sy-Bita nichts über unsere Absichten weiß, den uralten Überlieferungen auf den Grund zu gehen. Denn ich weiß nicht, über welche Mittel und Wege sie möglicherweise verfügt, um uns einen Strich durch die Rechnung zu machen. Als wir das Schiff endlich bestiegen haben, war es mir wohler.»

Dass Barina aufgestanden war und sich mit einem Mal hinter ihm befand, hatte Fram nicht bemerkt. Erst als er sich aus einem Instinkt heraus umdrehte, wurde er ihrer Anwesenheit gewahr. Mit einem Gesichtsausdruck, als habe sie etwas Furchtbares entdeckt, blickte sie die Freunde an. Fram packte sie bei den Armen: «Was ist passiert?»

6 Verschmäht

Als sich Sy-Bitas Gesicht dem seinen immer mehr näherte, wähnte Targor sich am Ziel all seiner Wünsche. Sie waren füreinander bestimmt. Warum nur hatte er so lange gebraucht, um diese Erkenntnis zu gewinnen? All das, was er ihr in den letzten Tagen oder Wochen vorwerfen wollte, war plötzlich Vergangenheit. Es zählte nur noch das Jetzt. Jeden Moment würde sie seine Lippen mit den ihren berühren. Targor verging unter einer lodernden inneren Flamme, die keinen anderen Gedanken mehr zuließ. Wie tief war aber seine Enttäuschung, als die Frau seiner Träume sich leicht seitwärts abwandte und ihre Lippen über dem Schnitt platzierte, den der Qwarn ihm auf ihre Anweisung hin zugefügt hatte. Ohne dass sie ihn wirklich berührte, spürte Targor, dass etwas mit ihm geschah. Der latent vorhandene Schmerz verging. Und als er vorsichtig mit seiner Hand nach der Verletzung fühlte, ertastete er nur unverletzte Gesichtshaut. Der Riss war und blieb verschwunden.

Sy-Bita stand spöttisch lächelnd über ihm und nahm Targor das Fläschchen mit dem Gegengift aus seinen Fingern. Verunsichert schaute der Mann mit fragendem Blick zu ihr auf. Die Schmetterlingsfrau schüttelte den Kopf.

«Was hast du dir nur eingebildet? Meinst du wirklich, so eine jämmerliche Kreatur wie du könne mich reizen? Mich vergessen machen, wem meine wahre Zuneigung gilt?»

Sy-Bitas Blick bekam beinahe einen schwärmerischen Ausdruck.

«Ich möchte dir einen guten Rat geben. Koste nicht von verbotenen Früchten. Obwohl ... ich habe ja selbst nicht gerade wenig Schuld daran.»

Dabei schüttelte sie die blutrote Tinktur und hielt sie ins Licht.

«Es gibt Dinge, die ihr kurzlebigen Individuen einfach nicht vertragen könnt. Aber mach dir keine Sorgen. Bald wirst du wieder in Liebe zu deiner Barina vergehen. Die Wirkung und die Kraft meines Blutes werden nachlassen.»

Targors Blick voller Unverständnis und verschmähter Zuneigung ließ sie lachen.

«Nein, natürlich kannst du mich jetzt noch nicht verstehen, mein Galan. Aber ich werde dir ein nettes und warmes Plätzchen zuweisen lassen in meiner ... ja, in meiner Herberge. Dort kannst du wieder zu dir finden. Vielleicht bist du ja tatsächlich morgen wieder in der Lage, mit mir eine vernünftige Diskussion zu führen. Ich mag es überhaupt nicht, wenn mein Gegenüber so still und verletzt ist, wie du augenblicklich.»

Sie drehte sich um und erteilte den Qwarn, die sich bis zu diesem Zeitpunkt versteckt hielten, einen barschen Befehl.

«Nehmt ihn mit und schließt ihn gut weg. Wehe euch, er geht nochmals verloren. Ihr könnt euch glücklich schätzen, dass meine Laune im Moment ausgeprägt positiv ist.»

Als die Gestalten an Sy-Bita vorbeigingen, um ihn zu greifen, bemerkte Targor, wie die Qwarn sich in dem Moment instinktiv duckten, als sie die Frau passierten. So gefährlich diese Kreaturen auch sein mochten, die Angst vor ihrer Anführerin war unübersehbar. Doch in diesem Augenblick war Targor noch nicht in der Lage, diesen Fakt weiter zu hinterfragen. Viel mehr beschäftigte ihn die bange Frage, was in aller Welt er angestellt hatte, dass sie so verärgert und abweisend reagierte. Vielleicht wurde es ja wieder besser, wenn er sie nicht beachtete. In dieser blinden Hoffnung verfangen, ließ er sich ohne jegliche Gegenwehr ergreifen und von den Qwarn zurück zu seinem Gefängnis führen. Vielleicht würde sich schon morgen herausstellen, dass alles ein großer Irrtum war. Er wusste, dass er diese Frau liebte. Und er müsste sich schon sehr täuschen, wenn sie diese Liebe nicht auch erwiderte.

Als sie ihn in seine winzige Kammer stießen, rammte er sich gehörig seinen Kopf an einem vorspringenden Felsen an. In der Dunkelheit konnte er nichts sehen, doch die klebrige Flüssigkeit an seinen Fingern verriet ihm auch so, dass er blutete. Der Qwarn, der ihm am nächsten war, nahm instinktiv Witterung auf. Schnüffelnd näherte er seine Schnauze dem blutenden Riss. Targor konnte spüren, wie die Zunge des Qwarn vorschnellte und blitzschnell das Blut von seiner Stirn leckte. Der Geschmack schien seinen Bewacher noch mehr aufzustacheln, als er es ohnehin schon war. Er öffnete das Maul und Targor wurde übel von dem Gestank, der sich in der Zelle ausbreitete. Er stieß den Qwarn zurück.

«Untersteh dich mich nochmal anzupacken! Du weißt, was dir blüht, wenn mir ein Leid zustößt. Du weißt, was ich Sy-Bita bedeute!»

Das heisere Bellen, welches Targor fast als ein Lachen deutete, verwunderte ihn. Was gab es da zu lachen? Er wusste, welche Gefühle sich in ihr abspielten. Dass Sy-Bita sich selbst noch nicht völlig im Klaren war bezüglich ihrer Gefühlswelt, gestand er ihr zu. Er hatte einen Fehler begangen und würde die Zeit nutzen, um in Ruhe darüber nachzudenken. Wenn er den Schlüssel fand, seinen Fehler zu erkennen und dann auch wieder gutzumachen, würde sich alles andere ergeben. Targor blickte sich in der Dunkelheit um. Auch wenn das Untier nicht verschwunden war, so hatte es sich in eine Ecke zurückgezogen. Der klare Hinweis Targors hatte Wirkung gezeigt.

Nicht sehr weit von Targors Zelle entfernt stand Sy-Bita im kärglichen Licht des Raumes, der seit so langer Zeit Gorms Zuhause und Gefängnis darstellte. Jetzt, da sie wieder alleine war, fiel alle in Gegenwart von anderen gezeigte Selbstsicherheit wieder von ihr ab. Es war ein riesiger Unterschied, selbst diejenige sein zu können, die Angst verbreitete und Druck ausübte. Oder aber jetzt, wie in diesem Augenblick wieder alle Arroganz zu verlieren. Sie war in Wirklichkeit noch nicht einen einzigen Schritt weitergekommen. Natürlich wusste sie jetzt, Targor sei Dank, wohin es Steinwart und dessen Begleiter trieb. Doch ob ihr Vorhaben einen Sinn haben würde oder sich am Ende nur als heiße Luft herausstellte, wusste sie hingegen nicht. Wobei eben gerade diese Ungewissheit an ihr nagte. Natürlich hatte sie von der Legende gehört. Von den Wesen, die im ewigen Eis, ja, ihretwegen auch Salz, verharrten, bis zu jenem Tage, an dem sie die Chance erhielten, ihre Schuld zu sühnen. Aber wirklich daran glauben konnte sie trotz allem nicht.

«Aber wenn doch? Mein Liebster, was ist, wenn ein Fünkchen Wahrheit in den alten Überlieferungen steckt? Nicht dass wir uns deswegen ängstigen müssten. Bei allen alten und neuen Göttern, nein. Du darfst mir voll und ganz vertrauen.»

Ihre Hände streichelten vorsichtig über die rissige Oberfläche des Baumes.

«Mir fehlt jemand, mit dem ich mich auf Augenhöhe unterhalten kann. Dir meine Gedanken mitzuteilen, mag schön und gut sein. Doch ich erhalte keine Antwort von dir. Du glaubst nicht, wie sehr ich mich danach sehne, ein paar Worte mit jemandem zu wechseln, der mich und meine Beweggründe versteht. Die Qwarn? Zu dumm, zu gierig, zu einfältig. Und mir jemanden wie Targor heranzuziehen, der dann übers Ziel hinausschießt und in flammender Liebe entbrennt? Auch das ist nicht das, was ich brauche.»

Sy-Bita schluchzte auf und kniete sich vor den Stamm.

«Ich muss stark sein! Muss stark sein, für dich! Und auch für mich. Gib mir einfach die Kraft. Wenn du dich auch nicht mitteilen kannst, spüre ich doch, dass du mich verstehst. Und dass du bei mir bist.»

Die Frau lauschte in das diffuse Licht hinein. War da etwas? Hatte Gorm ein Zeichen von sich gegeben? Oder bildete sie es sich nur ein? Waren diese Lichtreflexe, die über das wie tot wirkende Holz liefen, plötzlich intensiver geworden? Machte sie sich nur selbst etwas vor? Plötzlich waren die Ängste wieder da. Nicht davor, ihr Ziel nicht zu erreichen. Sy-Bita war davon überzeugt, dass nichts sie aufhalten könnte. Aber die Angst vor dem, was sein würde, wenn Gorm zurückkehrte, diese Angst ließ sie nicht mehr los.

7 Beichte

Augenblicklich schossen Barina wieder die Tränen in die Augen. Fram versuchte, ihren Blick mit dem seinen einzufangen. Doch kaum hatte er Kontakt aufgenommen, wandte Barina ihren Blick wieder ab. Fram packte sie erneut bei den Armen.

«Mädchen, wenn du uns nicht sagst, was dich bedrückt, wird dir auch niemand helfen können. Also spring jetzt endlich über deinen Schatten. Oder möchtest du mit einem der Unsrigen alleine reden? Du musst nur den Mund aufmachen.»

Barina machte eine abwehrende Geste mit der Hand. Dann atmete sie tief durch. Steinwart reichte ihr ein halbwegs sauberes Tuch, sodass die junge Frau ihre Tränen trocknen konnte.

Verwirrt sah Barina ihre Arme an. Die Linien auf ihrer Haut erstrahlten in einem tiefen Rot. Obwohl hier unter den Freunden keine Gefahr drohte, drohen konnte, war es, als wollte ihr innerer Schutzmechanismus sie vor irgendetwas warnen. Vielleicht war diese Reaktion, die sie selbst nicht beeinflussen konnte, auch nur ihrem aufgewühlten Gemütszustand zu verdanken. Als sie in die Gesichter ihrer Freunde sah, stellte sie auch bei diesen eine tiefe Verwirrung fest. Es wurde tatsächlich Zeit, sich mitzuteilen.

«Es fällt mir nicht einfach. Aber ich muss euch sagen, was mich bedrückt. Dass es nicht einfach war, auf dieses Schiff zu gehen, nachdem ich Kontakt mit Targor hatte und seine

Schmerzen spürte, habt ihr verstanden. Dafür danke ich euch. Ich glaube noch immer, dass es der richtige und einzig mögliche Weg gewesen ist. Was aber nicht heißt, dass es dadurch auch nur im Entferntesten einfach wäre. Ich weiß, dass ich euch in den ersten Stunden auf diesem Segler keine große Hilfe war. Irgendwo hatte ich genügend mit mir selbst zu tun. Jetzt aber kommt etwas dazu, das mir erst durch Frams Worte bewusst geworden ist.»

Fram schaute auf und sah Barina verständnislos an.

«Ich?»

«Ja. Du. Du hast eben gesagt, es sei gut, dass Sy-Bita nicht wisse, wohin uns unsere Reise führe. Du wüsstest nicht, welche Möglichkeiten ihr zur Verfügung stehen, um …»

Fram stand auf.

«Was hast du gemacht, Barina?»

Erneut brach sein Gegenüber in Tränen aus.

«Ich habe es doch nicht böse gemeint. Targor … Er nahm nochmal Verbindung zu mir auf. Er fragte, wo ich sei. Was ich vorhabe. Bei den Göttern, ich habe mir doch nichts dabei gedacht. Ich habe es ihm mitgeteilt. Wo wir sind und wohin unsere Reise gehen soll. Was wird sein, wenn er nicht alleine gewesen ist? Wenn Sy-Bita … Ich habe uns alle in große Gefahr gebracht!»

Eigentlich hatte Fram sich vorgenommen, ruhig zu bleiben. Egal, was Barina ihnen sagen wollte. Doch während ihrer Worte spürte er eine Welle heißer Wut in sich aufsteigen. Selbstverständlich war nicht gesagt, dass Sy-Bita nun ebenfalls Bescheid wusste. Möglicherweise war Targor tatsächlich alleine. Doch Fram kannte seine Halbschwester zur Genüge. Je länger er darüber nachdachte, desto sicherer war er sich, dass alles nur eine bewusst geführte Finte war. Barina hatte sie geradewegs auf ihre Spur gebracht. Mit eisigem Blick sah Fram Barina an.

«Bei allem was mir heilig ist. Wie konntest du nur so

dumm sein? Bin ich denn hier nur von Kindsköpfen umgeben, die sich so manipulieren lassen, wie es gewissen Personen in den Kram passt? Warum hast du sie nicht direkt eingeladen, hier aufs Schiff zu kommen? Wir hätten ganz sicher eine Möglichkeit gefunden, den Kapitän zum Warten zu bewegen. Notfalls hätte ich mein noch vorhandenes Gold opfern können. Fram hat ja genug davon.»

Fram drehte sich um und feuerte den Beutel mit seiner Barschaft voller Erregung gegen die gegenüberliegende Wand. Kurzzeitig war das Schweigen so intensiv, dass es fast mit Händen greifbar schien. Dann aber stellte Steinwart sich vor Fram. Obwohl wesentlich kleiner als der hochgewachsene Mann vor ihm, plusterte der Zwerg sich dermaßen auf, dass Fram instinktiv einen Schritt zurückwich.

«Fram, deine Fähigkeiten als Anführer sind unbestritten. Wir könnten keinen Besseren als dich finden. Du kennst die richtigen Schritte, und wir sind bei dir in guter und sicherer Hand. Woran es dir aber augenscheinlich fehlt, ist Einfühlungsvermögen und Menschenkenntnis. Du bist vermutlich zu lange alleine gewesen, um dich ohne weiteres auf deine Mitmenschen einstellen zu können. Der Fuchs wird sich bei solchen Gelegenheiten gedacht haben, es sei besser, zu verschwinden. Doch Menschen und Zwerge gehen anders miteinander um. Meinst du wirklich, deine Worte wären auch nur annähernd angebracht gewesen? Machst du damit auch nur annähernd etwas besser? Egal, ob Sy-Bita nun Bescheid weiß oder ob nicht. Es tut nichts mehr zur Sache. Wir müssen vorsichtig sein. Ja, natürlich. Aber das wussten wir vorher schon. Außerdem …»

Das Schiff sackte in diesem Moment in ein Wellental, sodass die Gischt hochsprühte und sich erneut ein Vorhang aus Wassertropfen in ihrer Kabine bildete. Steinwart, der mitten im Raum stand, war so überrascht, dass er keine Möglichkeit mehr fand, sich festzuhalten. Schwer schlug er auf dem groben

Dielenboden auf. Als er sich verwirrt wieder aufrappelte, spürte er, dass das Schiff sich heftiger hob und senkte, als die Stunden zuvor. Das seltsame Gefühl in seinem Magen explodierte plötzlich. Der Zwerg wollte noch etwas sagen. Dazu aber fehlte es ihm an der notwendigen Ruhe. Er schaffte nur noch ein verblüfftes Keuchen von sich zu geben. Dann rannte er zur Tür, riss diese auf und stürmte hinaus. Als die Tür wieder zufiel, waren nur noch die schnellen Schritte Steinwarts auf der Holzstiege zu vernehmen.

«Hoffentlich wählt er die richtige Seite des Schiffes», murmelte Fram. «Ich sollte ihm besser hinterher gehen. Verdammte Seekrankheit.»

Mit diesen Worten verschwand er. Wobei alle den Eindruck gewannen, dass es ihm eine willkommene Gelegenheit war, das Weite zu suchen. Scheinbar war es Steinwart mit seinen Worten gelungen, eine verborgene Seite in Fram zum Klingen zu bringen. Sollte er nur hinausgehen und nach dem Zwerg sehen. Wenn er zurückkam, würde sich die Luft wieder gereinigt haben.

Karlotta drehte sich zu Barina um und registrierte verwundert, dass ihre Freundin nicht mehr da stand, wo sie die ersten Worte an die Gruppe gerichtet hatte. Die Zwergin sah sich um und stellte fest, dass sich die Kabinentür fast lautlos schloss. Barina hatte scheinbar die Gelegenheit genutzt, ebenfalls kurz an die frische Luft zu gehen. Ob sie einfach alleine sein wollte oder sie ebenfalls von der Seekrankheit befallen war, wusste Karlotta nicht. Sie packte sich die Tasche mit den Notfallutensilien und schaute sich erneut um, ob in der Kabine jemand ihre Hilfe benötigte. Als sie das für sich verneinen konnte, machte sie sich ebenfalls auf den Weg in Richtung des Decks auf. Wenn sie vermutlich auch nicht über die erforderlichen Tränke verfügte, so würde sie zumindest Steinwarts angeschlagenen Zustand erleichtern können. Jedenfalls hoffte sie das sehr. Melinae sowie Farim und Pantagar blieben alleine zurück. Pantagar wandte sich an Melinae, der völlig ruhig in einer Ecke saß und den Eindruck machte, als ginge ihn das alles, was sich hier abspielte nichts an. Der Mann saß ein wenig vorgebeugt, fast verkrümmt. Fast so, als leide er Schmerzen.

«Ist alles in Ordnung mit dir?»

Pantagar hockte sich hin und schob mit der rechten Hand den Kopf des Menschen ein kleines Stück in die Höhe. Der Ausdruck, den er in dessen Augen sah, ließ ihn erschrecken. Es war fast nur noch das Weiße der Augäpfel zu sehen. Melinae verdrehte seinen Blick immer mehr und begann dabei, mit den Zähnen zu klappern, als sei ihm entsetzlich kalt.

«Hol Barina und Fram. Schnell. Und Karlotta am besten gleich noch mit dazu. Ich weiß nicht, was mit ihm los ist. Aber das gefällt mir nicht. Ganz und gar nicht!»

Melinaes Hand krallte sich in Pantagars rechten Arm. So fest, dass der Zwerg vor Schmerz aufschrie. Doch so sehr er sich auch mühte, es war ihm unmöglich, sich wieder aus dem stahlharten Griff zu befreien. Wütend schaute er in Farims Richtung, der immer noch regungslos in der Kabine stand.

«Mach jetzt endlich!», zischte Pantagar schmerzerfüllt.

8 Silber

Natürlich. Sie konnte Fram keinen Vorwurf machen, dass er so reagierte. Sie selbst hatte es im Grunde ja sogar erwartet. Trotzdem fühlte sie sich verletzt. Hätte er nicht mehr auf sie eingehen können? Dass Steinwart eingriff, um sie in Schutz zu nehmen, hatte sie gefreut. So kannte und so schätzte sie den Zwerg. Er war sicherlich nicht immer einfach zu nehmen, doch jemand, der da war, für jeden aus ihrer Gruppe, wenn es darauf ankam. War sie zu sensibel? War es das Bewusstsein, Fram und die Freunde enttäuscht zu haben? Dabei konnte noch nicht einmal irgendjemand mit Bestimmtheit sagen, dass ihr Verhalten die Freunde in Gefahr gebracht hatte. Hätte denn irgendeiner von ihren Begleitern anders reagiert, wenn er oder sie in ihrer Situation gewesen wäre?

Steinwart war es, der es klar aussprach. Und Fram war es, der keine Antwort gab.

Hatte er sich ertappt gefühlt? War er sich plötzlich eines schlechten Gewissens bewusst? Barina schmunzelte. Fram und ein schlechtes Gewissen? Dieser ungehobelte Klotz. Das passte wirklich nicht zusammen. Langsam stieg Barina die Stufen empor, die zum Oberdeck führten. Als sie die zweiflügelige niedrige Tür öffnete, fuhr ihr der Wind heftig ins Gesicht. Das Wetter drehte sich. Der Himmel war schwarz und mit dunklen Wolken verhangen. Die Matrosen hetzten über das Deck. Eine Frau war das, was sie zum jetzigen Zeitpunkt am allerwenigsten brauchen konnten. Dementsprechend stand sie nur im

Weg, wurde grob angerempelt und musste sich manch bissigen Kommentar gefallen lassen.

«Verschwinde hier oben. Wir können nicht auch noch auf dich achtgeben. Wenn du über Bord gehst, hast du es dir selbst zuzuschreiben!»

So und so ähnlich erklangen die Rufe, die man ihr im Vorbeilaufen zuwarf. Doch Barina ließ sich nicht beeindrucken. Sie musste aus der Enge ihrer Kabine heraus. Sich frischen Wind um ihre Nase wehen lassen. Für sie war es wichtig, wieder zu sich selbst zu finden. Da scherten sie die Flüche der Mannschaft wenig. Barina schaute sich um. Hoch oben im Mast erkannte sie einen Mann, der sich durch die gespannten Seile mühte. Irgendwo schien sich etwas verfangen zu haben. Von unten rief man ihm Hinweise zu. Doch Barina bezweifelte, dass der Matrose auf seiner gefährlichen Mission auch nur das Geringste hören würde. Niemand war hier, der wirklich Notiz von ihr nahm. Bis auf den einen oder anderen gebellten Fluch, war sie den Männern nichts wert. Barina schmeckte das Salz der Gischt auf ihren Lippen. Wenn sie ehrlich zu sich war, fühlte sie sich urplötzlich so frei, wie seit langer Zeit nicht mehr. Wenn da nur nicht der stete unangenehme Druck in ihrem Kopf gewesen wäre, der sich jetzt in ihr breitmachte. Nach kurzer Zeit fand sie eine Stelle im Bug des Seglers, die weniger frequentiert wurde. Barina stützte sich mit beiden Händen an der nassen Reling ab, und schaute aufs Meer hinaus. Den Göttern sei Dank machte ihr das Heben und Senken des Schiffes nichts aus. Inzwischen peitschte der Regen frontal von vorne.

Bereits als sie an dieser Stelle im Bug ankam, war Barina bis auf die Haut durchnässt. Doch selbst das war ihr egal. Sie schaltete immer mehr ab und verlor sich in einer Art tiefer Trance. Das war sicher nicht ihre Absicht gewesen, doch irgendjemand oder irgendetwas hatte sich ihrer bemächtigt und damit ihren freien

Willen genommen. Barina sah die meterhohen Wellentäler, durch die sich das Segelschiff quälte, aber die Gefahr drang nicht mehr bis an ihr Bewusstsein. War sie Augenblicke zuvor noch Herrin ihrer Sinne gewesen, lag das nun schon in weiter Ferne. Barina senkte den Kopf und starrte in die aufgewühlte See. Ihre Gedanken verloren sich mehr und mehr. Sie war nicht mehr, sie wurde nur noch geführt. Tiefer beugte Barina sich über die Reling. Silberne Lichtreflexe durchzogen das Wasser. Barina kniff die Augen zusammen und schirmte ihr Gesicht gegen den Regen mit einer Hand ab. Erst jetzt erkannte sie, was sich im Wasser bewegte. Riesige Fische. Hunderte. Tausende umkreisten die Sturmwind. Die junge Frau wollte und konnte sich nicht mehr von diesem Anblick lösen. Plötzlich wurde der Wunsch in ihr übermächtig, an diesem wilden Reigen teilzuhaben. Ein einziges Mal so unbeschwert sein zu dürfen wie diese Fische im Meer. Sie strahlten eine Lebensfreude aus, welche Barina bereits seit Wochen nicht mehr verspüren durfte. Was würde dagegen sprechen, wenn sie sich in diesen Schwarm einreihte? Wer würde sie vermissen?

Niemand.

Warnende Gedanken schossen durch ihr Unterbewusstsein. Doch bis diese Gedanken ihre Vernunft erreichten, wurden sie ergriffen und gestoppt. Barina schüttelte den Kopf, als laste ein Druck auf ihr, den sie unbedingt loswerden müsse. Sie hob beide Hände an ihr Gesicht. Jetzt stand sie dort, als sei sie bereit, den Schritt ins Nichts zu wagen. Ihre Beine und ihr Oberkörper arbeiteten dem steten Schwanken des Schiffes entgegen. Noch war sie nicht bereit. Der silberne Glanz im Wasser war für einen Augenblick verschwunden.

«Was machst du denn hier? Verschwinde. Oder halte dich zumindest fest.»

Ein jüngerer Seemann hastete an ihr vorbei, stieß sie in die Seite und lief dann weiter. Er tippte mit dem Zeigefinger

an seine Stirn, um seinen Worten Ausdruck zu verleihen, wie wahnwitzig das Verhalten dieser völlig durchnässten Person war. Im Grunde aber interessierte es ihn herzlich wenig. Wenn sie über Bord ging, hatten sie eine überflüssige Esserin weniger an Bord. Der Kapitän würde das Geld für die Passage ohnehin bereits im Vorhinein erhalten haben. Doch auch das war dem Matrosen egal. Er würde keinen Anteil daran zugestanden bekommen. Sein Ansprechen hatte allerdings bei Barina etwas bewirkt. Ganz kurz erwachte sie aus ihrer Trance. Sie sah sich verwirrt um. Und als sie erkannte, wo sie sich befand, schlug ihr das Herz in wildem Stakkato. Hektisch krallte sie sich mit beiden Händen an der Reling fest. Begriff, dass ihr eine ganze Zeit bewussten Handelns fehlte. Im nächsten Moment aber nahm die fremde Kraft wieder Besitz von ihr. Der Glanz im Wasser war unvermittelt wieder da.

Jetzt oder nie.

Barina beugte sich weiter nach vorne und hob das rechte Bein über die Reling. Sie ließ das linke folgen. Ein kleiner Absatz, auf dem sie jetzt stand. Ihre Hände griffen nach hinten, um sich ein letztes Mal festzuhalten. Der Wind und die Gischt zerrten an ihr. Barina lachte laut auf. Sie war glücklich. Jetzt war der Moment gekommen. Sie löste ihre Hände und …

In diesem Augenblick erwachte sie. Schreckgeweitet starrten ihre Augen auf das Meer. Wo sie eben noch silberne Schatten im Meer sah, gab es jetzt nur noch die graue See. Wie ein ewiges, nirgendwo enden wollendes Leichentuch.

Barinas Hände schnellten nach hinten, um sich im Holz festzukrallen. Die Nässe und die Kälte aber führten dazu, dass sie jetzt keine Kraft und keine Gewalt über ihre Sinne mehr fand. Ihre Arme gehorchten zwar dem Befehl. Doch die Hände hatten nicht mehr die Kraft, zuzugreifen. In höchster Panik schrie Barina auf. Der Wind riss die Worte aus ihrem Mund. Niemand würde sie hören. Barina wurde schwarz vor Augen.

Sie spürte, wie ihre Beine begannen, den Dienst zu versagen. Da wusste sie, dass sie jetzt sterben würde. Ein letztes Mal zog ihr Leben in einem wilden Reigen von unzusammenhängenden Bildern an ihr vorbei. Sie sah Targor, spürte Glück. Sah ihre Kindheit, spürte Verzweiflung. Plötzlich wusste sie, dass sie einen riesigen Fehler begangen hatte. Sie hätte auf Targors Hilferuf reagieren sollen. Reagieren müssen. Wer würde sich seiner annehmen, wenn jetzt sowieso alles keinen Sinn mehr machte? Ihre Finger lösten sich immer schneller von dem nassen Holz. Nein. Sie war noch nicht bereit zu sterben. Nicht auf diese Weise. Und doch wusste sie, dass es jetzt geschehen würde. Warum es hinauszögern? Der Lebenswille verließ sie. Barina löste ihre Hände bewusst und ließ sich nach vorne fallen. Und plötzlich war da auch wieder das silberne Leuchten im Wasser.

Sie erwarteten ihre neue Gefährtin.

9

Ein Schlag ins Gesicht

Der Griff an Pantagars Arm wurde immer heftiger. Erste Blutstropfen quollen unter den Fingernägeln Melinaes hervor. Lautlos bewegten sich die Lippen des Mannes. Pantagar wurde es unheimlich. Und immer noch griff Farim nicht ein.

«Verflucht, Farim, worauf wartest du? Mach etwas.»

Farim erwachte endlich aus seiner Starre. Er griff nach Melinaes Schultern und versuchte, ihn von seinem Freund wegzuziehen. Doch ebenso hätte er versuchen können, in seinem Berg die Edelsteine mit bloßer Hand aus dem Gestein zu lösen. Hektisch sah Farim sich im Raum um. Niemand war da, der ihm zu Hilfe eilen könnte. Da nahm er sich endlich ein Herz, holte weit aus und schlug Melinae mit der flachen Hand wuchtig in dessen Gesicht. Für einen Moment schien es, als habe auch dieser Schlag nichts bewirkt. Mit einem Mal aber, begann sich der Blick des Mannes zu klären. Das Weiße seiner Augen füllte sich wieder mit dem gewohnten, ein wenig nachdenklichen und warmherzigen Blick. Melinae schaute auf seine Hand und begriff plötzlich entgeistert, was er tat. Er löste seinen Klammergriff, starrte mit Entsetzen auf seine Hand und die Wunde, die sich auf Pantagars Arm gebildet hatte. Die Abdrücke der Finger waren ohne Mühe sichtbar. In diesem Moment gellte ein Schrei in höchster Todesangst über das Schiff. Die Freunde zuckten zusammen.

«Das tut mir leid, Pantagar. Ich weiß nicht, was über

mich gekommen ist. Irgendwie war ich nicht mehr Herr meiner Sinne.»

Melinae legte seine rechte Hand auf die Wunde. Pantagar wollte ihn im ersten Reflex wegstoßen, ließ aber dann die Berührung dennoch zu.

«So etwas habe ich noch niemals erlebt.»

Melinae stand auf und ging ziellos durch den Raum.

«Stellt euch vor, es sei nicht Pantagars Arm gewesen, den ich ergriffen hätte. Nicht auszudenken, ich hätte deinen Hals gepackt, mein Freund. Ich bekomme Angst vor mir selbst. Angst vor dem, was mit uns oder durch uns geschieht.»

Farim starrte auf seine Hand, mit der er Melinae wieder ins Bewusstsein zurück gebracht hatte.

«Ich habe noch niemals einen Freund geschlagen. Melinae, ich wollte das nicht. Aber ich wusste mir keinen Rat mehr. Du hast ja auf nichts sonst reagiert!»

Der Mann ging zu dem Zwerg und klopfte ihm auf die Schultern.

«Jetzt hör bloß auf, dir Vorwürfe zu machen. Es war anscheinend die beste Entscheidung, die du treffen konntest. Wir werden gleich mit Fram, Steinwart und Barina über den Vorfall reden. Vielleicht ist es besser, wenn ich mich vorläufig von euch trenne.»

Pantagar fuhr auf.

«Das ist doch Unsinn. Diesmal bist du es gewesen, der, von was auch immer, gegriffen wurde. Beim nächsten Mal bin vielleicht ich es. Oder Fram selbst. Oder sogar eine der beiden Frauen. Wer kann das schon wissen. Doch so viele Kabinen, uns alle voneinander zu trennen, wird es mit Sicherheit auf der Sturmwind nicht geben. Fram wird schon einen Rat wissen.»

Melinae lächelte flüchtig, jedoch von den Worten des Zwerges nicht überzeugt.

«Wo wir gerade beim Thema sind. Wo sind eigentlich

alle hin?»

Pantagar zeigte mit seinem unverletzten Arm zur Kabinentür.

«Steinwart war es plötzlich übel. Er ist nach draußen gestürmt. Und auch die anderen haben die Kabine verlassen. Sie werden wohl gleich zurückkommen. Habt ihr übrigens eben auch diesen Schrei gehört? Was mag da draußen passiert sein?»

Melinae winkte ab.

«Ein Schiff ist, glaube ich zumindest, ein recht gefährlicher Ort. Wir sollten uns aus den Vorgängen hier heraushalten. Wenn irgendjemand unsere Hilfe benötigt, wird man sich schon an uns wenden. Ich will verhindern, dass wir den Kapitän erneut in Rage versetzen. Wobei ich denke, dass Fram mir an dieser Stelle seine volle Zustimmung schenken wird.»

Er hatte diese Worte noch nicht ganz ausgesprochen, als sich die Tür öffnete und Karlotta wieder die Kabine betrat. Mit sorgenvollem Blick schaute sie in die Runde.

«Ich habe ja schon manches an Unwohlsein erlebt. Doch was Steinwart da augenblicklich erleidet, sprengt wohl jeden Rahmen. Er ist regelrecht grün im Gesicht und hat sich in eine Ecke verkrochen. Bei den Göttern, er macht den Eindruck, als müsse er jeden Augenblick sterben. Gerade habe ich mich mit einem der Matrosen unterhalten, der unter Deck kam. Er sagte mir, dass seien Symptome einer sogenannten Seekrankheit. Verursacht durch die schaukelnden Bewegungen des Schiffes. Sie vergehe zwar nach einigen Tagen wieder. Aber bis dahin sei es ein ganz entsetzlicher Zustand. Der arme Kerl tut mir so schrecklich leid.»

Karlotta kam näher und ihr Blick fiel auf Pantagars Arm sowie auf Melinaes Wange, auf der die Fingerabdrücke nach dem Schlag Farims noch gut zu sehen waren.

«Habt ihr völlig den Verstand verloren? Kann man euch Männer nicht für einen Augenblick alleine lassen, ohne dass ihr euch die Köpfe einschlagt?»

Sie packte sich ihre Tiegel mit Salben und inspizierte als erstes den Arm des Zwerges. Sie drückte vorsichtig daran herum, sodass Pantagar trotzdem scharf die Luft einsog.

«Das tut höllisch weh.»

Karlotta versetzte ihm einen Stoß.

«Stell dich nicht an wie ein kleines Mädchen. Das ist nicht mehr, als eine leichte Quetschung. Im Grunde genommen ist meine Salbe zu schade, um dich damit zu behandeln.»

Sie drehte sich zu Melinae um.

«Das gilt auch für dich, mein Freund. Aber vielleicht hättet ihr ja endlich die Güte, mir zu berichten, warum ihr euch wie die Idioten verhalten habt. Ist das Gespräch zwischen Fram und Barina der Grund gewesen?»

Melinae wurde ernst. Und Karlotta registrierte die Gemütsveränderung augenblicklich. Es schien jetzt nicht mehr angebracht zu sein, zu scherzen. Scheinbar war etwas vorgefallen, was die Männer ihr dringend und eingehend erklären mussten.

«Ich bin der Anlass gewesen, Karlotta. Aber ich weiß nicht, wieso. Doch bevor ich alles doppelt berichten muss, sollten wir abwarten, bis die anderen wieder bei uns sind. Ich nehme an, sie werden ...»

Melinae fuhr herum, als die Tür aufflog und Fram kreidebleich und völlig durchnässt vom Regen im Türrahmen auftauchte.

«Barina!», war das einzige Wort, welches er in diesem Moment ausstoßen konnte.

Karlotta, Pantagar und Farim fuhr der Schrecken in die Glieder. Hatten sie nicht alle einen Schrei gehört, den sie nicht als wichtig ansahen?

10

Ein Ausweg

Es hatte Baldur einige Mühe gekostet, die Dorfbevölkerung wieder in das zerstörte Dorf zurückzubringen. Viele von ihnen konnten oder wollten nicht begreifen, dass ihnen der Weg in den vertrauen Berg versperrt war und blieb. Doch sie mussten die Chance beim Schopf ergreifen, dass die Qwarn aufgrund Sy-Bitas Anweisungen nicht eingreifen würden, wenn die Zwerge sich entfernten. Trotzdem beschlossen einige, sich in einem Anfall von nicht nachvollziehbarer Sturheit vor die Felsen zu setzen. Noch hatte Sy-Bita kein Auge dafür. Wie lange sie sich dieses Verhalten bieten lassen würde, wollte Baldur nicht herausfordern. Sein Hauptproblem bestand allerdings wieder einmal darin, dass er nicht in der Lage war, mit Seinesgleichen klärende Gespräche zu führen. Von daher beschloss er, sich Karlottas zu bedienen, die zu den Personen gehörte, die den meisten Respekt bei der Dorfgemeinschaft genossen. Baldur winkte die alte Zwergin zu sich heran, um ihr mit Händen und Füßen begreiflich zu machen, was er erwartete. In erster Linie aber wies er immer wieder ausdrücklich auf die Gefahr hin, dass Sy-Bita in ihren Launen unberechenbar sei. Niemand konnte auch nur erahnen, ob sie nicht aufgrund einer nichtssagenden Verärgerung ihren Freibrief über den Haufen warf. Karlotta begriff sehr schnell den Ernst der Lage und ging zu den Wenigen hin, die sich in diese Art des Sitzstreiks begeben hatten. Baldur nahm sich hingegen des überwiegenden Teils der Frauen und Kinder an, um diese bereits zurückzuführen. So war es mit Karlotta abgesprochen, damit die meisten bereits aus der Gefahrenzone gebracht waren.

«Was soll dieses kindische Verhalten? Meint ihr allen Ernstes, Sy-Bita werde in Mitleid zerfließen, weil ihr euch hierher setzt? Meint ihr wirklich, sie werde euch die Tore wieder öffnen?»

Karlotta baute sich vor den Zwergen auf, die Hände in ihre Hüften gestützt. Ihr mächtiger Busen wogte vor Verärgerung. Auch sie selbst legte wenig Wert darauf, länger hierzubleiben, als es unbedingt notwendig war. Gimbor, einer der älteren Zwerge, der scheinbar auch einer der Initiatoren der Aktion gewesen war, stand auf.

«Karlotta, du hast ganz gewiss jeden Respekt von mir und von uns.» Dabei zeigte er auf die etwa zwanzig Zwerge, die noch auf dem Boden saßen. Manche von ihnen starrten Karlotta feindselig ins Gesicht. Andere wiederum sahen betreten und kleinlaut zu Boden. Karlotta vermutete, dass diese Zwerge, ausnahmslos jüngere, nicht aus freien Stücken hier saßen. Vermutlich hatte ihnen der Mut gefehlt, den Altvorderen zu widersprechen. Doch Gimbor fuhr fort.

«Wir haben das alles nicht begonnen. Nein, niemals gewollt. Hätte Steinwart diese verfluchte Flasche damals gelassen, wo sie war, hätten wir heute diese Probleme nicht. Jetzt ist er fort. Niemand weiß, wo er sich aufhält. Und was bleibt uns? Ein Leben in Zerstörung mit unseren Frauen und Kindern. Keiner von uns weiß, wie es weitergehen soll. Ihr sagt, Sy-Bita habe sich verändert. Wer sagt uns denn, dass das stimmt …»

Karlotta fühlte eine unbändige Wut in sich aufsteigen.

«Sag mir bitte, Gimbor, bist du so naiv? Oder tust du nur so? Du hast doch wohl Augen im Kopf, um zu sehen, was sich hier abspielt. Und machst du es dir nicht zu einfach, wenn du jetzt Steinwart, dem armen Teufel, die Schuld zuschieben willst? Du solltest dich für deine Worte schämen. Ich kann mich noch gut erinnern, wie ich dir deinen Zwergenhintern abgewischt habe, als deine Mutter dich zu mir brachte. Damals, als du im Fieber gelegen hast. Heute denke ich mir, ich hätte ihn dir besser versohlt. Was ich aber übrigens heute noch gerne nachholen kann.»

Dass sie mit diesen Worten zu weit gegangen war, bemerkte Karlotta unvermittelt. Einige der am Boden Sitzenden begannen zu kichern, was dazu führte, dass Gimbor sich in seiner Ehre und seiner Autorität verletzt sah. Die alte Zwergin, bestrebt, es wieder gutzumachen, redete weiter, als Gimbor mit versteinerter Miene wieder auf den Boden Platz nahm. Da aber war es bereits zu spät. Ohne dass Karlotta es mitbekommen hatte, war Sy-Bita hinter sie getreten.

«Kann ich vielleicht helfen? Ich glaube, mitbekommen zu haben, es gibt hier Diskussionsbedarf.»

Erschrocken fuhr Karlotta herum und hob abwehrend die Hände.

«Nein, es ist gar nichts. Du musst dich nicht mit unserer Sache belasten. Wir werden uns jeden Moment auf den Weg machen. Es ist alles in bester Ordnung.»

Gimbor sprang auf.

«Es ist überhaupt nichts in Ordnung. Ich kann es nicht mehr vertragen, dass andere meinen, aus welchen Gründen auch immer, sie müssten für alle anderen die Entscheidungen treffen. Werte Frau Sy-Bita, oder wie auch immer Ihr Name sein mag, öffnen Sie uns den Berg. Ich weiß nicht, was Sie daran hindert. Sie haben keinen Vorteil und keinen Nachteil.»

Tatsächlich schien die Schmetterlingsfrau kurz nachzudenken. Karlotta hielt die Luft an in Erwartung dessen, was jetzt kommen würde. Sie rechnete mit einem Wutausbruch. Doch Sy-Bita war scheinbar nicht so leicht zu provozieren, wie die alte Zwergin es vermutete.

«Mein lieber Zwerg. Gimbor ist dein Name? Richtig?» Gimbor nickte eingeschüchtert.

«Du hast wahrscheinlich völlig Recht. Ich habe nichts davon, euch den Schutz des Berges zu verwehren. Daher ist es gar nicht so verkehrt, wenn man mich durch klare Worte wieder zur Besinnung bringt.»

Sie hob die Stimme.

«Das gilt für alle von euch. Wer ein Problem hat oder unzufrieden ist, egal ob Zwerg, Qwarn oder Mensch, möge sich offen bei mir aussprechen. Warum werde ich immer als unnahbar oder unvernünftig angesehen? Tatsache ist, ich werde euch den Berg wieder öffnen.»

Karlotta schaute warnend auf die sitzenden Zwerge hinab. Und wider Erwarten erzielte sie sogar Erfolg damit. Die jungen Zwerge standen auf, um sich hinter Karlotta zu versammeln. Gimbor hingegen schaute triumphierend in die Runde.

«Wusste ich es doch!»

Ohne ein weiteres Wort zu verlieren, machte sich Karlotta mit ihren Begleitern auf den Rückzug. Weder aufgehalten von Sy-Bita, noch von einem der Qwarn. Erleichtert atmete die alte Frau auf, als sie endlich außer Sichtweite waren.

«Glaubt mir, das war die einzig sinnvolle Entscheidung. Ich traue ihr nicht.»

Sy-Bita stand inzwischen mit den verbliebenen sechs Zwergen vor dem ehemaligen Eingang in die Mine und vollführte komplizierte Bewegungen mit ihren Händen in der Luft.

«Wartet nur ab. Die anderen werden sich besinnen, wenn sie erfahren, wie gut es euch ergangen ist. Oh, ich weiß das. Vertraut mir.»

Langsam wurde der Granit vor dem Eingang durchscheinend. Dann verschwand er völlig.

Sy-Bita gab ein Zeichen mit ihrer rechten Hand.

«So geht ruhig. Und vertragt euch gut ...»

Gimbor sah verblüfft zurück.

«Nun ja, ein paar meiner Freunde werden euch begleiten. Nicht dass es euch an etwas fehlt, wenn ihr dort alleine seid.»

11 Saat des Misstrauens

»Was ist passiert?«

Karlotta sprang auf, wie von der Tarantel gestochen und packte Fram bei der Knopfleiste seines Hemdes. Dabei verhielt sie sich so ungeschickt und grob, dass einige Knöpfe abplatzten und wie wild durch die Kajüte sprangen.

«Lass dir nicht jedes Wort aus der Nase ziehen!»

Karlotta war übellaunig und gereizt, weil ihr Gegenüber noch immer kein Wort von sich gab. Ihr Herz klopfte wie wild. War Barina etwas zugestoßen? Wie hatten die Männer sie nur alleine, in diesem Zustand, an Deck gehen lassen können? Die schlimmsten Bilder tauchten vor dem geistigen Auge der Zwergin auf. Fram schluckte und deutete hinter sich, wo inzwischen feste Schritte zu hören waren. Begleitet von einem schleifenden Geräusch, welches Karlotta nicht einzuordnen wusste. Es hörte sich an, als werde ein nasser Sack über das Deck in Richtung der Stiege, die nach unten führte, gezogen. Die Zwergin lauschte nochmals. Plötzlich wusste sie, was dieses Geräusch verursachte. Sie stieß Fram beiseite und rannte zur Treppe. Von oben sprühte ihr die Gischt ins Gesicht, als die Flügeltüren geöffnet wurden. Im nächsten Moment versperrten zwei massige Körper den Blick in den regengrauen Himmel.

«Pass auf. Halt sie fest, dass sie uns nicht abrutscht. Ich hätte mir bei dieser Wetterlage auch etwas Besseres vorstellen können, als jetzt auch noch den Aufpasser für solch ein Weib zu spielen, das meint, nicht auf unsere Worte hören zu müssen!»

Karlotta spürte, wie ihr langsam aber sicher der Geduldsfaden riss.

«Ihr solltet weniger Kraft darauf verschwenden, euch zu streiten oder euch gegenseitig zu bemitleiden. Schafft Barina heil und sicher hier herunter. Und dann besorgt ihr gefälligst einen heißen Tee. Am allerbesten mit viel Rum.»

Die Zwergin drehte sich um.

«Und du Fram, anstatt hier Maulaffen feilzuhalten, solltest besser helfen. Ich fasse es ja nicht. Männer!»

So brüsk Karlotta augenblicklich auch klingen mochte, die Erleichterung, Barina lebend wiederzusehen, klang aus jedem einzelnen Wort. Als die Männer Barina endlich in die Kajüte brachten, konnte die Zwergin feststellen, dass ihre Freundin zumindest bei Bewusstsein war. Zwar machte sie einen angeschlagenen und reichlich verwirrten Eindruck, doch nach ein bisschen Ruhe würde sich dieser Zustand ganz sicher wieder geben. Erst jetzt registrierte Karlotta, dass Barinas Kleidung tropfnass war.

«Verschwindet hier! Aber auf der Stelle! Ich werde das Kind jetzt ausziehen und abtrocknen. Und wehe, ich sehe auch nur einen von euch durch die Türritzen glotzen. Derjenige wird sein blaues Wunder erleben!»

Niemand wagte, der zürnenden Zwergin auch nur das kleinste Widerwort zu geben. Einer nach dem anderen verschwand durch die offene Tür. Melinae war der Letzte. Er schloss sie leise hinter sich und wandte sich dann an den Anführer ihrer Gruppe.

«Was ist passiert Ich muss das wissen! Und ich sage euch anschließend auch wieso. Ich habe da eine bange Ahnung. Es wäre mir am liebsten, sie träfe nicht zu!»

Verwirrt sah Fram Melinae an.

«Ehrlich gesagt, weiß ich nicht, was du uns jetzt sagen

willst. Aber natürlich möchte ich deine Ahnungen nicht infrage stellen. Doch erst einmal zu Barina und mir. Ich bin nach oben gegangen, weil ich mir Sorgen um Steinwart machte. Ich lief über das ganze Schiff. Aber ich fand ihn nicht. Woher hätte ich auch wissen sollen, dass er sich in einer dunklen Ecke hier unten verkroch? Trotzdem war es gut, dass ich an Deck war. Ich wollte gerade wieder zurückgehen, als mir eine dunkle Gestalt auffiel, die weit vornüber gebeugt an der Reling stand. Erst beim Näherkommen wurde mir klar, dass es Barina war. Zuerst wollte ich sie alleine lassen. Dann aber begann sie sich in einer Art und Weise zu bewegen, die mich stutzen ließ. Ehe ich mich versah, schwang sie sich über die Brüstung und …»

«Mein Traum.»

Die Freunde sahen Melinae verständnislos an. Sein Ausspruch hatte augenscheinlich nichts mit Frams Bericht zu tun. Fram reagierte unwirsch.

«Unterbrich mich nicht. Also. Es sah so aus, als sei sie drauf und dran, sich das Leben zu nehmen. Wegen solch einer Lappalie. Stellt euch das vor! So hart habe ich sie doch gar nicht angefahren. Ihre Hände lösten sich von der Reling. Sie ruderte mit den Armen. Und urplötzlich war ich mir nicht mehr sicher, ob das alles freiwillig geschah. Sie machte mir den Eindruck, als sei sie besessen. Plötzlich ein schriller Schrei. So, als werde ihr bewusst, was sie da tat. Sie versuchte, sich zurückzuschwingen. Doch das gelang ihr nicht. Konnte ihr nicht gelingen. Ich stürzte nach vorne, griff zu und bekam Barina im letzten Moment an ihrem Arm zu packen. Ein Matrose, der zufällig vorbeikam, half mir, sie wieder an Bord zu ziehen. Wäre ich nicht zur rechten Zeit am rechten Ort gewesen, so wäre sie jetzt nicht mehr unter uns.»

Fram blickte in die Runde.

«So Melinae. Jetzt darfst du.»

Kreidebleich, immer wieder den Kopf schüttelnd, als

wolle er böse Gedanken vertreiben, stand der Mann vor ihnen.

«Ich … bei den Göttern, es passt haargenau zu meinem Traum. Ich habe hinter Barina gestanden. Ich habe ihr zugeflüstert zu springen. Habe ihr erzählt, welche Wunder sie in den Tiefen der See erwarten. Ich habe ihre Hände gelöst, als sie sich erneut festhalten wollten. Alles nur ein Traum. Und doch so real.»

Farim wich ein Stück zurück.

«Pantagar hat versucht, ihn aus diesem Zustand zu lösen. Aber es gelang ihm nicht. Melinae hat sich so in ihn verkrallt, dass Pantagar große Schmerzen litt. Da habe ich Melinae in meiner Not geschlagen. Und als ich ihn schlug, war es so, als erwache er …», Farim horchte in sich hinein. «Ja, natürlich. Als er aus seiner Trance erwachte, da erklang draußen dieser Schrei. Wir hätten doch niemals gedacht … Melinae, was hast du nur getan? Aber manche in unserem Dorf haben es wieder und wieder gesagt. Niemand weiß, woher du gekommen bist. Niemand weiß, was du zu uns gebracht hast. Du selbst weißt ja noch nicht einmal etwas über deine Herkunft. Oder soll ich sagen, angeblich?»

Melinae spürte, wie für ihn die ganze Welt mit einem Mal aus den Fugen geriet.

«Aber ich ...», stammelte er. Überlegte noch ganz kurz, ob es einen Sinn haben würde, weitere Worte zu verlieren. Doch er entschied sich dagegen. Stattdessen war er es nun, der die Stiegen empor rannte und seine Gefährten völlig konsterniert zurückließ. Steinwart war inzwischen aus seiner Ecke hervorgekrochen.

«Ich habe alles mit angehört. Aber das scheint mir doch jetzt sehr weit hergeholt.»

Sie sahen sich an. Niemand sprach für lange Zeit ein Wort. Die Saat des Zweifels und des Misstrauens war aufgegangen.

12 Zu weit gegangen

In einem ersten Impuls stürmte Gimbor zurück. Es kostete ihn nur Sekundenbruchteile, zu begreifen, was Sy-Bita in Wirklichkeit mit ihren spöttisch dahingeworfenen Worten sagen wollte. Doch es war bereits zu spät. Zwei der Qwarn stellten sich ihm in den Weg. Sie hielten ihn fest, während weitere dieser Wesen in gleicher Weise mit seinen Begleitern umgingen. Gimbor starrte zurück, während sich die Öffnung des Berges mit einem Flimmern wieder schloss. Das Bild wurde immer undurchdringlicher, bis die Dunkelheit auch keine Reste von Licht mehr zuließ. Nur die Stimme der Frau war von außerhalb noch zu vernehmen.

«Ihr habt jetzt Zeit genug, zu erkennen, dass ihr meine Großzügigkeit infrage gestellt habt. Aber regt euch nicht zu sehr auf. Euer Fleisch wird sonst bitter. Die Worte meiner Kinder. Entschuldigt bitte, das kommt nicht von mir …»

Gimbor und seine Gefährten hörten sie noch lachen, bis der Felsen so undurchdringlich war, dass kein Ton von außen mehr an ihre Ohren drang. Doch zu diesem Zeitpunkt wussten sie schon lange, dass sie zu weit gegangen waren. Als Gimbor mit einem grausamen Ruck der Arm aus der Gelenkpfanne gerissen wurde, erkannte er, dass sie keinen einfachen Tod sterben würden. Die Schreie der Zwerge erklangen nur für sie selbst. Sy-Bita spürte noch das Adrenalin durch ihre Venen schießen, lange nachdem das Tor wieder undurchdringlich war. Manchmal erschrak sie in solchen Momenten vor sich selbst. War Grausamkeit wirklich erneut zu einem wichtigen Lebensinhalt für sie geworden? Alles, was geschehen war, lag doch so lange zurück. Viele Jahrhunderte. In der Zeit danach hatte sie nachgedacht. War irgendwann sogar zum Entschluss gekommen, ein völlig anderes Leben zu führen. Anders wären die Erlebnisse zwei Jahre zuvor auch gar nicht zu erklären gewesen.

Danach aber hatte sie sich erneut verändert. Vielleicht war es sogar die Einsamkeit, die das aus ihr machte, was sie heute wieder darstellte. Sy-Bita schüttelte sich. Es war müßig, über die Kapitel ihres Lebens nachzudenken, die die Vergangenheit darstellten. Die Gegenwart zählte, und die Zukunft. Sie musste tun, was sie derzeit fühlte. Und von Niemandem würde sie sich dabei hineinreden lassen. Nicht einmal von ihr selbst.

Die Schmetterlingsfrau zuckte zusammen.

Ganz schwach hatte sie einen Kontakt wahrgenommen. Er kam über eine weite Strecke. Und trotzdem war er für sie unmissverständlich gewesen.

Melinae.

So nannte er sich jetzt. Was für ein dummer Name. Aber das war seine Entscheidung gewesen. Sie hatte ihm nach diesem Sturz im Berg ein neues Leben geschenkt. Damals noch aus dem Bestreben heraus, etwas Gutes zu tun. Die Gemeinschaft war es, die sie neu formte und die sie Dinge tun ließ, die sie niemals vorher für möglich gehalten hätte. Sie war nicht in der Lage gewesen, ihm seine Erinnerung an seine persönliche Vergangenheit zurückzugeben. Wenn da Fetzen blieben, die ihn verunsicherten, war das nicht ihre Angelegenheit. Später aber, als sie begann sich zu fragen, ob ihr Tun richtig gewesen war, da war sie froh, dass sie Melinae nicht vollständig freigegeben auf sein neues Leben losließ.

Etwas war in ihr angeklungen, das ihr sagte, dieser Mann könne noch einmal wichtig werden für mögliche spätere Pläne.

Welche Weitsicht sie doch in diesem Moment bewiesen hatte. So machte sie ihn zu einer ihrer Marionetten. Seinerzeit nicht bewusst. Doch heute kam es ihr mehr als gelegen. Er war die wichtigste Verbindung auf dem Weg der Gruppe zu den Salzseen von Birudur.

Diese Kontaktaufnahme, die meistens von ihm ausging, vollzog er nicht bewusst. Sie äußerte sich bei ihm in einem unerklärlichen Kopfschmerz sowie Phasen, in denen er wie weggetreten erschien. Allerdings hatte sich vor einigen Tagen etwas verändert. Sie selbst war aus unerklärlichen Gründen nicht mehr in der Lage, nach Melinae zu rufen. Wenn sie es versuchte, war es, als gebe es eine plötzlich aufgetretene Blockade, die sie nicht zu umgehen wusste.

«Barina, du Biest!», zischte Sy-Bita. Ohne es zu wissen, ahnte sie, dass es etwas mit der jungen Frau und ihren Kräften zu tun haben musste. Fram konnte es nicht sein. Auch wenn er in Ansätzen ihrem Geschlecht zugehörig war, so würden seine Kräfte für eine solche Veränderung niemals ausreichen. Umso mehr war sie nun erfreut, dass die Kontaktaufnahme ein weiteres Mal von Melinae selbst ausging. Einer der Qwarn kam zu ihr. Wie immer in unterwürfiger, aber auch lauernder Haltung. Niemals würde sie sich dazu herablassen können, diesen Wesen in vollem Umfang zu trauen.

«Verschwinde!», herrschte sie ihn an. «Lass mich in Ruhe. Das kannst du auch deinen stinkenden übrigen Gesellen sagen.»

Zu groß war ihre Sorge, aufgrund einer möglichen Störung den Kontakt wieder zu verlieren. Sy-Bita konzentrierte sich erneut, und so gelang es ihr nach relativ kurzer Zeit, wieder in das Bewusstsein Melinaes einzudringen. Vorsichtig, um nicht auf den fremden Zugriff aufmerksam zu machen, bewegte sie sich durch die Welt seiner Gedanken, Ängste und Ahnungen. Interessiert blätterte sie in den Ereignissen der vergangenen Tage, als lese sie in einem offenen Buch. Als sie zu der Stelle kam, an der Barina dem Mann das Leben rettete und sie der Veränderung gewahr wurde, die damit einhergegangen war, wusste sie, was zu der neuerlich vorhandenen Blockade geführt hatte.

«Wusste ich es doch, du Biest.»

Sy-Bita übernahm jedes Denken und jede Steuerung Melinaes.

Sie suchte auf dem gesamten Schiff, bis sie endlich Barina fand. Sie würde ihr heimzahlen, dass die Frau versuchte, ihr Steine in den Weg zu legen. Nicht bewusst. Das war völlig klar. Doch alleine die Tatsache, dass Barina es vermochte, stachelte die Wut Sy-Bitas auf. Ohne Mühe drang Sy-Bita in Barinas Bewusstsein ein. Ohne dass er es auch nur im Entferntesten ahnte, war Melinae ein hervorragendes Medium. Tief verankerte Sy-Bita sich. Als sie spürte, wie Barina sich gleich einer Marionette leiten ließ, stieg eine heiße Welle des Glücksgefühls und der Erregung in ihr auf. Jede Aktion, die sie vorgab, setzte die Frau an der Reling postwendend um. Ein Schritt noch. Ein kleiner Schritt. Und sie wäre Geschichte. Welch ein Gefühl der Glückseligkeit erfasste sie. Ein warnendes Gefühl stieg plötzlich in Sy-Bita auf.

Geh nicht zu weit, flüsterte es ihr zu. *Du brauchst sie noch. Denk an Gorm.*

Sy-Bitas Atem wurde hektisch. Sie wollte sich bremsen. Aber es war ihr nicht mehr möglich. Der Wille, Barina zu töten, wurde schier übermächtig. Sie versuchte sich zu lösen. Aber die Verbindung war zu stark. Kräfte, die sie nicht mehr beeinflussen konnte, befanden sich im Widerstreit. Wenn Barina jetzt losließ – ihr Finger lösten sich bereits – würde sie Gorm nicht mehr zurückholen können. Sy-Bitas Körper verkrampfte sich in ihrer Not. Sie schrie. Die Qwarn reagierten alarmiert. Doch keiner von ihnen wagte es, auch nur in ihre Nähe zu kommen.

Sie hatte es strikt verboten. Plötzlich ein Ruck. Die Verbindung riss. Sy-Bita flog nach vorn, als sei sie plötzlich aus einer hohen Geschwindigkeit heraus gebremst worden. Ihr Gesicht schrammte über den Boden. Wild spuckend sprang sie auf. Gras und Erde flogen von ihren Lippen. Sie versuchte, einen erneuten Kontakt herzustellen. Doch wie erwartet, gelang ihr das nicht.

«Gorm!»

Sy-Bita flog herum und stürmte in Richtung der unterirdischen Höhle. Sie wusste nicht, ob Barina noch lebte. Wie hatte sie nur so dumm und unvorsichtig sein können? Wenn der Baum jetzt sein Leuchten verloren hatte, würde alles zu spät sein. Sie stürmte zu Gorm in seiner veränderten Gestalt, fiel vor ihm auf die Knie, und als sie die Leuchtreflexe bemerkte, die zwar schwach, aber in unveränderter Form über den Stamm huschten, verspürte sie grenzenlose Erleichterung. Der Kontakt war gerade noch zur rechten Zeit, wodurch auch immer, gelöst worden. Beim nächsten Mal würde sie mehr Vorsicht an den Tag legen. Das stand fest.

13 Diskussionen

Die Stille wurde unterbrochen, als der Kapitän die Stiege hinunter polterte.

«Unser Smutje hat sich wieder einmal selbst übertroffen. Ich bitte die Herrschaften zu Tisch. Außerdem denke ich, dass wir genügend Gründe haben, uns über die Vorfälle oben an Deck zu unterhalten. Ihr seid doch sicher meiner Meinung.»

Karlotta schüttelte vehement den Kopf.

«Ich werde hierbleiben. Bei Barina. Ihr anderen könnt ruhig gehen und mir auf dem Rückweg etwas mitbringen.» Dann sah sie Steinwart an, der sich wieder verkrümmt zurückgezogen hatte. «Wie es mit dir aussieht, kannst nur du selbst entscheiden.»

Der Zwerg sah kurz auf und schluckte schwer.

«Essen werde ich mit Sicherheit nichts. Ich weiß ja noch nicht einmal, ob ich es aushalte, die Speisen zu riechen. Aber dabei sein will ich auf jeden Fall. In diesem Punkt stimme ich dem Kapitän voll und ganz zu.»

Karlotta zog sich mit Barina zurück.

Die anderen folgten dem Kapitän sowie einigen Matrosen in Richtung der Kombüse. Diese bestand aus einem großen Herd, über dem zahlreiche größere und kleinere Töpfe aufgehängt waren, die unter dem Schaukeln des Segelschiffes dauernd mit scheppernden Klängen gegeneinander stießen.

Steinwart machte den Fehler, diesen Bewegungen mit

seinen Augen zu folgen, was dazu führte, dass er auf dem Absatz kehrt machte, um sich an Deck zum wiederholten Male ins Meer zu erbrechen. Als er zurück kam, standen auf dem langen Holztisch, an dem seine Freunde bereits Platz genommen hatten, Teller mit einem undefinierbaren Brei bereit. Steinwart schaute kurz darauf. Die graue Paste stank erbärmlich nach Fisch. Um nichts in der Welt hätte er sich bereit erklärt, auch nur einen einzigen Bissen davon zum Mund zu führen. Angewidert schob er den Teller fort. Seine Gefährten stocherten ebenfalls nur lustlos in dem Essen herum. Die einzigen, die ihre Freude daran zu haben schienen, waren die Seeleute. Einer starrte unverhohlen auf den Teller Steinwarts. Der Zwerg schob ihn hinüber.

«Kannst du gerne haben. Mir ist so oder so nicht nach einer Mahlzeit zumute.»

Dankbar grinste der Matrose und schaufelte den Brei in sich hinein.

«Ihr solltet wirklich nicht so wählerisch sein. Eine Auswahl haben wir hier an Bord nicht. Natürlich sieht es nicht sehr appetitlich aus. Und auch der Geruch – nun, ja, er lässt zu wünschen übrig. Doch wenn man schnell genug isst, kann man den Geschmack zu verkraften. Doch jetzt im Ernst. Das Zeug ist nahrhaft und enthält alles, was ihr für ein Leben an Bord hier brauchen werdet. Wenn es euch vielleicht auch heute noch zuwider ist, morgen werdet ihr darüber herfallen, wenn eure Mägen laut genug knurren.»

Der Kapitän zwinkerte ihnen verschwörerisch zu. Dann begann er, die letzten Reste von seinem Teller zu kratzen. Währenddessen sahen sich Fram, Farim und Pantagar vielsagend an. Melinae ließen sie dabei völlig außer Acht. Die drei holten tief Luft und begannen dann ebenfalls, ihre Teller bis auf den letzten Krümel leerzulöffeln. Der Gesichtsausdruck, den sie dabei machten, war zwar vielsagend, doch die Worte des

Kapitäns hatten ihre Wirkung nicht verfehlt. Nur Melinae gab sein Abendessen ebenfalls für die Allgemeinheit frei.

«Smutje, bring uns einen Branntwein. Bei ein wenig Alkohol spricht es sich leichter. Ihr anderen löst eure Kollegen an Deck ab. Ihr bekommt eure Ration hinterher.»

Niemand von den so Angewiesenen hätte den Worten des Kapitäns widersprochen. Sie standen lautlos auf und verschwanden in Richtung des Decks.

Der Smutje stellte die Flasche auf den Holztisch sowie einige Gläser, die vor Fett glänzten. Bernsteinfarbene Flüssigkeit wurde eingefüllt, danach wurden sie verteilt.

Auch Steinwart ließ sich eines davon geben. Er schüttete es in einem Zug herunter und war verwundert, wie mild und dennoch kräftig der Branntwein schmeckte. Für den Moment blieb er sogar in seinem Magen. Der Zwerg versuchte, sich so wenig wie möglich zu bewegen. Immer darauf konzentriert, welche Signale sein Bauch ihm gab.

«So. Jetzt wüsste ich gerne, was dort oben vorgefallen ist. Ich bin hier der Kapitän. Und ich habe die Verantwortung an Bord. Nicht, dass ich diese in eurem Zusammenhang für sehr wichtig erachte. Meine Mannschaft aber hingegen ist mir äußerst wichtig. Eben ist keiner von meinen Männern in Mitleidenschaft gezogen worden. Aber wer sagt mir, dass es nicht beim nächsten Mal ganz anders sein wird? Also. Ich höre!»

Der grobschlächtige Mann lehnte sich zurück und verschränkte die Arme vor seinem mächtigen Brustkorb. Für kurze Zeit schwiegen alle. Dann war es Melinae, der als erster am Tisch das Wort ergriff. Niemand hatte es von ihm verlangt. Doch er hoffte durch das Reden den eigenen Druck von seiner Seele nehmen zu können.

«Ich weiß nicht, ob dieser Vorfall etwas mit mir zu tun hat, aber …»

Fram stieß ihn unter dem Tisch an.

«Halt bloß dein Maul», flüsterte er. «Weißt du nicht, wie abergläubig Seeleute sind? Ohne weitere Diskussionen werfen sie uns über Bord.»

Dann wandte er sich an den Kapitän, der ihn bereits misstrauisch ansah, weil er Melinae ins Wort fiel.

«Wir werden gleich mit Barina reden. Die Vermutung liegt nahe, dass es alles etwas viel für sie gewesen ist. Sie hat ihren Mann zuhause zurücklassen müssen. Ihm … nun ja, ihm geht es augenblicklich nicht sehr gut. Das macht es natürlich nicht einfacher für unsere Begleiterin, hier in See zu stechen. Es ist anzunehmen, dass sie dort oben war, um sich Gedanken zu machen. Dabei muss ihr taumelig geworden sein. Ihr wisst ja, wie Frauen manchmal sind …»

«Und deswegen übersteigt sie die Reling? Weil ihr … *schwindlig* war?»

Fram setzte ein unbeeindrucktes Gesicht auf.

«Ich sagte es ja. Wir müssen mit ihr reden. Erst dann sind wir alle schlauer und werden mehr zu dem Vorfall sagen können. Aber jetzt entschuldigt uns bitte. Wir bedanken uns für das Essen und den Branntwein, und auch für eure Geduld. Für die Vorfälle entschuldigen wir uns. Es wird nicht mehr vorkommen. Wir werden uns in unsere Kajüte zurückziehen, sofern ihr nichts dagegen habt.»

Fram stand auf und registrierte, dass seine Gefährten ihm folgten.

Nur Steinwart drehte sich nochmal um und nahm sich einen weiteren Teller mit Brei, der neben dem Herd bereitstand.

«Für Karlotta», murmelte er. Wohlwissend, dass sie ihn vermutlich nicht anrühren würde.

Dann machten sie sich auf in Richtung ihrer Unterkunft. Als die Tür hinter ihnen ins Schloss fiel, wirbelte Fram herum und packte Melinae beim Kragen.

«Du bist ja wohl völlig verblödet. Warum sagst du nicht gleich, dass wir uns der Schwarzen Magie bedienen? Wir können froh sein, dass es so glimpflich abgelaufen ist. Am liebsten würde ich dich den Haien zum Fraß vorwerfen. Dann hätten wir ein massives Problem weniger.»

«Reiß dich zusammen, Fram», zischte Steinwart. «Wir sind jetzt so weit gekommen, wenn wir uns jetzt auch noch gegenseitig an die Gurgel gehen, dann können wir gleich einpacken.»

14 Bedrückt

Wieder sprach keiner der im Raum Anwesenden über lange Zeit auch nur ein einziges Wort. Steinwart öffnete mehrfach seinen Mund, als habe er etwas auf dem Herzen, das helfen könnte, die bedrückende Stimmung zu lösen. Aber immer dann, wenn er meinte, jetzt könne er reden, ballte er seine rechte Hand zur Faust und schluckte seine Worte hinunter. Barina schlug das Herz in einem immer stärker werdenden Takt. Ihre Augen füllten sich mit Tränen. Sie hatte noch niemals gut mit solch einer Situation umgehen können. Sie erinnerte sich, dass sie als Kind fluchtartig den Wohnraum verließ, wenn die Stille mit Händen zu greifen war. In der Regel wanderte sie ziellos umher, bis sie meinte, die Situation habe sich entspannt. Wenn sie dann, manchmal erst lange nach Einbruch der Nacht zurückkam und alle schliefen, atmete sie auf. Dann verkroch sie sich auf ihre Schlafstelle, presste die Hände auf ihre Ohren und hoffte, dass es ruhig bleiben würde. Allzu oft wurde diese Hoffnung allerdings zunichte gemacht. Irgendwann in der Nacht wachte sie auf. Von lauten Stimmen. Von heftigem Streit. Und unglücklicherweise auch von Auseinandersetzungen, die in Handgreiflichkeiten ausarteten. Natürlich wusste Barina, zumindest hoffte sie das von ganzem Herzen, dass diese Gefahr hier unter ihren Freunden nicht bestand. Dieses Warten ohne Ziel zermürbte sie allerdings. Sie traf für sich die Entscheidung, jetzt die Stille zu durchbrechen.

«Freunde. Ich …»

Fram legte seinen rechten Zeigefinger auf seine Lippen und sah Barina warnend an.

«Horcht. Fällt es euch auch auf?»

Die Gefährten sahen sich verwirrt um. Jeder war inzwischen mehr als heilfroh, dass endlich wieder geredet wurde. Aber niemand konnte sich erklären, worauf Fram hinaus wollte.

«Dein Hinweis in allen Ehren, Fram. Aber so sehr ich mich auch anstrenge, ich höre nichts, was Anlass zur Sorge sein könnte.» Steinwart grinste schief in die Runde. «Wenn ich einmal von den Geräuschen meines Verdauungstraktes absehe. Ich glaube, ich sollte euch erneut verlassen.»

Der Zwerg hoffte, mit seinen Worten einen Anlass zu Gelächter oder Anzüglichkeiten gegeben zu haben. Allzu oft hatte er sich zur Zielscheibe des Spotts seiner Freunde gemacht. Oftmals aus Verärgerung, wobei er es allerdings in diesem Fall darauf anlegte.

Fram schüttelte den Kopf.

«Genau das meine ich. Es ist nichts zu hören. Diese Stille ist nicht normal. Keine Brandung, die gegen den Schiffsrumpf donnert. Keine Gischt, die über das Deck spritzt. Keine Rufe oder Schritte der Mannschaft. Es scheint alles wie tot zu sein.»

Barina wechselte die Farbe. Genau wie den anderen, wurde auch ihr in diesem Moment bewusst, was Fram meinte. Es war nicht nur das Ausbleiben der Gespräche in dieser Kajüte, was sie für kurze Zeit in ihre Vergangenheit katapultiert hatte. Es war viel mehr das Ausbleiben sämtlicher Geräusche.

Barina zog fröstelnd die Arme fest an ihren Körper.

«Steinwart, komm mit. Du wolltest sowieso an die frische Luft. Lass uns nachsehen, was draußen los ist. Ihr anderen bleibt hier, bis wir zurückkommen. Das gefällt mir ganz und gar nicht.»

Fram stand auf und winkte dem Zwerg nochmal zu, mitzukommen.

Er nahm die Klinke in die Hand, drückte und zog an der Kabinentür. Sie bewegte sich keinen Millimeter.

«Man hat uns hier eingeschlossen. Das ist doch wohl nicht möglich. Ist der Kapitän denn jetzt von allen guten Geistern verlassen?» Fram warf Melinae einen Blick zu, der aussagen sollte, was er von seinem Gegenüber dachte. «Habe ich es dir nicht gesagt?», zischte er.

Melinae senkte seinen Blick, sagte aber kein Sterbenswörtchen, was wahrscheinlich auch die einzig sinnvolle Reaktion war, um Frams Ratlosigkeit nicht noch weiter zu nähren. Für einen Augenblick sah der Anführer der Gruppe die Tür noch an, dann holte er aus und schlug mit der geballten Faust gegen das Holz.

«Lasst uns hier raus. Seid ihr verrückt geworden? Was soll das?»

Keine Reaktion.

Erneut schlug Fram gegen die Tür. Seine Freunde waren ebenfalls aufgestanden, um sich hinter ihm zu versammeln. Es hatte den Anschein, als würden sie gezwungen sein, Schutz zu geben, sobald sich die Tür öffnete.

«Öffnet diese verdammte Tür. Oder ich trete sie auf der Stelle ein.»

Endlich waren Schritte auf dem Gang zu hören.

Ein leises Scharren deutete darauf, dass ein Riegel zurückgezogen wurde. Weshalb dieses Geräusch beim Verschließen niemandem aufgefallen war, blieb Fram unbegreiflich. Dann öffnete sich die Tür endlich wieder. Der Kapitän trat ein. Hinter ihm drei seiner Matrosen mit Knüppeln bewaffnet.

«Macht nur keine Dummheiten. Ich warne euch. Eine falsche Reaktion und ihr werdet die Wut meiner Mannschaft zu spüren bekommen.»

Die Art allerdings, wie der Mann sprach, sowie der scheue Blick, nicht nur von ihm, gaben ein klares Zeichen, unter welch einer großen Angst die Besucher litten. Steinwart, der ihnen neben Fram am nächsten stand, war sich sicher, dass sie wie die Hasen laufen würden, sollte er auch nur eine hastige Bewegung in ihre Richtung machen. Barina war es schließlich, die diese seltsame Situation auflöste. Sie schob sich zwischen den Männern hindurch und blickte dem Schiffsführer ins Gesicht.

«Kapitän. Wollen wir nicht wie Erwachsene miteinander umgehen? Euch spricht die Angst vor uns so deutlich aus den Augen, dass es schon fast lächerlich wirkt. Was haben wir euch getan, dass ihr so reagiert? Wir haben doch nur still hier zusammengesessen. Was ist also passiert?»

Der Mann senkte seinen Blick und gab mit einer kurzen Handbewegung nach hinten zu verstehen, dass seine Begleiter die Waffen sinken lassen sollten. Die Männer kamen seiner Aufforderung nach. Ihre Körperhaltung allerdings war ein klares Zeichen, dass sie weit davon entfernt waren, sich wieder zu entspannen.

Barina nickte.

«Ich danke euch. So lässt es sich ganz gewiss vernünftig miteinander reden. Und ich glaube …»

Fram hob an, etwas zu sagen. Doch Barina bremste ihn.

«Lass mich bitte die Unterhaltung führen.»

Sie wandte sich wieder an den Kapitän.

«Also. Wir hören.»

Verlegen knetete der Mann seine Hände, die von zahlreichen Narben übersät waren: «Vielleicht … Ja, vielleicht haben wir überreagiert. Aber ihr müsst uns verstehen. Wir … Ach was. Am besten, ihr kommt mit und macht euch selbst ein Bild von unserer Situation.»

15 Widerspruch

Sy-Bita setzte sich, wie so oft, ein Stück abseits des in sich völlig verdrehten Baumes nieder. Manchmal half es ihr, sich stundenlang in den Zeichnungen seiner Rindenstrukturen zu verlieren. Dann war es ihr, als ob ihre Gedanken plötzlich von einer Leichtigkeit durchsetzt waren, die sie alleine bereits seit langer Zeit nicht mehr finden konnte. Alles wurde einfach. So lange jedenfalls, bis sie aus der Welt ihrer Gedanken zurückgeholt wurde. Ihre Qwarn wussten das inzwischen. Sie gingen ihr in diesen Phasen besonders aufmerksam aus dem Wege. Niemand von ihnen wollte der Anlass ihres nächsten Wutausbruches sein, der unweigerlich kommen musste.

Die Schmetterlingsfrau runzelte ihre Stirn und kniff die Augen zusammen. War es tatsächlich möglich, dass sie inzwischen den Ansatz derjenigen, die zwei Jahre zuvor in diesem Baum gefangen wurden, erkennen konnte? Waren es Finger, die sich ihr stumm entgegenstreckten? Oder doch nur Zerrbilder, die ihr das Spiel der Schatten im flackernden Feuerschein suggerierten? Sy-Bita ging näher heran, streckte ihre rechte Hand aus und legte diese vorsichtig auf die Rinde. Erschrocken zog sie die Hand wieder zurück, drehte die Handfläche nach innen und blickte fasziniert darauf. Hatte sie wirklich etwas gespürt? Wärme? Ein stärker werdendes Pulsieren?

Voller Angst, wieder erkennen zu müssen, dass ihre

Sinne ihr einen Streich spielten, näherte sie ihre Hand erneut dem Stamm. Fast war es, als ginge in diesem Moment eine magnetische Anziehungskraft von ihm aus. Sy-Bita wollte die Bewegung abbrechen, aber es war ihr nicht möglich. So sehr sie sich auch bemühte, das Aufbegehren Gorms war stärker. Nicht, dass sie sich dieser Berührung und den damit möglicherweise zusammenhängenden Empfindungen widersetzt hätte. Doch eine gewisse aufkommende Unruhe konnte sie sich nicht absprechen.

Endlich spürte sie die Rinde wieder unter ihren Fingern. Und nein, sie täuschte sich nicht. Die Wärme und das leichte Pulsieren hatte sie sich nicht eingebildet. Ein Lächeln überzog ihr Gesicht. Sie war auf dem richtigen Weg. Voller fast kindlicher Freude beobachtete Sy-Bita, wie die leuchtenden Spuren, die über die verdorrten Zweige huschten, auch ihre Hand mit umfassten.

Zuerst war es nur ein leichtes Kribbeln, das sie spürte. Angenehm und nicht mehr als eine ferne Ahnung von Berührung. Plötzlich aber wurde das Kribbeln intensiver. Stärker und stärker. Das Grün der Leuchtspuren, eben noch kaum sichtbar, nahm tiefere Farbschattierungen an. Und damit kamen auch die Schmerzen. Sy-Bita versuchte, in ihrer Not die Hand wegzuziehen. Es war unmöglich. Die Kraft, die vom Baumstumpf ausging, war so viel stärker als sie. Sy-Bita hatte ihr nichts entgegenzusetzen. Der Schmerz bewegte sich von den Händen zu ihrem Arm hinauf. Mit vor Angst geweiteten Augen folgte die Frau den Spuren. Was hatte Gorm nur vor?

Sy-Bitas Augen verdrehten sich. Wäre jetzt jemand in ihrer Nähe gewesen, so hätte derjenige nur noch das Weiße in ihren Augen sehen können. Sie entfernte sich von Sekunde zu Sekunde weiter von jeglicher Realität. Mit einem Mal spürte sie auch die Schmerzen nicht mehr. Ein fremder Geist nahm Besitz von ihr. Sie wurde zum Medium. Eine Erfahrung, die sie selbst

noch niemals kennengelernt, sondern nur an anderen benutzt hatte.

Gorm wollte ihr etwas mitteilen. Sy-Bita öffnete ihren Geist, bereit, seine Anweisungen und seine Gedanken in sich aufzunehmen. War das nicht der Beginn einer neuen Ära? Der Start einer neuen Phase, auf die sie schon so lange wartete? Endlich würde sie nicht mehr alleine sein. Endlich würde sie ihre Gedanken mit einem Gleichgesinnten austauschen können. Ein wohliges Stöhnen kam von ihren Lippen.

«Gorm. Benutze mich. Sprich zu mir. Ich will deine Stimme hören.»

Sy-Bita lauschte. Sie spürte, dass er alle Kraft zusammenzog, um mit ihr zu kommunizieren. Aber irgendetwas hinderte ihn, sich bis in den letzten Grad zu offenbaren. Immer dann, wenn sie meinte, der Moment sei gekommen, dass Gorm ihr seine Gedanken senden würde, zog er sich wieder zurück. Bilder entstanden vor Sy-Bitas geistigem Auge. Flüssigkeit wurde träge. Impulse, die eben noch wie helle Lichtblitze schossen, wurden immer langsamer. Bis sie fast zum Stillstand kamen. Ein Wasserfall, der eben noch wild und mit unbändiger Kraft eine weite und tiefe Schlucht hinunterstürzte, kam zum Erliegen.

Alles nur Synonyme für den inneren Kampf, den Gorm führte, den er aber scheinbar augenblicklich nicht gewinnen konnte.

Etwas hinderte ihn. Oder jemand?

Plötzlich sah Sy-Bita in der Ferne zwei Gestalten auftauchten, die miteinander rangen. Ihr angespannter Geist bot ihr Bilder für Vorgänge, die fern jeder Vorstellungskraft waren. Die Kämpfenden waren zu weit entfernt, als dass Sy-Bita sie hätte erkennen können. Sie versuchte, sich auf den Anblick zu fokussieren. Und mit einem Mal kamen sie näher. Sie erkannte Gorm. Groß und stattlich. So, wie er Zeit seines langen Lebens gewesen war. Aber wer konnte das sein, der von der anderen Seite an Gorm zog und zerrte? Immer dann, wenn Gorm es schaffte, einen Schritt auf sie zuzukommen, wurde er von seinem Widersacher zurückgezogen. So sehr Sy-Bita sich auch anstrengte, es war ihr nicht möglich, sein Gesicht auszumachen.

«Kämpfe», flüsterte Sy-Bita. «Kämpfe. Du bist stark. Wer kann sich dir widersetzen? Kämpfe. Ich bin bei dir.»

Natürlich würde Gorm diese Worte nicht hören können. Oder vielleicht doch? Es hatte den Anschein, als verdoppele er seine Anstrengungen. Aber egal, wie sehr Gorm sich auch mühte, sein Gegenüber tat es ihm gleich. Es schien, als seien sie Eins. Als wisse der Andere immer schon einen Moment, bevor sein Gegenüber eine Aktion ausführte, wie diese aussehen würde. So war es ihm möglich, sich dagegen zu wappnen.

«Schau mich an!»

Zuerst flüsterte Sy-Bita diese Worte nur. Dann schrie sie. Ihre Absicht, etwas zu bewegen, Gorm zu unterstützen, wurde schier übermächtig. Und jetzt, endlich, wandte Gorms Widersacher ihr sein Gesicht zu. Sah sie an. Verbissen. Das Gesicht im Kampf verzerrt. Sehnen, die an seinem Hals, dick wie Seile, hervortraten. Und dazu diese Augen. Groß, weit. Und unendlich traurig.

Sie schienen ihr etwas zuzurufen.

Sy-Bita lauschte.

Und was Gorm nicht vollbrachte, ihm – Amidor – gelang es.

Aus weiter Ferne drangen seine Gedanken bis zu ihr.

«Dafür habe ich dieses Opfer vollbracht?»

Sy-Bita ließ los und brach mit einem irren Schrei ohnmächtig zusammen.

Targor schlug in der Dunkelheit seines Gefängnisses die Augen auf.

Er wusste nicht, was ihn aus seinem unruhigen Schlaf geweckt hatte. Bildete er sich das ein oder hatte er wirklich einen Schrei gehört?

Allerdings war es vergeblicher Aufwand, sich hierüber Gedanken zu machen. Zu oft drangen die Hilferufe und Schreie Sterbender an seine Ohren. Wenn die Qwarn auf Jagd gingen, um ihre niedersten Instinkte zu befriedigen, drang sehr viel Leid an Targors Ohren. Manchmal konnte er es nicht mehr ertragen, hier zu sitzen, ohne einzugreifen. Dann rüttelte er wie wild an den Gitterstäben seines Gefängnisses und schrie seine Verzweiflung hinaus. Vergeblich. Ohne Reaktion. Und trotzdem musste er das tun, um nicht seinen Verstand zu verlieren.

Targor schnüffelte. Etwas war dennoch anders als sonst. Erst jetzt drang diese Erkenntnis an sein Bewusstsein. Ein Geruch lag in der Luft. Nach Verbranntem. Ganz entfernt an Fleisch erinnernd, das über offenem Feuer gegart wurde. Die Qwarn liebten es, ihr Opfer roh zu verspeisen. Was war geschehen, dass sie plötzlich ihre Einstellung änderten? Oder war es nur eine neue Möglichkeit, die potenziellen Opfer zu quälen? Wie hatte Sy-Bita einmal gesagt? Sie lieben es, dem Fleisch ihrer Mahlzeiten durch Schmerzen und Todesangst eine eigene Würze zu verleihen. Es erhöht den Geschmack.

Angewidert drehte Targor sich zur Wand und starrte in die Dunkelheit.

16 Sirup

Der Kapitän polterte schwerfällig die Stiege empor. Er hatte einen ganz eigentümlichen Gang. Als wolle er durch Gewichtsverlagerungen dem Schaukeln des Schiffes entgegensteuern. So, wie er es Zeit seines Lebens getan hatte. Nur, dass die Sturmwind so still lag, als befände sie sich auf Reede. Nicht die geringste Bewegung ging von dem Segler aus.

Der erste aus ihrer Gruppe, der hinter dem Schiffsführer das Deck betrat, war Pantagar. Verwundert sah er sich um, als er erkannte, dass sämtliche Matrosen sich auf einer Seite des Decks versammelt hatten und auf das Meer starrten. Als sie die Schritte hinter sich hörten, bildeten sie bereitwillig eine Gasse. Zuerst hatte es für Pantagar den Anschein, als wolle man ihn und seine Freunde hindurchlassen, damit sie sich selbst ein Bild machten. Dann aber begriff er. Sie hatten Angst vor ihm. Oder vor seinen Gefährten. Dass sie ihm diesen freien Platz boten hatte nichts damit zu tun, dass er auf das Meer hinausblicken sollte. Sie wollten nur nicht von ihm oder von seinesgleichen berührt werden. Noch nicht einmal dann, wenn es aus Unachtsamkeit geschah. Pantagar sah die Mannschaft an. Erkannte verhärtete Gesichter, versehen mit Zügen der Unsicherheit. Sobald er in Augenkontakt trat, blickten die Matrosen reflexartig zur Seite. Es war, als könne sein Blick bereits das Unheil fördern.

«Was ist denn nur los mit euch?»

Der Zwerg schüttelte seinen Kopf und trat bis an die Reling heran. Die bange Erwartung vor dem, was er zu sehen bekäme, konnte er dabei nicht abschütteln. Pantagar sah auf das Wasser hinaus. Neben ihm versammelten sich inzwischen seine Mitstreiter. Ein leises Scharren noch mit den Füßen. Dann herrschte Stille. Der Zwerg sah sich vorsichtig um und erkannte die Fassungslosigkeit in den Augen seiner Freunde. Dasselbe Gefühl, das sich auch seiner gerade bemächtigte. Dort, wo gestern noch die Wellen gegen das Schiff brandeten, herrschte jetzt Bewegungslosigkeit. Die Wellen türmten sich noch immer auf. Doch sie blieben wie erstarrt, als seien die Abläufe der Zeit außer Kraft gesetzt. Oder eine übernatürliche Kraft habe das Wasser zu einem Meer aus Sirup erstarren lassen.

«Schaut doch genau hin», keuchte Barina. «Das ist doch nicht möglich. Wenn man genau hinsieht, erkennt man die Bewegung. Es ist nicht so, als sei alles zu einem immerwährenden Stillstand gekommen. Die Abläufe sind nur extrem verlangsamt worden.»

Fram war der Nächste, der seine Worte wiederfand.

«Du hast völlig Recht. Wenn man genau hinsieht, erkannt man, wie sich die Schaumkronen in einer unendlich langsamen Geschwindigkeit aufbauen und dann wieder zusammenfallen.»

Sein Blick wanderte zum Schiffsführer.

«Habt ihr so etwas schon einmal erlebt?»

Der Kapitän schüttelte den Kopf, war aber mit seinen Gedanken offensichtlich weit entfernt von Frams Frage. Stattdessen herrschte er seine Mannschaft an.

«Was habe ich hier nur für eine Bande an Tagträumern und Angsthasen an Bord? Würdet ihr eure Blicke vielleicht gnädiger Weise auf die Segel richten?»

Die Matrosen rissen die Köpfe hoch und begriffen augenblicklich, was die Anweisung bedeuten sollte. Die Segel standen voll im Wind und blähten sich. Da das Schiff jedoch zur Bewegungslosigkeit verdammt war, konnte es nicht mehr lange dauern, bis die Segelbahnen reißen oder die Masten dem Druck nicht mehr standhalten würden.

«Los. Ab in die Masten. Refft die Segel.»

Plötzlich war wieder Bewegung an Deck. Jeder vergaß für einen Moment seine Sorgen und war darauf bedacht, seinen Pflichten nachzukommen.

«Jetzt zu deiner Frage. Ich habe sie sehr wohl gehört.»

Der Schiffsführer drehte sich zu Fram um.

«So etwas habe ich noch niemals erlebt. Und so wird die Frage in mir übermächtig, wem ich das hier zu verdanken habe. Mit dem Tag, da ich euch an Bord nahm, ist nichts mehr wie zuvor. Am besten würde ich euch tatsächlich von Bord werfen. So, wie es die Mannschaft eben noch von mir forderte. Doch auch wenn ihr vielleicht einen anderen Eindruck von mir habt, ich bin ein Ehrenmann. Und ich werde euch zu den Salzseen von Birudur bringen. Sofern denn das Meer zu seinem gewöhnlichen Zustand zurückfindet. Aber erwartet bitte nicht von mir, dass wir euch auch wieder abholen. Sucht euch dazu, wen immer ihr wollt. Aber auf die Sturmwind werdet ihr keinen Fuß mehr setzen. Das steht fest.»

Seine Worte waren noch nicht ganz verklungen und Fram hatte noch keine Möglichkeit der Erwiderung gefunden, als ein gellender Schrei übers Meer ertönte. Laut und nah, aber doch unendlich fern. Ein seltsamer Laut, der allen eine Gänsehaut bescherte. Kaum herrschte wieder Stille, kehrte das Meer wieder in seinen vorherigen Zustand zurück. Das Wasser verhielt sich wieder so, wie man es von ihm erwarten konnte. Was dazu führte, dass die Sturmwind einen völlig unerwarteten Satz nach vorne machte. Karlotta stolperte nach vorne und fiel zu Boden. Dabei schlug ihr Kopf schwer auf einer Truhe mit Seilen auf. Augenblicklich schoss ihr das Blut aus einer massiven

Platzwunde über das Gesicht. Steinwart stürzte hinzu und warf einen Blick darauf.

«Es scheint nicht allzu schlimm zu sein.»

Karlotta warf ihm einen vernichtenden Blick zu, als wolle sie ihm sagen, dass er anders reden würde, wäre ihm dieses Missgeschick zugestoßen. Sie presste sich den schmutzigen Lappen, den der Zwerg ihr gab auf die Wunde und stand schwerfällig auf. Viel schlimmer aber hatte es einen der Matrosen getroffen, der sich nicht mehr rechtzeitig festhalten konnte und aus mittlerer Höhe auf das Deck stürzte. Barina kniete neben ihm und war dabei, ihn zu untersuchen. Scheinbar hatte er sich einige Knochenbrüche zugezogen, war aber ansonsten bei Bewusstsein. Ob er auch innere Verletzungen erlitten hatte, konnte sie mangels Erfahrung nicht erkennen. Der Mann starrte sie allerdings mit weit aufgerissenen Augen an.

«Hexe», zischte er immer wieder. «Hexe.»

Bei diesen Worten machte er mit den Fingern seiner unverletzten linken Hand fortwährende Zeichen zur Abwehr des bösen Blicks. Barina, die sich darüber hinwegsetzen wollte, schob seine Hand zur Seite und begann den Matrosen, auch gegen seinen Willen, abzutasten. Sehr weit kam sie aber nicht, da sie von seinen Kameraden grob nach hinten gerissen wurde.

«Sperrt sie ein. Sperrt sie alle ein. Bei der nächsten sich bietenden Gelegenheit setzen wir sie aus. Egal, wo auch immer das sein mag.»

Es war der Steuermann, der mit diesen Worten seiner aufgestauten Wut, Angst und Unsicherheit Luft machte. Den Kapitän, der zur Hilfe herbeieilte, stieß er grob beiseite.

«Wir haben uns lange genug gängeln lassen. Ich denke, es ist an der Zeit, dass hier diejenigen das Kommando übernehmen, die auch wirklich dazu befähigt sind. Werft ihn einfach mit dazu.»

Es gab noch ein kurzes Handgemenge, welches die Meuterer sehr schnell für sich entschieden. Wenig später fanden sich die Gefährten, zusammen mit dem abgesetzten Kapitän, im Bauch des Schiffes wieder.

17 In der Not

Als sich die Türe zum Aufgang knarzend wieder schloss, umgab die Gefährten undurchdringliche Dunkelheit. Zumindest war das der erste Eindruck, den sie gewannen. Nachdem sich aber die Augen nach und nach an die finstere Umgebung gewöhnt hatten, schälten sich Umrisse der Gegenstände heraus, von denen sie umgeben waren. Achtlos hingeworfene Seilbündel, Kisten, die ein Sammelsurium an Inhalt beherbergen mochten. Irgendwo drang ein wenig Licht durch einen Spalt von oben. Das Bild, welches dieser Lichtstrahl zeichnete, barg Hoffnung, aber auch tiefe Niedergeschlagenheit in sich. Eine seltsame Zwittersituation. Staub wirbelte in einem nie enden wollenden Tanz. Fram schlug voller Wut mit der Hand durch das Band aus Staub. Das einzige aber, was er damit erreichte, war eine kurze Unterbrechung des Reigens. Sekunden später war alles wieder wie vorher.

«Mit allem hätte ich gerechnet. Damit nicht.»

Der Schiffsführer saß niedergeschlagen ein wenig abseits der Gruppe. Ob er den Abstand aus purem Zufall hielt oder aufgrund der Tatsache, dass auch er sich vor seinen Mitgefangenen fürchtete, blieb in diesem Moment unbeantwortet. Er schlug plötzlich mit der flachen Hand so heftig auf den Dielenboden, dass nicht nur die Frauen erschrocken zusammenzuckten. Als er aufstand, fiel der Lichtstreifen so seltsam auf sein Gesicht, dass es den Eindruck einer Maske bot. Im nächsten Moment war dieser Eindruck aber bereits wieder dahin. Er ging mit zwei Schritten zu der Bretterwand, die sie von der Freiheit trennte und rüttelte prüfend daran.

«Ich weiß nicht, was sie damit erreichen wollen. Sie wissen genauso gut wie ich, dass es mich oder uns nur einen geringen Aufwand kosten wird, uns zu befreien.»

Damit legte er seine Hand an die Tür und suchte nach einer Möglichkeit, diese, notfalls unter Gewalt, zu öffnen. Bevor er jedoch sein Vorhaben in die Tat umsetzen konnte, war es ausgerechnet Steinwart, der zu ihm ging und beruhigend seine Hand auf die des großen und breitschultrigen Mannes legte.

«Was willst du damit erreichen? Ja. Natürlich verstehe ich dich. Du willst genauso schnell wieder hier heraus, wie wir alle. Aber was kommt dann? Du wirst deine Mannschaft besser kennen, als wir. Vielleicht aber auch nicht. Doch wenn wir uns befreien, wo wollen wir dann hin? Sie sind ganz sicher bewaffnet. Wir nicht. Noch müssen wir nicht um Leib und Leben fürchten. Lass uns abwarten. Noch habe ich nicht den Eindruck, dass man uns etwas antun will. Es ist nur die Angst, die sie antreibt.» Steinwart sah den Mann mit zusammengekniffenen Augen an. «Eine Angst, die völlig unbegründet ist.»

Der abgesetzte Schiffsführer sah sich um. Vermied es aber augenscheinlich, Barina anzublicken. Dann senkte er seinen Blick wieder hinunter zu dem Zwerg, der immer noch vor ihm stand.

«Du magst ganz sicher Recht haben. Wir Seeleute sind schon ein komisches Völkchen. Trotzdem kann ich, auch bei allem Verständnis für die Situation, nicht gutheißen, was eben dort oben abgelaufen ist. Sie werden sich dafür zur Rechenschaft ziehen lassen müssen.»

Er legte seine Hand erneut an den Türspalt, hielt aber inne, als plötzlich Schritte in eiligem Gang von weiter oben zu vernehmen waren.

«Es kommt jemand», zischte er und begab sich zurück an seinen Platz.

Die Freunde hörten, wie der Riegel zurückgeschoben wurde. Ein blonder Lockenkopf erschien im Durchgang.

«Wer von euch ist die Heilkundige? Und kommt mir nur nicht auf dumme Gedanken. Ich bin nicht alleine.»

Karlotta stand auf. Barina tat es ihr gleich. Der Matrose trat unwillkürlich einen Schritt zurück und kreuzte seine Finger in Barinas Richtung.

«Geh mir aus den Augen, Hexe.»

Karlotta baute sich vor dem jungen Mann auf.

«Ich kann mir vorstellen, weshalb ihr gekommen seid. Eurem abgestürzten Kameraden geht es mit großer Wahrscheinlichkeit nicht besonders gut. Und in euch tobt nun ein Widerstreit. Sollen wir ihn sterben lassen? Oder doch eine der Gefangenen hinzu bitten? Dann hört meine Antwort. Ich habe noch nie eine Hilfe abgelehnt, um die ich gebeten wurde. Aber …»

Der blonde Mann schlug seine Augen nieder. Es war unschwer zu erkennen, dass er sich unwohl in seiner Haut fühlte. Möglicherweise plagte ihn sogar so etwas wie ein schlechtes Gewissen.

«… aber. Entweder meine Freundin kommt mit. Oder wir vergessen, dass ihr hier gewesen seid. Überlegt euch eure Antwort gut.»

Aus der Dunkelheit hinter dem Mann war ein Raunen zu vernehmen. Zu leise, um die Worte zu verstehen. Der Matrose vor ihr hatte seinen Kopf nach hinten gewandt und lauschte den Worten seines Begleiters.

«Beim Klabautermann, kommt beide mit. Aber wir werden euch gut im Auge behalten. Eine falsche Bewegung und ihr findet euch bei den Fischen wieder. Jetzt lasst uns gehen. Ihr anderen bleibt hier. Verhaltet euch ruhig. Dann wird euch auch nichts geschehen. Wir beraten später, was wir mit euch anfangen werden.»

Karlotta huschte an dem Mann vorbei. Als Barina allerdings den Raum verlassen wollte, streife sie unabsichtlich den rechten Arm des Mannes, der darauf wartete, die Tür wieder schließen zu können. Dieser sprang zurück, als habe er sich verbrannt und stieß sich bei dieser heftigen Bewegung an einem Querbalken heftig den Kopf. Für einen ganz kurzen Moment stand er benommen auf der Stelle. Fram sah seine Chance gekommen und machte einen Schritt nach vorne, um ihn zu überwältigen. Doch erneut war es Steinwart, der sich ihm in den Weg stellte.

«Lass es.»

Fram warf dem Zwerg einen wütenden Blick zu, stoppte seinen Angriffsversuch aber tatsächlich. Als er sich wieder hinsetzen wollte, sah er aus dem Augenwinkel ein Messer in der Hand des zweiten Mannes aufblitzen. Der Blick, den Fram daraufhin Steinwart zuwarf, drückte ein beachtliches Maß an Dankbarkeit aus. Steinwart grinste nur. Das war wesentlich mehr, als er erwartet hatte. Die Tür schloss sich wieder und sie blieben alleine, ohne die Frauen, zurück.

«Was werden sie mit ihnen anstellen, wenn er trotzdem stirbt?»

Melinae hatte damit eine Frage in den Raum geworfen, die sich alle anderen ebenfalls stellten. Nur hatte niemand gewagt, sie laut auszusprechen. Alle Blicke richteten sich auf den Kapitän. So, als könne er – und nur er – die Antwort auf diese Frage geben.

«Was erwartet ihr von mir? Ich kann auch nicht in ihre Köpfe sehen. Aber ich frage mich daneben noch etwas anderes. Was geschieht, wenn sie ihm nicht helfen können? Keine Ahnung, ob sie ihrer Wut Luft machen, aber, was geschieht, falls sie wirklich eine Hilfe sind? Vielleicht auf eine Art, die ihrem Aberglauben neue Nahrung gibt. Vielleicht ein seltsames, unheimlich klingendes Murmeln. Vielleicht auch nur eine unachtsame Handbewegung? Habt ihr euch darüber schon einmal Gedanken gemacht?»

Er sah nochmal in die Runde.

«Dankbarkeit haben sie dann gewiss keine zu erwarten.»

18 Irrsinn

Verwirrt schlug Sy-Bita ihre Augen wieder auf. Es war ihr seit gefühlten Ewigkeiten nicht mehr geschehen, dass sie ihr Bewusstsein verloren hatte. Einen Moment brauchte sie daher, um ihre Gedanken wieder zu sortieren. Was war geschehen?

Sie hatte versucht Kontakt mit Gorm aufzunehmen. Doch die Antwort kam von dessen zweitem Ich. Einem Individuum, das sie vor undenkbar langer Zeit erschaffen hatte. Und das sie zwei Jahre zuvor benutzt hatte, um Barina ins Leben zurückzuholen. Ihre Gedanken drehten und wirbelten in einem fortwährenden Kreislauf.

«Genug!», schrie Sy-Bita aus.

Sie sprang auf. Mit einem erneuten Schrei sowie einem Gesichtsausdruck, aus der die Qwarn in sicherer Entfernung ängstlich aufhorchen ließ. Erst als keine weiteren Ausbrüche von ihr kamen, widmeten sich die Kreaturen wieder dem blutigen Mahl.

Sy-Bita war wütend. Wütend auf sich selbst.

Hatte sie Amidor damals tatsächlich mit zu großer Macht ausgestattet? Mit einer Macht, die es ihm heute nun erlaubte, sich über Gorm hinwegzusetzen? Zumindest in kurzen Phasen. Das hatte sie niemals gewollt. Sie hielt für einen Augenblick inne.

Nein, das stimmte nicht. Selbstverständlich war es einmal ihr vorrangiger Wunsch gewesen, Gorm vom Antlitz dieser

Welt zu tilgen. Sie hatte ihn gehasst. Gehasst, wie sonst nichts anderes. Sie waren sich zu ähnlich, als dass sie beide zusammen gefahrlos existieren konnten. Aber andererseits führte dies auch wieder dazu, dass sie ohne einander auf Dauer nicht überlebensfähig waren. Würde sie damit leben müssen, dass Gorm, sollte er überhaupt jemals wieder zurückkommen, immerzu ein zweites Bewusstsein in sich tragen würde? Inwieweit hätte dieser Umstand Einfluss auf Gorms Verhalten? Wäre er wie immer? Oder würde ihn dieser Zustand zerreißen?

Sy-Bita fröstelte.

Gorm war immer undurchschaubar und in seiner Art noch wesentlich gefährlicher gewesen, als sie selbst. Wenn sie nun aber dabei war, ein Wesen zu erschaffen, das allem Dagewesenen spottete, wäre es dann nicht besser, die Finger davonzulassen?

Sie starrte in die Dunkelheit, die von den flackernden Feuerschalen nur unzureichend erhellt wurde.

Dann begann sie, ihren Kopf zu schütteln. Erst vorsichtig. Dann immer heftiger werdend, bis ihr die Haare wild um den Kopf flogen.

Hätte sie sich selbst beobachten können, es wäre gewesen, als sähe sie einer Wahnsinnigen zu.

«Nein, nein und nochmals nein. Diesen Gedanken lasse ich nicht zu. Frevelhaft.»

Erneut schüttelte sie den Kopf. Der Speichel flog in hohem Bogen von ihren Lippen.

«Er ist es, der mir diese Gedanken schickt. Ich darf ihm nicht trauen. Nicht einmal im Ansatz. Er sitzt in seiner Zelle, als könne er kein Wässerchen trüben. Aber jetzt weiß ich, was er vorhat. Er will mich verändern. Will, dass ich mein Ziel verliere. Holt ihn mir.»

Sy-Bita begann ein irres Lachen. Laut und schrill. Als sei es nicht von dieser Welt. Dann drehte sie sich blitzartig zu den Qwarn um.

«Fressen. Fressen. Fressen. Das ist alles, an was ihr Denken könnt. Reißt euch zusammen und kommt her zu mir.»

Augenblicklich verstummte das Schmatzen. In geduckter Haltung krochen die Wesen zu ihrer Herrin und erwarteten deren Anweisungen.

«Holt ihn mir her. Er hat sich zu lange in Sicherheit gewiegt. Ich werde ihm zeigen, was es heißt, sich mit mir anzulegen. Viele haben es versucht. All die Jahrhunderte hindurch. Doch ich habe sie alle besiegt. Alle. Auch wenn es manchmal nur der Ablauf der Jahre war, der mir zu Hilfe kam. Ich habe sie beobachtet, wie sie vor meinen Augen grau, alt und zerbrechlich wurden. Wie plötzlich nichts mehr übrig war von ihrem Hochmut. Ich habe auf ihre Gräber gespuckt. Und bin danach meiner Wege gezogen. Ich habe immer gesiegt. Und ich werde es wieder tun, denn ich bin stark.»

Sy-Bita trat nach dem Qwarn, der ihr am nächsten kauerte.

«Warum seid ihr immer noch hier? Habe ich euch nicht eine klare Anweisung gegeben?»

Die Wesen sprangen auf. Auch ohne, dass sie ihnen einen Namen nannte, wussten sie, um wen es ging. Der Mann in seiner Zelle.

Targor.

Sie sprangen nahezu lautlos auf und huschten in den Gang, der zu seinem Gefängnis führte. Einen letzten traurigen Blick auf die Knochen der Zwerge werfend, deren Mark sie eben noch dabei gewesen waren, auszusaugen. Doch Sy-Bitas Anweisungen nicht sofort Folge zu leisten, das konnte sich niemand von ihnen erlauben.

Targor drehte sich von einer Seite zur anderen. Inzwischen wusste er schon seit Stunden nicht mehr, in welcher Lage seine Glieder am wenigsten schmerzten. Zuerst hatte er fast ausschließlich gesessen. Als seine Oberschenkel und sein

Gesäß zu sehr verkrampften, war er die wenigen Schritte, die seine Zelle zuließ, fortwährend auf und ab gegangen. Jetzt lag er der Länge nach ausgestreckt. Aber auch dieser Zustand würde nicht von Dauer sein. Fast war Targor soweit, dass er sich wünschte, es würde etwas passieren. Irgendetwas, das ihn aus seiner beginnenden Lethargie riss. Nichts tun zu können, begann ihn zu zermürben.

Sy-Bitas schrille Schreie waren seit vielen Stunden das erste Lebenszeichen, das ihm von ihr oder ihren Kreaturen zu Ohren kam. Und schon begann sein Herz wie wild zu hämmern. Hatte er sich eben nicht gewünscht, es würde etwas passieren? Jetzt, in genau diesem Moment war er weit entfernt davon. Sy-Bitas Schreie und das darauffolgende Lachen hinterließen in ihm Spuren einer bösen Vorahnung. Der Gedanke, was auf ihn zukommen mochte, war noch nicht ganz zu Ende gedacht, als ein beißender Gestank ihm von nahendem Besuch kündete. Er hörte das Kratzen der Krallen auf dem felsigen Untergrund. Und plötzlich waren sie vor seiner Zelle versammelt. Ihr Auftreten in der Gruppe nahm Targor schier den Atem. Er würde sich nie an sie gewöhnen können. Niemals.

«Was wollt ihr von mir?»

Ein Zischen war alles, was er zur Antwort erhielt.

Endlich öffneten sie seine Tür, packten ihn und zerrten Targor im Laufschritt Richtung der Höhle, in der Sy-Bita wartete. Dass er dabei immer wieder hinschlug, störte sie wenig. Stattdessen ließ es ihre Lust daran, ihn zu quälen, ins Unermessliche steigen. Natürlich aber wagten sie es nicht, sich an ihm zu vergreifen. Dass eines Tages aber ihre Zeit kommen würde, dessen waren sie sich mehr als sicher.

Sie stießen Targor vor Sy-Bitas Füße und blieben dann in einem ausreichenden Sicherheitsabstand stehen. Targor rappelte sich auf. Als er in Sy-Bitas Gesicht sah, fuhr ihm der Schrecken in alle Glieder. Sie sah aus, als habe der Wahnsinn sich ihrer bemächtigt. Die Haare wirr, ein irres, wie festgefroren wirkendes Grinsen im Gesicht.

«Dir werde ich zeigen, was es heißt, sich mit mir anzulegen.»

Der Speichel flog in Targors Gesicht.

19

Mit allen Mitteln

Karlotta und Barina blinzelten, als sie das Deck betraten. Der nächste Tag war bereits aufgezogen, ohne dass sie die verstrichene Zeit registriert hatten. Ein helles, unangenehmes Licht stach vom Himmel. Obwohl die Sonne noch nicht zu sehen war, konnten sie ohne direkten Schutz der Augen nicht nach oben sehen. Die beiden Frauen brauchten eine kurze Weile, bis sie sich an die Helligkeit gewöhnten. Erst dann waren sie in der Lage, ihre Umgebung argwöhnisch in Augenschein zu nehmen. Die Männer standen mit ernsten und verschlossenen Gesichtern vor ihnen. Immer noch hielten sie einen, ihrer Meinung nach, notwendigen Sicherheitsabstand zu den Frauen ein. Die tiefe Unsicherheit wurde vor allem dann augenscheinlich, sobald Karlotta oder Barina eine Bewegung auf den Halbkreis zu machten, vor dem sie standen.

«Wir können uns hier ewig anstarren. Aber das wird eurem Freund nicht weiterhelfen. Eure unbegründete Angst vor uns können wir euch nicht nehmen. Aber dennoch überwiegt scheinbar die Hoffnung, dass wir in der Lage sein könnten, zu helfen. Ein wichtiger Schritt in die richtige Richtung.»

Karlotta sah nach ihren Worten auffordernd in die Runde. Und tatsächlich löste sich einer der Matrosen aus der sicheren Obhut der Gruppe und kam auf sie zu.

«Was wir von euch denken, ist unsere Sache. Aber darum geht es jetzt nicht. Er …», dabei deutete er mit dem Kopf in die

Richtung hinter den Frauen, «er wird sterben, wenn er keine Hilfe erfährt. Wir haben es nicht gewagt, ihn zu bewegen. Er ist nur zugedeckt worden. Und er hat starke Schmerzen. Kommt mit.»

Er ging an den wartenden Frauen vorbei, ohne sie eines weiteren Blickes zu würdigen. Dass sie ihm folgen würden, stand ohnehin fest. An der Stelle, an der sie das Deck betraten, hatte das Geräusch der Gischt alle anderen Laute weitestgehend übertönt. Jetzt aber, als sie sich dem Verletzten näherten, war sein Stöhnen unüberhörbar. Karlotta kniete neben dem Mann nieder, der anscheinend ohne Bewusstsein war. Barina blieb ein Stück abseits stehen. Für den ersten Augenblick würde sie vermutlich noch keine Hilfe sein. Sollte die erfahrene Zwergin sie benötigen, würde sie ihr Nachricht geben. So hatten es die beiden abgesprochen. Karlotta zog dem am Boden liegenden Mann die Augenlider hoch, schaute sich um und warf ihrer Freundin einen vielsagenden Blick zu. Das Kopfschütteln, welches sie instinktiv ausführen wollte, unterließ sie tunlichst. Doch auch so würden die übrigen Matrosen aus ihrem Verhalten lesen können. Ein erstes Murren und Tuscheln machte sich bereits hinter ihr breit. Die Zwergin ließ sich aber hiervon nicht beirren und begann, ihren Patienten vorsichtig zu untersuchen. Auch wenn der Matrose ohne Bewusstsein war, spürte er die Schmerzen, als sie begann, ihn abzutasten. Sie hob die Decke von seinem Körper und erschrak, als sie die bleichen Knochen seines Schienbeins sahen, die in einem unnatürlichen Winkel die Haut durchstießen.

«Bei den Göttern. Warum habt ihr dem Mann nicht zumindest die Knochen gerichtet?»

Karlotta sah hinter sich und der Mann, dessen Augenkontakt sie suchte, schlug betreten die Augen nieder.

«Wir wussten nicht, wie … und …»

Er stockte, wusste nicht, wie er weiterreden sollte. Und blieb still.

«Interessant. Ihr wusstet nicht. Und dann wartet ihr eine ganze Nacht ab? Ob sich die Angelegenheit von alleine erledigt? Oder weshalb? Warum habt ihr ihn nicht gleich an die Fische verfüttert? So wie ihr es am liebsten mit uns tun würdet?»

Die Zwergin spürte eine unbändige Wut in sich aufsteigen. Ihre Augen füllten sich mit heißen Tränen.

«Bei allem, was mir heilig ist. Ich bin nicht mehr in der Lage, diesem Mann zu helfen. Vererzt und abgeklopft, er wird ja sicherlich auch einen Namen haben. Diesen zu gebrauchen, sind wir ihm doch zumindest schuldig. Oder irre ich mich?»

«Sam», flüsterte der Wortführer der Gruppe. «Er heißt Sam!»

Karlotta nickte und streichelte Sam das schweißnasse Haar aus der Stirn. Dann sah sie erneut auf die Knochen des Schienbeins.

«Sam. Ich werde dir jetzt nochmal große Schmerzen zufügen müssen. Aber es muss sein. Selbst, wenn du bereits auf dem Weg zur anderen Seite bist, so kannst du dort nicht ankommen.»

Sie gab ein Zeichen zu den Männern in ihrem Rücken.

«Haltet ihn fest.»

Erst als sie sicher war, dass alle erforderlichen Maßnahmen getan waren, begann Karlotta, die gebrochenen Knochen zu richten. Mehrfach hatte es den Anschein, als würde Sam erwachen. Doch immer noch umfing ihn eine gnädige Ohnmacht.»

Die Zwergin stand auf.

«Mehr kann ich nicht tun. Bleibt bei ihm. Damit er wenigstens nicht völlig alleine ist, wenn sein Moment gekommen ist.»

Im Grunde hatte sie damit ausgesprochen, was alle

anderen bereits vermuteten. Ihrem Kameraden würde nur noch ein Wunder helfen können. Barina starrte auf den Verletzten, als sei sie geistesabwesend. Sie fühlte sich verantwortlich. Verantwortlich für das, was im Allgemeinen hier geschehen war. Aber noch viel mehr für das Schicksal Sams. Hätten sie dieses Schiff niemals betreten, würde der junge Mann sich noch mitten unter seinesgleichen bewegen. Mit einem Mal bemerkte sie, wie wieder die Hitze von ihrem Körper Besitz ergriff. Barina warf einen Blick auf ihre Handflächen. Die Linien auf ihrer Haut begannen, im gewohnten Licht zu glühen. Verstohlen blickte sie sich um und zog vorsichtig die Ärmel ihrer Jacke tiefer über die Hände. Karlotta aber hatte es auf den ersten Blick bemerkt. Sie machte eine warnende Handbewegung, die Barina bedeuten sollte, jetzt nichts Unüberlegtes zu tun. Ihre Freundin aber, ließ sich von einem einmal gefassten Entschluss nicht abbringen. Sie schob Karlotta beiseite und kniete nun selbst neben Sam nieder. Karlotta verdrehte die Augen gen Himmel.

«Du bist von allen guten Geistern verlassen», flüsterte sie so leise, dass es nur Barina hören konnte. Diese lächelte.

«Ich muss es tun. Ich habe gedacht, du würdest mich verstehen.»

Natürlich verstand die Zwergin, was in Barina vor sich ging. Und als sie ehrlich darüber nachdachte, kam sie zu der Überzeugung, dass auch sie selbst nicht anders gehandelt hätte. Sie schob sich ein wenig zwischen Barina und die Männer, die sie argwöhnisch beobachteten. Einige, die sich bereits auf den Rückweg zu ihren Arbeitsplätzen gemacht hatten, kamen erstaunt zurück, als sie feststellten, dass die Frauen einen weiteren Versuch unternahmen.

Barina schob ihre Hand unter das Hemd Sams und suchte dessen Herz. Als sie den flachen und unregelmäßigen Herzschlag fand, presste sie ihre Handflächen darauf und schloss die Augen. Zuerst spürte sie nichts. Plötzlich aber wurde der Schlag immer kräftiger und regelmäßiger. Karlotta riss die Augen auf. Gefangen in einer Mischung aus Sprachlosigkeit, aber auch großer Sorge, beobachtete sie, wie der Blutstrom aus klaffenden Wunden versiegte. Diese schlossen sich zwar nicht, doch es war unübersehbar, dass etwas einsetzte, das diesen Mann ins Leben zurückbringen würde. Sams Atem wurde immer ruhiger. Bis es den Anschein hatte, dass er sich nicht mehr in tiefer Ohnmacht befand, sondern dass daraus ein ruhiger Schlaf wurde.

Karlotta erhob sich.

«Bringt ihn in seine Kajüte. Ich werde seine Wunden verbinden. Und dann sorgt dafür, dass ständig jemand bei ihm ist. Er wird Durst haben und Schmerzen, wenn er erwacht.»

Sie suchte erneut Augenkontakt, während Barina sich, blass wie ein Laken, ebenfalls erhob.

«Und er wird überleben.»

Sie ließ keine weitere Antwort zu, sondern bewegte sich stattdessen mit Barina auf die Stiege zu, die zurück in den Bauch des Seglers führte. Abwartend, dass man Sam hinterher brachte.

«Was habt ihr da getan?», rief einer der Männer, mit unüberhörbarer Panik in seiner Stimme. Da wusste Karlotta, dass es ein Fehler gewesen war. Doch hätten sie Sam tatsächlich sterben lassen sollen? Das würden die nächsten Stunden ihnen zeigen.

20 Ein wirres Geständnis

Angewidert strich sich Targor den Speichel aus seinem Gesicht und von seinen Lippen.

«Seit wann hast du so eine feuchte Aussprache?», entfuhr ihm ein Ausspruch, den er bereits im nächsten Augenblick bitter bereute.

Sy-Bita packte ihn beim Kragen seiner Weste und drehte diesen, bis der Mann vor ihr kaum noch Luft bekam. So sehr er auch versuchte, sich gegen diesen Griff zu wehren, es war ihm nicht möglich. Sie entwickelte in ihrem Zustand Kräfte, die weit über das hinausgingen, was man von einem solch zarten Wesen erwarten sollte. Erst kurz bevor ihm die Sinne schwanden, lockerte Sy-Bita den Knebel und ließ Targor ein Stück zurückfallen. Keuchend und spuckend hockte er sich auf den Boden.

«Du bist ja völlig wahnsinnig geworden. Was ist denn nur in dich gefahren?»

Targor blickte hinauf in ihr Gesicht und erkannte eine Person, die nahe daran war, jeglichen Bezug zur Realität zu verlieren. Was mochte, um Himmels Willen nur geschehen sein, das die Frau vor ihm, in eine solche Furie verwandelt hatte?

«Komm doch endlich zur Ruhe und sag mir, was geschehen ist. Vielleicht bin ich ja sogar in der Lage, dir zu helfen. Wer weiß das schon?»

Sy-Bita lachte erneut schrill auf und wandte ihr Wort an die Qwarn.

«Habt ihr ihn gehört? Vielleicht bin ich ja sogar in der

Lage, dir zu helfen,» äffte sie Targor nach. «Dafür, dass du dir eine solche Frechheit herausnimmst, auch nur auf einen solchen Gedanken zu kommen, gebührt dir schon eine Tracht Prügel.»

Targor duckte sich in Erwartung ihres nächsten Angriffs.

«Idiot», zischte sie. «Jetzt nicht. Ich habe dich zu mir bringen lassen, um mir Luft zu machen. Um mit Jemandem zu reden. Denn du besitzt einen unübersehbaren Vorteil gegenüber all diesen stinkenden Kreaturen.»

Damit zeigte sie einmal in die Runde. Dass sie von den Qwarn keine Einwände zu erwarten hatte, war dabei völlig klar. Es hätte Sy-Bita aber auch nicht weiter interessiert.

«Zurück zu deinem Vorteil. Eines kann man dir nicht absprechen, mein lieber Freund. Dass du mehr Grips in deinem Schädel hast, als alle hier um uns herum. Ich weiß nicht, ob es richtig ist, dir von meinem Problem zu erzählen. Aber was sollte mich wohl daran hindern? Du wirst ohnehin nie mehr eine Gelegenheit finden, erworbenes Wissen gegen uns einzusetzen.»

Das Gespräch, beziehungsweise Sy-Bitas Monolog, nahm eine Wende, die Targor völlig ratlos zurückließ. Sy-Bita begann inzwischen auf- und abzugehen. Sie nahm hier einen Stein in die Hand, wischte dort Sand von einem Felsen und blieb zwischendurch immer wieder vor dem Baumstumpf stehen, der in seinem seltsamen Licht aufleuchtete. Irgendetwas hatte es vermutlich mit dem zu tun, was Gorm heute darstellte. Doch inzwischen war es fast so, als habe Sy-Bita Targor vergessen. Was würde geschehen, wenn er jetzt aufstand und verschwand? Targor schaute auf und schalt sich selbst einen Narren. Die Qwarn würden ihn schneller wieder einholen, als er überhaupt in der Lage war, auch nur den Bereich dieser ersten Höhle zu verlassen.

«Natürlich habe ich dich nicht vergessen. Ich brauchte nur eine kurze Weile, um wieder zu mir selbst zu finden.»

Targor war so tief in sein eigenes Grübeln versunken, dass er ihr Näherkommen nicht bemerkt hatte. Augenblicklich zeigte Sy-Bitas Gesicht wieder die entspannten, aber dennoch stets aufmerksamen Züge. Sollte ihr Tun tatsächlich dazu geeignet gewesen sein, sie wieder auf den Boden der Tatsachen zu bringen? Zumindest hoffte Targor das inständig. Ob sie beim nächsten Mal wieder zur rechten Zeit ihren Griff lockern würde, darüber mochte der Gefangene derzeit lieber nicht nachdenken. Sy-Bita trat einen Schritt nach vorne, hob mit ihrem rechten Zeigefinger Targors Kinn an und sah ihm tief in die Augen. In diesem Augenblick fühlte er sich daran erinnert, was er sich in Bezug auf seine Gefühle nach dem Verzehr des Gegengiftes zu diesem kalten und berechnenden Wesen eingebildet hatte. Schon dieser Gedanke ließ ihn voller Abscheu schaudern. Kaum zu begreifen, wie es möglich war, einen Menschen so zu manipulieren.

«Ich kann in deinen Augen lesen», lachte Sy-Bita auf. «Ihr Menschen könnt euch nur denkbar schlecht verstellen. Du siehst mich vor dir. Und du verabscheust mich. Deine Augen zeigen es genau. Aber deine Gedanken sind einzig und allein bei deiner Herzallerliebsten. Bei Barina. Sehne dich ruhig nach ihr. Ich verspreche dir, dass ihr euch wiedersehen werdet.»

Targor wandte seinen Blick ab. Ihr und auch ihrem Spott so hilflos ausgeliefert zu sein, war etwas, das er kaum zu ertragen vermochte.

«Aber warum reden wir eigentlich über dich? Mein Antritt war doch ein völlig anderer. Solltest du dir eigentlich etwas einbilden auf die Tatsache, dass du es immer wieder verstehst, mich aus dem Konzept zu bringen? Vermutlich ja. Das gelingt nicht Vielen.»

Langsam begann Sy-Bita sich wieder in Selbstgespräche zu verwickeln. Was aber noch sehr viel stärker zu beobachten war, war das Mienenspiel, welches dabei zu Tage trat. Sie war so tief in die Unterhaltungen mit sich selbst versunken, als würde sie dabei jedes Mal das Hier und Jetzt vergessen. Targor beschloss, diese Erkenntnis tief abzuspeichern. Man konnte nie wissen, wozu sie noch einmal wichtig sein könnte.

«Was ist denn nur los mit mir, dass ich mich immer wieder aufs Neue verstricke? Vielleicht sollte ich versuchen, abzuschalten. Es war in den letzten Tagen alles etwas viel für mich. Zuerst der Aufwand, Targor wiederfinden zu müssen. Dann die Erkenntnis, dass Amidor stärker ist, als ich es jemals erwartet hätte. Ich habe nach Gorm gerufen. Und Amidor hat geantwortet. Was habe ich damals falsch gemacht? Wieso habe ich ihn mit so viel Macht ausgestattet? Ich muss nachdenken. Ja, das muss ich. Ich merke, wie mir alles über den Kopf zu wachsen beginnt.»

Sy-Bita sah Targor an, aber irgendwie eher durch ihn hindurch.

Targor war sich sicher, aus verschiedenen Wendungen in ihrem Monolog entnehmen zu können, dass sie erneut nicht mit ihm sprach, sondern ausschließlich mit einer imaginären Person. Dass er mit dieser Vermutung richtig lag, sollte der weitere Verlauf zeigen.

«Targor? Warum bist du hier? Warum haben sie dich zu mir gebracht?»

Sie sah ihn so voller Verwirrung an, dass er sich sicher sein konnte, keine Komödie vorgespielt zu bekommen.

«Bringt ihn zurück. Ich kenne den Grund nicht, weshalb er gekommen ist. Habe ich ihn vielleicht sogar gerufen? Ich kann mich nicht daran erinnern. Geh ruhig, Targor. Geh. Helft ihm hinaus. Ich werde erneut nach dir schicken, mein Freund, sollte ich deinen Rat benötigen.»

Targor stutzte und traute seinen Ohren nicht. Hatte Sy-Bita soeben wirklich gesagt, er könne gehen? Verwirrt sah er sich um. Niemand machte Anstalten, ihn aufzuhalten. Die

Qwarn besaßen zwar ein besonderes Maß an Hörigkeit. Doch was ihnen fehlte, war jegliche Eigeninitiative. Ihre Herrin hatte ihnen gesagt, der Mann könne gehen. Sie verstanden es zwar nicht, aber es war nicht die Aufgabe der Qwarn, Entscheidungen infrage zu stellen. So sahen sie dem Menschen nur ausdruckslos nach, als er langsam und vorsichtig die Höhle verließ, um in der Dunkelheit zu verschwinden.

21 Danke

Kaum betrat Karlotta den unteren Bereich des Seglers, bemerkte sie zum ersten Mal, wie verbraucht die Luft hier unter Deck war. Die wenigen Minuten an der frischen Luft hatten dazu geführt, dass sich das Dämmerlicht und die stickige Wärme wie eine Last auf ihre Seele legten. Ein verstohlener Blick zu Barina zeigte ihr, dass es ihrer Freundin nicht anders erging. Wobei bei ihr die Erkenntnis, nicht gerade klug gehandelt zu haben, ihr Übriges dazu beitrug, dass diese sich sichtlich unwohl fühlte. Die Männer, die den Verletzten trugen und laut fluchend durch die schmalen Gänge polterten, hatten schließlich ihr Ziel erreicht. Einen winzigen Raum im Bug der Sturmwind. Karlotta und Barina warteten einen Augenblick, bis der Matrose auf sein Lager platziert war. Bereits von außen war unschwer zu erkennen, dass der kleine Raum bereits jetzt hoffnungslos überfüllt war. Endlich kamen die Träger nach und nach heraus und gaben den Frauen Zeichen, jetzt eintreten zu können. Wiederum verschwendete niemand ein Wort zu viel. Die Zwergin und ihre Begleiterin hatten ihre Schuldigkeit getan. Jetzt würde man mehr als froh sein, sie endlich wieder loszuwerden.

«Bringt mir heißes Wasser und saubere Tücher.»

Karlotta ließ sich von der Stimmung nicht beirren und gab stattdessen klare Anweisungen. Da sie nicht anfangen konnte, bevor die Männer zurückkamen, sah sie sich aufmerksam in der winzigen Kajüte um. Zwei Holzpritschen, die im Boden verankert waren. Dazu zwei Hängematten unter der Decke. Auf eine der Pritschen hatte man Sam gebettet. Ob das auch sein angestammter Schlafplatz war, blieb dabei offen. Doch waren sie klug genug gewesen, den Verletzten nicht in einer der Hängematten abzulegen. Ansonsten war der Raum denkbar dürftig ausgestattet. Es war klar zu sehen, dass er nicht mehr sein sollte, als ein Ruheplatz in den Phasen nach getaner harter Arbeit. Persönliche Gegenstände, die auf den Charakter der Männer hätten schließen lassen können, waren hier nicht zu finden. Entweder es gab sie tatsächlich nicht, oder sie waren gut vor neugierigen Blicken verborgen. An einem Haken hingen Wetterjacken. Auf zwei Schemeln befanden sich achtlos hingeworfene Kleidungsstücke. Ob dies mit der allgemeinen Verunsicherung zu begründen war oder ob die Besatzung dieses Schiffes von Grund auf eher als unordentlich anzusehen war, ging aus dem allgemeinen Zustand hier unten nicht hervor. Es war aber auch für die Aufgabe, die Karlotta und Barina bevorstand, unerheblich. Ein Poltern hinter ihnen zeigte an, dass die Matrosen mit den gewünschten Utensilien zurückkamen. Einer von ihnen, den sie auch vorher bereits als Wortführer auserkoren hatten, betrat die Kajüte und stellte die Schüssel mit dampfend heißem Wasser auf den Dielenboden. Dann griff er nach hinten, um sich die sauberen Leinentücher geben zu lassen.

«Ihr könnt jetzt anfangen. Aber kommt nicht auf dumme Gedanken. Wir warten hier draußen und werden euch nach getaner Arbeit wieder in eure Zelle bringen. Einen Sonderstatus werdet ihr nicht bekommen.»

Karlotta atmete aufseufzend tief durch.

«Wenn ihr euch selbst hören könntet, was ihr für einen Unsinn von euch gebt.»

Mit diesen Worten schloss sie die Tür von innen und wandte sich an Barina.

«Es gibt wahrlich Wichtigeres zu tun, als zu versuchen, ihnen Verstand einzubläuen.»

Barina grinste unbeholfen. Was hätte sie auch auf Karlottas Worte groß erwidern sollen? Stumm machten sie sich ans Werk. Wuschen die Wunden aus. Nähten dort, wo Wundräder zu weit auseinander standen. Richteten die Knochenbrüche, soweit es ihnen möglich war. Gegen Ende begutachtete Karlotta ihr Werk.

«Ich bin zufrieden. Er wird wieder gesund werden. Er wird Fieber bekommen. Wenn wir es schaffen, dieses im Griff zu halten, ist er über den Berg. Aber ich bin auch ehrlich genug, zu wissen, dass wir es ohne dich nicht geschafft hätten, Barina. Ich weiß immer noch nicht, ob das gut war oder schlecht. Aber diesen Jungen wird es wieder gesund nach Hause bringen. Und vermutlich ist es das, was zählt.»

Barina lächelte milde.

«Ich will kein Lob für das, was ich vollbracht habe. Denn nicht ich war es. Vielmehr ist es nur durch mich geschehen. Ich treffe nicht die Entscheidungen, einzugreifen. Dazu bin ich überhaupt nicht in der Lage. Da ist etwas, das mit mir geschieht, in diesen Phasen. Selbst wenn ich mich dagegen wehre, es könnte nichts ändern. Dieses *Etwas* ist stärker als ich. Und von daher denke ich, dass es auch sehr genau weiß, was es tut. Wir werden dadurch nicht zusätzliche Gefahr heraufbeschwören können. Vertraue mir.»

Karlotta sah die junge Frau mit einer Mischung aus Faszination und Ehrfurcht an. Von Barina ging etwas aus, was sie so noch niemals erlebt hatte.

«Deine Worte in den Ohren der Götter.»

Dann machte sie sich daran, den nunmehr versorgten Matrosen zuzudecken. Sie nahm sich ein Fläschchen aus ihrer Tasche und hielt es gegen das wenige dämmrige Licht, das hier unten einfiel.

«Es leert sich schneller, als es uns lieb sein könnte.»

Daraufhin zog sie den schmalen Korken ab, der den Flaschenhals verstopfte und träufelte Sam einen Schluck des Inhalts in den Mund. Der Matrose verzog sein Gesicht. Karlotta grinste.

«Es hat auch niemand gesagt, dass es gut schmecken soll. Medizin ist immer bitter. Sie wird dir ein wenig deiner Schmerzen nehmen. Mehr auch nicht. Sei zufrieden, dass ich jetzt noch in der Lage bin, dir etwas zu geben. Danach muss es wahrscheinlich eher etwas Hochprozentiges sein.»

Karlotta war nicht sicher, ob der Mann bei Bewusstsein war. Doch sie sprach mit ihm, als sei dies der Fall. Schon oft hatte sie erlebt, dass ein Gespräch Wirkung zeigen konnte, selbst wenn der Patient sich in tiefer Ohnmacht befand. Warum also sollte es diesbezüglich einen Unterschied zwischen Zwergen und Menschen geben?

Die Zwergin legte ein letztes Mal prüfend die Hand auf Sams Stirn.

«Er scheint im Moment nur leichtes Fieber zu haben. Lass uns hoffen, dass es dabei bleibt.»

Mit diesen Worten drehte sie sich um und klopfte sachte gegen die Tür.

«Lasst uns raus.»

Knarrend öffnete sich die Tür. Die Männer, die immer noch im Gang standen, sahen sie mit einer Mischung aus Misstrauen und Furcht an. Wobei auch leichte Züge von Dankbarkeit nicht zu übersehen waren.

«Wir haben getan, was wir konnten. Was jetzt noch fehlt … nun ja, das liegt nicht mehr in unseren Händen. Gebt gut Acht auf euren Kameraden. Und jetzt bringt uns in unsere Kajüte zurück.»

Tatsächlich war ein geflüsterter Dank zu hören.

Karlotta sah überrascht auf, konnte den verschlossenen Gesichtern aber nicht entnehmen, wer diesen Ausspruch getan hatte. Trotzdem durchfuhr es sie, gleich eines großen Glückgefühls. Wenn ihre Anstrengungen bei Einzelnen anerkannt wurden, war vielleicht noch nicht alles verloren. Langsam gingen Karlotta und Barina ihren Begleitern hinterher. Als die Tür zu ihrem Gefängnis geöffnet wurde, traten sie ein, ohne sich zu wehren. Wohlwissend, dass es ohnehin keinen Unterschied gemacht hätte. Die Freunde sahen sie mit fragenden Blicken an, als sich die Tür wieder schloss.

22 Lebendig

Als Targor die Dunkelheit betrat, sträubten sich seine Nackenhaare, ohne dass er dieses Gefühl hätte beeinflussen können. Es war nicht die Angst vor dem, was ihn erwartete. Es war vielmehr die Sorge über das, was hinter ihm lag. Fast schon vermeinte er Sy-Bitas Hand auf seiner Schulter zu spüren. Dazu ihr gewohnt spöttisches Lachen.

«Wo willst du denn hin? Hast dich nicht einmal anständig verabschiedet.»

So, oder so ähnlich würde sie sich äußern, bevor sie ihn erneut spüren ließ, was es hieß, sich ihrem Willen zu widersetzen. Doch so sehr Targor es auch erwartete, es geschah überhaupt nichts. Nicht einmal eine ihrer jämmerlichen Kreaturen folgte ihm. So verging eine geraume Zeit, bis er zu realisieren begann, dass eine Flucht wirklich möglich war. Targor marterte sein Hirn, in dem Versuch sich vorzustellen, wo genau der Weg hinausführte. Zwar war er bereits einige Male hier gewesen, doch meistens nicht auf eigene Veranlassung hin. Und das eine Mal, als er wirklich bewusst und auf eigenen Beinen hier heruntergegangen war, folgte er nur Sy-Bita und Steinwart. Es kam ihm vor, als sei es erst gestern gewesen, dass er den flackernden Fackeln folgte. In Wirklichkeit aber war so viel Zeit vergangen. Und vor allem hatten sich Dinge in einem Maße verändert, wie er es niemals für möglich gehalten hätte. Vorsichtig setzte er einen Fuß vor den anderen. Er wusste weder, welche Fallen ihn auf seinem Weg möglicherweise erwarteten, noch, ob die Richtung überhaupt stimmte, die er augenblicklich einschlug. Baldur hatte seinerzeit, nachdem alles scheinbar vorbei war, von tiefen Gruben berichtet, denen er nur durch Zufall ausgewichen war. Was, wenn er sich auf genau diesem Weg befand? Der Zwerg erzählte ihm, er sei über weite Strecken gekrochen. Habe sich mit den Händen vorwärts getastet. Nur um nicht Gefahr zu laufen, abzustürzen und irgendwo mit gebrochenen Gliedmaßen auf sein Ende zu warten. Aber hatte er, hatte Targor die Zeit, Sicherheitsbedenken voranzustellen? Er begann abzuwägen. Entweder er schaffte es, den Ausgang zu finden und damit seinen Häschern zu entkommen. Oder aber, und diese Vermutung lag näher, Sy-Bita kam wieder zu sich. Targor holte tief Luft.

«Ich vertraue auf mein Glück», flüsterte er. «Welche Alternativen habe ich schon?»

Einen kurzen Moment blieb Targor stehen, hielt die Luft an und lauschte, ob etwas von möglichen Verfolgern zu hören sei. Die Qwarn waren durch das Klacken der Krallen auf felsigem Boden schon aus weiter Ferne zu vernehmen. Sy-Bita allerdings war eine Meisterin der Tarnung. Wenn sie sich lautlos heranschleichen wollte, würde ihr das gelingen. Sei es in menschlicher Gestalt oder als Schmetterling.

Targor ballte die rechte Faust und rannte los.

Bereits nach wenigen Schritten wurde seine Flucht unsanft gebremst. Ein stechender Schmerz raste durch Targors Kopf. Bevor er noch realisieren konnte, was geschehen war, brach er zusammen. Als seine Hände die Stirn abtasteten, spürte er Blut. Vorsichtig stand er wieder auf und ließ seine Hände suchend durch die Dunkelheit fahren.

«Verflucht», entfuhr es ihm.

Eine Felsnadel ragte quer in den Gang hinein. In einer Höhe, in welcher er nur sehr schwer würde ausweichen können, sofern es noch weitere Hindernisse dieser Art gab. Es blieb nichts anderes übrig, er musste seine Geschwindigkeit stark drosseln. Andernfalls erreichte er die Freiheit niemals. Jetzt an dieser Stelle auszuruhen ergab aber ebenfalls keinen Sinn. Targor spürte zwar stechende Schmerzen im Bereich der Schläfen und wurde von einem starken Schwindelgefühl heimgesucht, doch das konnte jetzt nicht zählen. Selbst für den Fall, dass er eine leichte Gehirnerschütterung davongetragen hatte, musste er jetzt weiter.

Targor setzte die Füße nach diesem Erlebnis wesentlich bedachter ein. Aus dem Rennen wurde ein schnelles Gehen. Aus der Schnelligkeit langsames Stolpern. Schließlich fast in einem Schlurfen endend, weil er die Füße nicht mehr anhob, sondern sie über den steinigen Untergrund schob. Auch wenn er es sich selbst gegenüber nicht eingestehen wollte, er litt an panikartigen Vorstellungen. Sah sich bereits in einer der Gruben liegen, von denen Baldur berichtet hatte. Und dieser Umstand, diese Angst, rettete ihm schließlich das Leben. Ein Stein, den er ohne Absicht vorwärts kickte, kullerte ein kleines Stück nach vorne. Doch plötzlich veränderte sich das Geräusch. Das Kullern brach abrupt ab. Targor blieb alarmiert stehen und lauschte. Erst nach einer gefühlten Ewigkeit vernahm er einen Aufschlag in unvorstellbarer Tiefe. Er ließ sich auf die Knie sinken und tastete den Weg ab, der vor ihm lag, bis seine Hände ins Leere griffen. Der Schacht schien fast die Breite des gesamten Weges einzunehmen.

Targors Herz schlug einen hämmernden Akkord in seiner Brust. Ein Zufall, nur ein dummer harmloser Zufall, hatte ihm das Leben gerettet. Hätte da nicht dieser Stein gelegen …

Targor wurde übel, als seine Phantasie ihn zwang, den inneren Bildern zu folgen, die vor ihm abliefen. War das der Schacht, von dem Baldur berichtet hatte? Folgte er den gleichen Wegen, die seinerzeit der Zwerg gegangen war? Am Ende mit demselben Schicksal? Wieder ein Gefangener zu sein?

«Nein, nein und nochmals nein. Bilde dir nur nicht ein, du falsches Miststück, dass ich dir erneut in die Hände geraten werde!»

Targor lauschte seiner Stimme und erschrak vor seinen eigenen Lauten. War er völlig wahnsinnig geworden, lauthals kundzutun, wo er sich gerade befand?

Er schüttelte den Kopf, brach die Bewegung aber sofort ab, als der gerade nachlassende Schmerz wieder mit erneuter Heftigkeit aufflackerte. Der Flüchtende hätte fast über seine eigene Dummheit lachen können, wäre die Situation nicht so unsagbar frustrierend gewesen. Mit äußerster Vorsicht umrandete Targor den Schacht, der in die Tiefe führte. Erst als die Falle einige Schritte hinter ihm lag, begann er wieder aufzuatmen. Er konnte es sich selbst kaum erklären. Doch irgendwie war er froh, Entfernung zwischen sich und diesem Loch im Boden zu bringen. Die Tiefe war fast wie ein lebendiges Wesen. Es war, als rufe sie ihn. Als gehe ein unerklärlicher Sog von ihr aus. Als höre er eine Stimme, die nach ihm rief. Die ihn zwingen würde, einen Schritt zu tun, der einem fremden Willen unterlag. Niemals seinem eigenen. Je mehr Targor sich zwang, wegzuhören, die Stimme zu ignorieren, desto fordernder wurde sie. Targor versuchte, Geschwindigkeit zuzulegen. Nur fort von hier. Fort, fort, fort. Seine Gedanken wirbelten. Je mehr er sich zwang, vorwärtszukommen, desto schwerer fiel es ihm. Als bewege er sich durch eine gallertartige Masse. Als ziehe er Fäden mit sich. Fäden, die ihr anderes Ende in der Tiefe fanden. Fast war er geneigt, dem Drängen und Fordern nachzugeben, da brachte ihn eine Bruchkante im Fels zum Stolpern. Targor stürzte schwer und schlug sich die Knie auf.

Doch dieser jähe Schmerz war es auch, der ihn wieder zur Besinnung brachte.

Fast konnte er hören, wie die Fäden mit einem

peitschenden Laut zerrissen. Und täuschte er sich? War da nicht sogar ein enttäuschter Aufschrei zu hören gewesen?

«Ich glaube, ich beginne den Verstand zu verlieren. Wahrscheinlich habe ich mir tatsächlich eine leichte Gehirnerschütterung zugezogen. Wenn Barina jetzt hier wäre, sie wüsste was zu tun wäre.»

Targor hielt inne.

Er hatte seine eigene Stimme hören müssen, um nicht völlig verrückt zu werden. Dabei hatte er nun ihren Namen ausgesprochen. Endlich. Wie lange war Barinas Name nicht mehr über seine Lippen gekommen. Die Silben schmeckten süß. Er konnte plötzlich den Duft ihrer Haare wieder riechen. Hörte ihr Lachen. Sah ihr Lächeln und ihren ungläubigen Blick, wenn er sie wieder einmal mit einer Kleinigkeit überraschen konnte. Erneut floss ihr Name über seine Lippen. Immer und immer wieder.

«Barina. Barina. Barina. Barina.»

Mit jedem Mal, da er dieses Wort erneut aussprach, wurde Targor bewusst, wie sehr er diese Frau liebte. Alleine ihren Namen auszusprechen, schenkte ihm neue Kraft, neuen Mut. Machte ihn wieder lebendig. Er würde den Ausgang finden.

«Barina, Barina, Barina ...»

23 Ins Licht

Minuten wurden zu Stunden. Stunden zu Tagen. Zumindest kam es Targor so vor. Wachphasen wechselten sich mit Schlafphasen ab. Schon lange war die warnende Stimme in seinem Hinterkopf verstummt. Eine Stimme, die ihm zugeflüstert hatte, dass der Weg zu weit war. Viel weiter, als es von den Gegebenheiten möglich gewesen wäre. In der ersten Zeit schob er diese Erkenntnis auf seine zweifellos erlittene Gehirnerschütterung. Irgendwann aber begann er sich zu fragen, ob es Sy-Bita gelungen war, die Realität zu beeinflussen. Vielleicht bildete er sich nur ein zu laufen. Die Dunkelheit war so undurchdringlich, dass es fast schon unglaublich schien. War es wirklich möglich, dass die Schwärze, die ihn umgab, in einer solchen Form jegliches Licht absorbierte? Wie lange Targor sich diese Fragen stellte, wusste er nicht mehr zu sagen. Irgendwann war es nebensächlich geworden diese Gedanken zu verfolgen. Sie führten zu nichts. Also war es müßig, ihnen Bedeutung beizumessen. Er ging nur noch stupide vor sich hin. Manchmal kam es ihm vor, als sei es nicht die eigene Bewegung, die ihn antrieb, sondern eine Hand, die ihn immer weiter vorwärts schob. Manchmal ertappte er sich dabei, dass er hinter sich griff. In der festen Überzeugung, die Hand zu ertasten, die in seinem Wahn immer stärker zur Gewissheit wurde. Doch die Erfahrung war stets die gleiche. Er griff ins Leere. Drehte sich blitzschnell, um vielleicht noch den Hauch eines Davonhuschens zu erfahren.

Nichts.

Hätte Targor sich selbst beobachten können, so hätte er feststellen müssen, dass seine Einbildung einer schnellen Drehung nicht mehr war, als müdes Taumeln. Als die Kraft fast zu Ende ging, setzte er sich auf den Boden und leckte seine spröden und aufgesprungenen Lippen. Doch auch seine Zunge lag wie ein Fremdkörper in seinem Mund. Schon lange nicht mehr in der Lage, Feuchtigkeit zu spenden. Wann hatte er das letzte Mal Nahrung zu sich genommen? Egal. Es zählte hier unten nicht. Wann hatte er das letzte Mal getrunken? Bei diesem Gedanken hörte er ein lautes Stöhnen. Und begriff erst nach einiger Zeit, dass dieser Laut der Enttäuschung von ihm selbst gekommen war. Was hatte Baldur berichtet? Von Ratten, die er fing, um sich an ihrem Blut zu laben und neue Kraft zu finden. Targors Hände fuhren über den Boden, ob da etwas zu ertasten sei, was auch ihm ein zweites Leben schenkte. Aber seine Finger fühlten nichts als den felsigen Boden.

«Du kannst hier nicht bleiben. Du wirst jämmerlich verdursten. Denk nach.»

Targor hob müde seinen Kopf und starrte in die Schwärze. Wessen Stimme war es gewesen, die er hörte? Eine Stimme, die kaum noch die Kraft besaß, Worte zu formen. Egal. Er war nicht alleine.

«Hallo? Wo bist du? Sprich zu mir. Zusammen können wir es schaffen.»

Targor lauschte seinen eigenen Worten. Die gewünschte Reaktion aber blieb aus. Erst da begriff er, dass er begann, mit sich selbst zu reden, nahe daran war, seinen Verstand zu verlieren. Aber dennoch. Die Stimme, seine eigene Aussage, hatte einen wunden Punkt berührt. Natürlich musste er aufstehen und seinem eingeschlagenen Pfad folgen. Blieb er hier, würde er sterben.

So einfach, so simpel war das.

Mühsam drehte Targor sich nach vorne. Kniete sich hin und zog sich dann langsam an der Felswand hoch, an der er hinunter gesackt war. Als er jetzt wieder stand, fühlte er, wie seine Knie zitterten. Wie lange würde er diese Strapazen noch aushalten können? Das Ende schien nah.

Einen Fuß vor den anderen setzend schlurfte er weiter. Sollte er jetzt die Hoffnung aufgeben, gäbe er auch sich selbst auf. Erneut kam dieses Gefühl in ihm auf, dass in dieser Welt, in der vermutlich noch niemals ein Lichtstrahl zu sehen gewesen war, jemand hinter ihm stand. Eine Zeitlang widerstand er dem Drang sich umzudrehen und ins Leere zu greifen. Der innere Zwang aber war so viel stärker als er selbst. So viel stärker als die Gewissheit, dass er erneut nichts in seinen Händen halten würde, als Schwärze. Undurchdringliche, ewige Schwärze.

Targors Augen begannen zu brennen. Tränen zu produzieren, war seinem ausgemergelten Körper schon lange nicht mehr möglich.

Er griff nach hinten. Und erstarrte.

Eine Hand legte sich in die seine. Unverkennbar eine weibliche Hand. Targors Herz klopfte, dass es in seinen Ohren schmerzte. Er hielt die Luft an. Es war unverkennbar eine weibliche Hand. Weich und zart. Und doch mit so viel mehr an Kraft, als er selbst in der Lage war, aufzubringen. War er froh, Sy-Bita zu spüren? Targor hinterfragte sein Innerstes und gab sich eine eindeutige Antwort. Sie würde in der Lage sein, sein Leben zu retten. Wenn sie es nur wollte.

«Nun hast du mich gefunden», krächzte er. «Bring mich zurück. Ich bin gescheitert. Du hast gewonnen. Aber bitte, bitte gib mir Wasser. Und gib mir Licht. Die Schwelle zum Wahnsinn ist schneller überschritten, als ich es jemals für möglich hielt.»

Targor legt seinen Kopf schief. Warum antwortete sie ihm nicht?

Stattdessen schob ihn die Hand wieder an. Targor brach fast zusammen. Er war fast nicht mehr in der Lage, zu gehen. Er wollte nicht mehr. Aber immer, wenn er kurz davor war, sich aufzugeben, wurde der Druck stärker. Und er gehorchte. Er hatte keine Wahl mehr. Sie war stärker als er. Also musste er ihr Folge leisten. Plötzlich ein Schimmer von trübem Licht in der Ferne. Bildete er sich dieses Licht nur ein? Targor schloss die Augen und wagte es lange Zeit nicht, sie wieder zu öffnen. Die Enttäuschung, erneut in die Dunkelheit zu blicken, würde über seine Kräfte gehen. Wieder die Hand, die ihn unter sanftem Druck nach vorne beförderte. Targor öffnete die Augen vorsichtig. Blinzelte. Öffnete seinen Mund weit. Und begann zu lachen. Aus dem Lachen wurde ein Schluchzen. Irgendwann vermischten sich seine Gefühlsausbrüche, bis nicht mehr zu erkennen war, ob er lachte oder weinte. Tatsächlich. Vor ihm schien ein blasses kaltes Licht in den Tunnel. Targor wankte auf das Licht zu. Und plötzlich stand er draußen. Starrte in eine sternenklare kühle Nacht. Er drehte sich um.

«Danke Sy-Bita. Ich hätte niemals gedacht, dass ich mich jemals wieder bei dir bedanken würde. Doch so schnell ändert man manchmal seine Meinung.»

Er sah ungläubig in Richtung des Eingangs. Da war niemand. Obwohl er die Anwesenheit eines Menschen eindeutig spürte, war er allein. Eine letzte ferne Bewegung, die über seine Wange strich. Dann war das Gefühl dahin.

«Barina», murmelte Targor. «Wie ist das möglich? Bei den Göttern.»

Targor blickte nach vorne, in Richtung des Weges, der sich in der Ferne verlor. Gerade als er den ersten Schritt ausführen wollte, stutzte er. Hatte er sich die Bewegung im Moor nur eingebildet? Misstrauisch kniff er die Augen zusammen.

24 Taktgefühl

Es dauerte eine kurze Weile bis sich die beiden Freundinnen wieder an die Umgebung gewöhnten. Es war dunkler als noch kurz zuvor in dem Krankenlager. Außerdem herrschte eine ungewohnt stickige Luft. Einerseits aufgrund der Körperwärme der Menschen und Zwerge, die hier unten versammelt waren. Zum anderen waren aber auch die Empfindungen der Gefangenen sehr gut wahrzunehmen. Eine unangenehme Geruchsmischung aus Ungewissheit, Sorge und vielleicht sogar Anflügen leichter Verzweiflung aus der Angst heraus, das gesteckte Ziel aus den Augen zu verlieren.

«Lasst euch nicht jedes Wort aus der Nase ziehen. Ihr könnt euch wohl sehr gut vorstellen, dass wir wissen wollen, was euch widerfahren ist. Weiber!»

Karlotta drehte ihren Kopf nach links, von wo aus der Kapitän dieses Schiffes – der er im Übrigen in ihren Augen immer noch war – sein Wort in rüdem Ton an sie gerichtet hatte.

«Ich habe den Eindruck, dass wir noch einige Zeit im Bauch der Sturmwind miteinander verbringen werden. Warum also unnötige Hektik an den Tag legen. Und wenn ihr meint, auf jegliches Taktgefühl und Anstand gegenüber einer Dame könne verzichtet werden, habt ihr euch möglicherweise geirrt. Vielleicht bin ich ja aufgrund meines Aussehens in euren Augen keine vollwertige Frau. Aber ihr könnt versichert sein, ich bin es.»

Die Zwergin schluckte den Ärger, der in ihr aufkam, krampfhaft zurück. Sie wusste sehr wohl, dass es nur die Stimmung weiter anheizte, wenn sie sich nicht im Zaum hielt. Doch auch wenn sie Steinwart im einen oder anderen Fall sein aufbrausendes Verhalten vorgehalten hatte, so war sie jetzt auf dem besten Wege, den gleichen Fehler zu begehen. Letzten Endes war es aber eben dieser Steinwart, der dem Augenblick jegliche Schärfe nahm.

«Mäßigt euch. Alle beide. An euch gerichtet, Kapitän, es hilft nicht weiter, wenn ihr euch im Ton vergreift. Reicht es nicht aus, dass sich augenblicklich bereits Menschen in einer Art und Weise verhalten, die weder wir noch ihr habt so voraussehen können? Und Karlotta, an dich auch einige klare Worte. Beleidigt zu sein ist mehr als kindisch. Halt, warte ab …»

Abwehrend hob Steinwart die Hände, als er bemerkte, wie die Zwergin anhob, nunmehr einige barsche Worte in seine Richtung abzufeuern.

«Karlotta, ich weiß genau, was du sagen willst. Ich bin in der jüngsten Vergangenheit keinen Deut besser gewesen. Auch ich muss an mir arbeiten. Und das werde ich tun. Also, reicht euch die Hände.»

Karlotta zierte sich noch ein wenig, hielt dann aber dem abgesetzten Schiffsführer ihre rechte Hand hin, die dieser nach kurzem Zögern auch ergriff.

«Hab´s nicht so gemeint», knurrte er.

Karlotta zuckte mit den Schultern und lächelte. Alles konnte man ihr möglicherweise nachsagen. Doch nachtragend zu sein war ein Charakterzug, den sie nicht kannte.

«Barina, willst du berichten? Oder soll ich das tun?»

Als die Zwergin keine Antwort erhielt, sah sie sich suchend um.

«Barina? Redest du jetzt etwa auch nicht mehr mit mir?»

Ein Schatten in der äußersten Ecke der Kabine zeugte von Barinas Anwesenheit. Auch wenn immer noch keine Antwort von ihr zu vernehmen war, zeigten seltsam fließende Bewegungen, dass sie zumindest nicht schlief. Fram, der ihr am nächsten stand, war bereits auf dem Weg zu der jungen Frau. Er kniete sich hinunter zu ihr und rüttelte sie leicht an der Schulter.

«Barina? Sag was. Was hast du?»

Noch immer keine Reaktion.

Das Gesicht Barinas veränderte sich ständig, als sei sie in eine Art inneren Kampfes verwickelt, der ihr jegliche Aufmerksamkeit und Konzentration abverlangte. Ihr rechter Arm vollzog immer wiederkehrende Bewegungen, als stemme sie sich gegen etwas, das nur sie ganz alleine in der Lage sein mochte, wahrzunehmen. Fram drehte sich mit sorgenvoller Miene um.

«Es ist, als sei sie gar nicht wirklich bei uns.»

Er griff nach vorne und zog sachte einen Ärmel an Barinas Arm hoch. Erneut war ein blasses Aufleuchten oberhalb ihrer Handgelenke zu erkennen. Der Kapitän sog mit einem lauten Geräusch die Luft ein. Klares Zeichen seiner Erregung.

«Meine Männer haben Recht. Sie ist eine Hexe. Nicht mehr und nicht weniger. Wenn ihr es nicht macht, so werde ich es tun. Ich breche ihr das Genick, solange sie sich in diesem Zustand befindet. Vielleicht kehrt dann hier endlich wieder Normalität ein.»

Mit diesen Worten sprang der Mann auf und stieß Pantagar, der ihm im Weg stand, grob zur Seite. Allerdings hatte er nicht mit der Reaktion Melinaes gerechnet, der sich bisher still, als ginge ihn das alles nichts an, zurückgehalten hatte. Mit einer fließenden Bewegung, die ihm kaum jemand zugetraut hätte, sprang er auf und schlug dem Heranstürmenden mit einem gezielten Schlag auf dessen Schläfe. Der Schlag war so platziert, dass der Mann nicht einmal mehr in der Lage war, auch nur einen einzigen Laut der Überraschung von sich zu geben. Wie vom Blitz getroffen ging er zu Boden und rührte sich nicht mehr.

Melinae stand mitten im Raum und starrte entgeistert auf seine Faust. Als könne er nicht glauben, dass er es gewesen war, der den Angriff vereitelte.

«Wer weiß, was ich in einem früheren Leben einmal gewesen bin. Scheinbar nicht unbedingt ein Mann der Worte.»

Karlotta, die sich um den Niedergeschlagenen kümmerte, sah zu Melinae auf.

«Auf jeden Fall war es ein Schlag, der Barina möglicherweise das Leben gerettet hat. Wir waren alle überrascht. Wenn ich auch nicht glaube, dass Fram es zugelassen hätte, dass Barina tätlich angegriffen wird, so weiß ich trotzdem nicht, was eine solch massive Störung bei ihr angerichtet hätte.»

Mit sorgenvollem Blick musterte Karlotta Barina erneut.

«Lasst sie in Ruhe. Sie wird wieder zu sich kommen. Ebenso wie er.»

Auch wenn die Zwergin keinen Namen nannte, wussten alle, wer gemeint war. Als der Kapitän kurze Zeit darauf begann, wieder zu erwachen und sich stöhnend die Beule an seiner Schläfe rieb, zeigte Karlotta wenig Mitleid.

«Wir haben hier unten nichts, um eure Verletzung zu kühlen. Aber ehrlich gesagt, warum auch? Ihr sei euer Unglück selbst schuld. Ich wiederhole es ein letztes Mal. Und dann will ich von euch kein Wort mehr dazu hören. Sie ist keine Hexe. Vielmehr wird sie der Schlüssel zu unser aller Rettung sein. Auch wenn ihr das jetzt nicht verstehen könnt oder wollt, glaubt mir, ich weiß sehr genau, wovon ich rede.»

Während der Worte der Zwergin veränderte sich etwas an Barinas Zustand. Die Bewegungen wurden weniger. Schließlich stellte sie diese ganz ein. Kurz darauf erschien ein entspannter Zug auf ihrem Gesicht. Sie machte den Eindruck, als sei sie mit sich und dem, das sie vollbracht hatte, völlig im Reinen. Ihre Augen, die bisher in weite Ferne blickten, nahmen wieder ihren gewohnten Glanz und den vertrauten Ausdruck an. Sie drehte sich hin zu ihren Freunden und lächelte.

25 Endlich ein Name

Diesmal war es Steinwart, der sich als erster um Barina kümmerte. Irgendwie hatte er den Eindruck, dass er es ihr schuldig war. Hatten all ihre Erlebnisse nicht aufgrund seines Dazutuns begonnen? Natürlich war es ihm zu keiner Zeit möglich, sich gegen den Sog zu wehren, in den er und alle anderen verstrickt wurden. Und doch entstand immer deutlicher in ihm ein Verantwortungsgefühl, dem er sich kaum zu entziehen wusste. Hätte er damals nicht Zuflucht in jener Hütte gesucht … Er erinnerte sich noch sehr genau an den Moment, als er Barina kennenlernte.

«Hallo, mein Mädchen. Bist du wieder vollständig bei dir? Kann ich etwas für dich tun?»

Barina lächelte und strich Steinwart eine störrische Haarsträhne aus der Stirn.

«Mein Zwerg, mein kleiner, geliebter, großherziger, vertrauter Steinwart. Es ist alles in Ordnung mit mir. Mach dir keine Gedanken. Ihr anderen bitte auch nicht. Mir geht es gut. Ich war nur für einen Moment, na sagen wir mal, ich war abwesend.»

Sie sah in die fragenden Mienen.

«Nein. Ich weiß nicht, wo ich gewesen bin. Ich weiß auch nicht, was ich dort getan habe. Ich kann mich nur an Dunkelheit erinnern. Und an eine Aufgabe, die ich zu erfüllen hatte. Von meinem Gefühl her möchte ich sagen, dass ich nicht versagt habe. Aber selbst das weiß ich nicht mit Gewissheit.»

Barina sah für einen ganz kurzen Augenblick so weit entrückt mit ihren Gedanken aus, dass Karlotta sicher war, ihre Freundin wisse mehr, als sie im Moment preiszugeben willens war. Da es aber nur ihr auffiel und sie nicht weiter nachbohren wollte, hielt sie sich zurück. Wenn Barina bereit war, darüber zu sprechen, würde sie das von sich aus tun. Kurze Zeit später saßen Menschen und Zwerge im Kreis und lauschten Barinas sowie Karlottas Erzählungen über die Vorfälle an Deck. Der Fuchs lag dabei zusammengerollt auf Barinas Schoß und ließ sich von der jungen Frau kraulen. Von Zeit zu Zeit war ein leises Schnarchen von ihm zu vernehmen. Fram war allerdings der einzige, der wusste, dass Reinecke nicht schlief. Auch wenn er sich im Moment möglicherweise in einer Art Dämmerzustand befand, bekam er jedes Wort mit, das hier gesprochen wurde.

Farim, der ruhigste aus der Gruppe, war nach Beendigung der Schilderungen der erste, der sich zu Wort meldete.

«Ich weiß nicht, ob es gut war, deine Fähigkeiten so offen zu zeigen, Barina. Aber ich weiß auch, dass ich wohl kaum anders gehandelt hätte. Hat denn wirklich niemand eine Anmerkung gemacht, was sie mit uns vorhaben? Ich kann mir einfach nicht vorstellen, dass sie sich unserer entledigen wollen, indem sie uns …»

Farim schluckte die restlichen Worte hinunter. Sein zweifellos vorhandener Aberglaube ließ nicht zu, die Worte auszusprechen, die ihm auf der Zunge lagen. Man sollte das Unheil nicht heraufbeschwören, indem man es aussprach. Aus einem Reflex heraus sahen alle den Mann an, der eigentlich gar nicht zu ihnen gehörte, jetzt aber dazu verdammt war, das gemeinsame Schicksal zu teilen. Er zeigte verwundert auf sich selbst.

«Mich fragt ihr? Welchen Grund sollte es geben, dass ich darauf eine Antwort kenne? Ich habe selbst lange Zeit gedacht, ich kenne die Männer, die seit vielen Jahren mit mir zur See fahren. Dass ich nun hier unten bei euch bin, zeigt doch wohl deutlich genug, dass ich mich getäuscht habe. Aber um deine Frage zu beantworten, Farim, von mir hättet ihr nichts zu befürchten ...»

Der Mann brach seine Worte ab, als er sich daran erinnerte, dass er noch kurz zuvor Barina angreifen wollte. Entsetzt darüber, dass er selbst in der Lage war, sich dermaßen zu vergessen, schüttelte er seinen Kopf. Entschuldigend blickte er zu Barina, beendete aber den Augenkontakt, als ihr Blick den seinen traf. Sein schlechtes Gewissen war ihm anzusehen.

«Ich kenne mich manchmal selbst nicht mehr.»

Für einen Moment blieben alle still und hingen ihren Gedanken nach. Erneut war es der Schiffsführer, der seine Stimme erhob.

«Ich werde mit der Mannschaft Kontakt aufnehmen. Sie werden ein vernünftiges Gespräch mit mir nicht ablehnen. Dessen bin ich mir sehr sicher. Ihr werdet euer Ziel erreichen. Alles, was ich dazu beitragen kann, werde ich auch versuchen umzusetzen. Bei dieser Gelegenheit lasst mich erwähnen, dass ich auch einen Namen besitze, mit dem ich gerne angesprochen werden möchte. Die Anrede Kapitän trifft es ja augenblicklich nun wirklich nicht mehr. Also, ich heiße Krey. Ein kurzer Name und hoffentlich gut zu merken. Mein wirklicher Name ist zugegebenermaßen wesentlich länger in meiner Muttersprache. Viel zu kompliziert für eure Zungen. Daher lassen wir es bei Krey bewenden.»

Ohne eine Antwort abzuwarten stand Krey auf und suchte sich eine Stelle, von der aus ein kleines bisschen Helligkeit zu sehen war.

«Von hier aus werden sie kaum sagen können, sie hätten mein Rufen nicht gehört.»

Krey holte tief Luft und brüllte hinauf zu seiner ehemaligen Mannschaft. Irgendjemand würde sein Rufen hören.

Irgendjemand würde über kurz oder lang kommen.

Sehr lange ließ die Reaktion tatsächlich nicht auf sich warten. Das Geräusch zahlloser Füße, die die Stiege hinunter polterten, war Hinweis genug, Fram sah mit großen Bedenken in seiner Miene zur Tür. Sein ganzes Verhalten deutete darauf hin, dass er sich innerlich bereits für einen bevorstehenden Angriff wappnete.

«Es hört sich an, als ob alle kommen. Was soll das werden?»

Krey versuchte, einen gleichmütigen Eindruck an den Tag zu legen. Doch auch ihm war deutlich anzusehen, dass er sich keinen Reim auf das Geschehen machte, das sie erwartete. Die Geräusche auf der anderen Seite kündeten davon, dass die Männer vor der Tür standen, aus einem nicht erkennbaren Grund jedoch noch nicht handelten. Scharrende Füße und flüsternde Stimmen sprachen eine eindeutige Sprache, dass sie noch auf ein bestimmtes Signal warteten.

«Macht ihr euch dort draußen in die Hosen? Oder weshalb öffnet ihr nicht?»

Fram warf Krey einen warnenden Blick zu. Auch wenn er dessen Ausruf verstehen konnte, war es unklug, die Männer zu reizen. Sollte es tatsächlich an einem erneuten Anflug von Angst vor Barina liegen, war es noch weniger angebracht, die Matrosen weiter anzustacheln. Plötzlich ertönten Schritte eines einzelnen Mannes, der mit Verspätung zu den anderen stieß.

«Das also ist der Grund», flüsterte Krey. «Ihr Wortführer war noch nicht anwesend.»

«Was habt ihr euch überlegt, Jokar? Ich bin doch wohl nicht völlig falsch in meiner Annahme, dass du der Wortführer bist? Als es an Deck zur Meuterei kam, hast du dich, wie es deine Art ist, zurückgehalten. Aber jetzt kannst du dich doch wohl zu erkennen geben. Was soll dir schon passieren? Es ist eine Tür zwischen uns. Und außerdem bist du doch im Schutz deiner Mitläufer. Du Hundsfott, ich spucke auf dich.»

Steinwart verdrehte die Augen.

«Hat dein Maul, Krey.»

Der Zwerg trat ein Stück auf die verschlossene Tür zu.

«Mir ist es egal, wie deine Name lautet. Lasst dieses dumme Versteckspiel. Ihr werdet ja wohl eine Entscheidung getroffen haben. Sonst wärt ihr nicht alle hierhergekommen!»

Ein kleiner Augenblick der Stille. Als sei man verwirrt, dass das kleinste Mitglied der Gruppe die Unverfrorenheit besaß, sein Wort an sie zu richten. Dann endlich eine Antwort.

«Gut geraten, Zwerg. Du scheinst intelligenter zu sein, als dein Anblick es vermuten lässt.»

Steinwart versuchte, die mit Absicht hingeworfenen Worte, an sich abprallen zu lassen. Doch es gelang ihm nicht völlig. Seine Hände ballten sich zu Fäusten, als er antwortete.

26 Entschieden

Meine Größe tut ja wohl nichts zur Sache. Vielleicht können wir uns ja wie Männer unterhalten!»

Ein nicht unterdrücktes Kichern auf der anderen Seite ließ Steinwart die Zornesröte ins Gesicht steigen. Karlotta legte ihm beruhigend die Hand auf die Schulter. Steinwart sah die Zwergin kurz an und schüttelte dann beruhigend den Kopf.

«So schnell lass ich mich von denen dort draußen nicht aus der Ruhe bringen.»

Er grinste zu seinen Worten. Doch seine Gesten straften ihn dabei eindeutig Lügen.

Steinwart war gerade im Begriff, eine scharfe Erwiderung zu geben, als das Gespräch jenseits der Tür wieder aufgenommen wurde.

«Diese Reibereien führen uns wirklich nicht weiter. Ich stimme dir zu. Wir werden die Tür jetzt öffnen. Wobei wir hoffen, dass ihr keine unüberlegten Handlungen ins Auge gefasst habt. Ihr solltet euch in Ruhe anhören, was wir zu sagen haben. Es liegt, das möchte ich ausdrücklich erwähnen, nicht in eurer Hand, uns umzustimmen. Euer Verhalten wird nur darüber entscheiden, ob das Ganze ruhig und vernünftig abläuft oder ob es eskaliert. Habe ich mich klar genug ausgedrückt?»

Steinwart sah sich um und nickte. Für seine Person hatte er die Entscheidung bereits getroffen, sich in Ruhe anzuhören, was die Mannschaft beabsichtigte. Im schlimmsten Falle würde es ihm und seinen Gefährten immer noch freistehen, sich zur Wehr zu setzen.

Von allen erhielt er zustimmende Gesten. Nur Krey stand die blanke Wut auf die Stirn geschrieben.

«Mach jetzt keinen Unsinn», flüsterte der Zwerg.

Dann wandte er sich wieder an Jokar, den Wortführer der Mannschaft.

«Ihr habt unser Wort. Jetzt lasst uns endlich raus!»

Ein Scharren an der Tür war Antwort genug. Der Riegel wurde fortgezogen und langsam öffnete sich der Durchgang. Das Spiel von Licht und Schatten im Bauch der Sturmwind ließ die Gesichter der Matrosen möglicherweise grimmiger erscheinen, als es ihre Absicht war. Doch die Unsicherheit war ihnen auf jeden Fall, auch ohne besondere Menschenkenntnis, abzulesen. Barina hielt sich mit jeglichen Aktionen, sei es in Worten oder in Taten, zurück. Sie wurde das Gefühl nicht los, dass eine falsche Aussage, eine falsche Bewegung, dazu führen konnte, das Fass zum Überlaufen zu bringen. Die Art und Weise, wie die Männer ihr aus dem Weg gingen, sprach deutlich genug für sich.

Jokar stellte sich breitbeinig vor die Gefangenen, die Daumen seiner Hände in die Aufschläge seiner Jacke geklemmt. Er wollte seine Überlegenheit zum Ausdruck bringen und wippte leicht auf seinen Füßen. Doch dieses Vorhaben misslang im kläglich, zeigte es bei genauem Hinsehen doch nur seine Nervosität.

Er räusperte sich.

«Ich will ehrlich zu euch sein. Unser erstes Vorhaben war, euch über Bord zu werfen. Mit euch, so die Meinung von uns allen, ist etwas an Bord gekommen, dass uns eher schadet als nutzt. Vielleicht trifft das nicht auf alle von euch zu, aber …»

Jokars Worte stockten. Der scheue Blick, den er in Barinas

sowie Melinaes Richtung warf, war Zeichen genug, wer gemeint war. Doch auch ohne diesen Hinweis hätten alle gewusst, von wem aus Sicht der Mannschaft die größte Bedrohung ausging.

«Wie gesagt …», hilflos knetete Jokar inzwischen seine Finger. Es schien einfacher für ihn zu sein, durch eine verschlossene Tür zu reden, als seinen Gefangenen direkt ins Gesicht sehen zu müssen.

«Wie gesagt, das war unser Vorhaben. Dann aber kam einer von uns auf den Gedanken, euch um Hilfe zu bitten. Für Sam. Keiner von uns hat auch nur im Geringsten für möglich gehalten, was ihr erreicht habt. Wir haben nur gehofft, dass ihr ihm das Sterben ein wenig erleichtern könntet. Jetzt aber … Das macht es nicht einfacher für uns. Es gibt inzwischen zwei Lager. Die einen sagen, es sei völlig unerheblich, was ihr für Sam getan habt. Er wird sowieso sterben, weil es nicht gut sein kann, was ihr bewirkt habt. Durch Kräfte bewirkt habt, die …»

Er brach ab. Auf der Suche nach den richtigen Worten, hatte er sich für einen Moment lang verrannt.

«Ich kann euch versichern, dass es ihm nicht geschadet hat, was Barina an ihm bewirkte. Ganz im Gegenteil.»

Jokar sah Karlotta mit einem verlorenen Blick an.

«Genau das macht es ja jetzt zum Problem. Wir wissen nicht, was wir mit euch tun sollen. Ich bin derjenige, der sich der Meinung widersetzt hat, dass ihr …, ich meine, dass …»

«Dass wir den Tod verdient haben?»

Steinwart war Jokar so unvermittelt ins Wort gefallen, dass dieser erschrocken zusammenzuckte. Der Zwerg grinste.

«Es ist einfacher, sich die Köpfe heißzureden, wenn diejenigen, die es später betreffen soll, nicht gegenwärtig sind. Habe ich Recht?»

Jokar nickte und straffte sich.

«Warum lange um den heißen Brei herumreden? Wir werden euch am Leben lassen. Dass ihr euch für Sam, mit welchen Mitteln auch immer das geschehen ist, so eingesetzt habt, dürfen wir nicht außer Acht lassen. Die Götter würden uns strafen. Also haben wir die Entscheidung getroffen, euch zu den Salzseen von Birudur zu bringen und dort abzusetzen.»

Ein hörbares Aufatmen war die Reaktion.

«Aber nicht alleine!»

Steinwart, der sich zu seinen Gefährten gewandt hatte, drehte sich wieder um.

«Was soll das bedeuten?»

Jokar deutete auf Krey.

«Er wird mit euch gehen. Und Sam ebenfalls.»

Krey war bereit nach vorn zu preschen, um Jokar mit körperlichen Mitteln zu zeigen, was er von dessen Entscheidung hielt. Fram war es, der ihn bei der Schulter packte und herumriss.

«Lass das!»

Was Fram allerdings nicht verhindern konnte, war die Tatsache, dass Karlotta sich erneut einmischte.

«Eure Entscheidung mag so gefallen sein. Wir müssen sie vermutlich akzeptieren. Aber warum tut ihr das diesem Jungen an? Er wird noch tagelang kaum in der Lage sein, sich auf den Beinen zu halten. Geschweige denn, mit uns zusammen einen beschwerlichen Weg zu gehen. Glaubt ihr denn wirklich, er trage jetzt das Böse in sich, nur weil wir dazu beitragen konnten, ihn dem Tod zu entreißen? Er wird sterben, wenn ihr ihm nicht die Möglichkeit gebt, hier an Bord wieder gesund …»

Karlotta brach ab und starrte ungläubig auf die Gasse, welche die Männer gebildet hatten.

Schwankend stand Sam auf seinen eigenen Beinen und bewegte sich langsam auf Barina zu. Auch wenn er kaum in der Lage zu sein schien, Schritt für Schritt zu gehen, war die Tatsache, dass er schon wieder aufstehen konnte, mit dem gesunden Verstand nicht zu erklären.

27 Mütterliche Gefühle

Macht euch um mich keine Sorgen. Es ist wohl beschlossene Tatsache, dass ich nicht mehr hierher gehöre. Dem habe ich mich zu beugen.»

Die Schweißperlen aufgrund der Anstrengung sowie die unnatürliche Blässe seines Gesichtes waren für Karlotta Hinweis, dass Sam sich nicht mehr lange aufrecht halten würde. Zusammen mit Barina stürzte sie zu ihm, und gemeinsam halfen ihm die Frauen, sich niederzulegen.

«Junge, du bist unvernünftig. Warum bist du nicht auf deinem Lager geblieben bis ich wieder gekommen wäre, um nach dir zu sehen?»

Sam lächelte unter schmerzverzerrtem Gesicht.

«Es war nicht meine Entscheidung. Man will mich nicht mehr inmitten der Mannschaft haben. Mein Zustand könnte, tja, er könnte ansteckend sein.»

Karlotta stand auf.

«Was seid ihr doch ein Haufen von Idioten. Als etwas anderes seid ihr wirklich nicht zu bezeichnen. Jetzt steht nicht wie festgewachsen herum. Holt ihm ein paar Decken, damit er sich wenigstens vernünftig hinlegen kann. Wir werden ja noch einige Tage brauchen, bis wir die Salzseen erreichen. Ich hoffe, dass er bis dahin wieder so weit hergestellt ist, dass man sich wirklich keine Sorgen um ihn machen muss!»

Die Zwergin kniete sich wieder neben Sam und spürte für

einen kleinen Moment fast so etwas wie mütterliche Gefühle in sich aufsteigen.

«Vererzt und abgeklopft. Ihr seid ja immer noch nicht unterwegs. Bringt auch gleich heißes Wasser, saubere Tücher und saubere Verbände mit. Krey, was habt ihr nur für einen Haufen Schwachsinniger an Bord!»

Der abgesetzte Kapitän gab zwar keine Antwort, doch sein linkisches Verhalten war ein Gradmesser seiner Verlegenheit. Erst als sich die Tür wieder schloss und die Gruppe um Steinwart wieder unter sich war, kamen erste Reaktionen auf. Fram schlug mit seiner rechten Faust in seine linke Handfläche.

«Um ehrlich zu sein, habe ich mit so viel Vernunft gar nicht gerechnet. Wir haben damit fürs Erste unser anvisiertes Ziel erreicht. Dass sie uns auf dem Rückweg nicht mehr abholen werden, steht für mich zwar auch fest, aber wir werden schon eine Möglichkeit finden. Krey mit in unserer Gruppe zu haben, wird ebenfalls kein Fehler sein.» Fram sah Krey fragend an. «Ein Begleiter in unserer Gruppe, der sich im Ernstfall seiner Haut zu wehren weiß, ist stets willkommen.»

Krey grinste unbeholfen. «Es war zwar ehrlich gesagt niemals meine Absicht, euch zu begleiten. Aber es ist dennoch viel besser, als gemeinsam mit euch einen nassen Tod zu sterben. Von daher werde ich mich schon helfend einbringen. Ich hoffe, sie geben mir eine Waffe mit. Man kann nie wissen, worauf wir stoßen werden. Aber was machen wir mit Sam?»

Karlotta fuhr auf, als habe man sie persönlich angegriffen.

«Was wollt ihr damit sagen? Wenn ihr beabsichtigt, ihn irgendwo sich selbst zu überlassen, so habt ihr noch nie eine Zwergin in Wut erlebt.»

Schnaubend wandte sie sich wieder Sam zu, während Barina ihm neue Verbände anlegte.

Krey lachte. Das erste wirklich befreiende Lachen seit vielen Stunden.

«Ist sie immer so?»

Steinwart stellte sich hinter Karlotta und strich ihr liebevoll übers Haar.

«Ich glaube, ihr versteht überhaupt nichts von Zwergen im Allgemeinen und nichts von Zwergenfrauen im Besonderen. Aber ihr werdet noch genügend Zeit haben, so manches über uns herauszufinden.»

«Oh, das glaube ich auch», erwiderte Krey. Erneut schmunzelnd setzte er sich an die Stelle, an der er sein provisorisches Lager bereitet hatte. Leise flammten erste Gespräche auf, die nichts mit ihrer gegenwärtigen Situation zu tun hatten. Steinwart sah sie als Zeichen an, dass nach der mitgeteilten Entscheidung eine große Last von ihrer Seele gefallen war. Karlotta flößte Sam noch einen winzigen Schluck ihres Trankes ein, der dazu dienen sollte, ihm seine Schmerzen zu nehmen. Kurze Zeit darauf kündeten ruhige und tiefe Atemzüge von der erfolgreichen Wirkung. Sam war eingeschlafen.

«Diesen Schlaf wird er auch brauchen, um neue Kräfte zu sammeln», warf Karlotta, mit einem entschuldigenden Blick auf die sich immer schneller leerende Flasche, in den Raum. Es schien, als suche sie krampfhaft nach einer Entschuldigung, weshalb sie jetzt so sorglos mit dem Inhalt umging. Doch niemand ihrer Begleiter wäre auch nur im Entferntesten auf die Idee gekommen, ihre Entscheidung zu hinterfragen. Jeder wusste, dass Sam sie nur auf Dauer begleiten konnte, wenn sich sein Zustand in den kommenden Tagen deutlich besserte. Keiner wagte, Karlotta die Konsequenzen aufzuzeichnen, wenn das misslang. Der Zwergin fielen immer wieder die Augen zu. Die letzten Tage hatten auch an ihren Kräften gezehrt. Ebenso wie die Tatsache, dass sie sich völlig im Klaren darüber war, was passieren würde, wenn Sam nicht wieder zu Kräften kam. Fram hatte immer wieder darauf hingewiesen, in welch eine lebensbedrohliche Umgebung sie gerieten, sobald sie die

Salzseen von Birudur erreichten. Dort gab es kein Leben. Sie alle würden nicht auf Dauer in der Lage sein, den Widrigkeiten zu widerstehen. Wenige Tage. Das waren Frams Worte. Wenige Tage. Haben wir dann unser Ziel nicht erreicht, werden wir keine Chance haben, das Meer und unser Zuhause jemals wiederzusehen. Jetzt aber hatte sich alles auch noch verkompliziert. Mit Sams Anwesenheit in dieser Wüste konnte niemand rechnen. Hinzu kam die Frage, wie sie zurückkommen sollten. Selbst dann, wenn sie ihr Ziel erreichten. Fragen über Fragen, die ihr keine Ruhe ließen, die sie irgendwann in der Gruppe würde ansprechen müssen. Doch ohne jede Hoffnung, eine zufriedenstellende Antwort zu erhalten. Ihr Blick fiel auf den Fuchs, der sich seine Pfoten leckte.

«Auch über dich werden wir uns Gedanken machen müssen», flüsterte sie. «Deine Pfoten sind für diesen Untergrund denkbar ungeeignet.»

Reinecke, der eigentlich *Ban-tu-Rin* hieß, unterbrach sein Tun und hob seinen Kopf.

Mit seinen klugen Augen schaute er Karlotta an, als habe er jedes ihrer Worte verstanden. Sie lächelte.

«Natürlich hast du mich verstanden. Wie könnte ich das in Zweifel ziehen.»

Der Fuchs senkte seinen Kopf, um seiner kurz zuvor unterbrochenen Beschäftigung wieder nachzugehen. Der Blick Karlottas wanderte zu Melinae. Er hatte sich in den letzten Stunden immer mehr in sich zurückgezogen. Seine Augen starrten und tief in Gedanken strich er sich immer wieder über das Fell an seinem Arm. Kamen die Erinnerungen an ein früheres Leben langsam zurück? Fast schien es der Zwergin der Fall zu sein.

28 Ängste in der Nacht

Fröstelnd schlang Targor die Arme um seine Brust. Dabei wusste er noch nicht einmal zu sagen, ob er aufgrund der kühlen Nachtluft fror oder wegen der Bewegungen im Moor, die er eher ahnte, statt sie wirklich bewusst wahrzunehmen. Er war froh, endlich wieder die Sterne erblicken zu können und die Dunkelheit hinter sich gelassen zu haben. Irgendwann hatte sie begonnen, ihn an seine schlimmsten Ängste zurückzuführen. Sie war intensiv und greifbar geworden. Als sei sie viel mehr als nur das Fehlen von Licht. Als grabe sie sich tief in sein Innerstes hinein und sei imstande, dort Erlebnisse zu neuem Leben zu erwecken, die Targor schon lange tief verschüttet geglaubt hatte. Mit einem Mal hatte er wieder Personen und Handlungen vor sich gesehen, als seien sie real. Sie blitzten in der dunkelsten Nacht auf, ohne diese jedoch zu erhellen. Viele Dinge, auf die er nicht stolz war und die ihn auch jetzt noch schmerzten, jetzt, da er wieder im blassen Licht der Sterne stand.

Der Gestank, der vom Moor ausging, raubte ihm wieder den Atem. Was würde passieren, wenn er den Weg, der durch Brom führte, nicht beschreiten konnte? Targor sah sich um, sah in die Öffnung des Berges hinein, die ihn angähnte, wie ein zu groß geratener Mund. Und plötzlich wusste er, dass er niemals wieder in der Lage wäre, den Schritt in die verwinkelten Gänge hinein zu wagen. Er ahnte, dass es ihn seinen Verstand kosten würde, noch ein weiteres Mal seinen eigenen

Ängsten zu begegnen. Targor kniff die Augen zusammen. Bildete er sich die Bewegungen im Moor nur ein? Waren es nur die Blasen, die eine nach der anderen mit einem weithin hörbaren Ploppen platzten, die den Eindruck von Bewegung erweckten? Steinwarts Worte klangen in Targors Ohren. Die Erzählung der Mutprobe, bei der die Freunde des Zwerges ihr Leben lassen mussten. Es wäre Wahnsinn, jetzt in der Dunkelheit der Nacht, den Weg zu begehen, den er noch nicht einmal wirklich sehen konnte. Doch würde er die Zeit haben, hier zu warten, bis es Morgen wurde? Wann würde Sy-Bita aus ihrem seltsamen Zustand erwachen und begreifen, dass ihr Opfer sich davon gemacht hatte? Vielleicht war es schon längst geschehen. Vielleicht waren ihre Häscher bereits auf seiner Spur. Targor atmete tief durch. Er hatte im Grunde keine Wahl. Vorsichtig setzte er den rechten Fuß auf eine tiefgraue Fläche im Moor, die sich in der Ferne verlor. Das musste der Weg sein. Als er sein Gewicht auf den Fuß belastete, sank dieser tief ein, ohne darunter einen Halt zu finden.

Erschrocken sprang Targor zurück. War er von seiner Erinnerung betrogen worden? Oder waren die Bewohner des Moors fähig, falsche Realitäten vorzuspiegeln? Erneut sah er sich um und begann abzuwägen. Es stand ihm frei zurückzugehen. Wenigstens ein kleines Stück. Sich zu verstecken bis zum Morgengrauen. Einen Moment noch überlegte er. Dann schüttelte er so wild seinen Kopf, dass seine Haare um sein Gesicht flogen.

«In diesem Leben nicht mehr. Du wirst mich nicht mehr wiedersehen.»

Targor spürte, dass ihm der Klang seiner eigenen Stimme guttat und ihm neue Kraft schenkte. Auch wenn es ein Irrglaube war, plötzlich fühlte er sich nicht mehr alleine. Erneut spähte er in die Dunkelheit. Ein weiterer dunkler Strang zog sich durch die leicht wabernde Oberfläche. Warum hatte er diese farbliche

Abweichung zuvor nicht wahrgenommen? Scheinbar war es ein großer Fehler, sich auf den ersten Eindruck zu verlassen. Er würde kritischer hinterfragen müssen. Sie waren schlau. Targor ahnte, dass er bereits unter Beobachtung stand. Dass sie ihn als willkommenes Opfer wahrnahmen. Sobald er einen falschen Schritt tat, würde er ihnen nicht mehr entkommen. Er zog sich ein kleines Stück zurück. Eine Waffe. Er würde irgendetwas benötigen, um sich zur Wehr zu setzen, sobald sie ihn angriffen. Wenn er hier auch nicht mehr finden konnte, als einen Stock und ein paar handfeste Steine, so war das immer noch mehr, als sich völlig wehrlos durch gefährliches Terrain zu bewegen. Targor musste nicht lange suchen. Er fand einen Knüppel, den er prüfend in seinen Händen wog. Das Holz schien genau die richtige Größe und das geeignete Gewicht zu haben, sodass es gut ausbalanciert in seinen Fingern lag. Ein paar Steine hob Targor vom Boden auf und stopfte sie in seine Taschen. Zwar fühlte er sich noch lange nicht sicher, aber dennoch nicht völlig ausgeliefert und wehrlos.

Als er wieder am Moor stand und dieses Mal seinen Fuß erneut prüfend aufsetzte, spürte er, dass er richtig lag. Das war der Weg. Nun galt es, ihm zu folgen. Langsam, viel langsamer, als es sein Fluchtreflex ihm vorgab, bewegte er sich vorwärts. Jedes Mal, wenn eine dieser übelriechenden Blasen neben ihm zerplatzte, zuckte er unwillkürlich zusammen. Der Gestank war alleine schon schlimm genug. Doch viel schlimmer war die Einbildung, dass jeden Augenblick eine verkrümmte Hand aus dem Moor schnellte und nach ihm griff. Targor sah sich um. Es war ihm bereits gelungen ein beachtliches Stück zurückzulegen. Weit mehr als er es vermutet hätte. Die Entfernung aber, die noch vor ihm lag, konnte er nicht wahrnehmen. Es war, als ob ihm der Blick nach vorne verwehrt sei. Hatte Steinwart damals auch von diesem Phänomen berichtet? Er wusste es nicht mehr zu sagen.

«Schön, dass du zu uns gekommen bist. Wir tun dir nicht weh. Lass deine dummen Waffen, lass den Stock und die Steine fallen. Sie würden dir sowieso nichts nutzen. Mach dir keine überflüssigen Ängste. Es ist schön bei uns. Es wird dir gefallen!»

Wie angewurzelt blieb Targor stehen.

Die Stimme einer Frau. Eine angenehme und sanfte Stimme. Er begann sich danach zu sehnen, weiterhin ihren Worten zu lauschen. Müde! Warum fiel ihm erst jetzt auf, wie unendlich müde er war?»

«Natürlich bist du müde. Dein Weg war lang. Du überschätzt deine Kräfte. Es ist wichtig, dass du Schlaf findest. So wichtig. Ich werde dir ein Lied singen. Ich werde dich in den Schlaf wiegen. Du musst nur zu mir kommen. Ein kleiner Schritt. Wehr dich doch nicht so.»

Ein kleiner Schritt. Wie Recht sie doch hatte. Warum machte er sich nur so viele Gedanken? Targor griff in seine Taschen. Stein für Stein warf er weit fort. In der Ferne vernahm er das Schmatzen, als ein Stein nach dem anderen in der stinkenden zähen Brühe versank. Stinkende Brühe? Unsinn. Alles war nur Einbildung. Targor sog die Luft tief durch seine Nase ein. Wundervoll würzige Waldluft. Ein Strahlen überzog sein Gesicht. Hier bleiben zu dürfen, für immer dieser Stimme zu lauschen. Das war das, wonach er sich jetzt sehnte. Mit jeder Faser seines Herzens.

«Warum hältst du diesen dummen Stock immer noch fest? Oh. Ich verstehe. Du hast Sorge, du könntest stolpern und den Halt verlieren. Du bist ein kluger Mann. Aber du unterschätzt uns. Wir werden dir den Halt geben, den du benötigst. Du wirst nicht fallen. Ich verspreche es dir. Lass mich dich in den Schlaf singen.»

Eine Stimme erklang. Mit so viel Wärme und Anmut, dass Targor Tränen der Rührung übers Gesicht liefen. An den Text erinnerte er sich nicht mehr. In dem Moment, da die Worte erklangen, waren sie auch bereits Vergangenheit. Er wusste nicht einmal zu sagen, ob sie einen Sinn ergaben. Doch darauf kam es überhaupt nicht an. Das Einzige, das zählte, war die Hoffnung. Die Hoffnung, dass sie niemals wieder aufhören würde, ihn mit ihrer Stimme zu verwöhnen. Zu umgarnen. Targor blickte auf den Stock, ließ ihn fallen. Er war ihm nicht mehr wichtig. Als der Stock zu Boden fiel, wurde der Gesang lauter. Fordernder. Jubelnd. Als habe er ein Ziel erreicht. Ein Ziel, welches Targor nicht begreifen konnte. Noch nicht. Eine Hand schob sich aus dem Sumpf. Nicht mehr als ledrige verdorrte Haut. Konserviert vom Moor über die Jahrhunderte. Ein Kopf folgte. Lippen, die sich unter dem Gesang bewegten. Leere Augenhöhlen. Lange verfilzte Haare. Tiefe Löcher in den Wangen. Doch für Targor war es das schönste Wesen, das er jemals zu Gesicht bekommen hatte. Er hockte sich hin und streckte seine Hand aus. Langsam näherte sich die ihre. Ein Traum würde wahr werden.

Jetzt!

29 Unwetter

Was folgte, waren eintönige Tage an Bord. Nur manchmal unterbrochen von kurzen Phasen, in denen man die Gefangenen an Deck ließ. Wobei stets Wert darauf gelegt wurde, sie nur einzeln aus der Dunkelheit der Kajüte zu führen. Die Bewacher, die für sie abgestellt wurden, schienen im Hinblick auf die angenommene Gefahr ausgewählt, die von den ungewollten Gästen ausging. War es bei manchen, wie bei Steinwart, nur eine einzige Person, die sie begleitete, so fiel das vor allem bei Barina spürbar anders aus. Niemand schlug sich darum, für sie verantwortlich zu sein. Auch dann nicht, wenn zu beobachten war, wie gierige Blicke ihr an Deck folgten. Barina war eine ausnehmend schöne Frau, sodass sich bei aller Angst und allem Misstrauen, das ihr begegnete, niemand den Reizen entziehen konnte, die von ihr ausgingen. Jokar hatte nicht lange darauf hinweisen müssen, dieser Frau nicht zu nahe zu treten. Auch wenn die Zeit auf See grobe Scherze und rohe Zoten aufblühen ließ, hätte keiner von ihnen den Mut bewiesen, sein Leben oder seine Gesundheit aufs Spiel zu setzen. So ließen sie Barina ihrer Wege ziehen und waren heilfroh, sobald sich die Kabinentür wieder hinter ihr schloss. Alle Gefangenen waren mehr oder weniger oft an der frischen Luft gewesen. Einzig Melinae hielt diese Phasen denkbar kurz. Sobald er seinen menschlichen Bedürfnissen nachgekommen war, drängte es ihn zurück. Niemand der Matrosen war böse ob dieses Umstandes. Melinae gehörte neben Barina zu denjenigen, den sie am wenigsten einschätzen konnten. Von ihm ging etwas aus, das geheimnisvoll und furchteinflößend war.

An einem der ersten Tage hatten sie ihn dabei beobachtet, wie er sich gedankenverloren über das Fell an seinem Arm strich. Dies war klarer Beweis genug, dass mit ihm etwas nicht stimmte. Wer hatte schon jemals einen Menschen gesehen, der statt Haut ein tierisches Haarkleid trug. Sie fröstelten, wenn sie in seine Nähe mussten. Nicht mehr lange und sie würden diese Gruppe absetzen, um sie niemals wiederzusehen. Das stand für alle felsenfest.

«Melinae. Das geht so nicht weiter. Du musst ebenfalls an die Luft. Wenn sie den nächsten von uns holen, wirst du mitgehen. Es ist ungesund, sich nicht an die Sonne zu begeben!»

Für einen Moment schien es, als habe Melinae Karlottas Worte nicht gehört. Nicht die geringste Reaktion ging von dem Mann aus, der still in seiner Ecke saß. Karlotta wollte ihre Worte gerade wiederholen, als Melinae den Kopf hob, um Blickkontakt zu suchen.

«Ich muss mit dir reden.»

Mehr sagte er nicht. Aber für die Zwergin war es Zeichen genug, dass sie alles daran setzen musste, bei nächster Gelegenheit zusammen mit Melinae die Kajüte zu verlassen. Die Bewegungen des Schiffes kündeten davon, dass es ein stürmischer Tag war. Steinwart hatte seine Seekrankheit überwunden und schlief friedlich zusammengerollt auf seinem Lager. Sam schlief ebenfalls tief und fest. Von Tag zu Tag ging es ihm besser. Mittlerweile war Karlotta sich fast sicher, dass er die Strapazen an Land durchstehen würde. Wenn es auch unumgänglich war, dabei auf ihn achtzugeben, dass er sich nicht übernahm. Barina und Fram unterhielten sich leise. Kurzes Lachen zwischendurch verriet der Zwergin, dass es um alltägliche Gespräche ging und um nichts, das die Allgemeinheit betroffen hätte. Pantagar und Farim schauten stumm vor sich hin. Sie waren diejenigen der Gruppe, die am wenigsten von sich und ihrer Gefühlswelt preisgaben. Sie gehörten zu jener Art von Zwergen, die irgendwo innerlich zu Stein geworden waren. Der unablässige Kontakt mit dem Granit unter Tage hatte sie verändert. Lächelnd schaute sie den schlafenden Steinwart an. Bei ihm hatte der Granit dies nicht geschafft. Steinwart war etwas Besonderes. Und möglicherweise der einzige Zwerg, der die Geschehnisse ins Rollen hatte bringen können.

Nein, Karlotta berichtigte sich. Er war der Einzige. Jeder andere wäre damals achtlos an dem alten Baum vorbeigegangen. Oder aber erst gar nicht von diesem auserwählt worden, sein Geheimnis zu ergründen. Karlotta rutschte vorsichtig ein Stück nach vorn, um Steinwart sanft über das Haar zu streichen, das ihm wirr ins Gesicht hing. Diese Berührung nahm er im Schlaf war. Er grummelte kurz, dann überzog ein Lächeln sein Gesicht. Karlotta zog sich augenblicklich wieder zurück. Sie war froh, dass er schlief. Es würden noch genügend Phasen kommen, in denen man froh sein durfte über jede Minute der Erholung. So tief in ihre Beobachtungen versunken zuckte Karlotta zusammen, als sich der Riegel zu ihrem Gefängnis quietschend öffnete.

«Wer ist der Nächste?»

Mehr als diese barsche Frage gab es nicht. Die Tatsache aber, dass der Mann alleine gekommen war, zeigte, dass er nicht mit Barinas Wunsch rechnete. Karlotta stand auf.

«Ich. Bitte nehmt mich mit. Aber …»

Der Mann, der sich bereits weggedreht hatte, blieb stehen und schaute sich mit auffallendem Missmut im Gesicht um.

«Aber was?»

«Ich möchte ihn gerne mitnehmen.»

Bei diesen Worten zeigte sie auf Melinae. Der Matrose

überlegte einen Moment und schloss dann die Tür wieder.

«Wartet ab!»

Seine Schritte entfernten sich wieder, um kurze Zeit später wieder zurückzukehren. Diesmal jedoch nicht alleine. Vom Klang her in Begleitung von mindestens einem weiteren Matrosen, der als zusätzliche Bewachung ausgewählt war.

«Kommt mit. Es ist eine Ausnahme, dass wir zwei von euch gleichzeitig an Deck lassen. Aber es zieht ein Unwetter auf. Und wir wissen nicht, ob wir später noch Zeit für euch haben.»

Krey schreckte auf.

«Nehmt mich mit. Ihr werdet jede helfende Hand gebrauchen können.»

Der Matrose spuckte verächtlich in den Staub.

«Das könnte dir so passen. Halt´s Maul, Krey. Wir werden uns auch ohne dich gut zu helfen wissen. Und sollten wir wirklich Hilfe brauchen, was sehr unwahrscheinlich ist, wissen wir, wo wir dich finden. Allerdings gab es von dir immer nur Worte. Niemals Taten. Wozu also sollten wir dich rufen?»

Der Mann gab Karlotta einen Schubs. Kurz bevor er bei Melinae im Begriff war, das gleiche zu tun, zog er seine Hand zurück. Mit einem Ausdruck auf der Miene, wie bei einem kleinen Kind, das kurz davor stand, sich beim Griff auf die heiße Herdplatte zu verbrennen.

«Los jetzt. Viel Zeit bleibt euch nicht.»

Als sich die Tür wieder schloss, blieben die übrigen Gefangenen eher ratlos zurück. Niemand hatte bewusst registriert, aus welchem Grund die Zwergin erpicht darauf war, gemeinsam mit Melinae an die frische Luft zu gehen. Als die beiden Gefangenen das Deck betraten und mit zusammengekniffenen Augen in den Himmel sahen, erschraken sie. Auf einem immer schmaler werdenden Feld über ihren Köpfen waren noch kleinere Flecken blauen Himmels zu erkennen. In nicht allzu weiter Entfernung jedoch schoben sich bedrohliche Wolkenberge heran. Der Himmel hatte eine seltsame Färbung angenommen. Dazwischen zuckten bereits vereinzelte Blitze. Auf die Entfernung waren Regenvorhänge zu erkennen, die auf das Meer hinab prasselten. Die Matrosen liefen hektisch über das Deck. Es war unschwer festzustellen, dass ihnen bereits jetzt die ordnende Hand fehlte.

Karlotta schaute zu Melinae auf.

«Ich habe mich soeben gefragt, weshalb sie sich jetzt noch mit uns belasten. Aber wie es mir scheint, sind sie darauf aus, lästige Aufgaben erledigt zu haben, bevor das Wetter uns erreicht. Was nicht mehr lange dauern kann. Also. Was wolltest du mir sagen? Wir haben nicht sehr viel Zeit.»

Bereits jetzt kam ein Sturm auf, der ihnen beiden die Worte vom Mund riss, bevor das Gegenüber sie wahrgenommen hatte. Das machte die Unterhaltung nicht einfacher, aber verringerte auch die Gefahr, dass sie belauscht wurden. Ihre Bewacher schienen ohnehin mehr Augen für ihre Umgebung zu haben, als für die Zwergin und diesen fremdartigen Mann.

«Es verändert sich etwas, Karlotta. Du hast mir vor langer Zeit einmal gesagt, ich sei in deinen Augen jemand anderer. Ein Leben, an das ich mich nicht mehr erinnern kann. Nicht mehr erinnern konnte. Bis …»

Melinae schob den Ärmel seines Wamses hoch. Und Karlotta verstand.

«Ich habe dich für verrückt gehalten, als du damals sagtest, ich sei einmal …»

Melinae schluckte schwer, als falle es ihm nicht einfach, die Worte zu sprechen, die ihm auf dem Herzen lagen. Karlotta nickte ihm aufmunternd zu.

«… ich sei einmal Meister Dachs gewesen. Für Unsinn habe ich es gehalten. Aber …, jetzt werden die Erinnerungen Tag für Tag stärker. Erinnerungen, die niemand wissen kann.

Niemand außer mir selbst. Ich verbrenne mir wieder die Hand beim Ergreifen der Klinke meines Hauses. Sehe mich mit Steinwart und seiner Hyazintha auf meinen Bücherstapeln sitzen. Dampfenden Tee in unseren Händen. Höre Gorms Stimme. Sehe, wie sich alles mit einem Panzer aus Eis überzieht. Spüre die Ängste erneut, als ich falle. Damals in jener Schlucht. Die Schmerzen, als die Krallen dieser geflügelten Wesen mich quälen. Alles ist wieder da. Ich werde fast wahnsinnig bei diesem Gedanken, in einem fremden Körper eingesperrt zu sein. Und doch werde ich es nicht ändern können. Niemals wieder. Kann, soll, muss ich mit den anderen darüber reden? Ich musste mit jemandem über meine Gefühle sprechen. Entschuldige bitte, dass ich dich damit belaste. Aber wer wäre geeigneter gewesen als du?»

Der erste Regen begann in heftigen Schauern auf das Deck niederzuprasseln.

«Es war völlig richtig, dass du mich ins Vertrauen gezogen hast. Ich habe bereits etwas in dieser Richtung geahnt. An deiner Stelle würde ich nichts sagen. Zumindest jetzt noch nicht. Der richtige Zeitpunkt wird kommen. Ich werde dir dabei helfen, ihn zu finden.»

Melinae lächelte. Es war ihm anzusehen, dass ihm nach diesen wenigen Worten eine große Last von der Seele genommen war. Suchend sah er sich nach ihren Bewachern um.

«Bringt uns wieder unter Deck.»

Inzwischen schlugen bereits hohe Brecher über das Deck der Sturmwind. Bis auf die Haut durchnässt erreichten Karlotta und Melinae die Kajüte. Das Schiff stampfte in der aufgewühlten See und schlingerte bedrohlich. Als die Matrosen die Tür wieder schlossen, meldete Krey sich erneut zu Wort.

«Lasst auf. Wenn etwas passiert, sind wir hier unweigerlich verloren.»

Die Bewacher schauten sich kurz an und zuckten wortlos mit den Schultern. Als sie nach oben verschwanden, schlug die Tür auf und zu.

30 Die Gruppe wächst

Ich muss hinauf! Verdammt! Sie brauchen mich! Begreifen diese Hundsfötte das denn immer noch nicht?»

Krey lief aufgeregt auf und ab. Die Sturmwind war in den Stunden, die das Unwetter nun schon anhielt, bereits mehrfach in eine bedenkliche Schieflage geraten. Der abgesetzte Kapitän erzählte etwas vom Raffen der Segel, von bestimmten Steuermaßnahmen, die niemand hier unten verstand. Doch die Bedrohlichkeit, die von seinen Worten ausging, war so greifbar, dass nicht Wenigen die Schweißperlen großer Sorgen auf der Stirn standen. Steinwart, der lange Zeit meinte, das Schlimmste überstanden zu haben, lag wie halbtot in einer Ecke und wünschte sich nur noch, sterben zu dürfen. Als der Segler erneut so sehr schlingerte, dass die Frauen in ihrer Not aufschrien, hielt es Krey nicht mehr an seinem Platz. Auch auf die Gefahr hin, dass man ihn zurückschickte, stürmte er an Bord. Bereits von unten waren seine klaren Befehle zu hören. Und ebenfalls die Tatsache, dass ihm niemand widersprach. Nach und nach stabilisierte sich die Situation. Zwar kam es immer noch zu Augenblicken, in denen den Gefährten im Bauch des Schiffes der Atem stockte, doch mit zunehmender Dauer wurden auch diese Aktionen seltener. Irgendwann musste Karlotta doch eingeschlafen sein. Sie wurde wach, als Krey mit schweren Schritten die Stiege hinunterlief und wenig später in ihrer Kabine stand.

«Das Schlimmste ist vorüber. Der Sturm beginnt sich zu legen. Kommt jetzt hoch und bezieht eure vorherige Unterkunft. Man hat …», dabei grinste er breit, «... endlich begriffen, dass

es so ganz ohne mich wohl doch nicht funktioniert. Obwohl ich, wie wir gehört haben, mehr rede als handele.»

Krey wartete darauf, dass alle zu sich kamen, um ihm zu folgen.

«Ach so, und falls es euch interessiert, wir werden euch zu den Salzseen bringen ...»

Daraufhin eine kurze Kunstpause machend, fuhr er fort, die Gruppe auch wieder abzuholen. Was zu einem allgemeinen erleichterten Aufatmen führte. Nur für Karlotta war die Angelegenheit damit noch nicht vollständig erledigt.

«Ich danke euch, Kapitän, sofern ich euch jetzt wieder so nennen darf.»

Krey nickte.

«Dennoch habe ich eine weitere wichtige Frage zu stellen. Was geschieht mit Sam. Ich gehe davon aus, dass man ihn jetzt den Strapazen eines Fußmarsches nicht mehr aussetzen wird?»

Krey gab erneut nickend seine Zustimmung.

«Selbstverständlich nicht. Er ist Mitglied unserer Gruppe. Und er wird das auch bleiben.»

Ein Räuspern aus Richtung des Lagers, auf dem Sam jetzt hockte, ließ die Gruppe aufmerken.

«Ich finde es schon sehr interessant, wie über meine Zukunft entschieden wird, ohne mich zu fragen. Man wollte mich hier nicht mehr haben. Womit ihr, Kapitän, nichts zu tun habt. Aber in den Stunden hier unten habe ich sehr viel über Zusammenhalt gelernt. Da war auch nicht der Hauch einer Gefahr, der von den Menschen oder Zwergen hier unten ausging. Wenn sie uns verlassen ..., woher weiß ich denn, dass man nicht bei nächster Gelegenheit wieder mit dem Finger auf mich zeigen wird. Vielleicht deshalb, weil mein Furz anders klingt, als man es bei einem normalen Menschen erwarten darf?»

Sam sah auffordernd in die Runde.

«Wenn ihr mich dabeihaben möchtet, würde ich gerne mit euch kommen.»

Fram ging zu ihm hin.

«Mein Junge, wenn du im Vollbesitz deiner Kräfte wärest, würde ich dich sofort mitnehmen. Aber so …»

Wutschnaubend fiel ihm die Zwergin ins Wort.

«Seit wann triffst du alleine solche Entscheidungen für uns alle? Ich hätte ihn gerne dabei. Wer kann wissen, ob nicht gerade er das Zünglein an der Waage sein wird, das über den Erfolg unserer Mission entscheidet?»

«Oder über den Misserfolg», entgegnete Fram in aller Seelenruhe. «Aber gut, ich will mich einer mehrheitlich demokratischen Entscheidung beugen. Also. Wer ist dafür, dass Sam uns begleitet?»

Karlotta hob die Hand. Steinwart unter ihrem strafenden Blick ebenfalls. Barina überlegte einen Moment, hob dann aber zögernd ebenfalls ihren Arm zum Zeichen der Zustimmung. Als Melinae noch sein Ja mündlich verkündete, war die Entscheidung gefallen.

«Herzlich willkommen», murmelte Fram.

Die anderen klopften dem jungen Mann auf die Schultern und hießen ihn willkommen.

«Vielleicht ist es wirklich die beste Entscheidung.»

Krey, der nicht gefragt worden war, ob er ein Mitglied seiner Mannschaft freigab, fühlte sich dennoch genötigt, einige Worte als Zeichen der Zustimmung von sich zu geben. Damit war die Klärung herbeigeführt. Als alle zusammen das Deck betraten, war am Verhalten der Matrosen sehr gut zu erkennen, wie unwohl sie sich in ihrer Haut fühlten. Natürlich war es eine klare Meuterei gewesen. Die Konsequenzen hieraus würden sehr weitreichend sein können. Krey sah sich um und runzelte die Stirn.

«Ihr wisst selbst ganz genau, in welche Situation ihr euch

gebracht habt. Im nächsten Hafen stelle ich jedem frei, die Sturmwind zu verlassen. Jedem, bis auf Jokar. Jokar, für dich ist es ein klares Muss. Ich kann dein Verhalten nicht unwidersprochen hinnehmen. Jedem, der bleiben will, steht auch das völlig offen. Ich will darüber hinwegsehen, wie ihr euch habt beeinflussen lassen. Macht euch Gedanken darüber. Wenn ihr gehen wollt, geht. Wenn ihr bleiben wollt, bleibt. Jokar, du kommst gleich zu mir in meine Kabine!»

Damit verschwand Krey unter Deck. Jokar folgte ihm kurz darauf. Ganz kurz war Fram versucht, ihnen zu folgen, um bei einer Eskalation zu Hilfe eilen zu können. Doch Steinwart schüttelte den Kopf.

«Der Kapitän wird sich selbst zu helfen wissen.»

Stattdessen huschte der Fuchs hinterher. Fram atmete beruhigt durch. Sein Gefährte durch die Zeiten würde Auge und Ohr für ihn darstellen. Er schaute in Richtung der dunklen Wolkenfetzen, die sich langsam auflösten. An einigen Stellen lugte der blaue Himmel bereits wieder durch. Eine dunkle Linie am Horizont ließ Fram allerdings nochmals genauer hinschauen, weil er sie nicht einschätzen konnte. Die Frage jedoch, die er bereits auf den Lippen hatte, wurde ihm abgenommen, als vom Ausguck der laute Ruf «Land in Sicht» ertönte.

«Ich glaube, wir haben unser Ziel erreicht», stellte Fram erfreut fest.

Allerdings so leise, dass es niemand hörte. Fram straffte die Schultern. Der wichtigste Teil ihrer Reise stand ihnen noch bevor. Und vermutlich auch der Schwierigste.

31 Erlösung

Ich werde dir ein neues Leben schenken. Ein Leben, das niemals enden wird. Voller Glückseligkeit. Ein Leben, das du dir immer erträumt hast.»

Targor zitterte vor Erregung. Wie gerne hätte er sich nach vorne gebeugt und nach der Hand gegriffen, die vor ihm auftauchte. Doch er wagte es nicht. Einfach aus der Sorge heraus, er könne sie vertreiben, wenn er sich zu fordernd gab.

«Was hast du? Warum greifst du nicht zu? Die Entscheidung mir zu folgen, muss von dir kommen. Du kannst das jetzt noch nicht verstehen. Aber das wirst du, sobald du meine Hand in die deine nimmst. Erst dann wirst du mich in meiner ganzen unverhüllten Schönheit zu Gesicht bekommen.»

In diesem Moment wusste Targor, dass er die Entscheidung jetzt zu treffen hatte. Er würde sein altes Leben liebend gerne wegwerfen. Ein Leben, an das er sich ohnehin nicht mehr erinnern konnte. Er warf sich nach vorne, griff nach der Hand … und schaute verwundert nach unten. Statt dem sanften Fleisch, das er eben noch erblickte, hielt er dunkle ledrige Haut in Händen. Angewidert wollte er seinen Griff lösen. Doch das war ihm nicht möglich.

«Du hast die freie Entscheidung getroffen. Jetzt bist du mein. Für immer. Du wirst dich an meinen Anblick gewöhnen. Ich bin schööööön.»

Die Stimme wurde alt und brüchig. Der betörende Gesang mit einem Mal eine Aneinanderreihung von Tönen aus Disharmonie, die in Targors Ohren schmerzten. Plötzlich begann er zu begreifen. Brom. Der Sumpf. Die Untoten hatten ihn gerufen. Der Gestank drang wieder an sein Bewusstsein. Er versuchte, sich gegen ihren unerbittlichen Griff zu wehren. Seine Füße fanden aber keinen Halt mehr. Verzweifelt griff Targor mit der anderen Hand um sich. Und fand doch nur Schlamm. Der Kopf der Untoten bewegte sich aus der morastigen Oberfläche. Höher und höher. Fast verweste Lippen, nur erhalten aufgrund der konservierenden Eigenschaft des Moores, näherten sich den seinen. Leicht geöffnet zum finalen Kuss, der Targors Leben beenden würde. Die Lippen berührten sich. Stärker. Fordernder. Dann ein gellender Schrei, der in den Ohren des Mannes nachhallte. Mit einem Mal war er wieder frei. Starrte ungläubig auf das, was sich vor seinen Augen abspielte. Die Frau hob sich in Gänze aus dem Moor. Stand in Flammen, gleich einer lebenden Fackel. Ihr Mund öffnete und schloss ich. Und Targor war in der Lage, ihre Worte zu verstehen.

«Sie hat dich berührt. Bei den Göttern, ich danke dir dafür, dass sie dich gesandt hat. Du wirst sie wiedersehen. Glaube mir. Endlich bin ich erlöst. So viele Jahrhunderte!»

Die Stimme verging. Die Flammen loderten abermals kurz auf. Und zurück blieb nicht mehr, als ein wenig Asche, die über das Moor getrieben wurde. Das Feuer musste so entsetzlich heiß gewesen sein, dass nichts mehr blieb. Mit einem Schlag war die Erinnerung wieder da.

Barina.

Welche Dinge war sie in der Lage zu tun? Auch über Entfernungen hinweg, die ihm unbegreiflich waren. Welche Gaben wurden ihr an jenem Tag verliehen? Weit mehr als er, aber auch als sie, jemals vermuteten. Targor begriff erneut, dass sie der Schlüssel sein würde. Dass es ohne Barina keine Zukunft gäbe. Er wusste nicht, wo sie im Augenblick war. Er wusste auch nicht, mit wem. Aber eines war ihm völlig klar. Er liebte sie mit jeder Faser seines Herzens.

Gerade wollte er sich wieder aufrichten, um jetzt die endgültige Flucht zu ergreifen, als erneut das Wispern und Flüstern begann. Fasziniert, aber ohne jede Angst, schaute Targor auf das Moor hinaus. Sie kamen auf ihn zu. Hunderte. Tausende. Unzählige. Er wusste, weshalb sie kamen. Er wusste, was sie von ihm erwarteten. Eine Berührung, um das zu beenden, was vor Ewigkeiten in einer unheiligen Art und Weise begann. Einen nach dem anderen nahm er in seine Arme. Ohne jede Abscheu. Ohne jeden Ekel. In dem Moment, da sie aufloderten, schlug die Dankbarkeit wie eine Welle der Wärme über ihm zusammen. Sie trug ihn über das Moor. Und setzte ihn am Rand von Brom ab. So viele kamen. So viele, die ihr Dasein beenden wollten. Da begriff Targor, dass er nicht in der Lage sein würde, ihnen jetzt und hier ihren Wunsch zu erfüllen. Er musste fliehen, bevor Sy-Bita oder ihre Qwarn auf den Gedanken kamen, nach ihm zu suchen.

«Wartet bitte!»

Abwehrend streckte Targor seine Arme von sich.

«Wartet bitte. Ich bin überfordert, euch allen jetzt, sprich zu diesem Zeitpunkt, euren Wunsch zu erfüllen. Ich muss fort von hier, bevor sie kommen, um mich zurückzuholen. Aber ich verspreche euch, dass wir Erfolg haben werden. Barina wird an meiner Seite stehen. Und für sie wird es eine Kleinigkeit sein. Euch zu befreien. Vertraut mir. Ich komme zurück.»

Targor wusste nicht, was er erwartet hatte. Enttäuschung? Widerspruch? Nichts von alldem trat ein. Stattdessen wieder diese Stimme. Nein, diese Stimmen. So viele, die mit einer einzigen sprachen.

«Wir vertrauen dir, Targor. Zwar fällt es schwer, jetzt wieder zu warten. An einer Stelle, an der die Erlösung so knapp bevorsteht. Doch wir begreifen, dass es unmöglich für dich ist, hierzubleiben. Das Risiko, dass sie dich erwischen, ist zu groß.»

Targor nickte. Mit Tränen in den Augen. Gerade, als er sich abwenden wollte, erklangen die Stimmen ein weiteres Mal.

«Wir möchten dir ein Geschenk machen. Aber auch eine Bürde mitgeben. Diejenigen, die bereits gehen durften, haben ihre Erinnerungen hier zurückgelassen. Wir sind keine einzelnen Wesen. Wir bestehen aus so unendlich vielen. Und so lange noch einer von uns da ist, so lange haben auch die Erinnerungen Bestand. Für einen kleinen Moment schenken wir dir diese, lassen dich daran teilhaben. Nur ganz kurz. Du würdest es sonst nicht überleben.»

Niemand fragte ihn, ob er das wollte. Ob er dazu bereit war.

Plötzlich waren sie da. Bilder glücklicher Menschen. Tanzend, wirbelnd. Eingebunden in alltägliche Dinge. Lachende Gesichter, die sich ihm zeigten. Targor lachte laut mit, ohne es bewusst wahrzunehmen. Und er weinte ebenso mit, in den Augenblicken des Leids. Er nahm wahr, wie sie in dieses unheilige Leben gerieten. Und im allerletzten Moment nahm er auch Anteil an der Phase ihrer Erlösung. Da wusste er, dass er wiederkommen wollte. Dass er es musste. Als die Erinnerungen verblassten, waren sie nicht mehr bewusst abrufbar für ihn. Doch ein letzter Hauch davon würde ihn begleiten.

«Gib gut Acht auf dich!»

Dann herrschte wieder Stille.

32 Hirngespinste

Nachdem die näher kommende Küste einmal erspäht war, hielt es die Freunde nicht mehr an ihren Plätzen. Wie auf ein geheimes Kommando versammelten sie sich im Bug der Sturmwind, wo sie den schmalen Streifen, der sich ihnen darbot, nicht mehr aus den Augen ließen. Als die Sonne höher und höher am Himmel kletterte, wurde es immer schwieriger, Einzelheiten wahrzunehmen. Obwohl Steinwart die Hand schützend über seine Augen legte, war es ihm, als verschwimme das Land vor seinen Blicken. Ratlos sah er sich zu Fram um, der als Einziger von ihnen die Salzseen von Birudur aus Erzählungen kannte. Auch wenn er selbst sie noch niemals betreten hatte, erwartete Steinwart von dem hochgewachsenen Mann Erklärungen. Doch auch er zuckte nur mit den Achseln.

«Ich glaube, es liegt daran, dass das Land, auf welches wir in wenigen Stunden stoßen werden, ausnehmend flach ist. Was wir hier von unserem etwas erhöhten Standpunkt aus sehen können, ist nicht mehr als ein Streifen, den unsere Augen immer wieder verlieren. Vor allem dann, wenn wir versuchen, unseren Blick auf einzelne Stellen zu fokussieren.»

Der Zwerg blickte auf und sah Fram mit einem Blick an, der darauf deuten ließ, dass Steinwart erst jetzt die volle Tragweite ihrer Mission bewusst wurde.

«Woher sollen wir wissen, in welche Richtung wir unsere Schritte lenken müssen? Folgen wir möglicherweise nur einer Fiktion? Einem Märchen, das sich deine Vorfahren in langen

Nächten an den Feuern erzählt haben? Was wartet auf uns, wenn alles nur ein Hirngespinst ist? Ein dummes Hirngespinst alter Männer?»

Steinwart blickte überrascht auf, als Barina ihm ihre Hand beruhigend auf die Schulter legte. Sie lächelte ihn auf eine Art und Weise an, die seine Sorgen augenblicklich schmelzen ließen, wie Butter in der Sonne.

«Nicht nur Hirngespinste alter Männer, mein Freund. Wobei du dich nicht älter machen solltest, als du es bist.» Barina lachte hell auf. «Nein, es ist auch das Hirngespinst einer jungen Frau. Und doch viel mehr als das. Ich weiß, dass uns hier etwas erwartet. Dass wir auf dem richtigen Weg sind. Erklären kann ich es nicht. Ich möchte nur, dass du, dass ihr meinen Ahnungen Vertrauen schenkt.»

Das Erbeben der Schiffsplanken unter schweren Schritten, ließ Barina ihr Gespräch beenden. Sie drehte sich um und sah Jokar, der eilig zu ihnen stieß.

«Ich muss euch unterbrechen.»

Doch nur ganz kurz. Mochten viele andere sagen, was sie wollten, ihm war sie unheimlich und er würde froh sein, wenn sie endlich das Schiff verließ. Wie die Ausgesetzten zurückkämen, interessierte ihn nicht. Ihm ging es jetzt nur noch darum, sie an Land zu bringen und möglichst schnell sichere Entfernung hinter sich zu bringen.

«Wir werden die Salzseen bald erreichen. Krey wird wissen, dass wir nicht allzu nah heranfahren können. Untiefen würden unser Schiff auf Grund laufen lassen. Daher werfen wir Anker, sobald wir unseren äußersten Zielpunkt erreichen. Einige Männer werden euch an Land rudern. Man kann mir vielleicht manche Vergehen vorwerfen, aber ein Unmensch bin ich nicht. Füllt euren Wasservorrat auf. Ich weiß nicht, wann und wo ihr Möglichkeiten haben werdet, an frisches Wasser zu kommen. Unser Smutje wird euch darüber hinaus einen kleinen

Vorrat an Speisen einpacken. Und dann bin ich froh, wenn ihr mir aus den Augen geht.»

Aufmerksam sah er in die Runde.

«Wir haben uns mit dem Kapitän ausgesprochen. Vor allem ich musste einsehen, dass wir ohne seine Erfahrung überfordert sind. Was mit mir passiert, wird die Zukunft zeigen.»

Betreten schaute Jokar zur Seite. Dann straffte er erneut seinen Körper.

«Was ich eigentlich sagen wollte. Sam, du musst nicht mit ihnen gehen. Ich verspreche dir, im Namen der gesamten Besatzung, dass du nichts zu befürchten haben …»

Sam fuhr ihm ins Wort.

«Danke Jokar. Aber wie ich schon einmal erwähnte, ich habe meine Entscheidung getroffen. Zum einen, weil ich ahne, dass eure Versprechen bei der nächsten sich bietenden Gelegenheit Schall und Rauch sein werden. Zum anderen aber, weil ich ahne, dass ich an etwas Großem und Wichtigen teilhaben kann. Sollte ich mich täuschen, kann ich es nicht ändern. Alle, die mit mir die Sturmwind verlassen werden, sind voller Zweifel. Trotzdem wagen sie diesen Schritt ins Ungewisse. Ich schließe mich an. Damit sollte alles gesagt sein.»

Jokar sah keinen Anlass, näher auf Sams Worte einzugehen. Es war ihm sichtlich anzumerken, dass er sogar auf diese Reaktion gewartet hatte. Es würde ein Problem weniger an Bord geben.

«Gut. Ihr könnt euch jetzt fertigmachen. Viel Zeit bleibt euch nicht mehr bis zum Ankern.»

Die Freunde ließen sich das nicht ein zweites Mal sagen und eilten zu ihrer Kabine, um die wenigen Besitztümer zu holen, die sie dort zurückließen. Bereits wenig später standen sie versammelt wieder an Deck. Vor allem die Gefäße mit

Wasser hielten sie in ihren Armen, wie einen kostbaren Schatz. Fram kniete auf den Planken, um *Ban-tu-rin*, dem Fuchs, kleine, passend zurechtgeschnittene Lappen um die Pfoten zu wickeln.

«Unsere Füße sind durch das Schuhwerk gegen das Salz geschützt. Bei ihm müssen die Stofffetzen eine ähnliche Aufgabe wahrnehmen.»

Er sah seinen pelzigen Freund mit festem Blick an.

«Ich darf wohl erwarten, dass du nicht beginnst, an ihnen zu reißen. In deinem ureigenen Interesse.»

Der Blick des Fuchses, den er Fram zuwarf, war gepaart zwischen Intelligenz und Spott. Vor allem Barina lachte erneut hell auf.

«Du neigst scheinbar dazu, deinen Freund zu unterschätzen.»

Fram grinste entschuldigend. In diesem Moment senkte sich die Ankerkette rasselnd zu Boden und kurz darauf schien sie bereits festen Halt gefunden zu haben. Nach einigen kurz und knapp gerufenen Befehlen, machten sich die Ruderboote bereit. Seltsam war nur, dass Krey sich die ganze Zeit über nicht an Deck sehen ließ. Obwohl die Freunde ahnten, dass irgendetwas nicht stimmte, hatten sie keine Möglichkeit, etwas zu unternehmen. Das ungute Gefühl, Krey im Stich gelassen zu haben, nahmen sie allerdings mit sich. Die Ruderer setzten die Gefährten an Land ab, ohne ein Wort des Abschieds an sie zu verlieren. Einen Moment sahen die Freunde den Ruderbooten noch hinterher, dann aber ging ihr Blick nach vorne. Was sie zu sehen bekamen, war mehr als ernüchternd. Endlose Weite. Blendend weiß. Von unzähligen Rissen durchzogen. In weiter Ferne einzelne verkrüppelte Bäume, die ebenfalls von einem blendend weißen Panzer überzogen waren. Dazu Myriaden von Insekten. Spuckend schlug Steinwart um sich.

«Wovon leben diese verfluchten Biester? Vererzt und abgeklopft!»

«Keine Ahnung.»

Fram schlug ebenfalls wie wild um sich.

«Aber sie scheinen auf weite Entfernung erkannt zu haben, dass frische Nahrung gekommen ist.»

33 Trügerische Sicherheit

Targor wusste nicht, wie lange und wie weit er gelaufen war. Seine Beine trugen ihn mechanisch vorwärts. Schon seit Stunden lag der Punkt hinter ihm, an dem er aufgeben wollte. Der fehlende Schlaf machte sich ebenso bemerkbar, wie die mentale Anspannung. Lange, nachdem er das Moor hinter sich gelassen hatte, meinte er das Wispern der vielen tausend Stimmen noch wahrzunehmen. Wie sie es schafften, immer noch eine Brücke aus der Vergangenheit in die Gegenwart zu schlagen, überstieg sein Begreifen. Aber die Erlebnisse, die seit jener ersten Begegnung mit Steinwart im Lager der Wilderer sein Leben verändert hatten, waren schon lange über den Punkt hinweg, sich Fragen stellen zu müssen. Viel wichtiger war stattdessen, eine Antwort auf die drängende Frage zu finden, die ihn schier zur Verzweiflung brachte. Wohin sollte er sich wenden? Ins Dorf zurück konnte er nicht. Das würde der erste Platz sein, an dem Sy-Bita nach ihm suchen ließ. Targor machte sich nichts vor. Er wusste nicht, was zu ihrem Aussetzer führte. Warum ihm überhaupt die Flucht gelingen konnte. Müßig, darüber nachzudenken. Völlig klar war ihm, dass dieser Zustand nicht von Dauer sein würde. Vermutlich waren sie schon längst auf seinen Spuren. Keuchend blieb Targor stehen, um sich an einen Baum zu lehnen. Nur einen kleinen Moment der Ruhe finden. Sein Herz schlug wie wild. Obwohl gut durchtrainiert, war der Raubbau an seiner Gesundheit, verursacht durch die Gefangenschaft, unübersehbar. Einen kleinen Moment ausruhen. Sein Körper sehnte sich nach Entspannung. Langsam ließ Targor sich an dem Baumstamm hinab rutschen. Als er weiches Moos berührte, war es um jeden guten Vorsatz geschehen. Darüber nachzudenken, dass er weiter musste, ging einher mit dem Schließen seiner Augen. Targor war eingeschlafen, ehe er recht begriff, wie ihm geschah. Seine Erschöpfung war so groß, dass er nichts mehr von dem Geschehen um ihn herum mitbekam. Jegliche Warnsysteme des Körpers verstummten. Targor bemerkte weder den Dachs, der sich ihm näherte, verwundert darüber, dass ein Mensch am helllichten Tag hier schlief. Das Tier schnüffelte und stellte fest, dass derzeit wohl keine Gefahr von ihm ausging. Trotzdem verschwand er nach kurzer Zeit wieder, um der weiteren Suche nach Futter nachzugehen. Auch wenn der Mensch in diesem Moment ungefährlich schien, konnte sich dieser Zustand schlagartig ändern. Der Dachs hatte zu oft erleben müssen, dass den Menschen nicht über den Weg zu trauen war. Als der Waldbewohner den Baum umrundete, hatte er den Schlafenden schon beinahe wieder vergessen. Stattdessen erregte etwas anderes seine Aufmerksamkeit. Bewegung unter dem Waldboden. Ein leichtes Wellenschlagen. Eigentlich kaum wahrnehmbar. Doch den feinen Sinnen des Jägers entging diese Bewegung nicht. Futter, schoss es durch seine Instinkte. Irgendetwas bewegte sich, das sich aus guten Gründen nicht an der Oberfläche zeigen wollte. Vielleicht, ja vielleicht, weil es die Anwesenheit des Jägers spürte. Der Dachs drückte seine Nase aufs Erdreich und folgte den Bewegungen. Kein Geruch, der ihn erinnerte. Leichte Warnsignale flammten in dem Tier auf. Da stimmte etwas nicht. Doch der Hunger, die Gier nach Futter waren stärker. Der Dachs begann zu graben, legte nach und nach das frei, was sich unter seinen Pfoten drehte und wand. Als er das eigentümliche Lebewesen endlich freilegte, hielt er ganz kurz inne. Der Fluchtreflex war jetzt so stark, dass der Dachs sich umdrehte, um fortzurennen. Aber es war

bereits zu spät. Die giftgrüne Ranke im Boden peitschte hoch, wickelte sich blitzschnell um den Hals des Tieres und zog unerbittlich zu. Die Kraft war so groß, dass jedes Wehren aussichtslos wurde. Dem Dachs wurde schwarz vor Augen. Ein letztes Zucken, dann nichts mehr.

Langsam zog die Ranke den Dachs zu sich hin. Ein zweiter Strang löste sich aus dem Verbund. Er durchbohrte die Haut des toten Tieres, um sich suchend durch dessen Körper zu bewegen, bis er das Herz fand. Pulsierende Bewegungen ließen erkennen, wie das Blut aus dem toten Waldbewohner gepumpt wurde, bis nur noch eine leere verdorrte Hülle blieb. Aber noch etwas Weiteres fand seinen Weg in das Bewusstsein des unterirdischen Wanderers. Die Erinnerung des Dachses. Gleich letzten aufflackernden Impulsen, erkannte der Wurzelstrang, was sein Opfer kurz zuvor erlebte. Nicht sehr weit zurück. Dazu reichte es nicht. Aber das, was der ferne Geist, der die Ranke belebte, sah, reichte aus, ihn innehalten zu lassen. Ein Mensch.

Nicht weit von hier. Ein riesiges Reservoir an Lebenssaft. Viel mehr, als das, was der Waldbewohner imstande gewesen war, ihm zu geben. Der Hunger dieses Wesens auf alles Lebendige war unersättlich. Suchend kroch die Ranke aus ihrem Bett im Erdreich.

Durch die eben zu sich genommene Nahrung war die Veränderung bereits mit bloßem Auge feststellbar. An Stellen, an denen der Strang begann zu welken, erstrahlte er nun bereits wieder in frischem Grün. Triumphierend stellte das Wesen fest, dass es in der Lage war, seinen Bewegungsradius spürbar zu erweitern. Ohne Mühe umrundete es den Baum und stieß dort auf den schlafenden Menschen. Langsam begutachtete die Ranke den Schlafenden. Kroch zwischen den Beinen des Mannes entlang. Vorsichtig. Immer darauf achtend, nicht durch eine unachtsame Berührung, auf sich aufmerksam zu machen. Und doch geschah es. Mit einem Seitenstrang berührte das Grün den Mann an dessen linker Hand. Erschrocken stellte es die Bewegung ein. Zitternd abwartend, ob der Mensch zu sich kam. Er hob die Hand, kratzte sich mit der anderen und murmelte etwas vor sich hin. Augenblicke später schlief er wieder tief und fest. Der Strang wartete noch kurz ab, dann bewegte er sich wieder vorwärts. Kurz vor dem Gesicht des Menschen stoppte die Bewegung. Die Ranke begann, sich in drei Teile zu teilen. Der stärkste Teil wand sich vorsichtig um den Hals. Um die Luft abzuschnüren, wie das bereits bei dem Dachs kurz zuvor der Fall gewesen war. Welch ein Glücksfall, dass das Tier die Aufmerksamkeit auf den Menschen lenkte. Die zwei weiteren Fasern bewegten sich auf die Nasenlöcher zu. Wenn es ihnen gelang, dort einzudringen, fanden sie einen leichten Zugang zum Zentrum der Gedanken und des Handelns. Umbringen? Nein! Töten würde das Wesen den Mann nicht. Dazu war er viel zu wertvoll. Er würde von seinem Lebenssaft abgeben. Aber nur so wenig, dass er überleben konnte. Sich des Mannes zu bedienen, war viel wichtiger.

Eine Winzigkeit warteten die Fasern noch ab. Dann stießen sie zu und bewegten sich in Blitzesschnelle durch die Nasenlöcher in Richtung des Gehirns. Gleichzeitig presste die Ranke Targor die Luft ab. Keinen Moment zu spät. Targor wurde schlagartig wach. Eine Hand packte reflexartig zu seinem Hals, um die Finger zwischen den Pflanzenstrang und seine Luftröhre zu bekommen. Die andere Hand riss voller Verzweiflung an dem, was sich in seinen Nasenlöchern bewegte. Doch der entsetzliche Schmerz, der ihn durchfuhr, als er die Fasern zurückzog, ließen ihn auf der Stelle innehalten. Es war, als reiße es ihm den Kopf hinter seiner Stirn in Stücke. Das Wesen war bereits zu weit vorgedrungen. Die Fasern lösten sich von dem Körper der Wurzel und kurz darauf, waren sie vollständig in Targors Kopf verschwunden. Seine Bewegungen im Bereich des Halses erlahmten. Der Druck war unerbittlich und nahm keine Rücksicht darauf, dass sein Zeigefinger sich noch immer zwischen Ranke und Hals befand. Den Schmerz, als es ihm die Fingerkuppe abschnürte, nahm Targor bereits nicht mehr wahr. In diesem Moment allerdings ließ der Druck auch nach. Das Wesen hatte sein Ziel erreicht. Targors Bewegungen erlahmten, das Blut strömte in die Wurzel und vor allem war die Kontrolle über die Körperfunktionen des Menschen vollumfänglich gelungen. Weit entfernt begann Gorm erst jetzt zu begreifen, wen er da in seine Gewalt bringen konnte. Es war nicht irgendein Mensch, den er fand. Es war der Mann, den Sy-Bita hatte fliehen lassen. Darüber würde noch zu reden sein, sobald Gorm dazu wieder in der Lage wäre. Aber jetzt war er auf einem guten Wege, sein Ziel zu erreichen. Wen würde denn noch ein knorriger Baumstamm interessieren, wenn ihm jetzt wieder ein Körper zur Verfügung stand? Noch war er nicht stark genug, sein Ziel in vollem Umfang in die Tat umzusetzen. Aber endlich hatte er wieder eine Perspektive. Endlich war Gorm nicht mehr auf dieses verfluchte Weib angewiesen, das keine Gelegenheit ausließ, durch dumme Aktionen den Erfolg zu verpatzen. Er würde Sy-Bita zeigen, was es hieß, seinen Befehlen nur unzureichend Folge zu leisten. Und er würde, was ihm noch viel wichtiger war, auch sein lästiges zweites Ich mit Namen Amidor besiegen. Er hatte Zeit.

Langsam stand Targor auf. Mit ungelenken Bewegungen. Noch beherrschte Gorm diesen Körper nicht.

Noch nicht!

34 Aufbruch bei Nacht

Sie waren kaum in der Lage, eine vernünftige Unterhaltung zu führen. Kaum öffnete einer der Gefährten den Mund, waren statt Worte nur Spucken und Laute des Ekels zu vernehmen. Karlotta, die überhaupt nicht mit dieser Situation umgehen konnte, presste ihre Lippen aufeinander und schloss ihre Augen. Doch auch dadurch konnte sie nicht verhindern, dass die Insekten ihr in die Ohren krabbelten. Die Zwergin warf sich zu Boden und versteckte ihren Kopf in ihren Armen. Dass sie dabei das Salz zu schmecken bekam, war ihr egal.

«Ich halte das auf Dauer nicht aus», drang ihr dumpfer Ruf aus dem Schutzkokon, den sie sich geschaffen hatte. Steinwart riss sein Hemd in breite Streifen und hielt es Karlotta hin.

«Wickele es dir um Mund und Nase. Ich werde desgleichen tun. So ist es einigermaßen zu ertragen.»

Karlotta tat wie ihr geheißen und auch die übrigen Gefährten folgten Steinwarts Beispiel. Das änderte nichts daran, dass die schwarzen Wolken der Insekten immer noch ekelhaft waren. Aber zumindest ermöglichte es wieder eine Unterhaltung.

«Ich vermute, dass es besser wird, sobald die Nacht einbricht. Wenn meine Hoffnung zutrifft, handelt es sich um Insekten, die während der Nacht inaktiv sind. Sofern wir sie nicht mit zusätzlichem Licht reizen.»

Fram sah Melinae mit kritisch fragendem Blick an.

«Darf ich wissen, woher du deine Weisheit nimmst?»

Melinae zuckte mit den Schultern.

«Ich weiß überhaupt nichts. Aber ich bin in der Lage, zu beobachten und mich an Dinge aus meiner Vergangenheit zu erinnern.»

Bei diesen Worten nahmen seine Augen wieder jenen eigentümlichen Ausdruck an, den Karlotta bereits seit einigen Tagen wahrnahm. Den allerdings nur sie alleine inzwischen einschätzen konnte.

«Und was schlägt Herr Schulmeister nun vor?»

Melinae riss die Augen auf. Wusste Fram mehr als er bisher annehmen konnte? Eine ganze Zeit beobachtete er seinen Gesprächspartner, bis er zu dem Entschluss kam, dass es nicht mehr als ein dummer Ausspruch gewesen war. Jetzt, unter dem Schutz, den die Stofffetzen ihnen gaben, warteten die Gefährten auf den Einbruch der Nacht. Bereits mit dem Einsetzen der ersten Dämmerung ließen die Angriffe der Insektenschwärme spürbar nach. Als die Dunkelheit hereinbrach, setzte auch die Kälte ein. Zuerst nicht mehr als ein leichtes Frösteln, doch wenig später schlugen vor allem Steinwarts Zähne hörbar aufeinander. Karlotta rückte näher.

«Du armer Kerl. Hast dein Hemd für mich geopfert und musst jetzt so frieren.»

Doch auch die Zwergin selbst schüttelte sich. Steinwart sprang auf.

«Wir müssen uns jetzt auf den Weg machen. Solange die Nacht uns vor dem Angriff dieser verfluchten Viecher schützt. Mir ist kalt. Wenn wir hier unbeweglich sitzen, holen wir uns den Tod.»

Es war nicht so, dass jetzt keine Fliegen oder Mücken mehr unterwegs waren. Aber es hatte spürbar nachgelassen. Jetzt begannen die Stiche zu jucken., die sie über Tag kaum wahrgenommen hatten. Einige schwollen so schmerzhaft an, dass Karlotta bereits ein sorgenvolles Gesicht aufsetzte.

«Ich habe kaum etwas dabei, das entzündungshemmend wirkt. Auch wenn es schmerzt, müssen wir da durch.»

«Ihr habt gut Reden», schnaufte Fram. «Bei eurer Haut, die so dick ist wie der Panzer einer Echse, geht ja kaum etwas hindurch. Aber schaut Barina, Sam und mich an. Ich komme mir vor, als leide ich an der Beulenpest.»

Fram hatte nicht ganz Unrecht mit seinem Aufschrei.

Die Zwerge waren zwar ebenso genervt von dem steten Wimmeln und Krabbeln, doch bei den Stichen lagen die Menschen weit voraus. Frams Gesicht war inzwischen so angeschwollen, dass er kaum noch in der Lage war, seiner Miene irgendeine Reaktion zu entlocken. Was das in den nächsten Tagen werden sollte, war kaum auszudenken.

Steinwart räusperte sich laut vernehmlich, sodass sich alle Köpfe in seine Richtung wandten.

«Haben wir jetzt endlich genug gejammert? Wenn wir noch länger warten, bricht der neue Tag an, bevor wir uns auch nur einen Meter vom Strand entfernt haben. Barina? Gehst du vor? Auch wenn niemand von uns zu sagen weiß, wohin wir gehen müssen, erwarte ich von dir am meisten Orientierung. Vielleicht nicht bewusst, als vielmehr geleitet. Von was auch immer.»

Barina nickte.

«Im Moment bin ich völlig überfragt. Aber noch ist es nicht allzu schwierig. Zurück ins Meer zu gehen wäre töricht. Und nach vorne ist jeder Weg so gut wie der andere.»

Die Freunde nahmen noch ein wenig Nahrung und Flüssigkeit zu sich. Dann machten sie sich auf den Weg.

Suche sie im ew´gen Eis,
erst wenn du sie zur Seite weißt,
besiegst du einst die Dunkelheit,

doch spute dich – der Weg ist weit.
Finde sie – und dann nimm mit,
das – was dir das Schicksal gibt.
Frag nicht danach – es findet Dich,
benutz die Macht – und folg dem Licht.»

Sam horchte auf, als er Barina das Lied summen hörte. Zuerst war es nur eine Melodie. Dann schälte sich ein Text heraus.

«Ein schöner Reim», flüsterte Sam. «Was hat er zu bedeuten?»

Steinwart, der in der Nähe des Jungen ging, rückte ein Stück näher zu ihm auf.

«Das weiß eigentlich niemand von uns genau. Barina wusste ihn mit einem Mal. Woher, das konnte sie selbst nicht sagen. Aber dieser Text ist es, der uns letzten Endes hierher geführt hat.»

«Ins Eis?»

«Das war genau der Punkt, an dem wir uns unsicher waren Doch Fram meinte, aus alten Überlieferungen sagen zu können, dass das Wort Eis im übertragenen Sinne zu sehen sei. Was gemeint ist, sollen angeblich die Salzseen von Birudur sein.»

«Aha», murmelte Sam. Scheinbar nicht wirklich überzeugt.

«Und welchem Licht sollen wir folgen?»

«Frag mich etwas Einfacheres», entgegnete Steinwart und ging an seinen Platz zurück.

35 Ein Experiment

«Das macht mir Angst. Ich weiß nicht, wie ihr so tun könnt, als sei es das Normalste auf der Welt, über diesen See aus erstarrtem Salz zu gehen!»

Die Mitglieder der Gruppe blieben stehen und schauten sich fragend nach Pantagar um, der inzwischen bereits ein gutes Stück hinter ihnen lief.

«Niemand von uns ist wohl bei der Sache. Aber wenn Fram meint, uns könne hier nichts passieren, will ich ihm glauben.»

Steinwart sah sich suchend um. Doch die Dunkelheit machte es kaum möglich, Dinge in einer Entfernung zu erkennen, die mehr als ein paar Fußschritte entfernt lagen. Auch wenn die weiße glitzernde Oberfläche eine gewisse Helligkeit ausstrahlte, war das eher ein seltsames Licht. Nicht unbedingt dazu geeignet, Vertrauen einzuflößen.

«Das ist mir egal, was ihr denkt. Hätte ich mich doch niemals von euch überreden lassen, mich auf diese vermaledeite Reise einzulassen. Ich könnte jetzt noch zuhause an meinem Kamin sitzen, meine Pfeife rauchen. Und alles andere wäre mir mehr als egal.»

Karlotta ging ein Stück zurück, um Pantagar beim Arm zu ergreifen, als erneut ein peitschender Knall ertönte, der nicht nur den ohnehin verschreckten Zwerg zusammenzucken ließ.

«Bleib mir vom Leib. Bei den Göttern bleib stehen. Das Eis trägt uns nicht.»

Pantagars Stimme nahm einen hysterisch hohen Tonfall an. Und obwohl man glauben mochte, dass eine weitere Steigerung kaum möglich wäre, schmerzten seine Schreie in den Ohren seiner Begleiter. So lange bis eine schallende Ohrfeige von Karlotta die Dissonanzen abrupt beendete.

«Stell dich nicht an wie ein kleines Kind. Dir wird nichts geschehen. Das ist und bleibt Salz. Und kein Eis. Die Schicht ist so stark, dass sie nicht einbrechen wird. Weshalb sie diese seltsamen Geräusche von sich gibt, weiß keiner von uns zu sagen. Aber ...»

Karlottas Augen nahmen einen erschrockenen Ausdruck an.

Mit einem großen Satz sprang sie ein Stück zurück.

«Pantagar, komm!», schrie sie. Doch der Zwerg blieb wie angewurzelt an seinem Platz stehen und beobachtete den Riss, der sich rund um ihn bildete, als habe er niemals zuvor in seinem ganzen Leben etwas Interessanteres gesehen.

«Leg dich hin», brüllte Fram. Doch es war bereits zu spät.

An der Stelle, an der Pantagar gerade noch stand, klaffte plötzlich ein Spalt. Gierig wie ein geöffnetes Maul verschlang er den Zwerg, um sich im gleichen Moment wieder zu schließen. So, als habe es Pantagar niemals gegeben. Fram und Steinwart ließen sich auf den Boden fallen und krochen vorsichtig zu der Stelle, an der das Unglück geschehen war. Karlotta, die hinter ihnen immer wiederholte, dass es ihre Schuld sei, ganz allein ihre Schuld, ließen sie außer Acht. Barina würde sich der Zwergin annehmen. Fram wischte mit seiner rechten Hand über die Fläche aus verkrustetem Salz. So, als könne er damit erreichen, etwas unterhalb der Oberfläche zu erkennen. Was natürlich ein hoffnungsloses Unterfangen war.

«Ich verstehe das nicht!»

Fram sprang auf und ehe Steinwart ihn daran hindern konnte, sprang er wie ein Irrwisch auf und ab, um zu beweisen, dass die Salzkruste dem Grunde nach kaum zu zerstören war.

«Bist du jetzt völlig von allen guten Geistern verlassen?»

Melinae kam hinzu und riss Fram an dessen rechtem Arm herum, sodass dieser in seine Richtung sah.

«Was willst du dir und uns beweisen? Dass du gegebenenfalls der Nächste sein wirst, der uns genommen wird? Dann mach nur ruhig weiter so.»

Fram riss sich los.

«Völliger Quatsch. Das kann einfach nicht sein. Ich weiß von Erzählungen, in denen ganze Karawanen über die Salzseen gezogen sind. Und da soll so ein Fliegengewicht wie Pantagar das Gebilde zum Einsturz bringen? Nonsens.»

Der Mann begann auf und ab zu wandern. Der Fuchs folgte ihm auf dem Fuße. Fast schien es, als habe das Tier Sorge, seinen Herrn zu verlieren. Auch wenn Ban-tu-rin im Fall der Fälle nichts würde tun können, befahl sein Instinkt ihm scheinbar, Fram nicht von der Seite zu weichen.

«Kann es sein …», Barina blickte in die Runde.

«Kann es eventuell etwas mit den schrillen Tönen zu tun haben, die Pantagar kurz vor seinem Verschwinden ausgestoßen hat? Haben diese, ich weiß, es hört sich blöd an, haben diese vielleicht für einen ganz kurzen Augenblick die Konsistenz des Salzes verändert?»

Die junge Frau schüttelte den Kopf.

«Vergesst, was ich gesagt habe. Ich mache mich nur lächerlich.»

«Nein, überhaupt nicht.» Fram kam mit schnellen Schritten auf sie zu und deutete mit seinem Zeigefinger auf Barina. «Das hört sich überhaupt nicht dumm an. Es könnte etwas Wahres an deinen Worten sein. Und für uns wäre es wichtig, zu erkennen, wo uns Gefahr droht. Nur dann können wir ihr aus dem Wege gehen. Stellt euch vor, es sei tatsächlich der Grund. Bei der nächsten Gelegenheit bist es vielleicht sogar du selbst, Barina, die einen Anfall von Hysterie erleidet. Was dann?»

Steinwart hatte die Situation interessiert beobachtet.

«Und wie willst du das jetzt herausfinden?»

«Durch ein Experiment.»

Der Zwerg tippte sich an seine Schläfe.

«Du bist komplett von allen guten Geistern verlassen, Fram. Wer soll denn bitte dieses Risiko auf sich nehmen, ein Selbstversuch zu machen?»

Auffordernd und streitlustig sah der Zwerg Fram an.

«Ich!»

Steinwart wirbelte herum und schaute zu Karlotta, die ihn mit einem ernsten Gesichtsausdruck musterte.

«Ich muss es ja nicht zum Äußersten kommen lassen. Und außerdem seid ihr bei mir. Ich werde es versuchen. Sollte das tatsächlich der Grund für Pantagars Verschwinden sein, wissen wir zumindest, was wir zu beachten haben. Hat jemand eine bessere Idee?» Sie sah sich um. «Na, seht ihr!»

Karlotta ging zu ihrem Rucksack und kramte ein Seil hervor.

«Ich habe mir doch gedacht, dass es für irgendetwas nützlich sein könnte. Es lag so herrenlos auf der Sturmwind herum und schien mir zuzurufen, ich solle es mitnehmen.»

Grinsend und triumphierend hielt Karlotta es hoch.

«Jetzt haltet nicht schon wieder Maulaffen feil. Bindet mich fest. Sichert mich. Ich will es hinter mich bringen.»

Sie ging ein Stück zurück, blieb stehen und sammelte Luft.

36 Nachschub

Philomena war gewarnt worden, sich nicht alleine in den Wald zu begeben. Zu viel Unheimliches und Unerklärliches war in den letzten Wochen geschehen. Da sollte man es sich reiflich überlegen, ob man einen Fuß vor die Türe der eigenen Behausung setzte. Eine Zeitlang war Philomena dieser Warnung auch nachgekommen. Auch wenn ihr das Befolgen schwerfiel. Natürlich war sie Zeugin der Vorfälle, die überall Angst und Schrecken verbreiteten. Aber andererseits war sie auch deswegen so alt geworden, weil sie sich bei Gelegenheiten widersetzte, wenn alle anderen stur den Anweisungen Einzelner folgten. Seit Tagen bemerkte die Zwergin mit großer Sorge, dass ihre Vorräte an Kräutern zur Neige gingen. Sie war in dem kleinen Flecken, den sie bewohnte, eine Heilkundige. Philomena lachte bei diesem Gedanken. Heilkundige war vielleicht ein wenig hochgegriffen. Bei Weitem nicht vergleichbar mit Karlotta, die nur einige Wegstunden entfernt ihr Domizil hatte. Dennoch war es ihr möglich, bei kleineren Beschwerden ausreichend Hilfe zu leisten. Seien es Zahnschmerzen, kleinere Verstauchungen, die sich die Männer bei ihrer täglichen Arbeit regelmäßig zuzogen oder Schnittverletzungen, die keiner besonderen Behandlung bedurften. Philomena war daneben klug genug zu unterscheiden, was in ihrer Macht lag und was nicht. Daher pflegte sie auch über die Entfernung hinweg einen sehr freundschaftlichen Kontakt mit Karlotta. Wobei diese immer wieder betonte, wie froh sie war, sich nicht mit jeder Kleinigkeit beschäftigen zu müssen. Die beiden Frauen waren alt geworden. Langsam musste man überlegen, wer die Nachfolgte antreten würde. Bei nächster Gelegenheit musste Philomena ihre langjährige Freundin aufsuchen, um mit ihr ein ernstes Gespräch zu führen. Es hieß, sie habe bereits jemand ausgewählt. Doch die Nachrichten, die nach hier drangen, waren so widersprüchlich, dass Philomena sie nicht einzuschätzen wusste. Es wurde von einer neuen, jüngeren Zwergin gesprochen. Aber dann fiel erneut der Name Karlotta. Diesen Fakt wusste sie nicht einzuschätzen. Philomena war so tief in Gedanken versunken, dass sie nur stur geradeaus lief. Statt sich auf das Finden geeigneter Kräuter zu besinnen, hatte sie begonnen, über die Götter und die Welt nachzudenken.

«Ich werde tatsächlich alt», murmelte sie und schaute sich um, wohin es sie getrieben hatte. Für einen winzigen Augenblick wusste sie tatsächlich nicht, wo sie war. Hilflos sah sich um und erkannte nach und nach mit zusammengekniffenen kurzsichtigen Augen eine Baumgruppe, die ihr entfernt bekannt vorkam.

«Alles halb so wild», lachte die Zwergin. «Es hätte schlimmer kommen können.»

Eine vorbeischießende Gruppe von Feldmäusen hielt verwundert inne, als sie die Stimme der Zwergin vernahmen. Witternd hoben sie ihre Nasen in die Luft und erkannten, dass keine Gefahr von ihr ausging. Kurze Zeit später waren sie bereits wieder im Unterholz verschwunden.

Philomena versuchte sich zu erinnern. Diese Baumgruppe war schon lange nicht mehr auf ihrem Weg gelegen. Irgendwie, ja irgendwie hatte sie diese Gruppe vergessen. Obwohl dort immer besonders frische Kräuter zu finden waren. Die Zwergin schüttelte den Kopf. Sie war tatsächlich vergesslich geworden. Anstatt sich geeignete Pfründe anzusehen, irrte sie an manchen Tagen stundenlang durch den Wald, um mit nur sehr geringer

Ausbeute nach Hause zu kommen. Als sie jetzt ihre Schritte den Bäumen näherte, jauchzte sie innerlich bereits auf. Bärlauch, Brennnessel, Hundsrose, Schwarzen Holunder und Linden. Als wenn die Kräuter nur auf sie gewartet hätten, boten sie sich Philomena in Hülle und Fülle dar.

Die Zwergin packte den mitgebrachten Korb fester in ihre Hände. Sie würde ihn schneller füllen können, als angenommen. Niemand würde bemerkt haben, dass sie sich überhaupt auf den Weg machte. Emsig begann sie, die Schätze des Waldes zu pflücken und einzusammeln. An einigen Kräutern roch sie prüfend, um sich an der Frische ihres Fundes zu erfreuen.

«Bin also doch nicht alleine. Hunger.»

Erschrocken fuhr Philomena herum.

Der Besucher, ein junger hochgeschossener Mann, war so lautlos herangekommen, dass sie seine Schritte nicht bemerkte. Oder lag es doch daran, dass auch ihr Gehör nicht mehr ganz so funktionierte? Kritisch beobachtete die Zwergin den jungen Mann. Auf den ersten Blick sah er aus, als könne man ihm vertrauen. Allerdings war da etwas in seinem Verhalten, das sie nicht einzuschätzen wusste. Einerseits die leicht unsicheren Bewegungen. So, als habe er in der Nacht zuvor dem Branntwein zu ausführlich zugesprochen. Und andererseits, was ihr viel mehr Sorgen machte, seine seltsame Art, sich auszudrücken. Als sei er nicht von hier oder nicht Herr seiner Zunge.

«Geht es euch nicht gut? Kann ich etwas für euch tun?»

Philomena fühlte sich genötigt, das Gespräch aufzunehmen, nachdem von dem Menschen nichts an Äußerungen kam. Langsam bildete sich in ihr ein Fluchtreflex. Gleichzeitig verwarf sie den Gedanken wieder. Der Mensch würde sie schneller einholen, als es ihr lieb sein konnte. Doch immer noch schien keine wirklich greifbare Gefahr von ihm auszugehen.

Der Mann legte seinen Kopf schief, als er den Worten der Zwergin lauschte. Als müsse er die gehörten Sätze erst sortieren, um sie dann zu verstehen. Plötzlich klarten seine Augen auf. Er schien begriffen zu haben, was Philomena ihm sagen wollte. Ein leicht dümmliches Grinsen überzog sein Gesicht. Aus einem der Mundwinkel, der ein wenig schief herunterhing, lief ein Speichelfaden.

«Ein Schlaganfall?» entfuhr er der Zwergin. Erschrocken darüber, ihre Gedanken laut geäußert zu haben, schlug sie sich die rechte Hand vor den Mund.

Wieder dieser seltsame Blick des Mannes. Dann die erste Reaktion, nach den wenigen Worten der Begrüßung.

«Was Schlakanwall?»

Verwirrt sah er Philomena an.

Diese Person würde ihm keine Hilfe sein. Sie besaß nichts zu essen, was sie ihm reichen konnte. Und ihr Körper ... Er sah die Zwergin lange an. Ihr Körper war ebenfalls nichts, das ihn reizte. Obwohl er dieses eine Gefühl schon lange nicht mehr bewusst erleben durfte. Doch die Gelegenheit würde sich ergeben. Dessen war er ganz sicher. Er starrte auf die Halsschlagader der Zwergin. Zäh und träge floss das Blut. Alt und verbraucht. Sie würde nicht mehr viele Sonnenaufgänge erleben. Sein Blick war in der Lage, ihm mehr zu offenbaren, als einem normalen Menschen. Wenn er sich ihrer Lebenskraft bediente, würde es genau das Gegenteil bewirken. Es würde ihn schwächen. Doch genau dieses konnte und wollte er augenblicklich nicht zulassen.

Ohne noch ein weiteres Wort von sich zu geben, stakste er mit seltsamen Schritten in Richtung ihres Dorfes. Musste Philomena sich Vorwürfe machen? Hätte sie ihn aufhalten sollen? Dass er nicht gesund war, bewies jede seiner Aktionen. Dann schalt sie sich selbst eine Närrin. Wie sollte sie, eine alte und schwache Frau, sich gegen einen Menschen durchsetzen können?

Als sie begann, weitere Kräuter einzusammeln, hatte

sie die Begegnung bereits nahezu vergessen. Auch wenn ihr Gedächtnis ihr noch sehr gut berichten konnte, was vor langer Zeit geschehen war, fiel es ihr immer schwerer, Vorfälle zu behalten, die sich gerade eben vor ihren Augen abgespielt hatten.

Philomena wusste nicht, wie knapp sie soeben dem Tode entronnen war. Mit einem Lied aus ihrer Kindheit auf den Lippen, stand sie auf, um nach Hause zu gehen. Sie war glücklich. Auch wenn sie im ersten Moment nicht wusste, welchen Weg sie einschlagen sollte, war die Erkenntnis nach kurzer Zeit wieder da. Noch funktionierte sie.

«Wenn es an der Zeit ist, mir Sorgen um mich selbst zu machen, werde ich damit beginnen.»

Nicht lange danach erreichte sie ihr kleines und gemütliches Zuhause. Sie hängte die Kräuter zum Trocknen auf und verspürte dabei große Müdigkeit.

«Zeit, sich ein wenig hinzulegen», murmelte sie.

Als sie sich auf ihr Bett legte und ihre Augen sich schlossen, wie hätte sie da wissen können, dass es für immer war.

37 Morbide Faszination

W as tue ich da eigentlich?», schoss es Karlotta durch den Kopf. Als sei sie aus einem tiefen Schlaf erwacht, sah sie an sich hinunter. Ein Seil schlang sich um ihre Hüften und schlängelte es sich hin zu ihrer Gruppe, die in sicherer Entfernung wartete. Fram hielt das andere Ende des Seils fest in seinen Händen. Er war von ihnen allen derjenige mit der meisten Kraft. Sollte sich wirklich der Untergrund öffnen, auf dem sie stand, würde er ihr den notwendigen Halt geben. Doch konnte das gutgehen? Waren nicht doch zu viele Unwägbarkeiten in ihrem Vorhaben?

«Warum tun wir das? Sollten wir es nicht besser auf sich beruhen lassen?»

Die Zwergin rief zu ihren Freunden hinüber, mit den ersten Anzeichen aufsteigender Panik in ihrer Stimme.

«Es war dein Vorschlag, liebe Karlotta. Aber wenn du Angst hast, stelle ich mich auch gerne selbst für dich dorthin. Ihr müsst dann nur sehr gut überlegen, wer in der Lage sein wird, mich zu sichern.»

Fram war nicht wohl bei diesen Worten. Sie klangen großspuriger, als er sie eigentlich hatte ausdrücken wollen.

«Entschuldige bitte, du weißt hoffentlich, dass es nicht so gemeint war. Wir können diese ganze Aktion selbstverständlich auch lassen. Aber dennoch bin ich der Meinung, wissen zu müssen, von woher uns mögliche Gefahr droht. Wenn wir es jetzt nicht erfahren, werden wir uns immer mit einem Gefühl des Ausgeliefertseins weiter bewegen. Wie heißt es so schön: Gefahr erkannt, Gefahr gebannt.»

Karlotta seufzte auf. Natürlich lag Fram mit seiner Aussage richtig. Aber dennoch hätte sie sehr viel darum gegeben, sich jetzt nicht an dieser Stelle zu befinden. Ein letztes Mal sah sie sich um. Wer sollte es sonst tun? Barina und Steinwart waren für die Mission zu wichtig. Melinae schied ebenfalls aus. Er hatte zu viel mit sich selbst zu tun. Sam war noch nicht vollständig wieder genesen. Und Farim war voller Angst. Jetzt umso mehr, da Pantagar verschwunden war. Es blieb an ihr. Ohne jeden Zweifel.

«Gut. Ja, gut. Ich werde es tun. Aber gebt acht auf mich!»

Sie zwinkerte Steinwart zu, der sofort seinen Kopf wegdrehte. Auch wenn er es nicht zugab, war die Furcht bei ihm unermesslich groß, schon wieder eine große Liebe in seinem Leben zu verlieren. Damals Hyazintha. Jetzt möglicherweise Karlotta? Das würde er nicht überleben.

«Seid ihr fertig und gut gewappnet?»

Fram nickte und Steinwart trat hinzu, um ebenfalls ein Stück des Seils in die Hand zu nehmen. Nichts zu tun, war ihm unmöglich und brächte ihn um den Verstand.

Karlotta versuchte, sich selbst Mut zu machen. Es war alles nicht so einfach, wie sie sich das im Vorhinein weismachen wollte. In ihrer Vorstellung stellte sie sich einfach hin, holte tief Luft und begann schrille Schreie auszustoßen. Schrille oder einfach nur laute Schreie. Wer konnte schon wissen, worin die Gefahr lag? Jetzt aber hier zu stehen während alle Augen auf sie gerichtete waren, barg eine ganz andere Art der Qualität. Ein wenig mochte es vergleichbar sein mit bösen Träumen in der Nacht. Wenn sie als Kind darüber erwachte, kurz eine Kerze entzündete und sich aufmerksam umsah, war die Gefahr schon nahezu gebannt. Sobald sie die Kerze wieder ausblies und sich die Decke über den Kopf zog, war alles vergessen. Doch nun?

Das hier war die Wirklichkeit. Alles konnte sich zum Guten entwickeln. Aber ebenso groß war die Gefahr, dass sie, gleich Pantagar, verschwand. Ihr Blick wanderte zum Himmel. Nicht mehr lange und die Sonne würde erneut gnadenlos vom Firmament brennen. Wenn sie sich jetzt nicht endlich zusammenriss, wäre der Moment vorbei. Karlotta räusperte sich, holte erneut tief Luft und nahm dabei ihre rechte Hand mit festem Griff in die linke. Aus dem einzigen Grund, das Zittern ihrer Finger zu verbergen. Zuerst gab sie laute Rufe von sich. Nichts geschah. Es folgten Schreie, deren Frequenzen allerdings immer noch im erträglichen Rahmen blieben. Dennoch spürte sie ein leichtes Zittern unter ihren Füßen und notierte, wie sich kleine Risse in der salzigen Kruste bildeten.

«Lass es gut sein, Karlotta. Wir haben genug gesehen. Komm zurück. Wir müssen nicht bis zum Äußersten gehen. Es reicht.»

Karlotta atmete erleichtert auf. Es war einfach vonstattengegangen. Die Sorgen waren unbegründet. Die Zwergin trat einen Schritt nach vorne, löste das Seil und ging auf ihre Freunde zu. Warum war der Weg nur so weit? Sie musste doch bereits längst angekommen sein. Karlotta schaute zu Steinwart und sah das Erschrecken in seiner Miene Was hatte er denn nur?

Erst als sie wieder an sich hinunter sah, erkannt sie, dass alles nur Einbildung war. Sie hatte sich nicht einen einzigen Schritt fortbewegt. Und auch das Seil saß noch fest um ihre Hüften geschlungen. Etwas hatte begonnen, sich ihres Willens anzunehmen. Im Grunde wusste sie noch nicht einmal mehr, ob das Seil tatsächlich noch an ihrem Körper lag. Was, wenn auch diese Empfindung nur ein Traum war? Eine Vorspiegelung eines fremden Geistes? Viel zu unerklärlich für den einer Zwergin. Steinwart ruderte wie wild mit seinen Armen. Die Münder ihrer Freunde öffneten und schlossen sich. Sie schienen etwas zu rufen. Doch Karlotta konnte sie nicht verstehen. Zu laut waren die schrillen Schreie, die sie vernahm. Erst da kam ihr zu Bewusstsein, dass sie selbst es war, die diese Schreie von sich gab. Sie zu beenden und endlich wieder die Rufe ihrer Freunde verstehen zu können, war eines.

«Karlotta. Um Himmels Willen, hör auf damit.»

Zu spät. Mit einem lauten Knirschen öffnete sich der Grund unter ihren Füßen. Die Zwergin warf sich instinktiv nach vorne. Was aber nichts mehr nutzte. Sie fiel, bis ein harter Ruck in der Mitte ihres Körpers ihr zeigte, dass sie ins Seil gefallen war. Fram und Steinwart würden sie halten. Am liebsten hätte Karlotta die Augen geschlossen, während die beiden Männer sie Stück für Stück nach oben zogen. Doch die morbide Faszination war zu groß. Sie sah nach unten. Entdeckte flammende Augen, die ihr langsam näherkamen. Nicht mehr lange und dieses Etwas, dieses Wesen würde sie erreicht haben. Im letzten Moment wurde sie über die Kante gezogen, spürte aber wie sich ein scharfer Schnitt in ihre Fußsohlen brannte.

«Ich habe dich gezeichnet. Auch wenn du jetzt nicht bei mir bleiben wirst, gehörst du mir!»

Eine unmissverständliche Enttäuschung hallte nach. Dann schloss sich der Spalt hinter der Zwergin wieder. Als die Freunde Karlotta zu sich holten, leuchtete ein langer Blutfaden grellrot in der ersten Morgensonne des neuen Tages.

«Hast du dich verletzt?», entfuhr Steinwart ein erschrockener Ausruf.

Karlotta schaute auf ihre Fußsohle und ignorierte den Schmerz. Das Salz brannte in dem Schnitt wie Feuer.

«Nur ein kleiner Riss. Bis wir heute Abend weitergehen, ist alles wieder in Ordnung.»

Der Blick aber, den sie Steinwart zuwarf, zeigte ihm, dass da mehr war, viel mehr, als sie augenblicklich bereit war, ihm und den Gefährten mitzuteilen.

38 Das zweite Ich

Er wusste nicht wohin er ging. Er wusste nicht wie weit es noch sein würde. Und vor allem wusste er nicht, welchen Weg er eingeschlagen hatte. Dieses Gefühl verwirrte ihn. Steigerte sich und gipfelte schließlich in einer kaum zu zähmenden Wut. Unsicherheit war nichts, mit dem er gelernt hatte, umzugehen. Immer dann, wenn er zu der Einsicht kam, nur zugreifen zu müssen, um den Zipfel der Erkenntnis beim Schopfe zu packen, war der Moment mit dem ersten befreienden Atemzug dahin. Er war nicht alleine. So seltsam das auch klingen mochte, er war nicht mehr Herr seines Körpers, nicht Herr seiner freien Entscheidungen. Und es wurde mit jedem Schritt schlimmer. Manchmal wurde er so müde, dass seine Augen zufielen, ohne dass er diese Reaktion seines Körpers unterbinden konnte. Am liebsten hätte er sich niedergelegt, um zu schlafen. Nur ein wenig schlafen, um wieder zu Kräften zu kommen. Doch kaum regte sich dieser Gedanken, riss er die Augen wieder auf. In dem Wissen, dass er den Kampf verlieren würde, in dem Moment, da er einschlief. Woher nahm er diese Erkenntnis? Wer flüsterte ihm diese Warnung zu? Gleich einer nie verstummenden Stimme erklang das Wispern in den Tiefen seines Verstandes. Er hätte etwas darum gegeben, dieser Stimme Einhalt zu gebieten. War sie zu Beginn noch vertraut, fast wie ein ferner Freund, nervte sie inzwischen nur noch.

«Halt doch endlich deinen Mund. Ich will dich nicht!»,

forderte er lautstark. Zumindest war er der Meinung, diese Worte gesprochen zu haben. Doch was wirklich aus seinem Mund drang, war nur eine nutzlose Aneinanderreihung von Silben. Was geschah mit ihm? Tief in ihm regte sich Angst. Er spürte, dass er sich veränderte. Mehr als ihm lieb sein konnte. Noch widerstand er der Versuchung, seiner Wut und seinen Emotionen freien Lauf zu lassen. Doch wie lange würde er diese Kraft noch finden? Als tiefhängende Zweige sein Gesicht zerkratzten, war es um seine Beherrschung geschehen. Zu tief in Gedanken, war ihm die Aufmerksamkeit auf den Weg abhandengekommen. Einer der Zweige stach ihm nur um Haaresbreite neben sein rechtes Auge. Hätte er nur geringfügig seine Richtung geändert, wer weiß, was die Konsequenz gewesen wäre. Er spürte die Wut, gleich eines Flusses in sich aufsteigen, dessen Richtung nichts und niemand würde ändern können. Seine Arme schnellten nach oben. Rissen an den Zweigen und brachen armdicke Äste ab, als seien es nur winzige Bruchstücke. Schweratmend blieb er stehen und schaute auf das Werk seiner Hände. Kurz regte sich die Frage, woher, bei den Göttern, er die Kraft für einen solchen Ausbruch nahm. Fast schien es, als habe er des Rätsels Lösung im Griff. Und damit auch den Schlüssel, um diesen Alptraum zu beenden. Da wurde sein Blick von einem Kaninchen abgelenkt, das vor ihm sitzenblieb und ihn mit bangen Augen ansah.

«Flieh. Bei den Göttern. Verschwinde!»

Er wusste nicht, ob er diese Worte wirklich sprach oder ob er sich das nur einbildete. Es schien, als wollte dieses Fremde in ihm verhindern, dass er verständliche Sprache von sich gab. Hatte es Angst davor, es könne sich verraten? Wie eine Welle schlug in diesem Moment die Dunkelheit über ihm zusammen. Für Augenblicke wusste er nicht mehr, wo er sich befand und was er tat. Als er wieder zu sich kam, befand er sich ein gutes Stück von dem Platz entfernt, an dem er das Bewusstsein verlor. War das der passende Ausdruck? Nicht das Bewusstsein war ihm verlorengegangen, sondern die Fähigkeit analytischen Handelns. Sein Blick wanderte nach unten und blieb an seinen Händen hängen. Fassungslos und keuchend schaute er auf seine Finger, die von frischem Blut bedeckt waren. Warm und klebrig tropfte es von seinen Fingern auf den Waldboden.

Einem ersten Impuls folgend, wollte er den Kopf nach hinten wenden, um zu sehen, was geschehen war. Die innere Stimme schrie warnend auf.

«Tu es nicht. Du wirst nicht mehr derselbe sein, wenn du siehst, was du getan hast. Nie mehr wieder. Wehre dich. Es ist nur der Anfang.»

Der Mann benutzte alle Kraft der Bewegung seines Kopfes Einhalt zu gebieten. Er kämpfte gegen sein zweites Ich.

Und gewann. Sein Nacken schmerzte höllisch, als er wieder nach vorne blickte und endlich wieder seinen Weg aufnahm. Ein paar Schritte kniete er sich an einem Bachlauf nieder, um seine Hände zu säubern. Eine kurze Zeitlang folgte er den roten Schlieren mit seinen Blicken. Erst, als nur noch klares Wasser zu sehen war, bückte er sich ganz tief, um mit der hohlen Hand, Wasser zu schöpfen. Mit gierigen Schlucken trank er das frische Nass. Als sich der Wasserspiegel beruhigte, konnte er ganz kurz sein Gesicht erkennen. Und plötzlich wusste er seinen Namen wieder.

Targor.

Er wirbelte herum. Wie war er nur hierher geraten? Dunkel erinnerte er sich an einen Kampf. Mit wem oder was hatte er diesen ausgefochten? War er einfach nur übermüdet? Er würde ein wenig schlafen müssen. Mit neuen und frischen Kräften würde er auch wieder wissen, was zu tun wäre. Suchend sah Targor sich um und erblickte eine mit dichtem Moos bewachsene Fläche. Sie schrie regelrecht danach, sich auf ihr niederzulegen. Targor gähnte herzhaft. Er stand auf, um die wenigen Schritte zu seinem Schlafplatz zu gehen. Die jubelnde Stimme in seinem Kopf ignorierte er. Oder aber er deutete sie völlig falsch. Für ihn war es die Stimme seines Körpers, die sich nach Schlaf sehnte. In Wirklichkeit aber handelte es sich um das siegesgewisse Jubeln eines Wesens, das fern jeglicher Vorstellungskraft existierte. Als Targor die Augen schloss und in einen tiefen Schlaf versank, hatte es gewonnen. Die Sonne ging schon wieder unter, als Targors Körper endlich wieder erwachte. Gorm hätte des Schlafes nicht bedurft. Doch er wusste, dass er dem menschlichen Körper diese Phase der Erholung zugestehen musste. Ansonsten würde er nicht lange Freude daran haben. Er erhob sich und bewegte prüfend Arme und Beine. Jetzt, da er alleine die Herrschaft über dieses Bündel aus Fleisch und Blut sein Eigen nannte, war er auch in der Lage, es so zu steuern, wie es ihm beliebte.

Kurzentschlossen sah er sich um. Dann lachte er lauthals auf. Fast war er am Ziel seiner Wünsche. Noch war er ein Zwitterwesen. Irgendwo lebend zwischen dem Körper dieses Menschen und der Macht, die von dem Baum im Inneren der Höhle ausging. Noch war das ein sehr fragiler Zustand. Die kleinste Kleinigkeit würde ihn aus der Bahn werfen können. Doch wer wusste das schon. So lange niemand auf die Idee kam, ihn von der fernen Kraft des Baumes zu trennen, würde er leben.

Wieder lachte er auf.

So unendlich falsch und böse, dass es ihn selbst fröstelte.

Doch das war nicht mehr, als eine letzte vergehende Reaktion eines Körpers, der noch nicht ganz vergaß, was einst sein Ego ausmachte. Gorm klopfte sich selbst auf die Brust.

«Keine Bange, mein Freund. Ich werde gut auf uns achtgeben.»

In der tiefsten Schwärze einer lichtlosen Nacht erreichte er den Sumpf. Der Himmel hing voller dunkler Wolken. Nicht mehr lange und es würde zu regnen beginnen. Regen! Am liebsten wäre er stehengeblieben, um darauf zu warten. Er liebte es, im Freien zu stehen, wenn sich die Schleusen des Himmels öffneten. Aber jetzt fehlte ihm hierzu die Zeit. Zu einer anderen Gelegenheit würde er sich dieses Gefühl aber nicht nehmen lassen. Targors Körper betrat den Pfad, über den er Stunden zuvor gerade erst entkommen war. Kaum setzte er den ersten Schritt, fielen die ersten Regentropfen schwer vom Himmel. Innerhalb von Sekunden goss es so ergiebig, dass er völlig durchnässt war. Er schaute zum Himmel und blinzelte, als die Wassertropfen in seine Augen fielen. Vor Freude schrie er laut auf und …

… verwirrt sah er zur Seite. Wesen kamen an seine Seite. Wesen, die sich aus dem Sumpf lösten. Die hilfesuchend ihre Arme nach ihm ausstreckten.

«Was wollt ihr von mir?», zischte er. «Ihr seid nichts als Schmutz und Dreck.» Dem, der ihm am nächsten stand, versetzte er einen Hieb, dass es den Untoten quer über den Sumpf Brom warf. Erschreckt zogen sich die Wesen zurück. Was war geschehen? Was hatte den Mann so verändert? Erinnerte er sich nicht mehr seines Versprechens?

Sofern er vergessen hatte, würden sie es hinnehmen müssen. Doch sie, diese Wesen aus jahrhundertelang ertragenem Leid, sie würden nie vergessen.

Niemals.

39 Schatten

Karlotta kramte eine Decke aus ihrem Rucksack. Zerschlissen zwar und an vielen Stellen mehr schlecht als recht geflickt, doch sie würde ihren Zweck erfüllen. Über ihr Gesicht gelegt ein Schutz vor der jetzt bereits wieder stechenden Sonne. Die Zwergin warf noch einen Blick auf die Decke, dann schloss sie die Augen. Dieser Fetzen Stoff war alles, was sie mit ihrer Kindheit verband. Ihr einziger Besitz, der im Zusammenhang mit ihrer Familie stehen musste. Mehr als einmal war sie drauf und dran gewesen, die Decke fortzuwerfen, als sie wieder einmal an verschiedenen Stellen große Risse im Gewebe aufwies. Aber sie brachte es, wie jedes Mal, nicht übers Herz. Jetzt, hier und heute, war sie froh über die Möglichkeit in ihrem Schutz ein wenig Schlaf finden zu können. Was ihr beileibe nicht einfach fiel. Karlotta wusste nicht, was sie in diesem Riss gesehen hatte. Augen? Vielleicht ja, vielleicht nein. Vielleicht war es auch nur eine Einbildung im Moment der Angst gewesen. Ihr rechte Hand wanderte zu der Fußsohle, in der dieser Riss immer noch entsetzlich brannte. Für eine Einbildung viel zu realistisch.

Die Zwergin spürte, wie ihr die Gedanken abglitten. Sie war nicht mehr in der Lage ihren Eindrücken zielgerichtet zu folgen. Schon mehr im Dämmerzustand spürte sie, wie Steinwart sich vorsichtig und ein wenig unbeholfen an sie schmiegte. Karlotta schmunzelte. Er war immer noch nicht soweit, sich vollständig fallenzulassen. Er schien immer noch voller Ängste zu sein, sie durch eine unachtsame Handlung zu kompromittieren. Dabei hätte er schon längst wissen müssen, dass das eine völlig unberechtigte Sorge war.

Ein leises Schnarchen Steinwarts zeigte, dass er bereits eingeschlafen war. Und kurze Zeit darauf übermannte sie ebenfalls die Müdigkeit. Als sie erwachte, benötigte sie einen Moment, bis sie wieder wusste, wo sie sich befand. Karlotta versuchte ihre Augen zu öffnen und schloss sie im nächsten Moment aufheulend wieder fest zu. Wie hatte sie nur so dumm sein können. Das Salz brannte in ihren Augen wie flüssiges Feuer. Ihr blieb keine andere Wahl. Ein gutes Viertel ihrer kostbaren Wasserration verwende sie, um sich ein wenig Erleichterung zu verschaffen. Als sie kurz darauf noch einen großen Schluck zu sich nahm, schaute sie mit großer Sorge auf das bisschen an Flüssigkeit, welches in dem Behälter noch verblieben war. Sie blinzelte, denn das vollständige Öffnen ihrer Augen bereitete ihr immer noch große Probleme. Das Fluchen rund um sie und Steinwart herum bewies, dass nicht nur sie sich dermaßen unklug verhalten hatte.

«Wir müssen uns dringend etwas für die nächste Schlafphase überlegen. Denn entweder geht unser Wasservorrat schneller zur Neige, als uns allen lieb sein kann oder wir verlieren unser Augenlicht. Ich will keine Horrorszenarien heraufbeschwören. Aber ich habe große Sorge, dass wir dem Salz nicht Herr werden. Ob unsere Sicherheitsmaßnahmen ausreichen, wird sich zeigen müssen.»

Karlotta sah sich um, als erwarte sie entweder Widerspruch oder eine kluge Idee, was andernfalls zu tun wäre. Doch immer noch war jeder viel zu sehr mit sich selbst beschäftigt. Wobei jeder nicht ganz richtig war. An Barina war das Problem vorbeigegangen, obwohl auch sie mit ihrem Gesicht auf der salzigen Oberfläche ruhte. Die Macht, die ihr geschenkt wurde, schützte sie anscheinend auch in Phasen, in denen andere mit

Leben und Gesundheit zu kämpfen hatten.

Als Barina bemerkte, dass der Blick der Zwergin auf ihr ruhte, ging sie zu ihrer Freundin hinüber.

«Ich kann nicht genau sagen, was mir Schutz verliehen hat. Aber es kann ja nur mit dem hier zu tun haben.»

Dabei wies sie auf die farbigen Linien, die ihre Hände wieder wesentlich kräftiger schmückten, als das zuletzt der Fall gewesen war.

«Wenn ich doch nur wüsste, wie ich euch ein wenig davon abgeben könnte. Es würde Vieles einfacher machen. Davon bin ich überzeugt.»

Karlotta nahm die junge Frau in den Arm.

«Mach dich nicht schon wieder verrückt. Sei lieber froh, dass du nicht auch noch deine Wasservorräte verschwenden musst. Ich bin mir ganz sicher, dass alles einen Sinn hat. Wir erkennen ihn nur noch nicht.»

Nicht lange nach diesen wenigen Worten befand sich die Gruppe wieder auf ihrem Weg. Da niemand wusste, welche Richtung einzuschlagen war, folgten sie nur ihrem Gefühl. Entweder würde dieser Weg sie alle ins Verderben führen oder sie zu einem Punkt bringen, an dem die Lösung vieler ihrer Rätsel zu finden war.

Steinwart, der normalerweise immer ein Stück der Gruppe vorauseilte, ließ sich zurückfallen.

«Was macht dein Fuß, Karlotta? Wenn die Schmerzen zu groß werden, müssen wir uns etwas für dich überlegen.»

Die Zwergin schüttelte den Kopf.

«Alles halb so wild. Es brennt noch ein wenig. Aber bis morgen werde ich kaum noch etwas davon spüren.»

Steinwart sah ihr mit fragendem Blick ins Gesicht. Doch Karlotta war immer noch nicht so weit, dass sie über das reden wollte, was ihr widerfahren war. Kurz zuvor hatte sie bereits

Fram und Barina abblitzen lassen. Und auch bei Steinwart würde sie keinen Unterschied machen. Heftiger, als sie das beabsichtigte, fuhr sie Steinwart an.

«Vererzt und abgeklopft. Ihr geht mir auf die Nerven mit eurer Fragerei …»

Mitten im Satz unterbrach sie ihre Wuttirade.

Hatte denn niemand von ihren Freunden gesehen, was sie soeben wahrnahm? Ein langgezogener Schatten, der sich unter der Decke aus Salz fortbewegte, um ihnen ein wenig vorauszueilen. Etwa drei Mannslängen eines normal großen Menschen entfernt, machte der Schatten vor ihnen Halt. Wieder nahm Karlotta diese glühenden Augen wahr. Der Schatten schien auf sie zu warten. Kurz bevor die Zwergin ihn mit ihren Füßen berührte, schwenkte er ab, glitt mit rasender Geschwindigkeit nach rechts. Wo er verschwand.

«Was hast du?»

Steinwart blickte Karlotta misstrauisch an. Was verschwieg sie ihm?

«Wir sollten nicht weiter geradeaus gehen. Ich bin dafür, nach rechts abzubiegen.»

Niemand von ihren Freunden schien etwas von dem wahrgenommen zu haben, was die Zwergin soeben erblickte. Selbst Barina war völlig unbeteiligt und sah zu ihr herüber, als erwarte sie dringend eine Antwort. Verwundert blieb Fram stehen.

«Ich meine, mich zu erinnern, dass wir sagten, es macht keinen Sinn, hier im Zickzack zu laufen. Wenn du die Richtung ändern willst, solltest du einen triftigen Grund dafür haben. Andernfalls müssen wir über deinen Vorschlag abstimmen. Wir können es nicht Einzelnen überlassen, uns in die Irre zu führen.»

Karlotta überlegte krampfhaft, was sie sagen konnte. Eine innere Stimme warnte sie davor, etwas von ihrer Vision preiszugeben. In diesem Augenblick war sie dankbar, als Barina diese Aufgabe für sie wahrnahm.

«Dieser Einzelne muss aber auch nicht zwangsläufig du sein, Fram. Ja. Lass und abstimmen. Wenn Karlotta meint, wir sollten unsere Richtung ändern, so hat sie meine Stimme.»

Auffordernd sah sie in die Runde. Zuerst nickte Steinwart, schließlich auch Melinae und Sam. Das gab den Ausschlag. Murrend lenkte Fram seine Schritte in Karlottas vorgeschlagene Richtung. Als die Zwergin folgte, trat Barina an ihre Seite und flüsterte ihr zu.

«Ich habe es ebenfalls gesehen.»

Ohne ein weiteres Wort entfernte Barina sich wieder und ließ eine mehr als ratlose Karlotta zurück.

40 Begegnung

Verstohlen huschten Karlottas Blicke immer wieder zu Barina hinüber. Sie hatte Angst, ihre Freundin anzusprechen. Wie leicht konnte es geschehen, dass jemand Wortfetzen ihrer Unterhaltung mitbekam. Und dann ...? Was und dann? Karlotta blieb stehen und starrte auf ihre Füße. Was würde so schlimm daran sein, den anderen sagen zu müssen, was sie gesehen hatte? Im Grunde sollten sie doch innerhalb der Gruppe das Vertrauen haben, offen miteinander umzugehen. War nicht sie selbst es bereits mehrfach gewesen, die unmutig reagierte, wenn jemand der Gefährten meinte Geheimnisse für sich bewahren zu müssen? Jetzt aber verfiel sie selbst in ein ebensolches unerklärliches Verhaltensmuster. Wenn sie wenigstens hätte sagen können, dass mit einem offenen Ansprechen der Situation, Gefahr für die Freunde im Raum stand. Aber das war es nicht. Fast kam sich die Zwergin vor, als wache sie eifersüchtig über ein Wissen, das sie nur für sich bewahren wollte. Was war mit ihr geschehen, dass sie so unsinnig reagierte? Als Karlotta wieder bewusst aufsah, hatte sie sich einige hundert Meter von der Gruppe entfernt. Kopfschüttelnd drehte sie um, um zu den anderen wieder aufzuschließen. Niemand von ihnen schien ihr Fehlen bemerkt zu haben. Keiner sah sich zu ihr um. Selbst Steinwart, der sie am liebsten keine Sekunde aus den Augen verlor, sah nur stur geradeaus.

«Du Gockel», entfuhr es ihr. «Bist du beleidigt, weil ich dich nicht an meinem Wissen teilhaben lassen? Keine Bange, wenn ich aufgeholt habe, werde ich es dich wissen lassen.»

Karlotta lauschte ihren leise verhallenden Worten nach. Seltsam hörten sie sich an. So als spreche sie zu sich selbst innerhalb eines kleinen Raumes. Ihre Worte kamen mit einem seltsam anmutenden Echo zu ihr zurück. Brandeten auf. Schlugen zurück und waren plötzlich so verstärkt und verzerrt, dass nichts mehr von dem ursprünglich Gesagten erkennbar war. Als die Klangwellen zu schmerzen begannen, hockte Karlotta sich auf den Boden und presste ihre Fäuste in die Ohrmuscheln. Ganz dumpf war das An- und Abschwellen der Töne dennoch zu vernehmen. So dauerte es eine ganze Weile, bis endlich wieder Stille herrschte. Die Gruppe war inzwischen bereits so weit entfernt, dass sie nur noch Punkte am Horizont darstellte. Karlotta stand auf, um hinterherzulaufen. In einem ersten Affekt wollte sie schreien, die Freunde sollten auf sie warten. Im letzten Moment besann sie sich eines Besseren. Niemand würde sie hören und darüber hinaus überschlug sie panische Angst, ein weiteres Mal diesen Schalleffekt auszulösen.

Stattdessen nahm die Zwergin die Beine in die Hand und lief so schnell sie konnte los. Bereits nach wenigen Schritten erklang ein Heulen, welches sie nicht einzuordnen wusste. Es hörte sich an, als komme ein Sturm auf, der sich in irgendwelchen Hindernissen verfing. Karlotta sah sich um. Diese Hindernisse waren aber weit und breit nicht zu sehen. Stattdessen ebbte das Geräusch langsam ab. Als Karlotta wieder loslief und das Heulen erneut erklang, begriff sie erst die Ursache. Es war ihr eigenes Keuchen, das sie zu hören bekam. Und noch etwas anderes begriff die Zwergin. Obwohl sie so schnell lief, wie sie nur konnte, näherte sie sich den Freunden nicht einen einzigen Meter. Es war, als seien alle Realitäten verschoben. Aber warum suchten sie nicht nach ihr? Sie mussten doch längst festgestellt haben, dass einer der ihren fehlte.

«Sie wissen es nicht, Karlotta.»

Die Zwergin wirbelte herum. Und erblickte den fleischgewordenen Albtraum, der sich ihr in dem Riss im Salz gezeigt hatte. Schwärzer als die dunkelste Nacht. Bewegungen von Muskeln, die sie eher erahnte, als diese wirklich zu sehen. Ein Vierbeiner. Der Körper eines überdimensionalen Hundes. Krallen, die im blassen Licht des Mondes blitzten. Und ein Kopf, den sie nicht erblicken konnte. Als erlaube ihr das Licht nicht, ihn in Gänze zu betrachten. Nur die glühenden Augen folgten jeder ihrer Bewegungen.

«Du würdest den Verstand unweigerlich verlieren, könntest du mich so sehen, wie der Schöpfer mich erschaffen hat.»

Karlotta zitterte. Aber die Angst hatte sie dennoch bereits verlassen. Es war, als ob der Schock nicht zulassen durfte, dass die Angst sie in vollem Umfang durchflutete.

«Es ist alles so wie es sein soll, Karlotta. Du darfst mein Gesicht nicht sehen. Aber du darfst auch die Angst nicht zulassen. Das schwache Herz einer Zwergin würde daran zerbrechen. Hör mir bitte gut zu: Deine Freunde suchen nicht nach dir. Und zwar aus dem einzigen Grunde, weil sie dich vergessen haben. Ich habe ihnen die Erinnerungen an dich genommen. Selbst dieser Frau mit den wunderbaren Linien auf ihrer Haut. Ich werde dich mitnehmen. Mitnehmen in mein Reich aus Salz. Da wäre es nur hinderlich, wenn sie nach dir suchen. Bevor du fragst, ich werde dich ihnen zurückgeben. Und auch die Erinnerung. Aber alles zu gegebener Zeit.»

Die Zwergin sah dieses Wesen, das zu ihr sprach ohne Regung an. Sie wusste plötzlich, dass sie keine Angst haben musste. Diese Stimme. Sie umschmeichelte sie. Inzwischen kam Karlotta zu der Überzeugung, niemals eine sanftere Stimme vernommen zu haben.

«Karlotta, du hörst, was deine Phantasie dir vorspielt. Ich klinge für jeden anders. Derjenige, der Angst vor mir hat, vernimmt nur Dissonanzen, kurz bevor sein Herz versagt. Du selbst hast beschlossen, etwas zu hören, das dir jeden Rest von Panik nimmt. Und das ist gut so.»

Karlotta wollte antworten, bemerkte aber sofort, dass ihre Stimme beim ersten Wort brach. Also räusperte sie sich und versuchte es erneut.

«Ich weiß nicht, welchen Namen ich dir geben soll. Aber vermutlich tut der ohnehin nichts zur Sache.»

Das Wesen nickte, gab aber keine Antwort.

«Ich verstehe das alles noch nicht. Und ich weiß auch gar nicht, was du mit mir vorhast oder warum das alles geschieht. Doch du wirst deine Gründe haben. Wenn das in letzter Konsequenz bedeuten wird, dass ich sterben muss, werde ich dem sowieso nichts entgegensetzen können. Aber beantworte mir trotzdem eine Frage. Vererzt und abgeklopft, warum gerade ich?»

Der kleine Fluch, den Steinwart so oft auf den Lippen trug, war inzwischen auch in Karlottas Sprachgebrauch übergegangen. Von dem Wesen erklang etwas ähnliches, wie ein leises Lachen.

«Karlotta, weißt du eigentlich, dass du sehr mutig bist? Die meisten, die mir gegenüberstehen, die mich erblicken, jammern und weinen. Flehen um ihr Leben. Du bist anders. Du hast Respekt vor meinem Aussehen. Doch nicht vor meiner Person. Denn du weißt, dass du es nicht verhindern kannst, wenn ich dich bei deinem Namen rufe. Du weißt ganz genau, wer ich bin. Und genau deswegen bist du gelassen. Dir ist klar, dass ich zum Leben gehöre. Weil ein jedes Leben einmal enden muss. Aber keine Sorge, deines jetzt noch nicht. Für lange Zeit noch nicht. Ich kann dir das jetzt sagen, weil du unsere Begegnung irgendwann wieder vergessen wirst. Jetzt aber brauche ich dich. Um diejenigen zu wecken, die schon so lange schlafen und deswegen nicht zu mir kommen können. Ich habe keine

Macht über sie. Doch du, Karlotta, du wirst sie haben.»

Schweratmend stand die Zwergin vor diesem Koloss. Und sie wusste, dass sie dem Tod ins Auge blickte. Nicht dem ihren. Und auch nicht jetzt. Aber eines Tages würden sie sich wiedersehen.

«Du hast mir meine Frage trotzdem nicht beantwortet. Warum ich?»

«Oh, du bist hartnäckig, Karlotta. Dann will ich es dir sagen. Es hat dich getroffen, weil du zufällig an jener Stelle warst, an der ich dich gezeichnet habe. Aus keinem anderen Grund. Aber eines will ich dir sagen, ich bin froh, dass es dich getroffen hat. Ich mag dich. Und bitte verstehe es nicht falsch, ich freue mich auf unser Wiedersehen. Ich kenne Tag und Stunde. Aber diesen werde ich dir nicht nennen. Jetzt komm mit. Begleite mich.»

Karlotta trat wenige Schritte auf den Tod zu. Obwohl er ihr nicht sagte, was zu tun sei, wusste sie, was er von ihr erwartete. Regungslos blieb sie stehen. Ließ sich von weichen Armen umfangen, die so gar nicht zu dem grobschlächtigen Aussehen passen wollten. Für einen Moment verschwamm die Realität vor ihren Augen. Um kurz darauf einem Anblick Platz zu machen, der so schön war, dass ihr die Tränen hemmungslos übers Gesicht rannen. Der Tod stand daneben und sprach kein Wort.

41 Überraschend

Bereits seit Stunden rieb Sy-Bita sich ihre schmerzenden Schläfen. Sie fühlte sich, als sei sie aus einem langen Schlaf erwacht. Aus einem langen Schlaf, zu dem jegliche Erinnerung fehlte, was ihm vorangegangen war. Geblieben war ihr nur ein Gefühl der Leere sowie dieser anhaltend pochende Schmerz, der nicht weichen wollte. Sy-Bita war mit fortschreitender Zeit immer weiter in den dunklen Gang geflüchtet, der ihr ein Zuhause war, wenn sie nicht mehr weiter wusste. So wie gerade jetzt. Der Schmerz war dazu geeignet gewesen, anfangs ihre Aggressivität in ungewohnte Höhen zu treiben. Als sie feststellen musste, dass ihr Gefangener flüchten konnte, ohne dass versucht worden war, ihn aufzuhalten, hatte sie wie eine Furie unter den Qwarn gewütet. Diejenigen der Wesen, die es nicht traf, zogen sich zurück. Es gehörte nicht zu ihren angeborenen oder gezüchteten Fähigkeiten, Mitleid zu empfinden. Jeder war sich selbst der Nächste. Und schließlich wussten sie, dass Sy-Bita sich irgendwann wieder beruhigen würde. Was danach übrig blieb, war frisches Fleisch. Jeden von ihnen konnte es jederzeit treffen. Das war der stete Kreislauf, in dem sie ihr Leben fristeten. Ohne ein Mindestmaß an Vernunft. Dafür aber mit einem ausgeprägten Instinkt dafür, wo es besser sein würde, sich zurückzuhalten. So wie in jenem Moment der Raserei. Noch jetzt, Stunden danach, trieb der Blutgeruch die Schmetterlingsfrau in Wellen der Übelkeit. Als sie von dem Qwarn abließ, der ihr zum Opfer gefallen war, betrachtete sie ihre Hände. Ohne Schuldbewusstsein, aber trotzdem überrascht von ihrem Ausbruch. Verlor sie die Kontrolle über ihr Denken und Handeln? Manchmal schien es ihr so. Und das machte ihr Angst. Sie würde ein wenig Ruhe brauchen. Danach würde alles wieder sein wie zuvor. Vielleicht war es auch die Dunkelheit, die ihr so zu schaffen machte. Was um alles in die Welt hatte sie dazu getrieben, ein Leben ohne Licht zu führen? Sie, die Farben liebte. Farben und die Sonne. Sie war Gorms Ruf gefolgt. Gorms Ruf?

«Nein!»

Sy-Bita schüttelte wie wild den Kopf und stöhnte auf, als der Schmerz erneut durch ihre Schläfen jagte. Selbst diesen Ruf hatte es nie gegeben. Sie selbst war es, die …

Sy-Bita richtete sich auf. Schritte erklangen in der Schwärze der unterirdischen Nacht. Welcher dieser stinkenden Tiere, denn nichts anderes waren sie in ihren Augen, wagte es, in ihren ureigenen Bereich vorzudringen? Es musste schon einen besonders triftigen Grund geben, sie zu stören.

«Was hast du mit deinem Nein gemeint, meine Liebe?»

Die Schmetterlingsfrau zuckte zusammen. Eine Stimme, noch dazu diese Stimme, hätte sie am allerwenigsten hier unten erwartet.

«Targor?»

Die Gedanken jagten durch ihren Kopf. Was in aller Welt ging in dem Menschen vor, dass er freiwillig den Weg zurück zu ihr auf sich nahm. Warnsignale in ihrem Inneren schrien danach, auf der Hut zu sein. Hier stimmte etwas nicht. Doch sie konnte keinen klaren Gedanken fassen, der sie einer Lösung näher gebracht hätte. Sie starrte in die Schatten. Fühlte, dass Targor näherkam und hätte etwas darum gegeben, endlich sehen zu können. Doch Fackel und Zunder waren weit entfernt. Ein Blitz vor ihren Augen ließ Sy-Bita unter Schmerzen aufstöhnen. Sie war nicht darauf vorbereitet gewesen, dass plötzlich eine Fackel entzündet wurde. Für kurze Zeit sah sie nur Blitze und feuerrote Kreise. Dann endlich schälte sich ein Bild heraus. Targor hielt die Fackel dicht vor sein Gesicht. Das Bild, das Sy-Bita zu sehen bekam, machte ihr Angst. Der Blick offenbarte Selbstsicherheit. Selbstsicherheit und beißenden Spott. Was ging nur in diesem Menschen vor, dass er sich die Freiheiten herausnahm, so vor ihr aufzutreten.

«Du musst wahnsinnig sein», zischte sie, nachdem sie ihre Fassung zurückgewann. «Es wird dir noch leidtun, zurückgekommen zu sein.»

Wieder dieses warnende Gefühl in ihrem Unterbewusstsein. Doch Sy-Bita beschloss erneut, es zu ignorieren.

«Das glaube ich noch nicht. Ich denke, wir sollten uns in aller Ruhe unterhalten, was wir gemeinsam auf die Beine stellen können.»

Fassungslos starrte Sy-Bita Targor an.

«Das meinst du wirklich ernst. Ich sehe es dir an. Entschuldige bitte, dass ich lachen muss. Aber so dreiste Unverfrorenheit ist mir lange nicht untergekommen. Ich …»

Ein hart geführter Schlag mit dem Handrücken des Mannes ließ ihren Kopf herumfliegen. Sie war nicht darauf vorbereitet gewesen und schlug daher hart mit dem Hinterkopf gegen den Granit. Für einen Augenblick benommen, war sie nicht in der Lage, eine Gegenreaktion auszuführen. Sie rieb sich die schmerzende Wange und spürte gleichzeitig, wie warmes Blut aus einer Platzwunde ihres Hinterkopfes austrat.

«Du wirst dir wünschen, niemals deine Hand gegen mich erhoben zu haben. Glaube mir, es wird dir leidtun.»

Suchend wanderte ihr Blick zu der Höhle, in der sie die Qwarn wusste.

«Kommt her, meine Kinder. Es gibt Arbeit für euch. Lasst euren Instinkten freien Lauf. Lasst ihn wünschen, er könne sterben. Aber gewährt ihm diese Gnade nicht. Ihr habt mich verstanden. Ja, das weiß ich.»

An dem Klicken von Krallen auf Granit vernahm sie, dass die Qwarn ihr Rufen gehört hatten. Nicht mehr lange und Targors Schreie würden durch die Nacht gellen, gleich wunderschöner Musik in ihren Ohren klingen. Ein erneuter Schlag und Sy-Bitas Kopf prallte heftiger als zuvor gegen den Fels. Sie bemühte sich, bei Bewusstsein zu bleiben, doch der Stoß war zu heftig. Das Licht vor ihren Augen verschwamm und sie sackte in eine tiefe Ohnmacht. Wie lange diese andauerte, wusste sie nicht zu sagen. Wahrscheinlich nur wenige Augenblicke. Als die Schmetterlingsfrau wieder zu sich kam, hockte Targor ein unweit von ihr entfernt im Schneidersitz. Die Qwarn hatten sich wieder verzogen. Noch etwas, was über Sy-Bitas Verständnis weit hinausging.

«Bist du jetzt endlich bereit, mir zuzuhören ... Syta?»

Die Frau horchte auf. Dieser Name. Wie lange hatte sie ihn nicht mehr gehört. Es konnte keinen Sterblichen geben, der ihn heute noch hätte wissen können. Niemand außer dem, der ihr vor langer Zeit diesen Namen gab. Eine Verballhornung ihres Namens, mit der *Er* sie zur Weißglut bringen konnte.

Er?

Plötzlich begann alles einen Sinn zu haben. Der spöttische Blick. Die Zurückhaltung der Wesen, die alleine Er erschaffen hatte. Der Schlag, den er ihr versetzte. Wer sonst hätte den Mut aufgebracht, so mit ihr umzugehen? Targor mochte ungestüm sein und manchmal vielleicht auch unüberlegt handeln. Doch so wahnsinnig wäre auch er nicht, sich dazu hinreißen zu lassen. Sy-Bita wusste nicht, noch nicht, wie die Zusammenhänge waren. Aber der Mann, der grinsend vor ihr saß, war nicht – nicht mehr – Targor. Auch wenn er so aussah - auch wenn er mit der Stimme des Menschen sprach ...

«Gorm?», flüsterte Sy-Bita. «Bist du es wirklich?»

Der Mann sah sie mit großen Augen an, in denen ein

Feuer loderte, welches sie bisher noch nicht registrierte. Ohne dass er auch nur ein Wort sagte, wurde sie unter seinem Blick kleiner und kleiner. Eine Eigenschaft, die nur einer verstand. Gorm.

42

Kathedrale aus Salz

Was sich vor Karlottas Augen auftat, war einfach unbeschreiblich. Sie hatte in Büchern gelesen von Kathedralen. Riesigen Kirchen, die die Menschen erbauten, um ihren Göttern zu huldigen. Karlotta und ihr Volk hatten dazu immer nur ein spöttisches Lächeln übrig. Sie brauchten keinen festen Ort, um ihren Göttern nahe zu sein. Die Zwerge fanden sie im Stein, den sie bearbeiteten. In den Kräutern, die im Wald wuchsen und die ihnen ihre Heilkraft schenkten. Natürlich war sie auch auf Bilder gestoßen, die Menschen malten, um ihre Vorstellung von solchen Monumenten weiterzugeben. Doch das war alles nichts zu dem, was sie nun erblicken durfte. Bögen, Säulen, Brücken aus purem Salz. So filigran. So zerbrechlich. Funkelnd wie Millionen und Abermillionen von Diamanten. Karlotta hätte alles darum gegeben, hätte Steinwart jetzt neben ihr stehen dürfen, um dieses Wunder mit eigenen Augen zu erblicken.

«Du täuschst dich, meine Liebe. Auch wenn du meinen magst, es sei ein zerbrechliches Gebilde, welches du hier bewundern darfst, stimmt dies nur zum Teil. Ja, es ist richtig, dass der Flügelschlag eines Schmetterlings hier alles zum Einsturz bringen könnte. Und doch kann er es nicht. Denn die Gesetze von Raum und Zeit sind hier unten aufgehoben. Du wirst dich mit mir in traumwandlerischer Sicherheit durch diese Welt bewegen. Aber du wirst nichts verändern können. Selbst wenn du dich anstrengst, das zu tun.»

«Aber wie kann das sein?» Karlotta spürte, dass sie sich fern jeglichen Verstehens befand. «Ich weiß ja noch nicht einmal, woher dieses Licht kommt, welches hier diesen überirdisch schönen Glanz auf die Salzkristalle zaubert.»

Für lange Zeit herrschte Stille. Es schien, als wolle der Tod sich sammeln, um ihr eine Antwort zu geben, die sie mit ihrer winzigen Lebensspanne überblicken konnte. Karlotta sah sich um. Und ihr wurde bewusst, dass sie völlig mit ihrer Meinung danebenlag. Auch wenn sie das Gesicht immer noch nicht erkennen konnte oder durfte, war sie sicher, ein Lächeln darin zu erblicken. Eine Freude, dass sie von dieser Welt dermaßen fasziniert war.

«Ich will versuchen, es dir zu erklären. Wir befinden uns in unterschiedlichen Zeiten. Das, was du hier zu sehen bekommst, ist Vergangenheit und Zukunft zugleich. Niemals aber Gegenwart. Verändern kannst du nur das Jetzt. Die Vergangenheit entzieht sich deinem Zugriff. Und die Zukunft kannst du zwar ändern durch dein Verhalten. Doch wenn du damit beginnst, ist das, was du hier siehst, bereits wieder Vergangenheit.»

Karlotta schwirrte der Kopf. Abwehrend hob sie lachend ihre Hände.

«Hör bitte auf. Ich höre wohl deine Worte. Doch für mein kleines Zwergenhirn sind sie zu kompliziert, als dass ich ihnen folgen könnte.»

Erneut sah sie sich zu ihrem Begleiter um.

«Darf ich es anfassen?»

«Natürlich darfst du das. Tu dir keinen Zwang an. Ich wiederhole es noch einmal. Du kannst es nicht zerstören.»

Langsam und vorsichtig näherte die Zwergin ihre rechte Hand einer in sich verdrehten Säule aus Kristallen, die hoch oben über ihren Köpfen den Blicken entschwand. Fein wie ein Spinnennetz. Karlotta war sich sicher, dass ein hastig gesprochenes Wort schon ausreichen könnte, dieses Wunder

zu zerstören. Erst als ihre Hand das Gebilde berührte und sie feststellte, dass es wie unverrückbar an seinem Platz blieb, begann sie zu begreifen.

«Was ich hier sehe, ist schon lange nicht mehr die Wahrheit. Ich bin ihr immer ein Stück voraus.»

Der Tod lachte.

«Na ja, so ähnlich. Es sind zwar nur winzige Bruchteile von Sekunden, die du voraus bist. Aber diese Zeitspanne reicht aus, um diese Kathedrale für alle Zeiten jedem Zugriff zu entziehen.»

«Würdest du mir etwas versprechen?», flüsterte Karlotta.

«Das kommt darauf an, was du von mir wünschst.»

«Ich hätte gerne, dass Steinwart auch einen Blick auf dieses Wunder werfen darf.»

Traurig schüttelte der Tod den Kopf.

«Auch wenn ich das wollte, würde ich dazu nicht in der Lage sein, dir das zu gewähren. Wie jedes andere Wesen, habe ich mich an Gesetze zu halten, die lange vor dir und sogar lange vor mir niedergeschrieben wurden. Ich habe dir gesagt, dass es Zufall war, dich gezeichnet zu haben. Wäre es jemand anderer gewesen, hätte nur er oder sie dies alles zu sehen bekommen. Aber trotzdem bin ich bereit, etwas für dich zu tun. Ich werde dir die Erinnerung an diese Bilder lassen. Auf dass du später in der Lage sein wirst, mit Worten Bilder zu erschaffen. Mit Geschichten, die du erzählen kannst. Und die du über Generationen weitergeben wirst. Auch wenn du dich an das Wie und das Wo nicht mehr erinnern kannst, wird ein Strahlen von dir ausgehen, welches deine Mitmenschen verzaubert. Und noch eines kann ich dir sagen, Karlotta. Du wirst Zeit haben, viel Zeit.»

Die Zwergin hätte noch so viele Fragen gehabt. Doch sie spürte, dass der Tod nicht bereit war, weitere Fragen zuzulassen, geschweige denn, sie zu beantworten. Doch eine Frage brannte ihr dennoch auf der Seele.

«Ich muss dich das fragen. Sag mir den Grund, weshalb wir uns in diesem Reich befinden. Du willst doch mit Sicherheit mehr erreichen, als mir die Augen für verborgene Schönheit zu öffnen.»

Das Wesen sah die Zwergin lange an.

«Du bist eine kluge Frau. Ich habe diese Frage erwartet. Und hättest du sie nicht gestellt, so wäre ich sehr enttäuscht gewesen. Auch wenn die Frage nach dem Warum eine sehr wesentliche ist, habe ich viele hier unten erlebt, die über den Glanz vergessen haben, nach was sie eigentlich suchten. Und ich will dir noch etwas sagen. Diejenigen, die das vergessen haben, die darüber hinaus sich selbst vergaßen, werden hier herumirren, bis ans Ende ihrer Tage.»

«Wäre es denn dann nicht einfacher und gnadenreicher, diese Geschöpfe von ihrer Qual zu erlösen?»

«Natürlich wäre es das. Doch es liegt nicht in meiner Macht, dies zu tun. Ich bin nur derjenige, der die Entscheidung überbringt, der jedes Wesen einmal aus seiner Verankerung aus diesem Leben löst. Doch die Entscheidung, wann, wo oder wie das geschieht, wird an einem ganz anderen Ort getroffen. Und damit sind wir nun auch bei dem Grund, warum ich dich zu mir geholt habe.»

Das Herz klopfte Karlotta wie wild, in Erwartung dessen, was der Tod ihr mitteilen würde.

«Ich weiß um eure Aufgabe, Karlotta. Sie ist schwierig. Und ohne Hilfe werdet ihr sie nicht lösen können. Es gibt Wesen, die hierher verbannt wurden. Vor undenkbar langer Zeit. Die büßen müssen, für Untaten und Frevel, den sie in ihrem viel zu langen Leben begingen. Sieh es als ein läuterndes Fegefeuer an. Schon sehr lange haben sie verstanden. Jetzt suchen sie nach einer Möglichkeit, das begangene Unrecht wieder gutzumachen. Ich habe dir eben gesagt, dass ich sie nicht zu mir holen kann. Ich bin nicht in der Lage, sie zu greifen, weil uns auch dort die Zeit trennt. Doch sie werden dir etwas geben, was dir und deinen Freunden helfen kann, den zu besiegen, der sich aufmacht, diese Welt erneut mit Dunkelheit zu überziehen. Wenn du es schaffst, die Zeit zu überwinden, werden alle gewinnen. Du, ihr, sie und auch ich. Denn auch mich schmerzt, dass es jemand gibt, dessen ich nicht habhaft werden kann. Es ist in unser aller Interesse, dass du Erfolg haben wirst.»

Der Tod wies in Richtung einer Brücke aus Salz, die sich über einen Abgrund spannte.

«Lass uns gehen.»

43 Ein unbestimmtes Gefühl

Erneut blieb Steinwart stehen und ließ den kleinen Zug seiner Gefährten stumm an sich vorbeiziehen. Mit zusammengekniffenen Augen schaute er nach hinten. Es wurde langsam heller. Nicht mehr lange, und die Sonne würde erneut gnadenlos von einem wolkenlosen Himmel brennen. Es war an der Zeit, dass sie sich einen Schutz suchten, um sich vor der mörderischen Hitze zu verstecken. Doch wie weit er den Horizont in alle Richtungen absuchte, ein Baum oder Strauch, der dazu geeignet wäre, ein wenig Schatten zu spenden, war nicht zu erkennen. Der Zwerg seufzte vernehmlich auf und folgte den Freunden, die ihm inzwischen schon ein gutes Stück voraus waren. Als Steinwart näher kam, ließ Barina sich einige Schritte zurückfallen, um Blickkontakt mit ihm aufzunehmen.

«Du spürst es auch.»

Steinwart schaute auf.

Das war keine Frage Barinas. Das war eine unmissverständliche Feststellung. Steinwart fühlte sich ertappt. Ohne sich bewusst zu sein, weshalb er sich bloßgestellt fühlte, war ihm Barinas Anmerkung unangenehm. Sie berührte etwas tief in seinem Inneren, ohne dass er hätte sagen können, wieso.

«Was willst du damit sagen, Barina?»

Steinwart beschloss, sich dumm zustellen und ihr die ersten weiteren Schritte zu überlassen. Er war zwar der Meinung, Barina sprach von demselben Gefühl, welches auch ihn plagte. Sicher war er sich allerdings nicht. Vielleicht wollte sie auch nur über ein alltägliches Problem mit ihm reden. Obwohl das überhaupt nicht ihre Art war. Barina gehörte, anders als er das sonst in seinem Leben kennengelernt hatte, zu einem Menschenschlag, der nur das Wort ergriff, wenn er angesprochen wurde. Oftmals beobachtete der Zwerg die junge Frau dabei, wie sie tief in Gedanken vor sich hin starrte. Targor fehlte ihr mehr, als sie bereit war, zuzugeben.

Jetzt aber lächelte sie Steinwart an, ohne jedoch ihren ernsten Blick zu verlieren.

«Stell dich nicht so dumm, mein kleiner Freund. Du weißt ganz genau, was ich meine. Seit Stunden nehme ich wahr, wie du dich mehr und mehr veränderst. Ständig bleibst du stehen, um hinter dich zu schauen. Du wirst es selbst noch nicht einmal bemerkt haben, doch du redest mit dir selbst. Ich sehe, wie deine Lippen Worte formen. Zwar kann ich nicht verstehen, was sie sagen, aber dein Gesichtsausdruck zeigt, dass du überzeugt bist, den Verstand zu verlieren. Und Steinwart, glaube mir, mir ergeht es nicht anders.»

Der Zwerg horchte in sich hinein. Barina drückte mit wenigen Worten genau das aus, was er bereits seit geraumer Zeit in sich fühlte. Bevor er aber eine Antwort geben konnte, sprach Barina erneut. Dabei deutete sie auf die Gefährten, die mit müden Schritten vor ihnen her gingen.

«Wir müssen unbedingt zur Ruhe kommen. Sam kann nicht mehr. Ich habe Angst, dass er uns über kurz oder lang zusammenbricht. Aber darüber wollte ich eigentlich gar nicht reden. Schau sie dir an. Sie gehen, als sei nichts geschehen. Aber du und ich, wir spüren, dass sich etwas verändert hat. Etwas, das wir mit Händen nicht greifen können. Es ist es eine besondere Art der Sensibilität, die uns keine Ruhe lässt? Ich weiß es nicht. Ich weiß noch nicht einmal, ob es Segen oder Fluch ist, in solcher Weise zu empfinden. Aber Tatsache ist, dass ich mich seit Stunden nicht von dem Gedanken lösen kann, jemand sei aus unserer Mitte gerissen worden.»

Abwehrend hob Barina ihre Hände und schüttelte den Kopf.

«Ich rede nicht von Targor!» Für einen Moment verlor sich ihr Blick in weiter Ferne. «Ich vermisse ihn. Ich vermisse ihn sogar ganz entsetzlich. Und von Stunde zu Stunde wird es schlimmer. Aber jetzt, jetzt ist das etwas ganz anderes. Ich …»

Steinwart fiel ihr ins Wort.

«…ich habe das Gefühl, dass eben noch jemand mitten unter uns war, der mit einem Mal verschwunden ist. Dieser Gedanke macht mich schier wahnsinnig. Ich weiß es einfach. Bei den Göttern, ich weiß es. Vererzt und abgeklopft. Das Schlimmste daran ist, kein Gesicht zu erkennen. Als sei die Person aus meinem Gedächtnis gelöscht worden. Als habe sie niemals existiert. Aber es ist ein Rest verblieben. Das jedoch führt dazu, dass meine Gedanken sich im Kreise drehen.»

Die Tränen traten Steinwart in die Augen.

«Barina, was geschieht mit uns? Meine Überzeugung wird immer stärker, dass wir besser niemals hierhergekommen wären. Die Situation gleitet uns aus den Händen. Wir laufen in dieser verfluchten Wüste aus Salz und Hitze herum, ohne jedes erkennbare Ziel.»

Steinwart schirmte seine Augen ab, als er nach oben deutete.

«Nicht mehr lange und die Sonne wird uns erneut das letzte bisschen Verstand aus den Köpfen brennen. Unsere Vorräte an Trinkwasser gehen zur Neige. Meine Zunge ist bereits jetzt geschwollen und liegt mir wie ein Kloß im Mund. Wie lange sollen wir das noch ertragen, Barina? Sieh dir Fram an. Von ihm habe ich seit gestern keine vernünftige Aussage mehr gehört. Bisher war ich der Meinung, er sei derjenige, dem wir blind folgen und vertrauen können. Inzwischen bin ich mir nicht mehr sicher.»

Steinwart blieb stehen, sah sich ein letztes Mal um und ließ sich dann zu Boden sinken.

«Es ist völlig egal, an welcher Stelle es mit uns zu Ende geht. Ich kann nicht mehr weiter. Und ich will auch nicht mehr. Ich werde mich hinlegen und versuchen, ein wenig Schlaf zu finden. Solltest du mich jetzt für einen Jammerlappen halten, ist mir das auch egal.»

Der Zwerg rollte das Bündel mit seinen Habseligkeiten zusammen und schob es über seinen Kopf. Seine Jacke über das Gesicht gezogen, schloss er die Augen. Kurze Zeit darauf vernahm Barina bereits ruhige Atemzüge.

Sie sah nach den anderen, die ebenfalls dort, wo sie gerade standen auf dem salzigen Boden zur Ruhe kamen. In der ersten Schlafphase war das Bemühen der Gruppe noch erkennbar gewesen, einen Zusammenhalt herzustellen. Diese Absicht schwand jetzt mehr und mehr. Barina war klar, dass es jetzt keinen Sinn hatte, diese Erkenntnis anzusprechen. Doch bevor sie sich mit Einbruch der Dunkelheit wieder auf den Weg machten, würde dringend darüber zu reden sein.

Sie sah ein letztes Mal zu Steinwart und versuchte, sich in ihn hineinzuversetzen. Barina konnte sehr gut nachempfinden, wie es ihm erging. Sie selbst fühlte und spürte ja ebenso. Was sie vielleicht ein wenig stärker machte, als ihn, waren die unzweifelhaft vorhandenen Kräfte, die ihr geschenkt waren. Steinwart tat ihr leid. Nicht alleine, dass er Hyazintha verlieren musste. Nein, er war allein. Sie wünschte, er würde wieder eine Person haben, der er sich bedenkenlos anvertrauen konnte.

Für einen winzigen Augenblick war es Barina, als könne sie bei diesem Gedanken einen Zipfel der Ungewissheit packen, die sie so sehr quälte. Sie zuckte erschrocken zusammen, holte tief Luft und spürte, wie der Gedanke ihr bereits wieder entglitt.

Stattdessen begannen die Farben auf ihrem Arm wieder in kräftigen Farben zu glühen. Obwohl die Sonne nunmehr in gleißender Helligkeit am Firmament stand, sah es so aus, als seien die Farben ihrer Linien noch ein wenig stärker. Barina legte ihre Hand auf die pulsierenden Linien. Sie fühlte Kühle unter ihren Fingern. Es schien, als wisse die ihr innewohnende Kraft jederzeit, was sie benötigte, um wieder zu sich selbst zu finden. Die Kühle, die jetzt von ihrer Haust ausging, war so intensiv, dass Barina leicht zu frösteln begann. Gleichzeitig spürte sie, wie der quälende Durst immer deutlicher nachließ. Fasziniert beobachtete sie die Veränderung, die mit ihr geschah. Bereits nach kurzer Zeit fühlte sie sich, als habe sie sich endlich wieder an klarem frischen Wasser satttrinken dürfen. Die Zunge, die eben noch in ihrem Mund klebte und ihr kurz zuvor die Unterhaltung mit Steinwart erschwerte, war abgeschwollen und das Schlucken nicht mehr erschwert.

Barina dachte kurz darüber nach, Steinwart zu wecken. Doch er schlief fest und ruhig. Außerdem wusste sie nicht zu sagen, ob der Effekt auch bei ihm erzielt werden konnte, wenn er die Linien auf ihrem Arm berührte. Sie befürchtete, sie könne ihn enttäuschen. Sollte er sich erst einmal ausschlafen, so gut das bei diesen Bedingungen überhaupt möglich war. Sobald er wieder erwachte, würde sie versuchen, gemeinsam mit ihm das zu wiederholen, was ohne ihr bewusstes Zutun soeben bei ihr selbst gewirkt hatte.

Als sie sich selbst niederlegte, um ein wenig zu schlafen, versuchte sie, unter der neu gewonnenen körperlichen und damit auch geistigen Frische erneut darüber nachzudenken, was Steinwart und sie selbst seit vielen Stunden belastete. Doch es war, als verhindere etwas jegliche Gedanken in diese Richtung.

Darüber schlief Barina endlich auch selbst ein.

44

Vertraute Wege

Unsicher blickte Karlotta sich um.

«Das ist nicht dein Ernst. Auf dieses wacklige Gebilde setze ich keinen Fuß.»

Die Blicke der Zwergin waren entgeistert auf die Brücke aus Salz gewandt, die langsam, wie unter einem nicht zu erkennenden Windhauch hin und her schwang.

«Ich werde hinabstürzen. Ich sehe mich schon unten liegen.»

Karlottas Stimme nahm einen weinerlichen Klang an.

«Karlotta, du enttäuscht mich. Habe ich dir nicht eben gesagt, dass wir nicht in der Lage sein werden, diese Gebilde auch nur im Geringsten zu zerstören? Die Angst, die du hast, ist nur aus Erfahrungen und Vorstellungen geprägt. Wenn ich dir sage, dass dir nichts zustoßen kann, solltest du mir das glauben.»

Der Tod hüstelte, bevor er fortfuhr.

«Ich sollte es doch am besten wissen, wann ihr euch in Gefahr begebt. Und wann nicht …»

Der Blick, den Karlotta ihm zuwarf, ließ den Tod lachend zurückweichen.

«Wenn ich nicht wüsste, dass mir von deiner Seite keine Gefahr droht, hätte ich mir jetzt große Sorgen gemacht. Ich sehe schon, dass Steinwart es nicht einfach mit dir haben wird.»

Karlotta zuckte bei der Erwähnung von Steinwarts Namen zusammen.

Wie musste er sich fühlen? Machte er sich Sorgen?

Nein, natürlich nicht. Dieses unglaubliche Wesen in ihrer Begleitung hatte erwähnt, dass er sie zwischenzeitlich vergessen würde. Trotzdem wurde Karlotta ein Gefühl des Unwohlseins nicht los.

«Du magst vielleicht alle Zeit der Welt haben. Mehr als ich mir jemals werde vorstellen können. Nicht einmal im Ansatz. Deine dummen Scherze sind hier ebenfalls völlig unangebracht. Lass uns jetzt gehen. Damit wir deine Tiraden hier endlich hinter uns bringen.»

Die Zwergin spürte, wie sie von einer kalten Wut gepackt wurde.

Sie fühlte sich nicht ernst genommen. Und das war etwas, das sie überhaupt nicht vertragen konnte.

Mit festen Schritten trat sie ein Stück voran und setzte ihren rechten Fuß auf die Brücke. Obwohl sie auch weiterhin das Schwingen beobachten konnte, hatte sie das Gefühl auf festem und sicherem Untergrund zu stehen. Als sie zur Seite schaute, wurde ihr dennoch schwindlig, sodass sie ihren Blick erneut auf den Teil fokussierte, auf dem ihr Fuß ruhte.

«Ich wollte es dir gerade noch sagen. Du solltest nicht den Fehler machen, nach rechts oder links zu sehen. Deine Sinne sind nicht dazu erschaffen, Wirklichkeit und Phantasie in Einklang zu bringen. Geh einfach vorwärts und du wirst sehen, dass du ebenso sicher bist, wie auf den vertrauten Wegen deines Dorfes.»

Eine Antwort darauf ersparte sich die Zwergin.

Mit einem «Pah» auf den Lippen begann sie zügig auszuschreiten und bereits nach wenigen Schritten verlor sie das Gefühl der Unsicherheit vollständig. Jede Vorstellung, die sie in diesen Pfad legte, wurde kurz darauf zur Wirklichkeit. Feste Schritte auf festem Untergrund, dort wo ihr diese Phantasie guttat. Federnde Schritte auf weichem Waldboden, wo sie sich nach vertrautem Umfeld sehnte.

Das Ungetüm, das ihr folgte, ließ die Brücke ebenfalls nicht erschüttern. Als die beiden den Scheitelpunkt erreicht hatten, wagte Karlotta es zum ersten Mal, stehenzubleiben und über den Rand in die Tiefe zu sehen. Doch so sehr sie sich auch bemühte, ein Grund der Schlucht war für sie nicht wahrnehmbar.

Fröstelnd schlang sie ihr Arme um den Körper.

«Wie tief ist das? Ach was. Beantworte mir die Frage besser erst gar nicht. Ich glaube, dass ich deine Antwort überhaupt nicht wissen will.»

«Ich werde sie dir trotzdem sagen.»

Scheinbar machte er sich einen Spaß daraus, Karlotta mit seinen Worten zu verwirren.

Die Zwergin fuhr herum und deutete mit dem ausgestreckten Zeigefinger ihrer rechten Hand auf ihren Begleiter.

«Wir werden uns wiedersehen. Ob ich das will oder nicht tut nichts zur Sache. Aber eines weiß ich. Zu diesem Zeitpunkt wirst du feststellen, was es heißt, eine Zwergin zu verärgern. Jetzt sprich endlich. Du fühlst dich ja scheinbar ansonsten unwohl.»

Der Tod lachte erneut.

«Ich treffe sehr viele Lebewesen, wie du dir ja unschwer vorstellen kannst. Aber in den ganzen Jahrtausenden habe ich selten so viel Spaß daran gehabt, wie heute mit dir. Ich freue mich bereits jetzt darauf, dich eines Tages wiederzusehen, um unsere Unterhaltung fortzusetzen. Das sage ich wirklich aus voller Überzeugung. Aber bis dahin wird noch etwas Zeit vergehen. Lass uns daher die Gelegenheit nutzen, die sich uns im Augenblick bietet. Wir sollten uns beeilen, um diejenigen zu erreichen, deren Hilfe ihr benötigt.»

«Warum kannst du selbst nicht diese Hilfe sein?»

Der Tod stutzte.

«Eine kluge Frage. Doch es steht nicht in meiner Macht, in eure Schicksale einzugreifen. Nur das, was geschrieben ist, darf ich in meine Handlungen einbeziehen. Oder aber eine kluge Person wie dich an einen Ort bringen, an dem sie unterstützt wird. Unter der Voraussetzung allerdings, dass sie es auch versteht, sich sichtbar zu machen, wenn sie diesen Ort erreicht hat. Warte ab. Du kannst es jetzt noch nicht verstehen. Zum geeigneten Zeitpunkt bin ich da, um dir zu helfen. Folge einfach diesem Pfad. Ach ja, und noch eines. Diese Schlucht hat keinen Boden. Stürzt du hier ab, wirst du fallen. Bis in alle Ewigkeit.»

Seine Stimme verklang und wurde immer leiser.

Bei den letzten Worten war es nicht mehr als ein Wispern, was Karlotta noch vernahm.

Dann war sie plötzlich ganz alleine.

«Warum verlässt du mich? Wieso muss ich diesen Weg alleine gehen?»

Karlotta lauschte. Doch sie erhielt keine Antwort mehr.

Langsam begann das Licht zu verlöschen, welches sich auf den Salzkristallen wie ein Funkeln von Millionen Diamanten darstellte. Ehe die Zwergin diesen Umstand völlig realisierte, war es stockfinster. Karlotta begann, sich im Kreise zu drehen. Sie beschloss, sich nicht verrückt machen zu lassen. Das Gefühl der Weite um sie herum, wurde immer erdrückender. Aber wie hatte der Tod eben noch gesagt? … Unter der Voraussetzung allerdings, dass sie es auch versteht, sich sichtbar zu machen, wenn sie diesen Ort erreicht hat.

«Ich muss das alles nicht verstehen. Nein, wirklich nicht. Wäre ich doch nur in meinem Kräutergarten geblieben, anstatt einem alternden Zwerg hinterher zu rennen. Aber nein, ich hatte ja wieder meinen eigenen Kopf. Wie geht es jetzt also weiter? Ich war ganz oben. Jetzt muss ich also den Weg hinab gehen. Wo auch immer er mich hinführen wird.»

Vorsichtig begann sie erneut, einen Fuß vor den anderen zu setzen.

Hatte es Biegungen in dem Weg gegeben? Karlotta seufzte vernehmlich auf. Sie wusste es nicht. Aber wie meinte der Tod so süffisant? Ihr könne nichts geschehen?

Was blieb ihr schon übrig, als seinen Worten zu vertrauen?

45 Zu weit

Glotz mich nicht so an. Es macht dich nicht gerade hübscher, wenn du ein solches Gesicht aufsetzt. Ganz ehrlich? Da spricht die Dummheit aus deinen Augen.»

Diese Worte kamen für Sy-Bita einer erneuten schallenden Ohrfeige gleich. Sie duckte sich, wie unter einem imaginären Hieb. Gorm hatte immer schon gewusst, wie er sie mit Worten verletzen konnte.

«Du bist ekelhaft. Bereitet es dir immer noch Vergnügen, mir deine Überlegenheit zur Schau zu stellen? Deine gefühlte Überlegenheit. Manchmal frage ich mich, welcher Satan mich geritten hat, als ich beschloss, dir wieder ins Leben zu verhelfen.»

Sy-Bita musterte Gorm. Der Gedanke, Targor zu sehen, aber Gorm in ihm entdecken zu müssen, brachte sie fast um den Verstand. Sie hatte Freundschaften aufs Spiel gesetzt, um Gorm zurückzuerhalten. Warum eigentlich? Manchmal fragte sie sich, ob es nicht einfach nur die Einsamkeit gewesen war, die sie zu diesem Schritt verleitete. Mehr als einmal war sie im Ansatz dabei gewesen, Steinwart, Targor und Barina aufzusuchen. Mit ihnen über das Leben zu reden, das sie führte, als sie damals auseinandergingen. Doch immer war es bei eben diesem Ansatz geblieben. Mit der Zeit hatte dieses Gefühl nachgelassen. In ihrem Inneren nach und nach verhärtet, waren die alten Eigenschaften wieder zu Tage getreten. Heute war es zu spät, zurück zu rudern. Alles andere würde nur bedeuten, sich etwas vorzumachen.

«Worüber denkst du so intensiv nach, meine Liebe?» Gorm lehnte sich zurück, wobei ihm anzusehen war, dass er wütend darüber war, in ihrem Innern nicht wie in einem offenen Buch lesen zu können. In diesem Körper verhaftet war er nicht in der Lage, sämtliche alten Eigenschaften abzurufen. Dieser Umstand schürte seine Wut. Gorm merkte, wie sich in ihm etwas aufstaute, das er nicht mehr sehr lange im Zaum halten könnte. Eine Kleinigkeit fehlte, den Vulkan zu entfesseln, der in ihm knapp unter der Oberfläche brodelte.

«Gorm, du bist ein Nichts. Merkst du eigentlich nicht, wie lächerlich du dich machst, wenn du versuchst, den starken Mann zu spielen. Es mag sein, dass du das Gefühl hast, im Innern schon nahezu wieder der Alte zu sein. In Wirklichkeit bist du noch weit davon entfernt.»

Hatte Sy-Bita mit Gorms Reaktion gerechnet? Hatte sie es sogar darauf angelegt?

Hinterher wusste sie es nicht mehr zu sagen.

Die Schläge und Tritte, die auf sie einprasselten, bewiesen ihr deutlich, dass ihre Worte einen wunden Punkt berührten. Die Schmerzen ignorierte sie nach einer kurzen Weile. Dann stieg ein Lachen in ihr auf, welches Gorms Wut noch stärker entfachte. Als Sy-Bita feststellte, dass er nicht mehr in der Lage sein würde, sich zu beherrschen, floh sie, erstmals nach langer Zeit wieder in die Gestalt eines schillernden farbenprächtigen Schmetterlings. Auch wenn ihr in dieser Lebensform jede Bewegung deutliche Pein verursachte, gelang ihr die Transformation auf Anhieb. Sie flatterte ein Stück empor, sodass Gorm sie nicht mehr erreichen konnte. Von dort aus betrachtete sie den schwer atmenden Mann.

«So bist du früher schon gewesen», keuchte Gorm und spuckte auf dem Boden aus. «Flüchtest, um dich deiner Verantwortung zu entziehen. Wer hat mich denn in diese Situation erst gebracht? Du solltest jämmerlich verrecken für das, was du mir angetan hast. Ich wünsche mir so sehr, du könntest auch nur einen Bruchteil dessen ermessen, was ich erlitten habe in all den Jahren.»

Der Mann stand auf und kickte wütend einen Stein, der vor seinen Füßen lag, in die Dunkelheit. Eine Zeitlang hörte man ihn gegen die Felswände springen. Dann herrschte wieder Ruhe.

«Denkst du etwa, es hat mir Spaß gemacht, in dieser Form mein jämmerliches bisschen Leben zu fristen, das mir geblieben war? Ich habe die Jahrhunderte an mir vorbeiziehen sehen. Das Einzige, das mich nicht in den Wahnsinn hat abgleiten lassen, war die Gewissheit, dass ich eines Tages zurückkommen würde. Zuerst war ich überzeugt davon. Tag für Tag und Jahr für Jahr habe ich darauf gewartet, dass du erscheinst, um mir zu sagen, dass es dir leidtut. Aber du bist nicht gekommen. Hast mich in meinem Elend alleine gelassen. Danach kamen die Jahrzehnte, in denen der Hass mich genährt hat. Nur der Hass. Sollte es einmal gute Seiten an mir gegeben haben …», Gorm spuckte erneut verächtlich aus, «so hast du diesen ein eigenes Dasein gegeben. Amidor. Wie ich diesen Namen verabscheut habe. Aber auch von ihm wusste ich, dass er eines Tages zu mir zurückkehren würde. Doch was passierte dann?»

Gorm sprang ein Stück in die Höhe und versuchte, Sy-Bita mit einem gut gezielten Schlag zu fassen. Damit hatte die Schmetterlingsfrau nicht gerechnet. Im letzten Moment flatterte sie ein Stück zur Seite, sodass sie nur noch von dem Luftzug gestreift wurde. Doch bereits dieser reichte aus, um sie aus dem Gleichgewicht zu bringen. Wild mit den Flügeln schlagend beruhigte sie sich erst wieder, als sie einen Platz fand, den Gorm beim besten Willen nicht erreichen würde.

«Du kannst mir nicht ewig aus dem Weg gehen. Irgendwann wirst du dich wieder in deine menschliche Gestalt wandeln. Ich erinnere mich gut, dass dein Körper danach giert, erneut zu wechseln. Auf Dauer hältst du es nicht aus, als Schmetterling zu leben.»

Sy-Bitas Herz klopfte wild. Sie wusste, dass Gorm richtig lag mit seinem Hinweis. Sich jetzt allerdings zurück zu wandeln, so lange er sich in dieser Phase der Wut befand, käme einem Todesurteil gleich.

«Hörst du mir noch zu? Amidor kam zu mir zurück. In dem Moment, als ich der Meinung war, es fast geschafft zu haben. Jetzt ist er wieder ein Teil von mir. Und doch ist er es nicht. Sein stetes Flüstern, aufzugeben, damit wir beide sterben können, macht mich wahnsinnig. Wahnsinnig. Hörst du mich, Sy-Bita? Wahnsinnig!»

Die letzten Worte schrie Gorm so laut heraus, dass ihm der Schaum vor den Mund trat.

War er noch Herr seiner Sinne? Sy-Bita wusste es nicht zu sagen.

Lange Zeit herrschte Ruhe nach seinem Ausbruch. Nach einiger Zeit verlangte der menschliche Körper Targors nach Schlaf. Erst als Gorm sich zusammenrollte, wagte Sy-Bita sich zurück in ihre menschenähnliche Gestalt.

«Komm zu mir», flüsterte Gorm.

Sy-Bita zögerte kurz. Erst jetzt spürte sie wieder, wie jede Faser ihres Körpers schmerzte Gorm hatte ganze Arbeit geleistet.

Erneut erklang Gorms Stimme.

«Es tut mir leid. Ich habe mich gehenlassen. Komm zu mir. Lass uns ins Freie gehen. Die Wände hier unten erdrücken mich. Lass uns von hier fortgehen. Die Qwarn werden den Baum, werden mich bewachen. Aber ich halte es nicht aus, hierzubleiben. Lass uns gehen.»

Misstrauisch betrachte Sy-Bita den Mann, der sich jetzt wieder erhob. Instinktiv wich sie ein Stück zurück, um sich vor seinem nächsten Schlag in Sicherheit zu bringen.

Gorm schüttelte den Kopf und trat vor Sy-Bita. Er streichelte ihr sanft über den Kopf.

«Komm. Bitte.»

Wann hatte er sie zum letzten Mal um etwas gebeten? Dieses winzige Wort gab den Ausschlag. Mit einem Mal war alles vergessen und vergeben, was er ihr antat. Sy-Bita sah sich noch einmal um. Dann verließ sie zusammen mit Gorm die Höhle.

«Lass uns weit fortgehen. Irgendwo hin, wo uns niemand kennt. Dort können wir neu beginnen.»

Die halbe Nacht hindurch liefen sie, bis sie an den Saum des Waldes kamen. Sy-Bita befand sich bereits auf freier Fläche. Gorm stand noch zwischen den Bäumen.

«Was ist los? Jetzt komm endlich.»

Gorm stand da und wich langsam mit einem erschrockenen Gesichtsausdruck zurück. Seine Fäuste an die Schläfen gepresst, schüttelte er immer wieder den Kopf. Dann sackte er zusammen und fiel auf seine Knie.

Erschrocken stürzte Sy-Bita hinzu.

«Fühlst du dich nicht gut? Sag doch endlich etwas!»

Gorm schaut auf und starrte sie aus blutunterlaufenen Augen an. Aus seiner Nase trat bei jedem Atemzug feiner grünlicher Staub aus.

«Zu weit.», stöhnte er. «Zu weit. Bring mich zurück.»

Sy-Bita starrte ihn in einer Mischung aus Verständnislosigkeit und Entsetzen an.

«Ich verstehe nicht.»

Gorm stöhnte erneut unter Schmerzen auf.

«Was gibt es da nicht zu verstehen? Ich verliere die Kontrolle über diesen Körper. Wir haben uns zu weit von dem meinen entfernt. Bring mich zurück. Bei den Göttern, beeile dich.»

Dann brach er zusammen.

Sy-Bita packte den schweren Mann und zog ihn Meter für Meter in den Wald zurück.

46 Die Zeit wird knapp

Bereits nach wenigen Schritten blieb Karlotta zitternd stehen. Das Gefühl, jeden Augenblick ins Leere zu treten, wuchs mit jeder einzelnen Bewegung.

Sie ballte die Hände zu Fäusten und schrie in die Schwärze der unterirdischen Nacht hinein.

«Du hast mir gesagt, mir könne nichts geschehen. Und ich bin immer noch versucht, deinen Worten Glauben zu schenken. Aber wie ehrlich bist du zu mir? Du hast gesagt, wenn ich über diese Schwelle trete, werde ich fallen. Fallen bis in alle Ewigkeit. Bedeutet auch dieser Zustand für dich, dass mir nichts geschehen wird? Ich werde leben, aber …»

Karlottas Stimme brach ab.

Kurze Zeit lauschte sie dem vergehenden Widerhall ihrer Stimme. Dann herrschte wieder Stille. Eine entsetzliche Stille.

«Bei den Göttern, bei meinen Göttern, was erwartest du von mir?»

Keine Antwort.

Karlotta schnaubte voller Wut. Sie realisierte, dass sie keinen Hinweis zu erwarten hatte. Und doch verstand sie die Bedeutung ihrer gegenwärtigen Situation überhaupt nicht. Was hätte der Tod zu verlieren gehabt, wenn er bei ihr geblieben wäre?

«Ich habe nichts zu verlieren, Karlotta. Aber du. Mehr als du dir augenblicklich vorstellen kannst. Du musst ihnen alleine unter die Augen treten. Wenn ich dabei bin, findest du keinen Zugang zu ihnen. Sie sehnen sich nach mir. Aber ebenso haben sie große Angst. Ihr Leben ist lang gewesen. Geprägt von Überheblichkeit, Gier und Brutalität. Sie wissen nicht, was sie nach diesem Fegefeuer erwartet, welches sie nun bereits seit solch langer Zeit ertragen müssen. Du musst alleine und auf deine ganz eigene Weise zu ihnen gelangen. Du musst lernen, zu unterscheiden. Zwischen dem, was dir gesagt wird und dem, was deine eigenen Sinne dir aufgeben. Nur dann kannst du erfolgreich sein. Nur dann.»

Langsam verklang die Stimme wieder und Karlotta fühlte sich einsamer, als jemals zuvor. Verzweifelt versuchte sie, sich in Erinnerung zu bringen, was der Tod ihr sagte. Doch sie war zu aufgeregt gewesen, um sich die Worte wirklich zu verinnerlichen.

«Bitte wiederhole deine Worte. Es ging alles so schnell.»

Die Zwergin rief von der Brücke in die Nacht. Wohlwissend, dass sie keine Antwort mehr zu erwarten hatte.

Als sie endlich weiterging, war sie den Tränen näher, als jemals zuvor.

Sie hätte nicht sagen können, wie lange sie schon einen Fuß vor den anderen setzte. Stunden? Tage? Ihr war, als habe sie Zeit ihres Lebens nichts anderes getan, als durch die Dunkelheit zu wandern.

Ein Geräusch ließ sie aufmerken. Hatte sie es sich eingebildet oder war es Wirklichkeit?

Karlotta blieb stehen und hielt die Luft ein. Da war es wieder. Es klang wie das Schlagen von Flügeln. Das Schlagen von gewaltigen Flügeln, die näher und näher kamen. Als die Zwergin den Luftzug spürte, war es bereits fast zu spät. Instinktiv ließ sie sich zu Boden fallen. Keinen Moment zu früh. Wie Sicheln fuhren scharfe Krallen über ihren Rücken und augenblicklich spürte sie, wie ihr das Blut heiß den Rücken hinablief.

«Was soll das?»

Weiterhin auf dem Boden liegend, schlug Karlotta mit den Fäusten auf das Salz.

«Seid ihr alle wahnsinnig geworden? Vielleicht könnt ihr euch endlich entscheiden, was ihr von mir wollt.»

Kurz lauschte sie den Flügelschlägen, die sich der abnehmenden Lautstärke nach zu urteilen langsam entfernten.

«Sie wissen, dass du nicht hierher gehörst. Du bist wie ein Fremdkörper in ihrer Welt. Sie werden dich nicht töten. Das können und das dürfen sie nicht. Doch wenn sie dich zu packen bekommen, werden sie dich zurück an deinen Ausgangspunkt bringen. Dann hast du verloren. Dann habt ihr verloren. Karlotta, ich gebe dir einen guten Rat. Beeile dich. Die Zeit wird knapp. Die Leguren, die Wächter der Nacht haben deine Witterung aufgenommen. Du kannst ihnen nicht entfliehen.»

Als Karlotta hörte, wie die Wächter der Nacht erneut zurückkamen, schrie sie auf.

«Vererzt und abgeklopft. Ihr sei doch von allen guten Geistern verlassen. Warum helft ihr mir zuerst, um mich dann einer solchen Situation auszusetzen? Ihr sagt, diese Wesen im Salz seien arrogant und überheblich? Was bitte seid dann ihr?»

Karlotta sprang auf und rannte los.

Nahm keine Rücksicht mehr, wohin sie ihre Schritte setzte. Entweder sie gelangte ans Ziel. Oder sie würde fallen. Wenn das so sein sollte, dann bitte sehr. Die Zwergin befand sich an einem Scheitelpunkt ihres Lebens, an dem sie bereit war, mit diesem abzuschließen.

Die Luft wurde ihr knapp und das Seitenstechen wurde unerträglich.

Karlotta fühlte, dass sich immer mehr Leguren über ihrem

Kopf zusammenrotteten. Allen Wahrscheinlichkeiten zum Trotz griffen sie aber nicht an. Es wäre ein Einfaches gewesen, Karlotta zu packen und von hier zu entfernen. Ihr Eindruck aber war, dass es ihnen ausreichte, wenn der Eindringling zur Kenntnis nahm, dass sie in seiner Nähe waren.

Karlotta blieb mit pfeifenden Lungen stehen.

Vor ihr tauchten flammende gelbe Punkte aus der Dunkelheit auf. Einen winzigen Moment brauchte sie, bevor sie erkannte, was sich vor ihr sammelte. Es waren die Augen dieser Wesen, die Karlotta anstarrten. Kein Blinzeln. Nur ein immerwährender starrer Blick. Die Zwergin zählte durch. Und gab ihr Unterfangen auf. Es waren Hunderte, die sie umringten. Langsam drehte sie sich im Kreise. Sie war umzingelt. Von allen Seiten. Entmutigt ließ sie die Schultern sinken.

«Nehm mich mit. Ich habe verloren.»

Keine Bewegung.

Dafür war plötzlich wieder Licht zu sehen.

Erst mit leichter Verzögerung begriff Karlotta, woher dieses Licht stammte. Es waren die Augen der Lemuren, die auf einen Punkt vor Karlottas Füßen starrten. Das salzige Weiß war an dieser Stelle unterbrochen. Stattdessen gähnte ein riesiges Loch in der Brücke. Immer mehr schoben sich die geflügelten Wesen zusammen, bis sie die Zwergin genau an dem Punkt hatten, den sie beabsichtigten. Ihre Füße kippten bereits leicht über den Rand.

«Ich hasse Rätsel. Erwartet ihr wirklich von mir, dass ich in dieses Nichts springe? Ihr …»

Karlotta stutze und erinnerte sich plötzlich wieder der Worte, die der Tod ihr mit auf den Weg gab.

Du musst lernen, zu unterscheiden. Zwischen dem, was dir gesagt wird und dem, was deine eigenen Sinne dir aufgeben. Nur dann kannst du erfolgreich sein. Nur dann.

War mit seinen Worten wirklich diese Stelle, diese Entscheidung, ein Sprung in ein bodenloses Nichts gemeint? Sie sah sich erneut um. Es wäre den Leguren ein Leichtes gewesen, sie hinabzustoßen. Doch sie verhielten sich regungslos. So, als ob sie erwarteten, dass sie den entscheidenden Schritt tat.

«Bei allen Göttern, ich habe Angst vor Höhe. Wie oft soll ich das noch sagen?»

Ein letztes Mal holte Karlotta tief Luft.

«Habe ich eine Wahl? Vermutlich nicht. Steinwart, vergiss mich nicht.»

Karlotta schloss die Augen und ließ sich nach vorne fallen. In rasender Geschwindigkeit ging es abwärts. Jeden Moment fürchtete sie aufzuschlagen. Aber der Sturz nahm kein Ende.

«Wirklich bis in alle Ewigkeit?» Der Fallwind riss Karlotta die Worte von den Lippen.

47 Ein abruptes Ende

Das Leben zog in endlosen Bahnen an Karlotta vorbei. In den ersten Minuten versuchte sie, sich gegen das Fallen zu wehren. Instinktiv ruderten ihre Arme seitwärts und nach vorne. Immer in der Hoffnung, einen Halt zu finden. Dass sie hingegen froh sein durfte, diesen ersehnten Halt nicht zu finden, wurde ihr erst nach und nach bewusst. In dem Moment, da sie versucht hätte, zuzugreifen, wäre es vermutlich um sie geschehen gewesen.

Was die Zwergin immer noch am meisten belastete, war die Tatsache, dass sie nichts sah. Wenn wenigstens eine Spur von Licht in der Dunkelheit zu erkennen gewesen wäre. Doch nichts. Mit der Zeit verlor Karlotta bereits die bloße Vorstellung von Helligkeit. Ihre Gedanken rasten. Wie war es, sehen zu können. Sie hatte es schlichtweg vergessen.

Irgendjemand hatte ihr einmal von der Fallgeschwindigkeit erzählt. Als sie noch ein Kind war? Möglich. Es hatte geheißen, die Geschwindigkeit des Fallens könne ab einem gewissen Punkt nicht mehr zunehmen. Alles Humbug. Sie spürte, wie sie schneller und schneller wurde,

Phasen der Hitze wechselten sich ab mit unvorstellbarer Kälte. Der Fallwind schnitt wie eisige Messer in die Haut ihres Gesichts. Karlotta wollte die Augen öffnen. Doch es war ihr nicht mehr möglich. Als sich ihre Hände mit aller Kraftanstrengung derer sie fähig war, sich zu ihren Augen bewegten, brachen winzige Eiszapfen aus den Haaren. Um im nächsten Moment aufgrund der Hitze, durch die sie fiel, von einer Sekunde auf die nächste zu verschwinden.

Karlotta spürte Angst in sich aufsteigen. Angst vor jenem Moment, da der Fall ein Ende haben würde. Der Tod hatte ihr mit auf den Weg gegeben, dass sie fallen würde bis in alle Ewigkeit. Konnte das aber in seinem Sinne sein? Ganz gewiss nicht. Karlotta sah sich bereits am Boden, von was auch immer, mit zerschmetterten Knochen liegen. Nicht mehr in der Lage, auch nur eine einzige Bewegung zu tun.

Entsetzt riss die Zwergin die Augen auf. War es wirklich möglich, dass sie kurz eingeschlafen war? Die Erschöpfung war so übermächtig, dass sich der Schlaf über sie gesenkt hatte, ohne dass sie es bemerkte. Noch immer fiel Karlotta. Und jegliches Zeitgefühl verschwand. Sie hätte nicht sagen können, ob sie seit Tagen oder erst wenige Stunden der bodenlosen Leere entgegenraste.

In diesem Augenblick spürte sie einen zunehmenden Druck im Rücken.

Da war etwas. In Panik versuchte sie, sich zu drehen.

Und stieß mit ihrem Arm auf harten Boden, von Kristallen übersät. Sie brauchte eine Weile, bis in ihr Bewusstsein drang, auf was für einem Untergrund sie lag. Pures Salz.

Warum aber hatte sie das Ende des Falles nicht registriert.

«Weil du niemals gefallen bist. Deine Sinne haben dir einen Streich gespielt. Wobei du zugeben musst, dass es einen ausreichend realistischen Anschein hatte.»

Karlotta sammelte sich kurz. Dann gab sie der immer stärker anschwellenden Wut in ihrem Innern freien Lauf.

«Aber warum? Was wolltest du mir damit beweisen? Deine Überlegenheit einem schwachen Geschöpf gegenüber? Nicht, dass du dich in dieser Hinsicht täuschst.»

Der Tod lachte.

«Lass doch einem alten und einsamen Wesen auch

einmal seinen Spaß. Es ist selten genug, dass ich mich unterhalten darf. Im wahrsten Sinne des Wortes. Du kannst dir gar nicht vorstellen, wie es mich oftmals belastet, niemanden zu haben. Es gibt nur wenige, die mich mögen. Sich sogar nach mir sehnen. Doch auch sie sind nicht willens, sich mit mir zu unterhalten. Ich treffe sie kurz an. Und schon fallen sie meinem Vergessen anheim. Drum lass mir bitte meinen Spaß.»

Karlotta schüttelte den Kopf.

«Ihr seid doch alle mehr oder weniger verrückt. Egal, ob es mein knurriger Steinwart ist, der verschlossene Fram oder Melinae. Aber du setzt allem die Krone auf.»

Mühsam rappelte die Zwergin sich auf.

«Jetzt hast du deine Freude gehabt. Und nun lass uns beeilen, dass wir endlich zum Ziel gelangen.»

Als sie das massige Wesen passierte, konnte sie sich nicht zurückhalten. Sie drehte sich kurz zur Seite und versetzte ihm einen heftigen Tritt.

«Danach war es mir jetzt. Auch ich brauche meinen Spaß», murmelte sie. Dass der Tod aufgrund ihres Ausbruchs grinste ahnte sie mehr, als dass sie es sah. Mit einer Besonderheit kam Karlotta allerdings überhaupt nicht zurecht. Ohne dass er sie überholte, saß er kurz darauf einige Schritte vor ihr.

«Wo bleibst du denn?», knurrte er. Und Karlotta besaß erneut keine andere Wahl, als ihm eine obszöne Geste zuzuwerfen. Ob er davon beeindruckt sein würde oder nicht, war ihr dabei völlig egal.

«Es ist nicht mehr weit. Ich bringe dich bis an den Ort, an dem du auf die Unglücklichen im Salz triffst. An diesem Punkt muss ich dich verlassen.» Schlagartig wurde er wieder Ernst. «Ich habe dir erklärt, dass sie sich nicht zeigen werden, so lange ich mich in der Nähe befinde. Du wirst sie sehen. Aber weder hören, noch berühren können. Es liegt einzig und alleine an dir, dieses Problem zu umgehen. Versagst du, wirst du ihre Hilfe nicht erhalten. Drum überlege gut. Du hast drei Versuche, sie zu überzeugen, dass du die Richtige bist. Schaffst du es nicht, wirst du dich augenblicklich wieder an der Oberfläche der Salzseen wiederfinden. Darum überlege gut. Helfen darf ich dir nicht.»

Als der Tod nicht mehr sprach, drehte Karlotta sich um und erkannte, dass sie ab jetzt völlig allein auf sich gestellt sein würde.

«Du machst es mir nicht gerade einfach», stöhnte Karlotta. «Aber das gehört zu solchen Geschichten vermutlich dazu. Wenn ich das einmal meinen Kindern erzähle. Sollte ich denn jemals welche haben.»

Als die Zwergin weiterging, um dem immer enger werdenden Pfad zu folgen, erinnerte sie sich an die Erzählungen aus ihrer Kindheit. War es nicht immer so gewesen, dass die Helden besonders schwierige Aufgaben zu erfüllen hatten? Den größten Gefahren zu trotzen? Beileibe nein, sie fühlte sich ganz und gar nicht als Heldin. Aber hätte sie jemals vermutet, selbst in solch eine Erzählung hinein katapultiert zu werden? Ein ganz klares Nein.

Karlotta kniff die Augen zusammen.

Täuschte sie sich oder schien in der Ferne ein helleres Licht, als dasjenige, welches sie auf ihrem Pfad begleitete? Sie ging einige Schritte weiter und stellte fest, dass ihre Augen, ihr keinen Streich spielten. Das war der Ort, von dem der Tod sprach, als er sie verließ.

Die Zwergin blieb noch kurz stehen, um sich zu sammeln und tief Luft zu holen. Plötzlich war jeder Mut und jede Gewissheit dahin, dass sie die Aufgabe erfüllen könnte, die man ihr stellte. Würde sie Steinwart jemals wieder ins Gesicht sehen können? Oder Barina? Wenn sie hier versagte, würde es besser für sie sein, wenn sie ihre Freunde niemals wiedersah.

«Reiß dich zusammen.»

Karlotta lauschte ihrer eigenen Stimme. Das Herz pochte spür- und hörbar in ihrer Brust.

«Was bist du nur für ein Jammerlappen, dass du dich verrückt machst. Du wolltest unbedingt mit. Jetzt mach das Beste aus der Situation.»

Sie wollte losgehen, doch ihre Füße bewegten sich nicht. Als seien sie verklebt mit dem Boden, auf dem sie standen. Die Angst lähmte sie.

Ein weiteres Mal holte Karlotta tief Luft und endlich gehorchten ihr die Gliedmaßen.

Langsam bog sie um die Ecke einer riesigen Kathedrale. Einer Kathedrale aus Salz.

In der Mitte drei Särge. Funkelnd im Licht, dessen Quelle sie nirgendwo entdecken konnte.

Schritt für Schritt näherte sie sich.

Die Särge waren höher, als sie selbst.

Sie würde etwas benötigen, um hineinsehen zu können. Doch wohin sie auch sah. Nur Salz.

48 Streit

Steinwart schlief bis in die erste Dämmerung hinein. Ebenso wie die anderen Gefährten, gab er neben seinen tiefen Atemzügen zuerst keine weiteren Lebenszeichen von sich. Als es Nachmittag wurde und die Sonne begann, sich zurückzuziehen, veränderten sich die Geräusche, die sie von sich gaben zusehends. War es anfangs nicht mehr, als ein leichtes Röcheln, wuchs es sich nach und nach zu einem furchteinflößenden Stöhnen aus. Spätestens zu diesem Zeitpunkt entschloss sich Barina, die Freunde zu wecken. Der erste, dessen sie sich annahm, war Steinwart. Er machte den Eindruck, dass er sich nur noch leicht an der Grenze zwischen Schlaf und Erwachen befand. Doch so sehr sie ihn auch rüttelte, er tauchte nicht auf.

Panik erfasste Barina. Sie ging von einem zum anderen, versuchte ihr Glück und scheiterte wie zuvor.

Mit einem sorgenvollen Blick zum Himmel, der inzwischen völlig verdunkelt war, begab die junge Frau sich zu Steinwart zurück. Wie aus dem Nichts tauchte der Fuchs neben ihr auf. Er schnüffelte kurz am Gesicht des Zwerges, um dann Barina aus seinen tiefen und unergründlichen Augen anzuschauen. Erneut wurde das Gefühl in ihr übermächtig, dass er mehr war, als ein Tier. Sie wünschte sich in diesem Moment, das sie sich völlig verlassen fühlte, so sehr, jemanden zu haben, mit dem sie sich unterhalten konnte.

«Warum werden sie nicht wach, mein Füchschen? Ich

habe so sehr darauf gehofft, ihnen etwas von meinen Kräften abgeben zu können. Aber ich wollte ihnen doch auch den Schlaf gönnen. Habe ich zu lange gewartet?`»

Barina wusste, dass sie nicht auf Antwort bauen durfte. Doch es verschaffte ihr bereits eine gefühlte Erleichterung, überhaupt eine Stimme zu vernehmen. Selbst wenn es nur ihre eigene war.

Als sie sich erneut zu Steinwart hinunter beugte, hatte sich immer noch nichts an seinem Zustand verändert. Vorsichtig schob Barina seine Augenlider hoch. Und erschrak vor dem Anblick, der sich ihr darbot. Das Weiße seiner Augen hatte sich zu einem schmutzigen Gelb verändert. Die Pupillen verdreht.

«Verdammt, Zwerg. Warum tust du mir das an? Komm jetzt endlich zu dir.»

Erneut rüttelte Barina an seinen Schultern und schluchzte dabei auf.

Aus welchen Gründen auch immer, diesmal hatte ihr Tun Erfolg. Steinwart öffnete von sich aus die Augen und starrte sein Gegenüber verwirrt an.

«Wo bin ich?»

Die Worte des Zwerges waren kaum zu verstehen. Die trockenen Lippen rissen auf und ein feiner Blutfaden kräuselte sich in Richtung des Kinns.

Die Blicke des Zwerges waren deutliches Zeichen, dass er aufgrund des Flüssigkeitsmangels nahe daran war, zu phantasieren. Seine Hände hoben sich schwerfällig in Richtung Barinas Gesicht.

«Gut siehst du aus, Hyazintha. Wo hast du nur so lange gesteckt. Ich habe nach dir gesucht.»

Steinwarts Kopf legte sich schief, als lausche er Worten, die nur er in der Lage war, zu verstehen.

«Ich weiß, dass du mir nicht böse bist. Aber du redest Unsinn. Seit du fortgegangen bist, hat es für mich keine andere

Frau gegeben. Du sprichst in Rätseln. Sieh dich um. Hier ist niemand. Niemand außer dir und mir.»

Barina liefen dicke Tränen die Wangen hinunter. Doch sie hielt still.

«Steinwart fing eine der Tränen mit dem Zeigefinger seiner linken Hand auf. Er führte sie nahe an sein Auge und betrachtete sie ausgiebig.

«Warum weinst du, Hyazintha? Du hast keinen Grund. Ich bin dir treu. Jetzt bist du ohnehin wieder da. Und meine Suche hat endlich ein Ende.»

Barina wusste, dass es keinen Sinn hatte, länger zu warten.

Sanft befreite sie sich von Steinwarts Händen.

«Du phantasierst, mein Freund. Lass mich dir helfen, in die Realität zurückzukommen.»

Barina warf einen bangen Blick auf ihre Arme.

Sie leuchteten erneut in blassen Farben. Jetzt würde es darauf ankommen. Wenn sich herausstellte, dass sie nur in der Lage war, sich selbst zu helfen, würde sie ihre Freunde verlieren. Einen nach dem anderen.

Vorsichtig nahm sie die Hände des Zwerges, die sich mehr und mehr verkrampften und legte sie auf die pulsierenden Farben ihres Unterarmes. Im ersten Moment geschah nichts. Aber dann war es, als begreife Steinwart instinktiv, dass Barina dabei war, sein Leben zu retten. Er griff zu und drückte mit solch einer Kraft, dass die junge Frau nahe daran war, vor Schmerzen aufzuschreien. Sie ballte ihre freie linke Hand zur Faust und biss in die Knöchel hinein. Die Farben wurden von Sekunde zu Sekunde immer intensiver. Nach kurzer Zeit war es bereits so, dass Steinwarts Hände in einem tiefen Rot glühten.

Barina konnte zwar nicht erkennen, was geschah, aber an der Veränderung von Steinwarts Blick war deutlich festzustellen, dass ihre Aktion von Erfolg gekrönt sein würde. Seine

Augen wurden klarer. Sei Gesicht nahm frische Farbe an. Steinwart schluckte und fuhr sich mit seiner Zunge über die rissigen Lippen. Als sein Blick zu Barinas Arm wanderten, riss er erschrocken die Hände zurück.

«Was hast du mit mir angestellt? Ich fühle mich, als sei ich unvermittelt in einen Jungbrunnen gefallen.»

Steinwart grinste, als er bei der Nennung des Jungbrunnens an jenen Moment zurückdenken musste, als er Sy-Bita kennenlernte. Schlagartig wurde er wieder ernst. Es schien ihm, als liege diese erste Begegnung ein Leben lang zurück.

Barina atmete schwer und taumelte, als sie aufstand.

«Ich muss mich den anderen widmen. Ihnen geht es auch nicht besser, als ...»

Kraftlos fiel sie in den Sand zurück.

Steinwart stürzte zu ihr hin und streichelte Barina sorgenvoll über den Kopf.

«Ich begreife immer noch nicht, was du für mich getan hast. Oder wie du es angestellt hast. Aber eines weiß ich. Du treibst Raubbau an deiner eigenen Gesundheit. Du kannst nicht ...»

«Sag mir nicht, was ich kann oder was ich nicht kann. Sie werden sterben, wenn ich ihnen nicht helfe. Dir hat es geholfen. Die anderen interessieren dich nicht. Du hättest dich eben erleben sollen. Weißt du eigentlich, wo du gewesen bist?»

Barina erschrak vor ihrem eigenen Ausbruch.

Steinwart stand vor ihr. Die Farbe war aus seinem Gesicht gewichen. Sie hatte den Zwerg verletzt.

«Natürlich weiß ich noch, was ich gesagt habe. Ich erinnere mich daran, dass ich dein Gesicht in Händen hielt. Und auch daran, welchen Namen ich dir gab. Aber gibt dir das ein Recht, mir solche Aussagen an den Kopf zu werfen? Ich habe es nur gut mit dir gemeint. Ist das jetzt der Dank dafür? Dann hättest du mich besser dort gelassen, wo ich mich befand. Das Problem erledigt sich schließlich von alleine.»

Steinwart drehte den Kopf weg. Er wusste, dass er ebenso im Unrecht war, wie Barina. Vermutlich brauchten sie beide dieses reinigende Gewitter, um nicht den Verstand zu verlieren. Jetzt ging es nur noch darum, wer als erster die Größe haben würde, sich zu entschuldigen.

Steinwart straffte die Schulter. Mochte man den Zwergen auch vorwerfen, sie seien stur. Er würde das Gegenteil beweisen und den ersten Schritt tun.

Steinwart drehte sich um.

Und sah auf eine leere Stelle, an der nur noch Barinas Körperabdruck im Sand davon erzählte, dass sie hier zusammengebrochen war.

Barina selbst kniete einige Meter entfernt neben Fram und machte sich an diesem zu schaffen.

Steinwart seufzte vernehmlich auf und folgte ihr. Wer, außer ihm, sollte sie zur Besinnung bringen?

49 Erkenntnis

Schwer atmend lehnte Gorm sich gegen einen Baum, nachdem er eine geraume Zeit flach auf dem weichen Waldboden gelegen hatte. Zu Anfang war er nicht in der Lage, sich ohne fremde Hilfe zu bewegen. Sy-Bita versuchte, ihn noch ein Stück weiterzuziehen. So lange, bis Gorm unmissverständlich durch Zeichen zu erkennen gab, dass sie verschwinden sollte. Das Letzte, das er jetzt brauchen konnte, war jemand, die ihm zeigte, wie hilflos und verletzlich er noch war.

«Ich habe es unterschätzt. Verdammt, ich habe nicht gedacht, dass es mir nicht möglich ist, mich von diesem verfluchten Stück toten Holz fortzubewegen.»

Gorm sah Sy-Bita an und runzelte die Stirn.

«Glotz nicht wie eine dumme Göre. Ja, du hast es schon richtig erkannt. Ich bin noch lange nicht wieder der, der ich gerne sein möchte. Lachst du mich im Innern aus? Bestimmt tust du das. Denkst, schau dir nur diese hilflose Stück Fleisch im Schmutz des Waldbodens an. Wehe dir. Wehe dir, wenn ich wieder soweit bei Kräften bin, dir zeigen zu können, dass ich alles andere bin als das.»

Sy-Bita zog sich bereits bei den ersten Worten zurück.

Sie presste sich ihre geballten Fäuste auf die Ohren, um nicht hören zu müssen, was er in seiner Wut aussprach. Auch wenn sie wusste, dass sein Wutausbruch weniger mit ihr selbst zu tun hatte, als der Tatsache maßloser Selbstüberschätzung geschuldet war. Das änderte jedoch nichts an der Tatsache, dass seine Worte schmerzten. Wie schon so oft in der jüngsten Vergangenheit begann Sy-Bita sich zu fragen, ob sie nicht vielleicht doch dabei war einen riesigen Fehler zu begehen. Was aber würde sie jetzt noch daran ändern können?

Mit kritischem Blick betrachtete sie den Mann, der jetzt wieder zur Ruhe gekommen war. So erschöpft, wie er jetzt dort lag, würde es ein Leichtes für sie sein, ihn zur Ruhe zu bringen. In dieser Gestalt Targors für immer. In der Gestalt des Baumes möglicherweise auch.

Gorm betrachtete Sy-Bita ebenfalls von seiner Warte aus.

Wusste er, wie nahe er daran war, zum Schweigen gebracht zu werden?

Vermutlich ja. Irgendetwas warnte Gorm in seiner Tirade fortzufahren. Er kannte die Frau vor ihm nicht erst seit heute. Unterschätzt hatte er sie, als sie ihn damals zu diesem zweifelhaften Leben verdammte, aus dem er sich noch immer nicht befreien konnte. Ein weiteres Mal würde ihm dies nicht widerfahren. Wenn er auch mit Worten Wunden schlagen konnte, mit Taten würde ihm das schwerfallen. Gorm besann sich und blieb ruhig.

«Sy-Bita. Komm her zu mir. Wenn ich zu weit gegangen bin, tut mir das sehr leid. Meine, wie auch deine Absicht ist es, zu alter Stärke zu gelangen. Da hilft es nicht weiter, wenn wir uns gegenseitig verdammen.»

Sy-Bita ballte eine Hand zur Faust.

Fast hätte sie sich gewünscht, er würde weiter in dem Tonfall von vorhin fortfahren. Sie war nahe daran gewesen, sehr nahe sogar, es zu beenden. Jetzt aber hatte er es, wie schon so oft zuvor verstanden, ihr den Wind aus den Segeln zu nehmen.

Sie schüttelte sich, um sich von der Umklammerung trüber Gedanken zu lösen. Dann bewegte sie sich zu ihm hin.

Gorm winkte sie mit dem rechten Arm müde heran.

«Setz dich zu mir. Ich brauche noch eine Weile. Dann gehen wir zurück. Das, was mich mit diesem, zugegebenermaßen guten Körper verbindet, ist leider nicht in der Lage, größere Strecken zu überwinden. Bereits jetzt merke ich, dass mir etwas verlorengegangen ist. Es war gerade noch rechtzeitig, als du mich zurückgebracht hast. Dafür danke ich dir. Es war falsch, meinen Unmut an dir auszulassen. Gemeinsam werden wir es schaffen.»

Sy-Bita nickte.

Sie wollte seinen Worten Glauben schenken.

Und wusste doch, wie weit er von ehrlicher Überzeugung entfernt war.

Jede Person, egal wer auch immer, war in seinen Händen immer nur ein Mittel zum Zweck gewesen. Das galt für alle anderen. Aber auch ganz besonders für sie selbst. Inzwischen verstand sie erneut in keiner Weise, wie es möglich sein konnte, dass er sie, selbst ohne jegliche körperliche Substanz so sehr hatte manipulieren können.

Sie würde vorsichtig sein müssen. Sehr vorsichtig.

In dem Moment, in dem er nicht mehr auf sie angewiesen war, musste sie wachsam sein.

«Ich schaffe es nicht, dich alleine zur Höhle zurückzubringen. Du bist zu schwer, als dass ich dich über diese Strecke bewegen kann. Kommst du alleine klar, wenn ich dich jetzt verlasse, um einige der Qwarn zu holen?»

Gorm nickte.

«Im Moment sehe ich nur eine einzige Person, die mir gefährlich werden könnte.»

Der eine Satz traf Sy-Bita erneut, gleich einem Schlag in die Magengrube.

Warum konnte er es einfach nicht lassen, ihr diese Nadelstiche zu versetzen?

Sy-Bita beobachtete ihn erneut. Und stutzte.

Bemerkte Gorm nicht, was mit ihm vorging? Kaum wahrnehmbarer Staub entwischte seinen Nasenlöchern. Er war der Meinung gewesen, wieder nahe genug zu sein, dass der Auflösungsprozess stoppte. Das, was Targors Hirn manipulierte, war hier, an genau dieser Stelle nicht in der Lage, sich zu erhalten.

Gorm merkte es nicht. Und wenn sie ihn jetzt nicht darauf hinwies …

«Ich gehe jetzt. Und erspare es mir übrigens, auch nur ein Wort darüber zu verlieren, was du soeben wieder von dir gegeben hast. Mit deiner Ehrlichkeit ist es leider wohl doch nicht so weit her.»

Kurz darauf verschwand Sy-Bita in Richtung der Höhle, um Hilfe zu holen.

Ein gewaltiger Niesreiz löste Gorm aus seinen Gedanken.

Er wischte mit seinem Arm über die Nase und blickte entsetzt auf das, was sich seinem Blick offenbarte.

Ein Gebrösel aus verdorrten Wurzelresten. Er war nicht weit genug. Bei den Göttern, er würde tiefer in den Wald hinein müssen! Gorm versuchte, sich auf die Seite zu drehen, um sich aufzurichten. Augenblicklich erkannte er, dass ihm selbst für diese geringe Bewegung die Kraft fehlte. Er blickte in Richtung des Waldes.

«Sy-Bita. Komm zurück. Ich brauche dich.» Seine Schreie verklangen ohne Reaktion. «Sy-Bita. Du verdammte Ratte. Komm zurück.»

Gorm lauschte. Keine Antwort. War er diesmal zu weit gegangen? In seiner Wut hieb er mit der Faust auf den Waldboden. Ein erneuter Niesreiz schüttelte Gorm. Bilder begannen, sich zu überlagern. Gedanken, Erfahrungen und Wünsche nahmen sich gegenseitig den Raum. Der Mann auf dem Waldboden verfiel in Krämpfe. Er wand sich. Heulte auf in seiner Not. Ein weiterer Niesreiz. Heftiger, als alle zuvor.

Langsam wurde der Mann wieder zu sich selbst.

Targor schwindelte, als er versuchte aufzustehen. Aber es gelang ihm.

Er stützte sich mit beiden Armen an den Baum vor ihm. Und erbrach heftig.

50 Särge

Hilf- und ratlos hielt sich Karlotta ihre abgerissenen und blutenden Fingernägel vor das Gesicht. Da ihr hier unten, in dieser immerwährenden Nacht, jegliches Zeitgefühl abhandengekommen war, wusste sie nicht zu sagen, wie lange sie schon versuchte, an einem dieser monumentalen Särge emporzuklettern, um in das Innere zu sehen. Was sie von weitem für Salzkristalle hielt, entpuppte sich beim Näherkommen so glatt wie poliertes Glas. Was die Zwergin auch versuchte, es war ihr unmöglich, daran in die Höhe zu klettern. Ihr war, als grinsten die Särge sie an.

Nach einer Weile versuchte Karlotta, Hilfsmittel zu finden, an denen sie nach oben steigen konnte. War es Steinwart damals nicht ähnlich ergangen, als er den Schmetterling fand? Steinwart wurde nicht müde zu erzählen, welche Strapazen er auf sich nahm, um dieses Tier zu retten. Keine Frage, Karlotta wäre bereit gewesen, es ihm gleichzutun. Doch gab es weit und breit nichts, das sich hierzu geeignet hätte.

Wie sagte der Tod? Niemand habe davon gesprochen, dass es einfach sein würde. Alles richtig. Aber Karlotta hasste Rätsel. Sie war niemals gut darin gewesen, vertrackte Aufgaben zu lösen. Und jetzt, hier auf sich allein gestellt, wurde die Wand, vor der sie glaubte zu stehen, schier unüberwindbar.

«Hilf mir doch», rief die Zwergin in den leeren Raum. Die ersten Worte, die sie sprach, als sie diesen riesigen unterirdischen Saal betrat.

Ein Wispern erklang. Aus dem Wispern wurde ein Rauschen. Plötzlich waren Worte zu vernehmen. Hilf mir doch, hilf mir doch, hilf mir … Immer wieder dieselben Worte.

«Willst du mich verhöhnen?»

Willst du mich … hilf mir … verhöhnen … du mich …

Schlagartig kam Karlotta zu der Erkenntnis, dass es besser sein würde, den Mund zu halten. Das Echo war inzwischen so laut, dass es nicht mehr half, sich die Ohren zuzuhalten. Es dauerte eine lange Zeit, bis es vollständig abebbte. Dann herrschte wieder Ruhe.

Karlotta setzte sich auf den Boden, peinlichst bemüht, nicht das geringste Geräusch zu verursachen. Der Überfall der Worte von vorhin hatte gereicht. Nochmal wollte sie das nicht erleben. Trotzdem war sie immer noch nicht weitergekommen. Auch wenn die Ruhe ihr jetzt nahezu himmlisch erschien, hieß das nicht, dass sie damit etwas in der Sache selbst erreicht hätte.

Wie lange würde sie Zeit haben, das angestrebte Ziel zu erreichen? Dazu hatte ihr unheimlicher Begleiter kein Wort verloren. Außer verklausulierten Anweisungen, was sie dürfte und was nicht, war nichts von ihm gekommen.

Manchmal wäre diesen übernatürlichen Wesen zu wünschen, sie würden sich selbst beobachten in ihrem Handeln und in den Worten, die erzählten. Warum war es nicht möglich, klare Aussagen zu treffen? Die Zwergin war sich bewusst, dass ihr selbst, wie auch all ihren Begleitern nur ein relativ kurzes Leben geschenkt war. Sah man von Fram einmal ab. Doch dieses Leben war sie gewillt so zu leben, dass sie am Ende desselben von sich sagen konnte, sie habe sich so verhalten, wie sie es auch von jedem anderen erwartete. Dieses Ziel und dieses Bewusstsein einem solchen Wesen wie ihrem Begleiter der letzten Stunden zu unterstellen, wäre vermutlich wirklich zu viel verlangt.

Mit einem Seufzen stand Karlotta auf, um zum wiederholten Male die Särge zu umrunden. Immer auf der Suche nach einer Kleinigkeit, die sie eventuell übersah, als sie diese erstmals in Augenschein nahm. Sie presste ihre Nase, so dicht sie konnte an die Außenhülle. In der Hoffnung etwas zu sehen, das ihr bisher verborgen blieb. Bei den Göttern, wenn sie es nicht schaffte, diese Wesen von Angesicht zu Angesicht zu sehen, würde alles Mühen vergebens sein.

War sie vielleicht zu dumm? Lag es daran? War dem Schicksal mit der Auswahl ihrer Person einfach ein dummes Missgeschick unterlaufen?

Die Zwergin ging ein Stück nach vorne, griff eine der Kanten des Sarges, der ihr am nächsten stand und rüttelte daran, als habe sie gerade einen Tobsuchtsanfall erlitten. In ihrer Wut löste sich ein schriller Schrei aus ihrer Kehle, den sie bereits wenige Momente später bitte bereute.

Waren es eben nur Worte gewesen, die ihr entgegenschlugen, so war es dieses Mal ein Schrei in einer Tonlage, der sich soweit steigerte, bis sie vor Schmerzen wimmerte. Wenn sie eine Möglichkeit gefunden hätte, sich irgendwo zu vergraben, sie hätte diese ohne jede Frage auf der Stelle genutzt.

Es wollte und wollte nicht aufhören.

Irgendwann hielt Karlotta diesen Geräuschpegel nicht mehr aus. Ohne jeden Sinn und ohne jeden Verstand schrie sie der Flut der Töne entgegen. Die Schallwellen schlugen um ihre Ohren, bis Karlotta ohnmächtig zusammenbrach.

Als sie erwachte, war sie für kurze Zeit nicht sicher, was geschehen war. Entweder ihr Gehör war unwiderruflich zerstört. Oder es herrschte tatsächlich wieder Ruhe. Ihre rechte Hand war tief im lockeren Salz vergraben, das fast überall in diesem Saal den Boden bedeckte. Erst nach und nach drang an ihr Bewusstsein, dass das Salz wie Feuer in den Wunden ihrer aufgerissenen Fingernägel brannte. In einem ersten Reflex steckte sie einen der Finger in den Mund, um das Salz abzulecken. Sofort bereute sie dieses Tun. Ihr Durst steigerte sich in ungeahnte Höhen. Karlotta krümmte sich zusammen und ließ ihren Tränen freien Lauf. Bis …

…ja, bis.

Bis ihr Blick auf den ersten der Särge fiel, der sich nur wenige Schritte von ihr entfernt befand. In der, ihr zugewandten Seite klaffte ein großer Riss. Es war nicht nur so, dass die Oberfläche gesprungen war. Darüber hinaus waren einzelne Teile herausgebrochen, die wie achtlos verstreut neben dem Ungetüm lagen.

«Sollte das wirklich von meinem Schrei verursacht worden sein?», murmelte Karlotta, so leise wie sie nur konnte.

Ganz zaghaft berührte sie eines der gezackten Teile, das sich in der gläsernen Oberfläche noch verkantete. Mit einem leichten Ausruf des Erschreckens zog sie ihre Hand zurück und schaute fassungslos auf das Blut, welches aus der Wunde quoll. Der Schnitt war so tief ins Fleisch gedrungen, dass sie bereits den blanken Knochen sehen konnte. Karlotta riss einen Streifen ihres Hemdes ab und knotete diesen fest um den Schnitt. Die Wunde pochte und verursachte ihr bereits jetzt erhebliche Schmerzen. Doch darauf konnte sie keine Rücksicht nehmen.

Für einen kurzen Augenblick war sie der Meinung gewesen, des Rätsels Lösung aufgrund eines dummen Zufalls gefunden zu haben. Aber scheinbar weit gefehlt. Wenn auch die Außenhülle eines der Särge gerissen war, hieß das nicht, dass sie hierdurch einen Zugang erhielt. Die herausgebrochenen Kanten waren so messerscharf, dass es lebensbedrohlich sein würde, sich ihnen weiterhin zu nähern. Die anderen Gebilde waren unversehrt.

Was hatte sie erreicht?

Eine Ohnmacht in Kauf genommen.

Schmerzen an einem aufgeschnittenen Finger, die von Minute zu Minute immer stärker wurden.

Durst, der sie fast zum Wahnsinn trieb.

Doch immer noch nicht war sie einem dieser Gestalten, dieser Geister, auch nur ein Stück nähergekommen.

Karlotta sah auf.

«Erinnere dich. Dummes Weib. Was hast du gerade an Weisheiten von dir gegeben? Du hast an Gestalten gedacht. Aber auch an Geister. Kann das der Ansatz zu einer Lösung sein? Was ist, wenn ich nur begreifen muss, dass ich niemals eine Chance haben werde, sie in Gestalt zu sehen? Dass sie vielleicht nach all diesen langen Jahren noch nicht einmal mehr einen Körper im eigentlichen Sinne besitzen? Erwarten sie vielleicht von mir, dass ich ihnen sage, begriffen zu haben.»

Die Zwergin erhob sich und schaute in Richtung der Särge.

Was bitteschön würde sie zu verlieren haben? Eine weitere Enttäuschung erleben? Wer nicht wagt, der nicht gewinnt.

«Ich bin vielleicht etwas schwerfällig gewesen in meinen Gedanken. Aber hier bin ich jetzt. Hier bin ich. Eine Zwergin. Vielleicht ein Nichts in euren Augen. Und doch so viel. Weil ihr durch mich das erreichen könnt, nach dem ihr euch bereits seit Jahrhunderten sehnt. Ich bin hier. Wo seid ihr?»

Karlotta schloss die Augen.

Sie öffnete sie auch dann nicht, als ein Tosen um sie herum begann, das ihr den Atem nahm.

51 Sturm

Was mit einem Rauschen beginnt, wächst sich nach kurzer Dauer zu einem gewaltigen Sturm aus. Karlotta steht schwankend im Wind. Sie würde sich gerne festhalten, denn das Gefühl, jeden Moment zu stürzen wird übermächtig. Da sie aber weiß, dass es nichts gibt, das ihr Halt schenken könnte, überlässt sie ihr Schicksal dem Sturm. Und tatsächlich versteht er es, sie in den Momenten, da sie meint, fallen zu müssen, erneut aufzurichten.

Karlotta wagt nicht, die Augen zu öffnen. So gerne sie auch sehen möchte, was um sie herum geschieht, kneift sie die Lider fester zu, als es notwendig wäre. Sie traut sich selbst nicht. Wenn es eine Prüfung ist, eine Prüfung, zu der niemand ein Wort verloren hat, so will sie ihre Neugier zügeln. Es ist, als ob eine fremde Macht ihr eingibt, so und nicht anders zu handeln.

Der Sturm zerrt an ihren Haaren. Es ist schmerzhaft. Dennoch zeigt die Zwergin keine Gegenwehr, Diejenigen, die dieses Spiel mit ihr treiben, werden wissen, wie weit sie gehen können. Sie sind aufeinander angewiesen. Ohne Karlotta finden sie die ersehnte Erlösung nicht. Sie selbst aber ist ohne die Hilfe dieser Wesen machtlos. Als ihr diese Gedanken durch den Kopf schießen, wird Karlotta immer ruhiger. Sie wird nichts zu befürchten haben. Das weiß sie plötzlich mit traumwandlerischer Sicherheit. Und diese Erkenntnis nimmt ihr jede Angst.

Als sich erste Worte mit der Wucht des Windes vermischen, meint sie im ersten Augenblick, sich getäuscht zu haben.

Es ist ein an- und abschwellender Ton, der sich unter den Sturm gemischt hat. Erst als Gesprächsfetzen zu erkennen, als die Zwergin sich darauf konzentriert.

Mit einem Mal wird ihr klar, weshalb sie nichts von ihrer Umgebung sehen soll. Sie würde die Worte nicht wahrnehmen können, sollte sie abgelenkt werden von dem, was sich ihren Augen darbietet.

«Eine Zwergin. Habt ihr es gesehen? Eine Zwergin soll es sein, die uns die Erlösung bringt? Welch eine Ironie des Schicksals.»

«Mäßige dich. Wir sind nicht in der Situation, uns aussuchen zu können, wer uns aufsucht.»

«Natürlich. Das ist mir auch klar. Und trotzdem empfinde ich es als eine Ironie. Überlege doch, wie wir uns ihrem Volk gegenüber verhalten haben. Kann es da wirklich verdient sein, auf ihren Großmut zu bauen?»

«Ob es verdient ist oder nicht, können wir nicht ermessen. Sie wird die Entscheidung treffen. Sie ganz alleine.»

Karlotta hat nach den ersten Worten bereits begriffen, dass diese körperlosen Stimmen nicht zu ihr reden. Wohl aber über sie.

«Wie ist dein Name, Kind?»

Eine hingehauchte Art eines Lachens erklingt.

«Wundere dich nicht. Für uns bist du ein Kind. Nach solch einem langen Leben, rechnen wir nach anderen Maßstäben. Wir geben es zu. Du wärest früher nicht wert gewesen, dass wir dir nur einen einzigen Blick schenkten. Nur ein einziges Wort an dich verlieren. Wenn die lange Zeit des Eingesperrtseins, des Wartens, uns etwas geschenkt hat, so ist das Demut. Sowie der Drang zur Ehrlichkeit. Egal, welche Konsequenzen dies auch für uns haben wird. Du bist diejenige von uns, der es obliegt, Entscheidungen zu treffen. Entscheidungen, die vieles verändern können. Sowohl unser Leben - sofern dies noch so bezeichnet werden darf, als auch das deine. Daher überlege gut, was du von uns erwartest.»

Karlotta reißt sich kurz zusammen.

Kann sie es wagen, diesem Wesen zu sagen, was sie denkt.

Ja. Sie wird sich nicht verbiegen.

«Zuerst einmal, mein Name ist Karlotta. Was ihr einmal gewesen seid, interessiert mich nicht. Für mich zählt nur das Hier und Jetzt. Auch wenn du etwas viel redest, sollten wir versuchen, uns gegenseitig zu ergänzen. Sagt mir, was ihr von mir erwartet. Ich werde ebenso verfahren.»

Kurzzeitig herrscht Stille.

Der Wind kommt fast zum Erliegen.

«Du hast Mut, kleine Karlotta. Früher, als wir noch ...»

Karlotta unterbricht die Stimme.

«Früher, als ihr euch noch als die Herren dieser Welt gefühlt habt, hättet ihr mich für meine respektlose Aussage auf der Stelle getötet. Ist es nicht so?»

Keine Antwort.

«Damit ist dieses Kapitel ja wohl geklärt. Aber ich bin nicht hier, um mit euch einen endlosen Plausch zu führen. Lasst uns zum Punkt kommen. Es gibt draußen Freunde. Lebende Personen, die ich wiedersehen will. Was also habt ihr mir zu sagen? Und bitte, lasst endlich diesen dummen Sturm. Das ist doch wohl wirklich nicht eure Art.»

Kaum hat Karlotta dies ausgesprochen, kommt der Wind zum Erliegen.

«Es ist dir übrigens erlaubt, Karlotta, die Augen zu öffnen. Wir wissen nicht, was dich dazu treibt, mit geschlossenen Augen vor uns zu stehen.»

Plötzlich sind die Worte dieses Wesens klar und deutlich zu verstehen.

Karlotta tut, wie ihr geheißen und öffnet vorsichtig ihre Lider. Innerlich gewappnet auf das, was sich ihren Blicken zeigen wird.

Sie weiß nicht, was sie erwartet hat. Schreckliches? Schönes?

Nichts von alldem zeigt sich. Stattdessen ist das Ergebnis fast enttäuschend.

Ein blasses Schillern in der Luft. Aber auch nur dann, wenn sie sich bewegen. Bleiben sie still auf einem Fleck, ist es so, als seien sie nicht vorhanden.

«Derjenige, der uns in der Stadt Marsandt vor vielen Jahren in dieses Dasein gezwungen hat, gab uns auch eine Lösung mit auf den Weg. Wenn wir uns besinnen auf die wahren Werte, wenn wir eines Tages nicht mehr das Verbreiten von Not und Elend praktizieren, sondern aus freiem Willen Hilfe anbieten, soll der Fluch beendet sein. Wir haben sehr viel Zeit gehabt, über unsere Verfehlungen nachzudenken. Zuerst war das nur diese unbändige Wut. Sie wandelte sich nach undenklichen Zeiten in Phasen der Selbstgerechtigkeit. Und nochmals ebenso lange hat es gedauert, bis wir erkannten, dass wir falsch gelegen haben. In all den Jahren falsch.

Jetzt bist du hier, Karlotta.

Der Moment, nach dem wir uns gesehnt haben, steht so nahe bevor, dass wir es kaum für möglich halten. Unsere Gebete sind erhört worden. Ja, du hast richtig gehört. Zuletzt haben wir sogar gelernt, Worte an die Götter zu richten. Kein Flehen um Gnade, sondern die volle Überzeugung, ein Leben lang auf dem falschen Pfad gewandelt zu sein.»

Karlotta will etwas darauf erwidern.

Irgendetwas. Aber sie findet nicht die rechten Worte.

Und begreift, dass das auch besser ist. Dieses Wesen erwartet weder ihre Meinung, noch irgendeine Art der Absolution. Es spricht mehr zu sich selbst, als zu ihr.

«Wir wissen, weshalb du hierhergekommen bist. Du benötigst Hilfe gegen einen, der vor langer Zeit zu uns gehört hat. Er ist weit entfernt von dem, was wir heute darstellen. Er ist so vergiftet in seiner Art des Handelns und Denkens, dass wir es nicht für denkbar halten, ihn jemals aus dieser Einstellung zu lösen. Du sollst etwas mitnehmen. Etwas, das dir und euch helfen kann, Gorm zu besiegen. Aber nur dann, wenn ihr es richtig und rechtzeitig einsetzt. Mehr werden wir dir dazu nicht sagen.

Schließe jetzt wieder die Augen. Es ist besser, wenn du nicht siehst, was jetzt geschieht.»

Erneut legt der Sturm los. Heftiger, als zuvor. Gnadenlos.

Karlotta ist kaum noch in der Lage zu atmen und hofft, dass es bald vorbei sein möge.

52 Magie des Augenblicks

Schon kurz bevor Steinwart Barina erreichte, drehte sich die junge Frau um. Sie benötigte keine Worte, um Steinwart mitzuteilen, was in ihr vorging.

«Ist er …?»

Steinwart wagte nicht, näherzukommen. Doch Barina schüttelte nur still den Kopf.

«Nein, mein Freund. Er lebt noch. Aber ich kann dir nicht mit ruhigem Gewissen sagen, wie lange das noch so bleibt. Er braucht Hilfe. Dringend Hilfe.»

Die letzten beiden Worte betonte Barina so deutlich, dass es Steinwart einen eisigen Schauer über den Rücken trieb. Er war, ebenso wie seine Begleiterin, an einem Punkt angelangt, an dem er nicht mehr weiterwusste. Würde er ruhigen Gewissens zusehen können, wie die Freunde starben? Mit Sicherheit nicht. Doch er wusste ebenfalls mit erschreckender Klarheit, dass Barina diesen Raubbau an ihrer eigenen Gesundheit nicht überstehen würde. Im Grunde war sie bereits in seinem eigenen Fall ein gutes Stück zu weit gegangen. Doch für was? Eine weitere Nacht, ein weiterer Tag, und sie würden erneut vor derselben Situation stehen.

«Sei ehrlich zu dir, Barina. Wenn nicht bald, und zwar sehr bald Hilfe von außen kommt, werden wir den kommenden Tag nicht überleben. Sofern wir überhaupt diese Nacht überstehen. Sieh nach den anderen. Lass uns das bisschen an Trinkwasser, was uns geblieben ist, dazu benutzen, sie für den Moment zurückzuholen. Doch niemand von uns wird noch über die Kraft verfügen, in dieser Nacht weiterzulaufen. Wohin denn auch? Wir irren ziellos umher. Auf der Suche nach ...» Steinwarts Kiefermuskeln waren angespannt und seine Gesichtszüge sprachen mehr als tausend Worte. «... ja, auf der Suche nach was? Nach einem Hirngespinst vielleicht. Wir haben uns alle nur etwas vorgemacht. Die Lösung für unser Problem werden wir hier nicht finden. Selbst in tausenden von Jahren nicht. Ich bin nicht einmal mehr davon überzeugt, dass es sie jemals gegeben hat.»

Der Zwerg beobachtete Barina dabei, wie sie von einem zum anderen huschte und zumindest erleichtert zu ihm zurückblickte, sobald sie feststellte, dass der Freund noch atmete.

Als sie aufstand, um zu Steinwart zu kommen, sah man ihr an, wie schwer ihr diese wenigen Schritte fielen. Selbst Barina war am Ende ihrer Kräfte angelangt. Steinwart hatte sich nicht getäuscht.

«Sieh nicht alles so schwarz, mein Freund. Ich gebe dir in einem Recht. Wir werden nicht weitergehen können. Aber trotzdem spüre ich, dass die Lösung nicht weit von uns entfernt ist. Ich weiß beileibe nicht, woher ich diese Überzeugung nehme. Aber sieh mich doch an.»

Sie streifte den Ärmel ihres Hemdes hoch, um dem Zwerg an ihrer Seite erneut das Wunder zu zeigen, welches sich in farbigen Bewegungen auf ihrer Haut abspielte. Viel intensiver, als jemals zuvor, liefen die Farben ineinander, um sich kurz danach wieder klar zu trennen. Dieser Vorgang lief mit einer solchen Geschwindigkeit ab, dass für ihrer beider Augen nicht mehr zu unterscheiden war, welche Farbe gerade die Überhand nahm.

«Sag mir jetzt ein weiteres Mal, dass wir nur hier sind, um zu sterben. Das glaubst du doch selbst nicht.»

Steinwart presste die Lippen fest zusammen. Nicht fähig,

etwas zu erwidern. Oder auch aus der Angst heraus, jetzt etwas völlig Falsches zu sagen, was die Magie dieses Augenblicks zerstörte. Er wusste, dass sie beide dieses Signal brauchten, um weitermachen zu können. Auch wenn sie beide nicht erahnen konnten, welche Bedeutung das haben würde, sogen den positiven Effekt in sich auf, wie ein Verdurstender frisches Quellwasser.

«Verdurstender.»

Barina sah Steinwart verwundert an, als er aus seinen Gedanken heraus, dieses Wort plötzlich hervorstieß.

«Wir stehen hier herum, als hätten wir nichts zu tun. Lass uns die Wasserbehälter suchen und die letzte vorhandene Flüssigkeit zusammenschütten. Im Moment gilt es, nur die nächste Nacht zu überleben. Aber sei vorsichtig, Barina. Verschütte nichts.»

Der Blick, den ihm die junge Frau zuwarf, signalisierte, dass er sich den letzten klugen Spruch besser geschenkt hätte.

Als sie sich wenig später wieder trafen, hatten sie die Wasserbeutel in Händen.

Steinwart schüttelte an jedem einzelnen. Ein leises Glucksen war deutliches Zeichen, dass es tatsächlich nur noch für wenige Schritte reichen würde.

«Wir müssen auch an den Fuchs denken», flüsterte Barina.

Steinwart sah sie nachdenklich an, nickte aber dann zustimmend. «Er ist ein Teil von uns.»

Barina zog den Behälter eines Kochgeschirrs hervor. Einen nach dem anderen der Beutel leerten sie. Als Steinwart den letzten aufschraubte, erwies sich dieser bereits als leer.

«Melinaes.»

Steinwart fluchte auf und warf den leeren Beutel in den Sand.

Barina stand auf, um ihn zurückzuholen. In dieser Bewegung stieß sie an den Behälter. Mit einem hastigen Griff konnte der Zwerg gerade noch verhindern, dass die kostbare Flüssigkeit im Sand versickerte.

«Das hätte jetzt gerade noch gefehlt», flüsterte Barina entsetzt.

«Egal. Vererzt und abgeklopft, es ist gutgegangen. Aber lass uns vorsichtiger sein. Ihr Leben hängt von dem bisschen Wasser ab, das wir hier gesammelt haben. Für jeden nur wenige winzige Schlucke. Aber sie werden über Leben oder Tod entscheiden.»

Mit unendlicher Vorsicht stand Steinwart auf und ging gemeinsam mit Barina von einem Freund zum nächsten. Die wenigen Schlucke, die sie den Verdurstenden einflößen konnten, bewirkten wahre Wunder. Vor allem Fram hätte beinahe dafür gesorgt, dass ihnen der Behälter aus den Händen fiel. In seiner Gier nach Flüssigkeit griff er zu, um mehr zu bekommen. Steinwart konnte im letzten Moment das Gefäß zur Seite ziehen.

Der letzte, den sie wieder zu sich brachten, war Melinae. Er trank nur sehr wenig und winkte danach dankend ab. Als habe er sich daran erinnert, dass seine Ration bereits seit langem aufgebraucht war. Die letzten Schlucke erhielt der Fuchs.

Kurz darauf saßen sie alle beisammen. Steinwart und Barina berichteten von den Vorfällen und ihren Entscheidungen. Lange Zeit verlor niemand ein Wort. So lange, bis endlich Fram sich räusperte.

«Ich habe euch hierher gelotst. Und ich werde euch auch wieder nach Hause bringen. Ich stimme euch zu, dass wir nicht mehr in der Lage sind, weiterzugehen. Die Hoffnung aber wird uns bleiben. Die Hoffnung, dass wir Hilfe in der größten Not erhalten werden. Wenn ich mir und damit auch euch nur etwas vormache, so werden wir es bald wissen. Es hilft uns aber auch nicht, jetzt in Panik zu verfallen. Ihr könnte mir vorwerfen, dass mein Plan nicht realisierbar war. Von Beginn an schlecht vorbereitet. Dass …»

Steinwart klopfte dem auf dem Boden Sitzenden auf die linke Schulter.

«Sprich nicht so viel. Du wirst deinen Speichel noch benötigen. Außerdem bringen Selbstvorwürfe niemanden von uns weiter. Wir sind zusammen gegangen und wir werden es auch zusammen beenden. Es war unsere freie Entscheidung. Von jedem von uns. Stimmt es, Sam?»

Der junge Mann schreckte auf, als er seinen Namen hörte.

Dann nickte er bedächtig.

«Unsere freie Entscheidung.»

Hilfesuchend sah er Barina an. Sie lächelte.

53 Hinaus in die Ebene

Targor fühlte sich entkräftet, wie selten zuvor. Ein bohrender Schmerz jagte durch seinen Kopf. Entgeistert sah er sich um.

«Bei allen Göttern. Wie bin ich hierhergekommen?»

Targor kam zu der Erkenntnis, dass etwas vorfallen sein musste, was ihn die letzten Stunden oder gar Tage hatte vergessen lassen. Seine letzte Erinnerung war die, wie er sich an einen Baum lehnte, um etwas zu schlafen. Er sah sich nochmals um. Das war weder dieser Baum, noch war es dieselbe Gegend, in der er sich befand. Direkt vor ihm erstreckte sich eine weite Ebene.

Er überlegte nicht lange. Es musste etwas mit Sy-Bita zu tun gehabt haben, dass ihm die Erinnerung fehlte. Nur sie konnte dazu in der Lage sein, ihn in solcher Art und Weise zu beeinflussen. Von den beiden Alternativen, die ihm blieben, erschien es ihm nicht ratsam, erneut in den Wald zurückzukehren. Selbst wenn der Anblick reizvoller war, als der Blick auf die karge Ebene vor ihm.

«Mag es dir auch wie eine Flucht erscheinen, Sy-Bita, so ist das nur eine Entscheidung für den Augenblick. Ich werde zurückkehren, um dir und deinen verrotteten Spießgesellen das Handwerk zu legen.»

Targor trat aus dem schützenden Dickicht hervor und folgte mit unsicheren Schritten dem Pfad, der hinaus in die Wildnis führte. Ein Blick zum Himmel zeigte ihm, dass er noch ein paar wenige Stunden haben würde, um in der Helligkeit zu laufen. Er wusste nicht, wohin sein Weg ihn führen würde. Doch dass er hier nicht bleiben konnte, sagte ihm sein Instinkt so deutlich, als habe dieser es verstanden, in klaren Worten zu ihm zu reden.

Als die Dunkelheit begann, sich langsam über das Land zu senken, spürte Targor erstmals wieder Hunger und Durst. Weit und breit war nichts zu sehen, das seine Bedürfnisse stillen könnte. Da sich seine Beine darüber hinaus anfühlten, als seien sie mit Erz gefüllt, beschloss Targor, sich einen Platz zum Ausruhen zu suchen. Auch wenn er noch nicht sehr weit gekommen war, erschien ihm etwas Ruhe besser, als auf seinem Weg zusammenzubrechen. Sein Kopf schmerzte augenblicklich so sehr, dass er sich ohnehin kaum noch auf seine Schritte konzentrieren konnte.

Ein verkrüppelter Baum in der Nähe einer Anhöhe, zog die Aufmerksamkeit auf Targor. Er erschien ihm als geeigneter Platz, um dort die Nacht zu verbringen. Je näher er aber dem verdorrten Holz kam, desto mehr nahm er Abstand von seiner Entscheidung. Die Erinnerung an Gorms verdrehte Lebensform wurde so übermächtig, dass der Wanderer sich lieber einen Platz in einiger Entfernung suchte. Eine Art Graben, der sich quer über den Weg zog und sich in der Entfernung verlor, kam ihm vor wie ein ausgetrocknetes Flussbett. Dies war ihm allemal lieber.

Kaum senkte sich der Kopf des Mannes auf den harten und staubigen Boden, schlief er bereits tief und fest.

Es musste kurz nach Mitternacht sein, als Targor erwachte.

Für den Moment wusste er nicht, was ihn aus dem Schlaf gerissen haben mochte. Er legte seinen Kopf erneut auf den Geröllhügel, den er als ausreichendes Ruhepolster für seinen

Kopf ansah. Als er die Augen schloss, fehlte nicht viel und er wäre erneut in tiefen Schlaf gesunken.

Ein Geräusch, welches er nicht einzuordnen wusste, ließ ihn seine Augenlider unwillkürlich wieder öffnen. Es klang wie ein Trommeln. Targor legte sich mit einem Ohr auf den flachen Boden. Als er kurz das Atmen einstellte, nahm er den Ton bewusst wahr. War es bis eben nur die Ahnung eines Geräusches gewesen, so wurde es jetzt immer deutlicher. Targor presste seine rechte Hand auf die Erde. Unter seinen Fingern war das Vibrieren bereits nicht mehr zu leugnen. Gefahr! Alle Sinne Targors schrien nach Flucht. In diesem Moment jedoch, als er die Entscheidung traf, bewies ihm ein Schatten in der Dunkelheit, dass es zu spät sein würde.

Erschrocken riss Targor die Augen auf.

Spinnen!

Hunderte, Tausende, Millionen und Abermillionen von achtbeinigen Ungeheuern, waren nur wenige Schritte von ihm entfernt. Targor wusste, dass er den Tieren Unrecht tat. Vor nicht ganz zwei Jahren waren es Verwandte dieser Flut hier gewesen, die das Leben so vieler von ihnen retteten. Doch jetzt stand ihm nicht der Sinn danach, daran die Gedanken zu verschwenden. Stattdessen und weil es für eine Flucht zu spät war, vergrub Targor den Kopf unter seinen Armen.

In diesem Moment erreichten sie ihn bereits.

Ein Krabbeln unzähliger Beine überfiel Targor.

Die Spinnentiere überquerten ihn, als sei er nichts weiter, als ein natürliches Hindernis. Tiere, die nicht schnell genug waren, wurden von den Artgenossen überrollt und damit tief hinunter in die Flut gedrückt. Mehr als einmal spuckte Targor aus, als haarige Beine seine Lippen berührten und bis in seinen Mund eindrangen.

Die Flut wollte einfach kein Ende nehmen.

Er wagte jedoch auch nicht, sich zu bewegen. Hätte Targor gewusst, wie knapp er dem Tode entronnen war, wäre ihm im Nachhinein noch angst und bange geworden.

Er hatte noch niemals von den Spinnen von Marsandt gehört. Und das war auch gut so. Andernfalls hätte Targor in Panik möglicherweise zur Flucht gegriffen, was dann erst die Aufmerksamkeit der Tiere erregt hätte.

Es dauerte lange, sehr lange, bis auch das letzte Spinnentier ihn passierte.

Targor wartete noch kurz ab, dann erst wagte er, die Augen wieder zu öffnen. Plötzlich erschien ihm der vorhin noch missachtete Baum, als ein äußerst willkommener Unterschlupf. Er rappelte sich auf und ging vorsichtig in Richtung des verkrüppelten Astwerks. Nicht ohne sich aber dauernd umzusehen, ob ihm nicht doch jemand folgte. Mit dieser Erfahrung würde er sein Leben lang auskommen müssen.

Ihn fröstelte, als er sich unter den Baum legte. Dabei konnte er nicht einmal sagen, ob dies an der Kälte der Nacht lag oder an dem Ekel, den er einfach nicht loswerden konnte. Das

Gefühl der tastenden Beine auf seinem Körper sollte ihn lange Zeit nicht mehr verlassen.

Schlaf fand Targor in dieser Nacht nicht mehr. So sehr er sich auch danach sehnte.

Bereits lange, bevor die Sonne wieder am Himmel stehen würde, machte Targor sich erneut auf seinen Weg. Wenn er doch nur eine Ahnung gehabt hätte, wohin er überhaupt wollte. In der Mittagszeit, als der Durst unerträglich wurde, blieb der Mann stehen.

Er sah sich um und war bereits nah davor, zurückzugehen. Das Verfolgen eines Weges ohne erkennbares Ziel, wurde zusehends sinnloser. Targor drehte sich bereits um, als die Spur einer Erinnerung innehalten ließ.

Hatte er einen Schatten in der Ferne wahrgenommen? Oder war es nur eine Einbildung?

Targor schaute erneut in die Richtung und schirmte dabei die Augen ab, um den gleißenden Sonneneinfall abzumildern. Tatsächlich. Es war keine Vision. Da schien sich tatsächlich etwas wie ein Lager in der Ferne abzuzeichnen.

Ein Lager. Wasser. Nahrung.

Targor konnte ein Strahlen nicht verhindern. Seine Schritte, die eben noch schwerfällig waren, nahmen plötzlich erneut Fahrt auf. Zwar täuschte die Entfernung und es sollte geraume Zeit dauern, bis er das anvisierte Ziel erreichte. Doch endlich stand er davor.

Auch bei genauem Hinsehen konnte Targor keine Bewohner des Lagers entdecken.

«Hallo? Ist hier jemand?»

Ein Geräusch in seinem Rücken ließ Targor herumfahren. Leider aber hatte er aufgrund seines geschwächten Zustandes viele seiner unzweifelhaft vorhandenen Reflexe verloren.

Hinter ihm bauten sich zwei muskulöse und bis an die

Zähne bewaffnete Gestalten auf.

«Was hast du hier verloren?»

Targor überlegte kurz. Es würde kaum ratsam sein, im selben Tonfall zu antworten.

«Ich brauche Hilfe. Ich habe Durst und Hunger. Bitte helft mir.»

Kurz hielt er seinen Atem an.

Als einer der beiden Krieger bedächtig nickte, fiel Targor ein Stein vom Herzen.

54 Im Widerstreit der Gefühle

Im Nachhinein hätte Karlotta nicht sagen können, wie lange es dauerte, bis wieder Ruhe herrschte. Es kam ihr vor, wie eine Ewigkeit. Erneut wagte sie es nicht, ihre Augen zu öffnen. Sie flehte tief im Innern, dieser Spuk möge endlich vorbei sein. Was hier geschah, überstieg bei weitem ihre Kräfte. Wäre Steinwart jetzt bei ihr gewesen, er hätte ihr mit einem festen Händedruck zu verstehen gegeben, dass sie sich keine Sorgen machen müsste. Sie hätte sich an ihn gelehnt und zusammen mit ihm diesen Sturm vorbeiziehen lassen. Doch nichts von alldem wurde zur Wahrheit. Sie war allein. Allein mit Wesen, die sie nicht verstand. Die sie im Grunde auch gar nicht verstehen wollte. Ebenso wie es diesen völlig egal war, wie Karlotta selbst, nicht mehr, als eine Zwergin unter vielen, damit zurechtkam.

«Karlottaaaaa.»

Die Zwergin zuckte zusammen.

Jemand rief ihren Namen. Eine Stimme, die sie bisher noch nicht vernommen hatte.

«Karlotta. Hör mir gut zu. Ich habe nicht viel Zeit. Das bisschen Zeit das mir geschenkt wurde, ist schnell verbraucht. Sag Steinwart, dass ich ihn über alles liebe. Dass er sich keine Sorgen machen muss. Ich weiß, dass er, gemeinsam mit seinen Freunden, aber in erster Linie mit dir seine Aufgabe erfüllen wird. Pass gut auf ihn au …»

Damit verklang die Stimme.

«Hyazintha?»

Karlotta kam sich so unglaublich dumm vor, diesen Namen zu rufen. Aber wer sonst …?

«Du hast erstens Recht. Und zweitens kannst du jetzt deine Augen wieder öffnen. Hast du gar nicht bemerkt, dass alles vorbei ist?»

Die Zwergin öffnete vorsichtig ihre Lider und sah die massige Gestalt wieder vor sich sitzen, in welcher der Tod ihr bisher erschienen war.

«Nein. Sie hat mich abgelenkt. Aber warum …?»

Karlotta spürte, wie ihr dicke Tränen die Wangen hinabliefen.

«Genau aus diesem Grund, Karlotta. Um dir zu zeigen, dass diese grauenvollen Wesen eben doch mehr im Sinne haben, als sich über eine kleine Zwergin lustig zu machen. Ja, Karlotta. Ich kann deine Gedanken lesen. Ist das wirklich so verwunderlich für dich? Ich habe einfach gewusst, dass es an der Zeit war, dir etwas zu schenken, das dir neue Kraft gibt. Und deinen Freunden ebenfalls, wenn du gleich zurückkehrst. Im Augenblick haben sie dich vergessen. Ich wollte verhindern … ach, vergiss es. Aber wenn sie dich gleich wiedersehen, wird es für sie sein, als seist du niemals fortgewesen.»

Karlotta holte Luft für eine Erwiderung.

Doch der Tod hob mahnend eine seiner gewaltigen Pfoten.

«Jetzt rede ich. Du wirst zwei Dinge von hier mitnehmen. Eines davon werde ich dir schenken. Ein weiteres die Gestalten, die über so lange Zeit hier eingeschlossen waren. Du hast sie befreit. Über diesen Erfolg kannst du wahrlich stolz sein. Du hast die rechten Wege zur rechten Zeit beschritten. Bevor sie gingen, haben sie etwas für dich dagelassen. Hüte es gut. Vor allem aber, setzte es bewusst sein. Viel zu schnell ist etwas verbraucht, das sich niemals zurückholen lässt. Denke daran, in dem Moment, da es darauf ankommt, mit Vernunft zu handeln.»

Karlottas Tränen rannen weiterhin und ohne Unterlass.

«Im Grunde sind es sogar drei Dinge, die ich dir schenke. Nämlich Hyazinthas Stimme, die dir sagt, dass nichts Falsches daran ist, mit Steinwart die Jahre zu verleben. Sage ihm dies und er wird wissen, was er zu tun hat. Du weißt, alte Zwerge benötigen manchmal einen Tritt in die richtige Richtung.»

Karlotta lachte und endlich schaffte sie es, ihre Tränen zum Versiegen zu bringen.

«Ich glaube, ich sollte mich für meine Gedanken entschuldigen. Du sollst wissen, dass ich es nicht so gemeint habe. Sie sind aus meiner Verwirrung und aus meiner Angst heraus entstanden.»

Der Tod machte eine wegwerfende Bewegung mit seiner Pfote.

«Vergiss es. So, wie du auch mich in Kürze vergessen haben wirst. Du behältst nur in Erinnerung, was Hyazintha dir gesagt hat. Doch es wird dir vorkommen, wie ein Traum. Außerdem wirst du dich an den Hinweis erinnern, besonnen zu handeln. Dies auf das Geschenk bezogen, welches du gleich mitnehmen wirst. Doch jetzt habe ich so viel geredet. Nun sollte ich konkret werden.»

Der Tod deutete auf zwei Beutel, die vor seinen Füßen lagen.

Ein größerer, sowie ein kleiner.

«In dem großen Beutel findest du etwas, das für deine Freunde und auch für dich jetzt und in Zukunft sehr wichtig sein wird. Klares und reines Wasser. Ein Beutel, der sich niemals leert, so lange ihr in benötigt. Das wirst du jetzt noch nicht verstehen. Aber diejenigen, die auf dich warten, werden dankbar sein. Sehr dankbar.

In dem kleineren Beutel ist das, was du dir hier aufgrund von Klugheit und Mut erstritten hast. Nimm es mit. Pass gut darauf auf. Es wird der Schlüssel sein, all das zu lösen, was euch noch widerfährt.»

Karlottas Herz schlug hart vor Aufregung in ihrer Brust. Sie spürte, dass sie neugierig war. Neugierig zu erfahren, was sich in dem kleineren Beutel befand. Würde es dem Tod missfallen, wenn sie diese Neugierde offenbarte? Schlagartig fiel ihr ein, dass ihr Gegenüber vermutlich erneut in ihr las, wie in einem offenen Buch. Auch wenn Karlotta seine Miene nicht sehen konnte, war das Räuspern und ein kurzes Lachen Zeichen genug.

«Geh ruhig. Es ist für dich. Weshalb solltest du also nicht einen Blick hineinwerfen dürfen?»

Karlotta wartete noch kurz. Dann näherte sie sich mit kleinen Schritten.

Sie hockte sich hin und griff sich mit zitternden Fingern den kleineren der beiden Beutel. Was sie darin sehen würde? Alles Mögliche geisterte durch ihre Gedanken.

Langsam öffnete sie den Knoten. Zog den Beutel ein Stück auseinander. Und schaute zuerst fassungslos auf das, was sie in ihren Händen hielt. Dann auf den Tod.

«Salz? Ihr schenkt mir … Salz? Ich setze mein Leben aufs Spiel und meine Gefährten das ihre für etwas, das draußen in Hülle und Fülle vorhanden ist?»

Karlotta spannte die Muskeln ihres Armes an. Bereit, das Geschenk in hohem Bogen von sich zu werfen.

«Halt!» Ein schneidender Ton.

Karlotta zuckte zusammen.

«Hast du wirklich so wenig Vertrauen zu mir?»

In der unterirdischen Höhle baute sich eine Dunkelheit auf, die Karlotta ängstigte.

«So habe ich das doch gar nicht gemeint.»

«Doch. Das hast du sehr wohl.» Der Tod grollte und Karlotta brach erneut in Tränen aus. Hatte sie jetzt alles verspielt?

55 Vergessen

Ich weiß, dass eure Natur es euch nicht immer einfach macht, die Worte sorgsam und überlegt abzuwägen. Besonders Steinwart ist ein gutes Beispiel für die oftmals sehr impulsive Art der Zwerge. Aber, liebe Karlotta, manchmal stehst du ihm dabei nicht nach. Ich denke mir, ihr werdet ein gutes Gespann abgeben. Und jetzt hör auf zu weinen. Ich habe dir das Geschenk des niemals versiegenden Wassers nicht gemacht, damit du so verschwenderisch mit der Flüssigkeit umgehst.»

Karlotta stutzte für einen Moment, bevor sie begriff, was der Tod mit diesen Worten meinte.

Dann lächelte sie.

«Du hast mich, nein, uns sehr gut beschrieben. Es fällt uns nicht immer leicht, Worte zurückzuhalten, die man besser nicht ausspricht. Aber … Entschuldige bitte, wenn ich das so sage, ich war ein wenig enttäuscht, nur Salz in diesem Beutel vorzufinden. Etwas, das es hier im Überfluss gibt. Doch Sie werden einen Grund gehabt haben, mir gerade dieses Geschenk zu machen. Daher nehme ich es dankbar an. Und ich hoffe sehr, dass ich auch die Kraft finden werde, zu erkennen, wann und wo ich es einzusetzen habe.»

Als sie wieder aufsah, war eine Veränderung mit ihrem Gegenüber geschehen. Aus dem Koloss war eine Gestalt geworden, die eines Zwerges nicht unähnlich war. Zwar war das Gesicht noch immer nicht zu erkennen, doch trugen die vertrauten Körperumrisse erheblich zu Karlottas Beruhigung bei.

«Jedem erscheine ich so, wie ich es für angebracht halte. Manchem als eine Schreckensgestalt. Anderen als eine willkommene und vertraute Person. Als wir uns kennenlernten, bin ich dir in einer Form erschienen, die alles gleichzeitig sein kann. Ehrfurchteinflößend, beängstigend und erschreckend. Du aber hast in einer Form darauf reagiert, wie ich es selten erlebt habe. Nach einem ersten Erschrecken, hast du dich kaum aus der Ruhe bringen lassen. Eigentlich bis jetzt nicht.»

«Warum sollte ich das auch? Wenn du beabsichtigt hättest, mein Leben zu beenden, hättest du das mit einem Fingerschnippen bewerkstelligen können. Dabei wäre es völlig ohne Belang gewesen, ob du groß, klein, dünn oder dick bist. Wobei ich ehrlich gesagt zugeben muss, dass mir dennoch deine augenblickliche Form besser gefällt.»

«Das freut mich sehr, Karlotta. Ich werde dir jetzt auch sagen, weshalb ich mich kurz vor unserem Abschied in einen Zwerg verwandelt habe. In dieser Gestalt wirst du mich eines Tages wiedersehen. Du weißt, dass ist der Lauf der Dinge. Er wird auch vor dir nicht haltmachen. Wenn du mich wiedersiehst, wirst du dich auf der Stelle an unsere Gespräche erinnern. Und du wirst keine Angst haben. Das kann ich dir schon jetzt versprechen. Sieh es als eine Gnade an, dass ich dich einweihe. Zwar wirst du bereits gleich unsere Begegnung vergessen haben, aber das Gefühl, geschützt zu sein, wird dich niemals wieder verlassen. Aus diesem Grund möchte ich dich jetzt zum Abschied fest in meine Arme schließen. Das wäre,» der Tod lachte, «in meiner vorherigen Form nur sehr schwer möglich gewesen.»

Mit vorsichtigen Schritten kam er auf Karlotta zu, nickte und schloss die Zwergin in die Arme.

Für einen Augenblick spürte die Zwergin nicht mehr,

als die Berührung einer anderen Person. Wenig später aber, während der Tod sie nicht losließ, fühlte sie eine Wärme, die sie ihr Leben lang begleiten sollte. Wenn sie auch nicht mehr wissen sollte, wann dieses Gefühl zum ersten Mal aufgetreten war, würde sie sich daran erinnern, dass ihr diese Wärme in einem ganz besonderen Moment geschenkt worden war.

Als Karlotta die Augen wieder öffnete, war sie alleine.

Sie stand in der Mitte eines riesigen unterirdischen Domes. Vor sich zwei Beutel auf dem Boden, von denen sie unerklärlicherweise wusste, was sie enthielten und wie wichtig diese für ihr weiteres Leben sein würden. Wie sie allerdings hierhergekommen war und wer ihr diese Geschenke machte, wusste sie nicht mehr.

Sie sah sich um. Nichts war zu sehen. Nichts als ebener natürlicher Granit, auf dem sie stand, sowie Wände, die sich in schwindelnde Höhe erstreckten. Karlotta rieb mit den Händen über den Boden. Nein, das war kein Granit. Stattdessen festes Salz, das über die Jahrtausende versteinert schien und jetzt in einem hellen Weiß leuchtete.

«Vererzt und abgeklopft. Was hat mich, bei allen Göttern hierher verschlagen?»

Sie rief in einer ersten Reaktion nach Steinwart, dann die Namen ihrer übrigen Freunde. Niemand antwortete. Sie schien völlig auf sich allein gestellt zu sein.

Aufseufzend packte sie den Beutel mit Wasser und nahm einige große Schlucke. Augenblicklich fühlte sie sich erfrischt. Als Karlotta den Beutel wieder zuschraubte, stellte sie fest, dass er immer noch bis an den Rand gefüllt war. Ohne dass sie dieser Umstand wirklich beeindruckt hätte. Sie wusste, dass es so und nicht anders sein musste. Weshalb also hätte sie sich den Kopf darüber zerbrechen sollen?

Viel wichtiger erschien ihr hingegen die Frage, wo der Ausgang zu finden sei.

Sie drehte sich langsam im Kreise und entdeckte dabei auf der ihr gegenüberliegenden Seite einen Durchbruch, der in eine weitere Höhle führte. Da sie keine andere Möglichkeit entdeckte, von hier fortzukommen, machte Karlotta sich entschlossen auf den Weg.

Nach kurzem Zögern durchschritt sie die, wie natürlich anmutende Tür.

Hätte Karlotta sich umgedreht, so wäre ihr aufgefallen, wie sich der Durchgang schloss, kurz nachdem sie ihn durchschritt. Doch warum hätte sie sich umdrehen sollen? Selbst den unterirdischen Dom vergaß sie augenblicklich, als sie ihn verließ.

So ging es ihr über viele Stunden. Sie bewegte sich von einem Raum zum nächsten. Und ließ die Erinnerung beim Verlassen jeweils zurück. Die Räume wurden kleiner. Sie wurden dunkler. Aber selbst das konnte Karlotta nicht auffallen, da ihr mit dem Vergessen auch die Vergleichsmöglichkeiten abhandenkamen.

Sie ahnte nicht, dass sie begleitet wurde. Unsichtbar und mit unendlicher Sorgfalt.

An jenen Stellen, da sie unsicher wurde, wohin sie ihre Schritte wenden sollte, war es dieser unsichtbare Begleiter, der ihr einen sanften Schub in die richtige Richtung gab. Dass sie ohne seine Hilfe den Ausgang in einem ganzen Leben nicht gefunden hätte, wie hätte sie das wissen sollen.

Als ihre Kräfte sie verließen, war es ihr Beschützer, der sie eine geschützte Ecke finden ließ, in der Karlotta sich zur Ruhe betten konnte. Sie schlief über viele Stunden lang. Dass die Zeit hier unten anderen Gesetzen gehorchte und dabei im Bereich Steinwarts nur wenige Augenblicke vergingen, wusste sie ebenfalls nicht. Wobei sie es auch nicht begriffen hätte und daher das Nachdenken darüber müßig gewesen wäre.

Die Zwergin fühlte sich ausgeruht und frisch, als sie endlich wieder erwachte. Erneut stillte sie an dem nie versiegenden Quell ihren Durst, um sich danach erneut auf den Weg zu machen.

«Oh nein», stöhnte Karlotta.

Vor ihr erstreckte sich ein einzelner Weg, der steil in die Höhe führte.

Schon als Kind waren ihr solche Wege verhasst. Sie liebte die Ebenen und die Seen. Berge mochte sie natürlich auch. Aber nur, wenn sie diese aus der Ferne betrachten und sich an deren Anblick erfreuen konnte. Jetzt einen solch steilen Weg emporgehen zu müssen, widerstrebte ihr. Wobei sie wusste, dass ihr nichts weiter übrigbleiben würde, als diesem Anstieg zu folgen.

Schritt für Schritt kletterte sie hinauf.

Als sie sich zwischendurch umdrehte, um die zurückgelegte Entfernung abzuschätzen, war es ihren Blicken nicht möglich, weiter als zwei bis drei Schritte wahrzunehmen. Alles was dahinter lag, verbarg sich in einem undurchdringlichen Nebel.

Hätte Karlotta allerdings gewusst, dass der Anstieg an dieser Stelle bereits nicht mehr existierte, wäre sie vielleicht nicht so entspannt weitergegangen.

Irgendwann, es kam ihr vor wie viele Stunden, wehte ihr ein frischer Wind ins Gesicht. Als sie die Augen zusammenkniff, um besser sehen zu können, meinte sie, Sterne wahrzunehmen. In der Welt dort draußen herrschte finstere Nacht.

Noch wenige Schritte und der Ausgang war erreicht.

Dass sich auch dieser Weg hinter ihr schloss, war Karlotta nicht bewusst.

Stattdessen schaute sie suchend nach vorne.

Wo würde sie auf Steinwart, Barina, Fram, Sam, Farim und Melinae treffen?

56 Sams Monolog

Die Freunde saßen im Kreis. Die Unterhaltungen waren inzwischen wieder verstummt. Sie warteten. Worauf? Das wusste niemand von ihnen zu sagen. Etwas, das mit Worten nicht zu fassen war, verbot ihnen, weiterzugehen. Es war nicht alleine die Gewissheit, die Kräfte nicht mehr zu besitzen, um einen weiteren Nachtmarsch hinter sich zu bringen. Eher die unausgesprochene Sicherheit, genau an diesem Punkt warten zu müssen. Auf etwas, das unweigerlich geschehen würde.

Fram sah in die Runde.

«Geht es euch auch so? Spürt ihr ebenfalls diese Anspannung? Ein Gefühl, das mir die Haare zu Berge stehen lässt.»

Melinae schob seinen Arm nach vorne.

Dort, wo er mit schwarzem und weißem Fell bewachsen war, standen die Härchen zitternd in die Höhe.

«Beantwortet das deine Frage?»

Barina war die nächste von ihnen, die sich zu Wort meldete.

«Die Linien auf meinem Körper jucken seit geraumer Zeit. Es macht mich fast wahnsinnig. Ich habe versucht, das Jucken zu besiegen, indem ich darüber kratze. Doch die Ursache scheint tief darunter zu liegen. So tief, dass ich die Ursache nicht beseitigen kann. Es mag an der Magie dieses Ortes liegen. Wobei ich mir aber sicher bin, dass es falsch wäre, von hier fortzugehen.»

«In den vergangenen Stunden habe ich mich wiederholt

gefragt, ob es richtig war, euch zu begleiten. Dass ich auf diesem Schiff keine Zukunft mehr haben würde, ist unwidersprochen. Und doch habe ich mir stets dieselbe Frage gestellt. Warum bin ich nicht bis zum nächsten Hafen geblieben? Auch dort hätte ich die Sturmwind verlassen können. Niemand würde nach den Gründen gefragt haben. Sie wären froh gewesen, mich nicht mehr an Bord zu haben.»

Alle Augen waren bei diesem Monolog auf Sam gerichtet.

«Inzwischen bin ich mir mehr als sicher, dass es richtig war, mit euch zu gehen. Hier geschieht etwas, das mit normalen Sinnen nicht zu erfassen ist. Ihr seid, was das anbelangt mit Sicherheit ein gutes Stück voraus. Was für mich manchmal furchteinflößend erscheint, ist für euch fast Normalität.»

Farim schüttelte den Kopf.

«Ganz und gar nicht.»

«Entschuldige Farim, lass mich bitte weiterreden. Ich komme aus einem kleinen Dorf. An dem Ufer eines Meeres, das euch kein Begriff sein wird. Der Name des Dorfes schon ganz und gar nicht. Wir fürchten die Götter. So bin ich erzogen worden. So bin ich in meiner Familie aufgewachsen. Es gab für uns nur Arbeit und Essen. Letzteres jedoch nur, wenn das Glück mit uns war. Oft genug kamen wir von den Fischzügen zurück, ohne etwas gefangen zu haben. Leere Mägen. So leer wie die Netze.

Meine Familie war groß. Irgendwann kam der Punkt, da mir nahegelegt wurde, auf eigenen Füßen zu stehen. Nicht, weil man mich nicht geliebt hätte. Nein, es war die blanke Notwendigkeit und Realität.

Worauf ich aber hinaus will. An jenem Tag, als ich mein Elternhaus verließ, habe ich versprochen, ein gottesfürchtiges Dasein zu führen. In diesem Sinne wurde ich erzogen. Alles, was im Entferntesten an Magie erinnerte, führte dazu, dass die Person augenblicklich verstoßen wurde. Ich habe es erlebt, dass

Kleinigkeiten und dumme Anschuldigungen dazu führten, dass Menschen ihr Zuhause verlassen mussten. Freunde sind gegangen, denen ich nur stumm hinterher gestarrt habe, anstatt Partei für sie zu ergreifen.

Ich weiß, dass ich meine Eltern niemals wiedersehen werde. Zwischenzeitlich habe ich mich so oft gefragt, was sie von mir denken, könnten sie mich jetzt sehen. Mein Leben gerettet durch … Ja, Barina, durch Magie. Nichts anderes.

Als ich auf der Sturmwind gelegen habe, zwischen Leben und Tod und ihr zu mir gekommen seid, da habe ich mir gewünscht, sterben zu dürfen. Lieber sterben, als von euch in etwas hineingezogen zu werden, dessen Ende ich nicht überblicken könnte.

Als du mich zurückgebracht hast, Barina, durch was auch immer, habe ich viel Zeit gehabt, um nachzudenken. Plötzlich wusste ich, dass mir mein Leben wichtiger war, als meine seelische Gesundheit.

Auch von diesem Punkt bin ich mittlerweile wieder fort.

Denn ich weiß, dass meine Seele keinen Schaden genommen hat. Inzwischen bin ich überzeugt davon, dass eure Kräfte einzig und allein dazu dienen, uns von etwas zu befreien, das für mich nicht mehr ist, als ein Name.

Ja, natürlich habe ich ihn immer wieder euren Unterhaltungen entnommen. Gorm. Ich weiß nicht, wer das ist. Ich weiß nicht, welche Rolle er spielt. Aber, und davon bin ich überzeugt, ich will meine Rolle dabei spielen.» Sam räusperte sich und lachte kurz auf. «Jetzt habe ich Durst. Und weiß noch immer nicht, ob wir überhaupt die Gelegenheit bekommen werden, in diesen Kampf einzugreifen.»

Barina stand auf und nahm Sam fest in die Arme.

«Ich glaube, wir haben uns bei dir zu entschuldigen. Danke dafür, dass du uns aus deinem Leben erzählt hast. Andersherum allerdings hätte es sein müssen. Wir hätten die ersten sein sollen, die berichten. Auch wenn die vielen Worte dazu führen werden, dass der Durst wieder überhandnimmt, werden wir dir jetzt berichten.

Am besten werde ich das tun. Mir fällt es am wenigsten schwer, meinen Durst zu stillen.»

Steinwart setzte sich hinzu.

«Ich möchte ebenfalls meinen Teil dazu beitragen. Denn schließlich hat es mit mir einst begonnen.»

So berichteten der Zwerg und Barina von den Ereignissen, die sich zwei Jahre zuvor zugetragen hatten. Sam saß mit offenem Mund und hörte gebannt zu.

«… als wir erneut in den Sumpf kamen, standen mir die Haare zu Berge. So ähnlich wie jetzt übrigens. Ich hatte mir geschworen, niemals wieder dorthin …»

Steinwart unterbrach seine Erzählung und starrte in die Ferne, als habe er einen Geist gesehen.

«Was ist los, Steinwart?»

Barina wagte nicht, sich umzusehen.

Steinwart stand auf. Er lief ein Stück in die Dunkelheit hinein. Vor sich die Silhouette eines Menschen. Nein, eines Zwerges.

«Karlotta?», flüsterte Steinwart.

Plötzlich waren sämtliche Erinnerungen wieder da.

Sowie die Erkenntnis, dass die Zwergin über längere Zeit nicht in ihrer Mitte war.

«Wo bist du gewesen?», stammelte Steinwart.

Karlotta sah ihn verständnislos an.

«Hier. Wo sonst?»:

57

Im Nest der Qwarn

Sy-Bita kochte vor Wut, als sie an den Lagerplatz der Qwarn zurückkehrte. Fassungslos blieb sie stehen, um das Bild in sich aufzunehmen, welches sich ihren Augen darbot. Diese Wesen, deren Eigenarten sie niemals verstehen würde, ruhten sich nach einem erneuten Festmahl aus. Abgenagte Knochen, die achtlos verstreut waren, zeigten unmissverständlich, was sich hier zugetragen hatte. Ratten zählten zwar nicht zu den Lieblingsspeisen dieser Wesen, das hatte Sy-Bita inzwischen gelernt. Wenn es allerdings nichts anderes gab, taten sie sich gütlich an dem, was ihnen die Natur bot.

«Ihr seid solche Schweine. Schaut euch um. Vielleicht fühlt ihr euch ja tatsächlich wohl in diesem Dreck, in dem ihr euch suhlt.»

Sy-Bita spürte, wie die Magensäure aufgrund des unverhohlenen Ekels in ihr aufstieg.

Fellreste, Blutspritzer, zerrissene Fleischstücke, nicht nur vom heutigen Tag. Teilweise, allem Anschein nach, bereits viele Tage alt. Besetzt von Fliegen und Maden. Sie spürte, dass sie den Ekel nicht mehr lange zurückhalten könnte. Es war besser, zu dem zu kommen, was sie von den Qwarn erwartete. Der Gestank im Nest dieser abartig verdrehten Gestalten war kaum auszuhalten.

«Macht euch auf. Es gibt etwas für euch zu tun.»

Die Schmetterlingsfrau wusste, dass es ausreichte, wenn

sie in diesem Ton zu ihnen sprach. Sie hatten Angst vor ihr. Wenn Sy-Bita auch wusste, dass diese Angst begründet war – sie würde sich im Falle eines Angriffs zu wehren wissen – erstaunte sie diese Tatsache trotzdem immer wieder. Sie würde in der Lage sein, es jederzeit mit einem von ihnen, vielleicht auch mit mehreren aufzunehmen. Aber die Qwarn waren viele. Sehr viele. Dazu gerissen, verschlagen und heimtückisch. Irgendetwas mussten sie in ihr sehen, das sie hinderte, ihre speziellen Neigungen auszuleben. Wenn Sy-Bita sich letzten Endes aber auch nichts vormachte. Es würde der Tag kommen, an dem sie den Bogen überspannte. Manchmal war sie kurz davor. Sie spürte, wie die Wut in ihr aufstieg. Wünschte sie sich nicht sogar manches Mal, sie würden sich zur Wehr setzen? Vielleicht ging es ihr danach besser. Hin und wieder war es nicht schlecht, die Kräfte zu messen.

Die Begegnung mit Gorm in seiner jetzigen Gestalt, war geeignet, etwas in ihr aufzuwühlen. Etwas an die Oberfläche zu bringen, was ohnehin bereits seit langem in ihr brannte. Angst? Ja, sie hatte Angst vor diesem Tag gehabt, an dem er zurückkommen würde. Ebenso viel Angst, wie auch Sehnsucht und Hoffnung. Sehnsucht nach seiner Umarmung. Hoffnung, dass ihr eigenes jämmerliches Dasein den entscheidenden Schub bekommen würde. Sie war es leid, so leid, in der Dunkelheit zu leben. Ihr Dasein mit diesen verkommenen Subjekten fristen zu müssen, die sie Tag für Tag begleiteten. Wenn die Qwarn eines waren, dann nur Mittel zum Zweck. Nichts weiter.

Erst jetzt wurde Sy-Bita bewusst, dass sie eine lange Zeit vor diesen Wesen gestanden hatte. Tief versunken in der Welt ihrer eigenen Gedanken. Doch anstatt darauf hinzuarbeiten, von ihr weitere Anweisungen zu erhalten, standen diese verdrehten Launen der Natur vor ihr und starrten sie an. Der Geifer tropfte von den Lefzen. Die Krallen, die dazu geeignet waren, jederzeit den Tod zu bringen, blieben halbgeöffnet. Eigeninitiative war nichts als ein Fremdwort.

Sy-Bita starrte mit einem ebenso nichtssagenden Ausdruck zurück.

«Was jetzt?»

Sie stieß diese beiden Worte impulsiv, barsch und in erheblicher Lautstärke hinaus.

Jeder andere wäre erschrocken zusammengezuckt. Die Qwarn nicht. Selbst zu dieser Gefühlsregung waren sie nicht in der Lage.

Die Frau sah sich um. Die Blicke folgten ihr.

Gorm konnte warten. Er würde noch früh genug in der Lage sein, sie erneut mit beißenden Phrasen zur Weißglut zu bringen. Oder dafür zu sorgen, dass sie sich klein und unbedeutend in seiner Gegenwart vorkam.

Langsam drehte Sy-Bita sich zurück.

So oft hatte sie bereits darüber nachgedacht.

Was hatte sie eigentlich immer davon abgehalten, ihrem Forscherdrang nachzugeben?

Einmal hinter diese stumpfsinnigen Augen blicken! Ein einziges Mal sehen zu dürfen, was sich in diesen Köpfen verbarg.

Warum nicht jetzt? Warum nicht Gewissheit darüber erhalten, was diese Gestalten in ihr sahen?

Sy-Bita schüttelte sich.

Sie würde das Wagnis eingehen. Was sollte ihr schon mehr passieren, als eine neue Erfahrung getestet zu haben?

Ein Blick in die Runde.

Da war einer, der sich ein wenig in die schützende Menge zurückzog, als ihr Blick den seinen traf. War da eine Spur von Intelligenz zu erkennen? Oder war es nur der unzweifelhaft vorhandene Instinkt, der ihm Gefahr signalisierte. Ein Fluchtreflex, der ihn am liebsten in weite Ferne gebracht hätte. Wäre da nur der Mut gewesen, so in ihrer Gegenwart zu handeln.

Sy-Bita streckte ihren rechten Arm aus.

«Du. Komm näher!»

Der Qwarn blieb noch einen Augenblick stocksteif stehen. Dann aber begannen sich seine Beine doch nach vorne zu bewegen. Langsam. Zäh. So, als gehorchten sie nicht seinem eigenen Willen, sondern einem Zwang, dem er sich nicht widersetzen konnte.

Einige Schritte vor Sy-Bita blieb er stehen. Auf ein kaum sichtbares Handzeichen der Frau. Kaum wahrnehmbar. Und doch war es ihm nicht ergangen. Heilfroh, ihr nicht näherkommen zu müssen, verharrte der Qwarn an seinem Platz.

«Dir wird gleich eine große Ehre zuteil. Ich weiß, dass du mich nicht verstehen wirst. Aber du wirst der erste von euch sein, von eurem stinkenden Pack, der mit Intelligenz erfüllt sein wird. Wenn auch nur für eine sehr kurze Weile. Erfreue dich daran. Dieses Gefühl wirst du niemals wieder erleben.»

Die anderen aus seiner Gruppe schienen das, was ihrem Mitläufer geschah überhaupt nicht wahrzunehmen. Entweder interessierte sie es nicht wirklich. Oder sie waren nur glücklich darüber, dass es nicht sie selbst traf. Fast schien es Sy-Bita, als schauten sie demonstrativ zur Seite.

«So viel Fähigkeit, was das Denken anbelangt, hätte ich euch gar nicht zugetraut!»

Sy-Bita kicherte und wandte sich erneut dem unglücklichen Qwarn zu, den sie sich für ihr Spiel ausgesucht hatte. Für ihr wissenschaftliches Interesse, wie sie es lieber ausdrückte.

Ein letzter kurzer Blick. Ein Verschmelzen mit seinen Augen. Der Qwarn hatte ihr nichts entgegenzusetzen. Versuchte es nicht einmal.

Es kam Sy-Bita vor, als durchschreite sie einen langen dunklen Gang. Da war rein gar nichts, das an ein vernunftbegabtes Dasein erinnert hätte. Sie schaute nach links und nach rechts, bis sie plötzlich … ja, bis sie plötzlich sich selbst gegenüberstand.

Es dauerte eine Weile, bis sie sich selbst erkannte. Ihre eigene Gestalt, wie sie sich selbst sah, war gleich einem Zerrbild verändert. Da waren die Umrisse, ihre angedeuteten feinen Flügel, ihr langes Haar. Ihr weiblichen Attribute stark herausgearbeitet, so als übten diese eine gewaltige Anziehungskraft auf diesen Qwarn aus. Doch ihr Gesicht. Sy-Bita schauderte. Ihr Gesicht war nicht mehr, als ein dunkler Fleck, Unterbrochen von einem roten Bereich, dort wo sich ihr Mund befand. Sie strahlte dermaßen viel an dunkler Aura aus, dass Sy-Bita unwillkürlich den Atem anhielt.

War das nur dieser eine Qwarn, der sie in dieser Form wahrnahm?

Oder galt das für alle?

Fast erschien es Sy-Bita ratsam, sich zurückzuziehen. Da kam etwas auf sie zu an neuer Erfahrung, dem sie möglicherweise unterliegen würde. Für das sie nicht die Kraft aufbrachte.

Aber anstatt ihrem Impuls nachzugeben, drängte sie ihr Weg weiter. Weiter ins Innere dieses seltsamen Wesens hinein, das auf eine fragliche Art dabei war, Macht über sie zu erlangen.

Und urplötzlich verstand Sy-Bita.

Mit einem Kraftakt ungeahnten Ausmaßes löste sie sich von dem Qwarn und stürzte zurück, wo sie entsetzt auf dem Boden aufprallte.

Ihr Blick war plötzlich leer. Ihre Atemfrequenz flog. Ihr Herz pumpte in Panik.

Sie begann, zu verstehen.

Sy-Bita wusste, dass es ein großer Fehler gewesen war. Sie würde niemals wieder dieselbe sein.

58 Ein verwirrendes Wiedersehen

Ihr ängstigt mich. Ich habe doch nur...» Karlotta sah sich verwirrt um und die Worte, die sie aussprechen wollte, blieben ihr im Halse stecken. Immer wieder flogen ihre Blicke zwischen ihren Freunden und dem Ort, an dem sie stand, hin und her.

«Ich wollte doch nur. Ich bin hierher gegangen, um ... Wir haben uns doch eben noch unterhalten.»

Karlotta wirkte verloren und fiel ein Stück in sich zusammen.

Barina schubste Steinwart an.

«Willst du dich nicht endlich um sie kümmern? Du siehst doch, dass sie Hilfe braucht.»

Natürlich. Als ob Steinwart das nicht gesehen hätte. Doch immer noch fiel es ihm schwer, seine Gefühle zu zeigen. Viel lieber wäre es ihm gewesen, Barina hätte sich aufgemacht, um Karlotta in die Arme zu schließen. In solchen Dingen war er ein Tölpel. Das gab er sich selbst gegenüber gerne zu. Jetzt aber, da ihn alle ansahen, blieb ihm nichts weiter übrig, als sich auf den Weg zu machen. Seine Gedanken rasten dabei ebenso, wie auch die aller anderen. Jeder wusste, dass hier etwas geschehen war, das mit Worten nicht erklärt werden konnte. Niemandem war tatsächlich bewusst, dass Karlotta eine geraume Zeit nicht in ihrer Begleitung war. Und trotzdem fühlten sie, dass da zwei Bruchstücke waren, die einfach nicht ineinander greifen wollte.

Unbeholfen blieb Steinwart vor der Zwergin stehen.

«Was hast du da bei dir?»

Sein Blick war auf das Wasserbehältnis gerichtet, sowie auf das Säckchen, welches Karlotta bei sich trug.

«Beides habe ich noch nie bei dir gesehen. Lass mich schauen.»

Karlotta streckte ihm den Wasserschlauch hin.

«Rede doch nicht solch einen Unsinn. Diesen Wasserschlauch trage ich bereits bei mir, seit wir zusammen unterwegs sind.»

«Tust du nicht. Definitiv nicht.»

Karlotta ließ den Schlauch zu Boden fallen und stemmte ihre geballten Fäuste in die Hüften. Kurzzeitig sah sie Steinwart herausfordernd an. Dann stieß sie ihm eine ihrer Hände grob vor die Brust.

«Herr Zwerg, wenn du auf Streit aus bist, dann nur zu. So ein aufgeblasener Gernegroß kommt mir jetzt gerade recht. Ich bin es satt. Bin es satt, mich hier in dieser Einöde herumzutreiben. Bin es satt, mich dumm anmachen zu lassen. Ich will nach Hause und diesem Spuk endlich ein Ende bereiten.»

Steinwart wusste gar nicht, wie ihm geschah und war stattdessen heilfroh, als Barina sich zu ihnen gesellte, um ihr den Wind aus den Segeln zu nehmen.

«Karlotta, du solltest dich etwas zusammenreißen. Steinwart hat es ganz sicher nicht so gemeint.»

Bei diesen Worten warf Barina dem Zwerg einen warnenden Blick zu.

«Jetzt kommt wieder zurück zu uns. Die Nacht wird kühl. Wir haben wenig, was wir dieser Kälte entgegensetzen können. Da ist es besser, wenn wir zusammen sind. Ohne jede Bewegung in dieser Nacht könnte es sehr unangenehm werden.»

Steinwart packte das Behältnis mit Wasser und streckte die andere Hand nach dem Beutel aus, den Karlotta festhielt, als koste es ihr Leben, wenn sie das Säckchen verlöre.

Als Steinwart den Beutel berührte, drehte Karlotta sich weg.

«Pfoten weg», zischte sie. «Komm mir bloß nicht zu nahe.»

Steinwart zog hastig seine Hand fort und warf Barina einen fragenden Blick zu.

Diese schüttelte nur stumm den Kopf und flüsterte, er solle sich jetzt besser zurückhalten.

«Darf ich?»

Barina ging auf Karlotta zu. Und tatsächlich drückte diese der Freundin den Beutel widerspruchslos in die Hand. Die Art wie die Zwergin aufatmete, ließ vermuten, dass ihr damit eine große Last von der Seele genommen wurde.

Barina aber schrie auf, als habe sie sich verbrannt, in dem Moment, als der Beutel vollständig in ihrer Hand ruhte. Mit einem Fluch auf den Lippen, ließ sie den Beutel fallen und schaute fassungslos auf ihre Handfläche.

Die Haut hing in Fetzen hinunter. Eine riesige schwärende Wunde gab Zeugnis davon, dass sie etwas berührt hatte, das nicht für ihre Hände bestimmt war.

Als sich kurz darauf die farbigen Linien ihrer Haut in Richtung der Wunde bewegten und diese begann, sich wieder zu schließen, kam es allen, die Barina inzwischen umringten, wie ein Wunder vor.

«Da ist etwas geschehen, dessen Tragweite wir im Moment noch nicht begreifen. Karlotta, du sagst, du bist die ganze Zeit bei uns gewesen. Und auch ich würde darauf schwören, dass es so und nicht anderes war.»

Fram sah nach seinen Worten auffordernd in die Runde.

«Du bist irgendwo gewesen. Irgendwo und fern von allem, das wir ermessen könnten. Wir wissen nicht, wo das war. Und scheinbar auch du selbst nicht. Tatsache ist aber, dass du etwas von dort mit zurückgebracht hast, das uns zeigen will, unsere Suche sei beendet. Vielleicht interpretiere ich jetzt mehr hinein, als damit verbunden ist. Nur, weil ich will, dass es so sein soll. Aber ich, wahrscheinlich auch niemand sonst von uns wird wagen, deinen Schatz nochmals zu berühren.»

Karlotta bückte sich und nahm den Beutel an sich, als habe sie niemals etwas anderes getan.

Fram lächelte.

«Da siehst du es. Es scheint, als ob nur dir erlaubt sei, es in deinen Besitz zu nehmen. Was auch immer darin verborgen sein mag, ich fühle, dass es einmal sehr wichtig werden wird. Jetzt komm zu uns. Lass uns das Wasser teilen, das sich noch in deinem Schlauch befindet. Ich denke, du wirst nichts dagegen haben. Es ist für uns alle sehr wichtig, um zurückzufinden.»

Wortlos reichte Steinwart das Wasser weiter, ohne nicht jedoch vorher einen fragenden Blick zu Karlotta geworfen zu haben. Sie nickte und nahm Steinwart kurz beiseite.

«Ich habe einen Traum geträumt. Er lässt mich nicht mehr los. Was er bedeutet, weiß ich nicht. Aber ich weiß, dass er nur für deine Ohren bestimmt ist.»

Der Zwerg blickte Karlotta fragend an.

Sie legte einen Zeigefinger auf ihre Lippen.

«Später.»

Als sie sich wieder umdrehte, kam Fram mit schnellen Schritten auf sie zu.

«Du verrücktes Weib. Du ahnst nicht, was du uns da mitgebracht hast. Es wird unser aller Leben retten.»

Bei diesen Worten drehte er den Wasserschlauch um und ließ das kostbare Nass auf den Boden laufen.

«Bist du wahnsinnig?»

Karlotta riss ihm den Behälter aus den Händen.

Prüfend schaute sie hinein und erstarrte.

«Er ist voll. Bei den Göttern, er ist bis zum Rand gefüllt!»

59 Erkenntnis

«Geh weg. Geh weg von mir.»

Abwehrend streckte Sy-Bita ihre Arme nach vorne und fuchtelte panisch mit den Händen. Ihre Stimme nahm eine schrille Klangfarbe an, die ihren aktuellen Gemütszustand am besten beschrieb.

«Verschwinde. Und fass mich nicht an. Fass mich ja nicht an.»

Sy-Bita rutschte Stück für Stück nach hinten, bis sie mit dem Rücken an einen Baum stieß, der ihre weitere Flucht verhinderte. Auf die Idee, sich in den bunten Schmetterling zu verwandeln und damit möglicher Gefahr aus dem Weg zu gehen, kam sie erst gar nicht. Alles in ihr war ein einziges Durcheinander. Zu klaren Gedanken war sie kaum mehr fähig.

Der Qwarn rückte näher, ohne Rücksicht darauf zu nehmen, in welch einem Zustand sich die Frau befand, die vor ihm im Gras hockte. Er kam Sy-Bita so nah, dass seine spitze, lang zulaufende Schnauze fast das Gesicht der Schmetterlingsfrau berührte. Der Gestank, der aus seinem leicht geöffneten Maul zu ihr drang, war dermaßen ekelerregend, dass Sy-Bita den Kopf zur Seite drehte und kurz den Atem anhielt.

«Siehmichan!»

Sy-Bita zuckte zusammen und erstarrte.

«Siehmichan!»

Einem inneren Zwang gehorchend drehte Sy-Bita den

Kopf wieder nach vorne und versank in den schmalen Augen des Ungeheuers vor ihr.

«Das ist nicht möglich. Du sprichst nicht. Ich bilde mir das alles ein. Auch die Bilder, die ich gesehen habe. Ich bin nur müde. So entsetzlich müde.»

Wahrscheinlich hätte sie weiterhin nutzlose Phrasen vor sich her geplappert, hätte der Qwarn ihr nicht eine seiner gefährlichen Klauen auf die Lippen gepresst.

«Schhhhhh. Mundhalten!»

Wieder dieser lange und tief Blick in seine echsenhaften Augen.

Hatte sie sich schon jemals die Mühe gemacht, mehr in diesen Wesen zu sehen, als das, was sie für sie darstellten? Abschaum und Mittel zum Zweck!

Was hatte sie nur dazu getrieben, sich mit diesen Wesen zu verbinden? Überheblichkeit? Das Gefühl, noch ein wenig höher auf der Stufe über ihnen zu stehen?

Das, was sie gesehen hatte, veränderte alles.

Da waren Bilder.

Bunte Bilder. Glückliche Phasen eines Lebens, das dieses Tier … Nein, es war eben kein Tier. Dass dieser Mensch einmal lebte, bevor er in Gorms Fänge geriet.

Was hatte sie gedacht, wo diese Wesen ihren Ursprung fanden? Einfach aus dem Moor entstanden? Wenn sie ehrlich zu sich war, hatte sie niemals auch nur einen Gedanken an diese Frage verschwendet. Jetzt aber musste Sy-Bita feststellen, dass es sich bei den Qwarn vor unzählbar vielen Jahren um atmende und denkende Individuen handelte. Eindrücke waren über Sy-Bita geströmt. So viele mit einem Mal, dass sie den Gedanken, Wünschen und Sehnsüchten nicht entfliehen konnte.

Doch auch das wäre kaum dazu geeignet gewesen, Sy-Bita in einen solchen Zustand zu versetzen.

Viel schlimmer, als alles andere, war die Tatsache, dass sie das Individuum, welches in diesem Qwarn verborgen war, kannte. Er war einer der ihren gewesen. Was ihn hierher verschlug, aus welchem Grund er in Gorms Fänge geriet? Sie wusste es nicht zu sagen. Und sie wollte sich hierüber auch keine Gedanken machen.

Erneut gab der Qwarn Geräusche von sich, als suche er nach Worten.

Das Sprechen gehörte nicht zu seinen herausragenden Eigenschaften. Vielleicht war er auch nur der einzige aus dieser riesigen Gruppe, der es verstand, wenige Worte von sich zu geben. Möglicherweise war er es sogar gewesen, der es verstanden hatte, auf sich aufmerksam zu machen.

Der Speichel flog Sy-Bita in zähen Fäden ins Gesicht, als der Qwarn bei einem vergeblichen Versuch, Worte zu formen, die Silben so unglücklich ausstieß, dass es zu diesem Vorfall kam.

Angewidert griff sich die Frau ins Gesicht und wischte sich würgend den Geifer ab. Normalerweise wäre es das Todesurteil für den Qwarn gewesen. Doch Sy-Bita war immer noch erstarrt.

«Vileischbisdudienäxe.»

Sie sah das Ungeheuer verständnislos an.

«Ich verstehe dich nicht.»

Der Qwarn schluckte schwer und wiederholte die Worte. Und jetzt verstand Sy-Bita.

Vielleicht würde sie die Nächste sein.

«Niemals», zischte sie. «Das würde Gorm nicht wagen!»

Das Wesen stieß etwas aus, das weit entfernt einem Kichern gleichkam.

Mit einer Bewegung seines rechten Arms vollzog er einen Kreis, der all seine Artgenossen umfasste, die wartend hinter ihm standen.

«Dashabensieauchgedacht.»

Sy-Bita stemmte sich hoch, indem sie mit den Händen nach dem Baum in ihrem Rücken griff und sich langsam daran in eine aufrechte Position brachte.

Ihr Blick wanderte über eine unübersehbar große Zahl dieser Ungeheuer.

Wen mochten sie beherbergen? Sy-Bita schüttelte entschlossen den Kopf. Sie wollte es gar nicht wissen. Bei den Göttern, dieser eine reichte ihr schon.

Plötzlich hatte alles einen Sinn.

Die Frage, die sie sich oft stellte, wo ihre Artgenossen geblieben waren. Nach jenem Vorfall in Marsandt, waren es von Tag zu Tag weniger geworden. Es war ihr gleichgültig zum damaligen Zeitpunkt. Irgendwann waren alle fort. Nur sie selbst und Gorm blieben übrig. Bis sie selbst Gorm zur Strecke brachte.

Als die ersten Qwarn auftauchten, führte sie dies auf neugierige Menschen zurück, die in Gorms Höhle Schätze erwarteten, in Wirklichkeit aber ihr Leben ließen. Im Grunde sogar Schlimmeres mitnehmen mussten.

Heute musste sie sich fragen, ob Gorm das alles von langer Hand geplant hatte. Dass er selbst seinen Machenschaften irgendwann zum Opfer fallen könnte, hielt er nie für möglich. Wie denn auch? Sie, Sy-Bita selbst, gab ihm immer wieder die Gewissheit, über allen Dingen zu stehen.

Was ihm widerfahren war, kam aus einer Ecke, aus der er es niemals für möglich gehalten hätte. Nur so hatte Sy-Bitas Plan überhaupt aufgehen können.

Jetzt, Jahre danach, war sie dabei, ihn ins Leben zurückzurufen. Um was dabei zu erreichen? Vielleicht sogar ihren eigenen Untergang. Sie könnte jetzt fortgehen.

Würde Gorm es auch ohne sie schaffen, wieder ins Leben zurückzukehren?

Sy-Bita schaute auf das Heer der Qwarn. Mit mehr an Intelligenz gesegnet, als sie sich weismachte. Würde er es schaffen, sie so zu manipulieren, dass sie seinen größten Wunsch erfüllen könnten?

Vermutlich ja.

Als er Targors Körper besetzte, war ihm bereits ein Schritt gelungen, der ihn weiter in die Unabhängigkeit führte.

Er war stärker, als sie es je für möglich gehalten hätte.

60

Eine Ahnung

Langsam folgte Targor den beiden bis an die Zähne bewaffneten Männern. Stets bemüht, keine hastige Bewegung zu machen oder durch sein Verhalten ihr Misstrauen zu schüren. Targor war unbewaffnet. Wenn er sie glauben machte, es könne dennoch von ihm eine Gefahr ausgehen, würde er ohne jede Chance sein. Ihrem Aussehen nach zu urteilen, wäre es für die beiden Männer kein Problem, sich seiner zu entledigen.

Sie erreichten das Lager nach wenigen Schritten.

Einer der Wächter deutete mittels eines Kopfnickens zum Feuer.

«Setz dich hin. Wir kümmern uns gleich um dich. Es soll niemand sagen, wir seien nicht bereit, zu helfen. Auch wenn manche das möglicherweise anders sehen.»

Targor blieb verwundert zurück.

Der Mann hatte es nicht bei ein paar wenigen Worten belassen. Es schien ihm ein Bedürfnis gewesen zu sein, etwas mitzuteilen, das ihm auf der Seele brannte. Doch ohne nähere Hinweise war Targor nicht in der Lage, sich hierüber ein Bild zu machen.

Niemand hatte ihn angewiesen, in sich gekehrt sitzenzubleiben. Nach kurzer Zeit ließ Targor seine Blicke durch das Lager wandern. Männliche Bewohner waren kaum zu sehen. Entweder befanden sie sich in den großräumigen Zelten oder sie waren auf der Jagd. Einige Kinder spielten mit grob geschnitztem Spielzeug. In einer der Figuren konnte Targor ein Pferd erkennen. Andere Figuren hingegen, ließen ihn sich schütteln. Unschwer zeigten sich die Umrisse der Spinnen, die gleich eines gewaltigen Heeres über ihn hinweggezogen waren. Die Kinder gingen spielerisch mit den geschnitzten Spinnen um. Dabei bemerkte Targor allerdings, dass sie mehrfach auf spielerische Art und Weise die Gefahr zum Ausdruck brachten, die von diesen Tieren ausging.

«Ein Biss der Spinnen tötet dich, ehe die Sonne am Horizont versinkt.»

Targor fuhr herum.

Er hatte nicht bemerkt, dass sich jemand näherte. Eine auffallend schöne Frau neigte sich zu ihm hinunter und reichte ihm einen Krug mit Wasser, sowie frisch gebackenes Brot.

«Die Kinder müssen lernen, Vorsicht walten zu lassen. Vor allem in der Nacht, kann es tödlich enden, alleine in der Ebene zu sein. Kaum jemand überlebt es, wenn er den Marsandt-Spinnen in die Quere kommt. Den meisten bleibt nicht einmal mehr die Zeit, von der Begegnung zu berichten.»

Targor öffnete den Mund, um von seinem Erlebnis zu berichten. Jetzt, im Nachhinein fröstelte es ihn, bei dem Gedanken, was ihm widerfahren war. Gab es einen besonderen Grund, weshalb er diese Begegnung überlebte?

Etwas warnte ihn, davon zu berichten. So beließ er es dabei, dass er sich für die Information und die Nahrung, vor allem aber für das frische Trinkwasser bedankte.

«Willst du in der Nacht noch weiter?»

Die Frau sah ihn prüfend an.

Ihre langen schwarzen Haare rahmten ein hübsches Gesicht ein. Ihre Augen blitzten. Grundsätzlich passte sie in Targors Beuteschema. Er hielt sich aber aus zwei Gründen zurück. Erstens wollte er hier keinesfalls für Aufsehen sorgen. Und zweitens war er auf der Suche nach Barina. Sie beherrschte seine Gedanken. Und das würde auch so bleiben.

«Nachdem du mir von der Gefahr der Marsandt-Spinnen berichtet hast, am liebsten nicht. Gäbe es denn eine Möglichkeit, hier einen Schlafplatz zu finden?»

«Darüber können wir nachdenken.»

Einer der Männer war zu Targor zurückgekehrt.

Kaum hatte die Frau sein Kommen bemerkt, stand sie auf und verschwand ohne jedes weitere Wort.

«Bevor wir jemanden hier aufnehmen, müssen wir natürlich wissen, wer er ist. Und wohin sein Weg führt. Es ist sehr ungewöhnlich, alleine die Ebenen zu durchqueren. Sehr ungewöhnlich.»

Mit einem misstrauischen Blick musterte der Mann Targor, der beschloss, so viel wie nötig und so wenig wie möglich von sich preiszugeben.

«Das kann ich sehr gut verstehen. Ich würde auch nicht anders handeln, an eurer Stelle. Mein Name ist Targor. Ich war mit meiner Gefährtin auf dem Weg ans Meer, um mich dort auf einem der großen Schiffe einzuschreiben. In der vorletzten Nacht haben wir in einer Senke übernachtet. Es kam uns vor, wie ein ausgetrocknetes Flussbett. Meine Frau meinte noch, das sei ein geeigneter Platz, der uns Schutz vor der Nacht gebe.»

An der Reaktion des Mannes war deutlich zu erkennen, dass er ahnte, was vorgefallen war.

«Hätte ich mich doch nur auf mein Gefühl verlassen. Ein Stück weiter stand ein verkrüppelter Baum. Auf einer Anhöhe. Er war meiner Frau zu gut einsehbar. Durch die leicht erhöhte Position, wären wir von Weitem gut erkennbar gewesen.»

Der Mann nickte.

«Ich kenne diese Stelle. In der Nacht kamen die Spinnen. Habe ich Recht?»

Targor schüttelte sich.

Dabei musste er diese Reaktion nicht einmal vorgeben.

«Ich hatte keine Chance, meine Frau zu retten. Plötzlich wimmelte es von Spinnen. Ich habe die Beine in die Hand genommen und bin geflüchtet. Damit werde ich mein Leben lang klarkommen müssen.»

Betreten schaute Targor zu Boden.

«Du hast richtig gehandelt. Es wäre auch dein Tod gewesen. Niemand überlebt den Kontakt mit einer solchen Flut. Ihr habt euer Lager mitten in einem ihrer Wege aufgeschlagen. Ihr hattet keine Chance.»

Er stand auf.

«Sei unser Gast. Ich zeige dir, wo du die Nacht verbringen kannst. Morgen werden wir dich mit Proviant versorgen. Dann ziehst du weiter.»

Dankbar folgte Targor seinem Gastgeber zu einem der kleineren Zelte.

«Ich denke, du wirst müde sein, nach dem, was du erlebt hast. Leg dich hin. Hier verpasst du ohnehin nichts.»

Mitten in der Nacht wurde Targor von einem Stöhnen wach, das darauf schließen ließ, der Mann, der diese Schmerzenslaute ausstieß, sei fast von Sinnen. Zuerst zog Targor sich die Decke über den Kopf. Dadurch klang das Stöhnen zwar gedämpfter, war aber immer noch gut zu vernehmen.

Da ihn ohnehin ein menschliches Bedürfnis plagte, verließ Targor das Zelt, um sich einen Platz in der Dunkelheit zu suchen. Scheinbar befand er sich dabei, ohne es geplant zu haben, in der Nähe der Nachtwache. Es war unmöglich, ihren gewisperten Worten nicht zu folgen.

«Castor wird sterben. Noch in dieser Nacht.»

«Wer sagt das?»

«Jeder. Der Heiler. Die Frauen.»

«Dann wird es besser für ihn sein.»

«Gnade seiner Seele. Ich bin dabei gewesen, als wir ihn

holten. Du hättest die Hexe sehen sollen, die ihm das angetan hat. Das ist unnatürlich gewesen. Ohne jeden Zweifel. Hättest du das Spiel der Farben auf ihrer Haut gesehen, du würdest mir glauben.»

Dem weiteren Gespräch folgte Targor nicht mehr.

Erschrocken zog er sich zurück.

Sein Gefühl, den Mund zu halten, bezüglich der Begegnung mit den Spinnen, hatte ihn nicht getrogen.

Die Frau, von der die Männer sprachen. Das konnte nur eines bedeuten. Barina war ihnen begegnet. Es musste sich etwas ereignet haben, was Targor nicht beurteilen konnte.

Vorsichtig sah er sich um.

Es schien ihm fraglich, ob er hier noch die Nacht verbringen konnte.

Falls er durch irgendeine unachtsame Aussage einen Zusammenhang herstellte, würde es um ihn geschehen sein. Auch wenn die Nacht Gefahren bereithielt, würde es besser für ihn sein, zu verschwinden.

Targor packte sich seinen Wasserschlauch im Zelt und kurz darauf verschluckte ihn die Nacht.

61 Trügerische Stille

Baldur wachte vom Gezwitscher der Vögel auf.

Mühsam erhob er sich von seinem Lager, streckte sich, bis seine alten Knochen hörbar knackten und ging zum Fenster seines Schlafgemachs. Er griff nach der Stoffbahn, die das Sonnenlicht abhalten sollte, allzu früh ins das Zimmer zu scheinen. Ein frommer Wunsch. Der Stoff war viel zu durchscheinend, um diesen Zweck zu erfüllen. So kam es, dass Baldur Morgen für Morgen bei Tagesanbruch erwachte. Wenn er auch gerne länger geschlafen hätte, war er nicht böse, den Tag früh angehen zu können. Es gab so unendlich viel zu tun, nachdem der Hagelsturm die meisten ihrer Behausungen zerstörte.

Baldur seufzte.

Stillstand mochte nur Rückschritt mit sich bringen. Auch wenn er nicht glaubte, dass ihre Arbeit von langer Dauer sein würde, hielt ihn nichts davon ab, die Bevölkerung aufzurütteln. Viele der Überlebenden wollten am Tag nach dem Sturm ihre Sachen packen, um fortzugehen. Es kostete Baldur viel Mühe, den überwiegenden Teil derer, zum Bleiben zu bewegen.

Karlotta war es, die immer sicherer wurde, die Worte zu übersetzen, die Baldurs Hände sprachen.

«Wo wollt ihr denn hin? Euer ganzes Leben habt ihr hier verbracht. Meint ihr wirklich, woanders würde es euch besser ergehen? Dort fangt ihr bei null an. Hier habt ihr zumindest die Gemeinschaft. Überlegt bitte, ob es der richtige Schritt sein kann, zu flüchten.»

Baldur sah sich um.

Als er schon sicher war, dass niemand etwas auf seine Worte erwidern würde, meldete Kabar sich. Ein Zwerg in mittleren Jahren, der selten aus sich herausging. Baldur hatte ihn bisher als einen stillen Einzelgänger betrachtet.

«Du hast gut Reden, Baldur. Du hast keine Familie, die es zu schützen gilt. Es geht bei dem, was du sagst, nur noch um dich. Sei mir bitte nicht böse, wenn ich es so hart ausspreche, aber du hast dein Leben zum größten Teil bereits gelebt.»

Augenblicklich nach diesen Worten schaute Kabar betreten zu Boden. Als sei ihm jetzt, als die Worte verklungen waren, erst aufgegangen, was er gerade gesagt hatte.

Karlotta legte Baldur beruhigend eine Hand auf den Arm.

«Sag jetzt nichts Unbedachtes.»

Baldur schüttelte den Kopf.

«Du hast Recht, Kabar. Dem kann ich nichts erwidern. Außer der Tatsache, dass auch ich an meinem Leben hänge. Wenn das, was erneut auf uns zukommt jetzt nicht endgültig besiegt werden kann, wirst du, werden wir alle nirgendwo mehr einen sicheren Platz finden. Hast du das noch immer nicht begriffen? Du kannst so weit laufen, wie deine Füße imstande sind, dich zu tragen. Es wird überall dasselbe Los auf dich warten. Warum also nicht, das wieder aufbauen, was einmal die Seele dieses Ortes ausgemacht hat? Und das auch wieder tun wird.»

Dieses Gespräch war nun bereits einige Tage her.

Kabar war geblieben. Die meisten anderen ebenfalls. Nur wenige waren gegangen. Dass Baldur nicht alle mit seinen Worten erreichen konnte, war ihm klar. Diesbezüglich hatte er sich auch nichts vorgemacht.

Als er jetzt, an diesem Morgen über das Dorf hinwegschaute, konnte er bereits stolz auf das sein, was sie gemeinsam erreicht hatten. Wenn es auch noch aussah, als würden sie es nie mehr schaffen, Ordnung in das Chaos zu bringen, gab es bereits die ersten Stellen, die genau das Gegenteil bewiesen. Die jüngeren Zwerge schienen die halbe Nacht durchgearbeitet zu haben. Baldur verspürte Anflüge eines schlechten Gewissens, weil er sich bereits kurz nach Einbruch der Dämmerung am Abend zuvor, zu Ruhe begeben hatte. Wenn er auch wusste, dass ihm das niemand nachsah. Ohne sich dieser Fähigkeit bewusst zu sein, war es ihm nach und nach gelungen, die ungeordneten Fäden in die Hand zu nehmen. Er war derjenige, zu dem sie kamen, wenn sie Rat brauchten. Er war es, der Entscheidungen traf und aufflammende Zwistigkeiten klärte.

Wie hatte Steinwart schon oft gesagt?

«Mein Freund, manche Fähigkeiten entdeckst du erst in dir, wenn die Not am größten ist.»

Wie wahr seine Worte doch jetzt im Nachhinein waren.

Baldur humpelte zu der Schüssel mit klarem Wasser, um sich frischzumachen. Das kalte Wasser weckte auch die letzten Lebensgeister. Sein Magen knurrte hörbar. Wenn er gleich sein Frühstück zu sich genommen haben würde, konnte er wieder mit dem gewohnten Elan in den neuen Tag starten. Fast war es wie früher. Eine Aufgabe stellte sich. Und diese Aufgabe, galt es zu erfüllen. Baldur wusste sich wieder an einem Platz, an dem ihm alles abverlangt wurde. War es früher die körperliche Arbeit im Berg, so war es heute die notwendige Organisation der täglichen Abläufe.

Der Zwerg blieb einen Moment stehen.

Hätte ihn jetzt jemand gefragt, er hätte zugegeben, dass er glücklich war.

Als er den Wohnraum betrat, empfing Karlotta ihn bereits auf ihre wohlbekannte Art. Ein wenig grummelnd am frühen

Morgen, aber dennoch von großer Herzlichkeit unter der rauen Schale.

«Ich darf ja wohl davon ausgehen, dass der Herr nicht vergessen hat, sich den Schlaf aus den Augen zu waschen. Und auch sonst ist die tägliche Reinigung sehr angebracht.»

Karlotta drehte sich zu Baldur um und lächelte.

«Setz dich hin, alter Mann. Ich bringe dir gleich dein Frühstück. Die anderen haben sich bereits auf den Weg gemacht. Kabar hat mir eben mitgeteilt, dass sie davon ausgehen, heute Abend bereits das zweite Haus wieder beziehen zu können. Es wird etwas zu eng hier, mit so vielen Personen.»

Baldur sah sich um.

Matratze lag an Matratze. Strohsack an Strohsack.

Noch war es nicht mehr, als ein Notbehelf. Doch bald würde das Leben wieder seinen gewohnten Gang nehmen.

Karlotta stellte Baldur dampfenden Tee auf den grob behauenen Tisch. Dazu ein Kanten Brot und ein großes Stück würzigen Käse.

«Iss jetzt. Rauch danach deine Pfeife. Und dann ab nach draußen. Die Jungen warten bereits auf dich.»

Auch wenn Baldur das niemals zugegeben hätte, machten ihn diese Worte stolz. Er bemühte sich, seine Gesichtszüge im Zaum zu halten. Doch wie immer, verriet ihn das Kräuseln seiner Nasenspitze.

«Wusste ich es doch, alter Mann.»

Feixend wandte Karlotta sich wieder dem Herd zu, an dem sie bereits erste Vorbereitungen traf, eine kräftige und nahrhafte Suppe für die Mittagszeit vorzubereiten. Nicht mehr lange und einige der anderen Frauen würden kommen, um ihr zur Hand zu gehen. Viele von ihnen waren im Wald unterwegs, um nach frischen Kräutern zu suchen. Nur von dem Berg, in dem die männlichen Zwerge üblicherweise ihrer harten Arbeit nachgingen, hielten sie sich fern. Baldur hatte es ihnen strikt aufgegeben. Sie würden dieser Anweisung folgen.

Baldur war so tief in Gedanken versunken, dass er nicht bemerkte, bereits seit geraumer Zeit an einer erkalteten Pfeife zu ziehen. Schmunzelnd warf er einen Blick darauf.

Karlotta sah sich um.

«Ich werde mich jetzt auf den Weg machen», signalisierten Baldurs Hände.

«Pass auf dich auf.» Karlotta drehte sich wieder zum Feuer.

Als Baldur die Türe öffnete, fiel ihm strahlender Sonnenschein ins Gesicht. Es herrschte geschäftiges Treiben. Und dennoch. Baldur ahnte, dass es so nicht bleiben würde. Er straffte seine Schultern. Jetzt nur nicht verrückt machen lassen. Er sah wieder Gespenster, wo ihn nur seine eigene Phantasie plagte.

Baldur klopfte mit seinem Krückstock lautstark gegen einige Bretter, die auf dem Boden vor ihm lagen. Augenblicklich wandten ihm alle ihre Aufmerksamkeit zu.

Die Hände des Zwerges fragten, ob etwas Besonderes anliege.

Diese Worte verstanden die meisten von ihnen bereits, anhand Baldurs Gesten.

Als sie auf ihn zukamen, wollte jeder der Erste sein.

Baldur lächelte.

62 Es hat uns gefunden

Steinwart betrachtete Karlotta mit sorgenvollem Blick. Die Zwergin saß still und ein wenig von der Gruppe abgewandt auf dem Boden. Sie starrte vor sich hin, unfähig zu begreifen, was sich ereignet hatte. Ihrem Gefühl nach zu urteilen, war sie keine Minute von den anderen entfernt gewesen. So erging es auch ihren Freunden. Doch das, was Karlotta bei sich trug, sprach eine völlig andere Sprache.

Als sie Steinwart beiseite nahm, um von ihrem geträumten Gespräch mit Hyazintha zu berichten, wurde ihr klar, dass dies alles andere als ein Traum gewesen sein musste. Diese Unterhaltung war hierfür viel zu lebhaft in ihrem Unterbewusstsein verankert. Beide, sowohl Steinwart als auch Karlotta blieben innerlich höchst aufgewühlt zurück. Wenn es auch Steinwart war, der wesentlich schneller wieder ins Hier und Jetzt zurückfand.

Er war es auch, der sich in Richtung Karlottas aufmachte, um einen erneuten ersten Schritt zu tun. Doch Barina kam ihm zuvor.

«Ich kümmere mich um sie. Warte du vorläufig ab.»

Wenn der Zwerg ehrlich zu sich selbst war, war ihm Barinas Einsatz nicht unlieb. Er ertappte sich selbst zu oft dabei, dass er nicht die richtigen Worte fand. Unbeholfen war vielleicht der zutreffende Ausdruck dafür.

Er setzte sich ebenfalls ein kleines Stück von der Gruppe

entfernt und sah Barina zu, die pausenlos auf Karlotta einredete. Die Zwergin gab nur selten Antwort. Als sie ihr riesiges kariertes Taschentuch zog, um sich geräuschvoll die Nase zu schnäuzen, brach es Steinwart das Herz. Sie weinen zu sehen, war das, was er in dieser Situation am wenigsten gebrauchen konnte.

Sein Blick wanderte wieder zu den Frauen.

Hatte er sich getäuscht? Nein, keineswegs. Barina gab ihm Zeichen mit der Hand, näherzukommen.

Steinwart raffte sich auf. Auf halber Strecke kam Barina ihm entgegen.

«Ihr wird es gleich wieder bessergehen. Bevor du etwas Falsches sagst, rede besser überhaupt nicht. Sei einfach da und du selbst. Sie braucht dich jetzt.»

Als Steinwart Karlotta erreichte, schaute sie aus verheulten Augen zu ihm auf.

Unbeholfen kramte der Zwerg sein eigenes Taschentuch hervor und wischte ihr die Tränen fort.

«Ich weiß nicht, was ich sagen soll», brummte er. «Du kennst mich ja. Aber bitte weine nicht mehr.»

Karlotta holte tief Luft.

«Kein Anlass sich Sorgen zu machen, alter Mann. Die Tränen haben nur dazu gedient, meine Seele zu reinigen. Jetzt geht es mir schon viel besser. Dank Barina. Aber auch dank dir. Ich habe beobachtet, wie du dort hinten gesessen hast. So angespannt. Und so verloren. Mein Zwerg, ich liebe dich.»

Augenblicklich lief Steinwart wieder tomatenrot an.

Er schaute Karlotta in die Augen und sah, dass sie etwas von ihm erwartete.

Natürlich wusste er sehr genau, was das war. Aber warum musste es nur so unglaublich schwerfallen, diese Worte auszusprechen?

Steinwart räusperte sich.

«Ich dich auch. Äh, also. Vererzt und abgeklopft, ich liebe dich auch.»

Er verdrehte die Augen zum Himmel. Mehr als heilfroh, die Worte endlich ausgesprochen zu haben.

Als Karlotta ihm einen dicken Kuss mitten auf den Mund presste, hatte er das Gefühl, schon lange nicht mehr etwas solch Schönes erlebt zu haben.

Jeden Moment erwartete Steinwart, aus dem Kreise der Gefährten dumme Bemerkungen zu erhalten. Aber es blieb erstaunlich still. Barina hatte vermutlich dafür gesorgt, dass sie sich zurückhielten.

Sie blieben noch eine Weile sitzen. Einfach Arm in Arm, ohne dass einer ein Wort sprach. Dazu bestand auch gar kein Anlass. Steinwart spürte eine Wärme in sich aufsteigen, die er lange Zeit vermisste. Jetzt, da er ahnte, dass Hyazintha nichts gegen eine neue Liebe einzuwenden hatte, konnte er sich voll und ganz fallenlassen. Auch ihm war klar, dass Karlottas angeblicher Traum viel mehr war, als sie sich vorstellen konnten.

Er war es schließlich, der zum Aufbruch drängte.

«Lass uns die Nacht nutzen, um ein gutes Stück zurück zu schaffen. Wenn der Tag erwacht, wird es wieder eine Qual sein zu gehen. Ich bin mir sicher, dass wir gefunden haben, wonach wir suchten.»

Steinwart stockte kurz.

«Dass du es gefunden hast, denn …»

Karlotta verschloss den Mund Steinwarts erneut mit einem Kuss.

«Es hat uns gefunden. Dabei sollten wir es belassen.»

Die beiden standen auf und näherten sich den Gefährten, von denen niemand auch nur die kleinste Anmerkung von sich gab.

«Gut gemacht.»

Steinwart zwinkerte Barina zu, die seinen Worten ein breites Grinsen folgen ließ.

Karlotta griff nach dem Wasserschlauch, schraubte ihn auf und trank einen großen Schluck. Ein kritischer Blick bewies ihr, dass der Wasserstand immer noch so war, als habe niemand davon getrunken. Dass sie das nicht verstehen konnte, war klar. So beschloss sie abschließend, es gar nicht erst weiter zu versuchen. Stattdessen war es viel wichtiger, dankbar für die Tatsache zu sein, dass sie in diesem Gelände über ein solches Wunder verfügten.

Wortlos gab Karlotta das Wasser weiter und betrachtete, wie jeder der Freunde davon trank, als würde es kein Morgen mehr geben. Einzig Melinae setzte zwischendurch mehrmals ab. Als habe er Angst, ihr Glück über Gebühr herauszufordern.

Währenddessen klopfte Karlotta immer wieder an ihre Seite, wo sie das Säckchen mit Salz gut festgebunden wusste. Ein innerer Zwang ließ sie trotzdem immer wieder nachsehen, ob es sich noch an seinem Platz befand.

«Auch wenn niemand von uns weiß, wozu es gut sein mag, tust du richtig daran, es zu hüten wie deinen Augapfel.»

Fram war neben die Zwergin getreten, ohne, dass sie sein Kommen bemerkte.

«So wird es sein. Jetzt aber gilt es darauf zu hoffen, eine Möglichkeit zu finden, nach Belugio zurückzukehren. Es wird vermutlich einfach sein, die Stelle wieder zu erreichen, an der uns die Mannschaft der Sturmwind abgesetzt hat. Doch ich zerbreche mir viel mehr meinen Kopf, wie wir von dort fortkommen wollen. Wir haben kein Schiff, das auf uns wartet.»

Karlotta sah Fram tief in die Augen.

«Ich meine es ernst. Das macht mir große Sorgen.»

Fram lächelte schief.

«Das geht mir nicht anders. Ich habe nur bisher vermieden, irgendjemand verrückt zu machen. Es wird sich schon eine

Möglichkeit finden. Immerhin …»

Karlotta schüttelte den Kopf.

«Schau dir deine Freunde an. Halte sie nicht für dumm. Sie haben alle denselben Gedanken.»

63 Ein stummer Befehl

Sy-Bita riss sich zusammen. Dieses Problem müsste an anderer und geeigneter Stelle durchdacht werden. Jetzt brachte es sie keinen Schritt weiter, sich verrückt zu machen. Stattdessen galt es Gorm, in Gestalt von Targor, zurückzubringen. Gorm würde bereits ungeduldig auf ihre Rückkehr warten. Ihn jetzt zu verärgern, könnte unabsehbare Folgen für sie haben. Sy-Bita machte sich nichts vor. Er würde Mittel und Wege finden, ihr das Leben zur Hölle zu machen.

Sie sah nach vorne, mied dabei aber den Blick des Qwarn, der ihr eben so entsetzlich nahegekommen war. Zu wissen, was in diesem Geschöpf vor sich ging war eines, wirklich in Kontakt mit ihm zu treten, jedoch etwas völlig anderes. Ein weiteres Mal würde sie diese seltsam knarzende Stimme nicht hören wollen. Das musste sie einfach nicht haben. Erinnerte es sie doch zu sehr an ihre eigene innere Verderbtheit.

In diesem Augenblick beschloss sie, diesen Qwarn bei nächster Gelegenheit zu töten.

Sie würde ihn unter tausenden wiedererkennen.

Wenn er aber in ihr lesen konnte, wie in einem offenen Buch, musste sie verhindern, dass er in ihre Augen blickte.

«Wir werden jetzt zum Rand des Waldes gehen. Gorm…», im letzten Moment besann sie sich, «der Gefangene ist dort zurückgeblieben. Wir holen ihn wieder in unsere schützende Obhut.»

Was sie veranlasste, nicht weiter darauf zu deuten, es könne sich um den Herrn und Gebieter dieser Wesen handeln, wusste sie nicht zu sagen. Hatte sie Angst, sie könnten ihn töten, wenn sie es wüssten? Ja, vielleicht. Denkbar war es schon.

Als sie vorging, wurde sie das Gefühl nicht los, dass jemand sie durchgängig beobachtete. Und sie wusste sehr genau, um wen es sich dabei handelte. Am liebsten hätte sie sich umgedreht. Aber Sy-Bita widerstand diesem inneren Zwang.

Es schüttelte die Schmetterlingsfrau, als sie den Geräuschen hinter sich lauschte. Nein, lauschen wäre der falsche Ausdruck. Das Hecheln, das Kratzen, das schleimige Husten und Keuchen war unüberhörbar. In Sy-Bita begann ein Hass zu wachsen, der selbst sie erschrecken ließ. Diese Wesen, die eben noch, sie wiederholte sich, Mittel zum Zweck waren, wurden urplötzlich zu etwas Ungewolltem. Etwas, das sie vernichtet wissen wollte. Plötzlich war es nicht mehr allein der eine Qwarn, der getötet werden musste. Nein, es waren alle. Woher sollte sie wissen, wer in den anderen steckte, hinter deren Köpfe sie keinen Blick geworfen hatte?

Vielleicht war alles noch viel schlimmer. Vielleicht sogar Freunde?

«Freunde? Pah. Ich habe niemals einen Freund gehabt. Wozu auch? Überflüssig!»

Sy-Bita stieß die Worte mit einem Hass aus, auf alles, das sich bewegte.

Der Geruch, der in ihre Nase stieg, ließ sie erkennen, dass sich jemand näherte. Sie wusste sehr genau, um wen es sich dabei handelte.

«Ischhabeaucheinmalsogedacht.»

Wieder dieses entsetzlich krampfende Luftholen, nach dem hinausgepressten Satz.

«Lass mich in Ruhe. Geh an deinen Platz zurück. Ich will nichts mit dir zu tun haben.»

Der Qwarn blieb neben ihr und folgte ihren Schritten auf seinen verdrehten Gelenken, die aussahen, als müssten sie jeden Moment unter der Last seines Gewichts zusammenbrechen. Aber nichts geschah.

«Hastdugesehenwasunsfolgt?»

«Hast du gesehen, was uns folgt? Hast du gesehen, was uns folgt?», äffte Sy-Bita den Qwarn nach. «Ich habe es nicht nur gesehen. Ich rieche es auch. Ihr verkommenen Subjekte.»

Selbst wenn Sy-Bita ihn durch diese Worte verletzte, zeigte er das nicht.

«Dasmeineischnicht.»

Ein krampfhaftes Hochziehen der Luft. Rasselnder Schleim in seiner Kehle.

Der Qwarn spie eine grüne Masse aus, die dampfend vor Sy-Bitas Füße flog.

Sie hätte am liebsten erbrochen.

«Das machst du nicht noch einmal. Ich zerreiße dich in der Luft.»

Mit einem übertrieben weiten Schritt überstieg Sy-Bita das Hindernis.

«Vielleischtwarteischjadarauf.»

Sy-Bita zuckte zusammen.

«Lass diese dummen Andeutungen. Was willst du mir also sagen? Wer begleitet uns? Außer einer Herde verrückt gewordener Teufel?»

Das bedauernswerte Geschöpf sah sie an, vermied es aber, noch ein weiteres Wort zu sagen. Vielleicht hielt er es für überflüssig. Möglicherweise überstieg es aber auch seine Kräfte.

Stattdessen wies er stumm mit einer seinen Klauen in Richtung des Waldbodens, der sich neben ihrem Pfad befand.

Ungläubig starrte Sy-Bita auf das Bild, das sich ihren Augen bot. Warum war es ihr nicht aufgefallen? Vermutlich hatte sie viel zu viel mit sich selbst zu tun gehabt.

Eine Wurzel, glänzend, dick wie der Oberschenkel eines Mannes, glitt nahezu lautlos über den Waldboden.

«Gorm», entfuhr es Sy-Bita, mit einer Stimme, die nah an Hysterie grenzte.

Die Wurzel war stetig gewachsen.

Wann aber hatte sie diese Ausmaße erreicht? Sy-Bita fröstelte. Was würde das zu bedeuten haben?

Ein Stück vor ihr lichtete sich der Wald.

Hier hatte sie Gorm zurückgelassen.

Die Wurzel kreuzte Sy-Bitas Weg. Als sie dabei, ungewollt oder nicht, Sy-Bitas Bein berührte, verspürte die Frau einen nie zuvor gekannten Ekel in sich aufsteigen. Was ihr eben noch gelungen war, sich zusammenzureißen, war jetzt nicht mehr möglich. Heftig krampfend erbrach sie sich.

Als sie die Augen wieder öffnete, wusste sie sofort, was geschehen war.

Targor war fort. Gorm hatte den Kampf verloren.

Jetzt verstand sie, weshalb die Wurzel an diesen Ort vorgedrungen war. Sie verstand. Und doch wieder nicht.

Wollte Gorm ihr nur ihr eigenes Versagen vor Augen führen?

Sy-Bita drehte sich um.

Sämtliche Qwarn standen regungslos, als lauschten sie einem, für Sy-Bita, nicht hörbaren Befehl.

Dann geschah alles wie aus einem Guss.

Drei der Wesen blieben zurück. Die anderen machten auf der Stelle kehrt und liefen in Windeseile in den Wald zurück.

Als die verbliebenen Geschöpfe Sy-Bita mit eisernem Griff packten, um sie ebenfalls zurück in den Wald zu zerren, wusste sie, dass sie verloren hatte.

Auch sie selbst war nur eines gewesen – Mittel zum Zweck.

Sie ließ jedes Wehren. Gorm hatte erreicht, was er wollte. So wie immer.

64 Meinungsfindung

Fram klatschte laut in seine Hände. Melinae, der kurz eingenickt war, schreckte auf und schaute mit verlorenem Gesichtsausdruck Fram an, der mit Karlotta zusammenstand.

«Wir sollten uns kurz beratschlagen, wie die Meinung jedes Einzelnem zu unserem anstehenden Ziel ist. Ich für meinen Teil wäre dafür, an den Punkt zurückzukehren, an dem uns die Mannschaft der Sturmwind abgesetzt hat. Doch wir sollten als Gruppe entscheiden. Ich möchte mir später ungern vorwerfen lassen, ich hätte eine Entscheidung für alle getroffen.»

Fram blickte mit ernstem Gesicht in die Runde.

«Es ist mir wirklich ernst mit meiner Aussage.»

Er sah Karlotta als erste an.

Mit einem leichten Stirnrunzeln, welches bewies, dass es in Fram arbeitete, verweilte sein Blick für einen kurzen Moment auf der Zwergin.

«Wir alle wissen nicht, was vorgefallen ist. Aber vielleicht bist du dennoch geeigneter als alle anderen deine Meinung kundzutun.»

Karlotta zuckte leicht zusammen.

Ihre Hoffnung, ein anderer aus ihrer Gruppe wäre bereit den ersten Schritt zu tun, hatte sich nicht erfüllt. Sie zuckte leicht mit den Schultern, um ihre Unschlüssigkeit anzudeuten.

«Du hast es eben sehr treffend ausgedrückt, Fram. Wir alle wissen nicht, was vorgefallen ist. Wir alle! Dazu zähle auch ich.

Vor wenigen Stunden habe ich einige Schritte von hier entfernt gestanden. Mit zwei Dingen in Händen, deren Herkunft sich niemand von uns erklären kann. Der stets gefüllte Schlauch mit Wasser wird uns wertvolle Dienste leisten. Das steht außer Frage. Doch ist er auch dazu geeignet, uns auf längere Sicht dabei zu helfen unsere Aufgabe zu erfüllen? Wohl eher nicht.»

Karlotta zog erneut den kleinen Beutel mit Salz aus einer der zahlreichen Taschen ihres Gewandes. Sie hielt ihn hoch, sodass jeder der Freunde unweigerlich seinen Blick darauf lenkte.

«Etwas völlig anderes könnte es sein, in Bezug auf dieses Mitbringsel, von dem niemand weiß, welchen Zweck es einmal erfüllen wird. Wenn es überhaupt dazu gedacht ist. Machen wir uns möglicherweise nur etwas vor? Wenn das so sein sollte, müssen wir weitersuchen. Dann haben wir noch nicht gefunden, was diese seltsamen Worte prophezeiten.»

Die Zwergin ließ ihre Worte ohne weiteren Kommentar verklingen.

Sie hatte ihre Meinung gesagt. Zumindest glaubte sie das.

Fram stupste sie kurz an.

«Danke für deine klaren Worte. Aber hast du nicht die Pointe vergessen? Bist du, du speziell der Meinung, wir können das Wagnis auf uns nehmen? Ich meine damit, zurückkehren, in der Hoffnung, so ausgestattet zu sein, dass wir Gorm besiegen werden?»

Karlotta atmete tief durch, sah nochmal auf den Beutel in ihrer Hand und wog ihn bedächtig ab.

«Ja. Ich bin überzeugt, dass *Es* uns gefunden hat. Was auch immer dieses *Es* gewesen sein mag.»

Steinwart war der nächste, der neben Karlotta und Fram trat.

«Es ist so viel geschehen, was wir uns nicht erklären können. Schon alleine die Tatsache, dass selbst Barina dieses

Salz nicht berühren durfte, sollte als klares Zeichen verstanden werden, dass hier Dinge vor sich gehen, die mit unserem Verstand nicht zu erklären sind. Ohne mich weiter in Einzelheiten verlieren zu wollen, ich schließe mich Karlotta und Fram an.»

Als Steinwart Barina ansah, lächelte sie vielsagend.

«Welchen Grund sollte ich haben, mich anders zu entscheiden?»

Sie stand auf und zog den rechten Ärmel ihres Gewandes hoch. Die farbigen Linien traten so deutlich hervor, dass es bereits unter dem dünnen Stoff ihres Kleides zu erkennen war.

Farim und Sam sahen keinen Anlass, nähere Erklärungen zu ihrer Entscheidung kundzutun.

«Auch wenn wir uns der Mehrheit hätten beugen können, so ist es dennoch auch unsere eigene Entscheidung gewesen, diesen Weg mitzugehen. Wir wissen», bei diesen Worten sah Melinae Sam und Farim an, «dass Karlotta mit dem versehen worden ist, was uns einen Weg aufzeigt, Gorm zu besiegen. Viel wichtiger wäre es hingegen zu wissen, wie wir wieder auf das Festland zurückkommen sollen. Aber auch hierzu wird sich eine Möglichkeit ergeben.»

Fram verlor nicht mehr viele weitere Worte.

«Schön, dass wir einstimmig entschieden haben. Packt eure Sachen. Wir sollten keine Zeit mehr verlieren.»

Kurz darauf verlor sich eine Gruppe von sieben Personen in den Weiten der Salzseen.

Dass sie unbemerkt beobachtet wurden, nahm niemand von ihnen wahr.

Die massige Gestalt drehte sich um und verschwand in einem Tor, das sich aus dem Nichts vor ihr auftat.

Als der Eingang sich schloss, war es, als habe es diesen Ort niemals gegeben. Selbst die Spuren des Wesens im losen

Salz, hatte der Wind im Nu verweht.

Die Freunde liefen bis in den Sonnenaufgang des folgenden Tages hinein.

Aufgrund der ausreichenden Flüssigkeit hatten sie zu jedem Zeitpunkt die Möglichkeit, sich zu erfrischen.

«Manchmal habe ich das Gefühl, es ist nicht nur klares Wasser, das wir zu uns nehmen. Oder verspürt jemand von euch Hunger?»

Steinwart sah sich um.

Die Freunde schüttelten den Kopf.

«Trotzdem wäre ich dir dankbar, Steinwart, würdest du dieses Thema nicht anschneiden. Auch wenn ich nicht wirklich Hunger verspüre, hätte ich nichts gegen ein ordentliches Stück Braten einzuwenden. Erinnere dich an das Essen, das wir in dieser Gaststätte am Hafen von Belugio zu uns genommen haben.»

«Farim! Halte den Mund. Schon bei dem Gedanken läuft mir das Wasser im Mund zusammen.»

Steinwart raunzte Farim an. Wobei er sich ein leichtes Grinsen nicht unterbinden konnte.

Ebenso wie Karlotta und Barina.

Beide sahen es als ein gutes Zeichen an, dass die Freunde wieder Spaß daran fanden, sich zu necken.

Als die Sonne begann, sich so sehr durchzusetzen, dass es mühselig wurde, den Weg in der beginnenden Gluthitze fortzusetzen, gab Fram endlich das ersehnte Zeichen, eine Rast einzulegen. Die Gefährten versorgten sich nochmals mit frischem Wasser. Wenig später war das Geräusch ruhiger Atemzüge zu vernehmen.

Der Fuchs lag eng gekuschelt an Barina. Fram, der es schon längst aufgegeben hatte, sich hierüber Gedanken zu machen, schloss ebenfalls die Augen.

Es würde der Tag kommen, da er mit seinem vierbeinigen Gefährten wieder alleine auf Reisen war. Bis dahin sollte Barina ruhig die Anwesenheit und das Vertrauen Reinekes, wie sie ihn nannte, genießen.

Steinwart war der letzte, der einen ausreichend großen Schluck aus dem Wasserschlauch trank.

Als er diesen beiseite legte, versäumte er es, den Stopfen wieder fest in den Hals des Gefäßes zu schieben. Langsam begann das Wasser in den salzigen Untergrund zu verrinnen. Niemandem fiel es auf, da alle fest schliefen.

65 Gefangen

Sy-Bita wusste nicht wie ihr geschah, als die Qwarn sie grob in ihre Mitte nahmen und ohne Rücksicht in den Wald zerrten.

In der ersten Phase versuchte Sy-Bita mehrfach denjenigen ihrer Häscher anzusprechen, von dem sie wusste, dass er der Sprache mächtig war. Wenn auch nur in groben Ansätzen. Doch er reagierte nicht. Es war, als habe ihm jemand untersagt, mit Sy-Bita weitere Gespräche zu führen. Da es nur einen Einzigen gab, dem das möglich gewesen wäre, beschloss die Gefangene, sich nicht weiter lächerlich zu machen.

So weit war es mit ihr gekommen.

Von einer Person, welche in der Lage gewesen war, Macht bis hin zur Grausamkeit auszuüben, hin zu einer Gefangenen, die nicht mehr Herrin ihrer eigenen Entscheidungen war. Selbst der Versuch, sich in einen Schmetterling zu verwandeln, um in dieser Gestalt das Weite zu suchen, misslang ihr kläglich.

Als sie nach gefühlten Tagen die Höhle wieder erreichten, war Sy-Bita am Ende ihrer Kräfte. Sie, die es nicht gewohnt war, über weite Strecken ihre Füße zu gebrauchen, nahm blutige Blasen an ihren Fersen wahr. Darüber hinaus verspürte sie einen nie zuvor gekannten Durst. Sie schwor sich zu diesem Zeitpunkt, Rache an Gorm zu nehmen, sowie an seinen Helfershelfern, die sie jetzt und in dieser Form bloßstellten. Sollte sie jemals wieder die Möglichkeit finden, sich zu befreien, würde das für den einen oder anderen ernsthafte Konsequenzen haben.

Was sie allerdings über alle Maßen beunruhigte, war die Frage nach dem Warum.

Warum tat Gorm ihr das an? Was hatte er mit ihr vor?

Einer der Qwarn stieß sie in die Zelle, in der Targor einige Zeit zuvor noch sein Dasein fristete. Sy-Bita spuckte verächtlich aus. Sie starrte das Wesen an und ärgerte sich darüber, dass sie auch nach all der langen Zeit nicht in der Lage war, sie auseinanderzuhalten. Jetzt, als sie genauer hinsah, erkannte sie tatsächlich Unterschiede. Sei es in der Anordnung der Klauen, die nicht bei allen gleich waren, oder in der Art, wie sie ihre ledrigen Flügel permanent öffneten und schlossen. Wenn sie ehrlich zu sich selbst war, so musste sie zugeben, dass es sie, gelinde gesagt, niemals interessiert hatte.

«Gehrein!»

Sy-Bita stutzte.

«Du bist das also. Kannst du mir sagen, was das alles zu bedeuten hat?»

Der Qwarn gab keine Antwort und begann stattdessen, umständlich die Zellentüre zu verschließen.

«Bitte!»

Sy-Bita hätte sich dafür hassen können, dieses kleine, aber scheinbar wichtige Wort ihrer Frage folgen zu lassen. Dieser eine Qwarn würde dafür als erster büßen. Sy-Bita prägte sich jede Einzelheit ein.

Er dreht sich zu ihr um.

Seine Augen leuchteten boshaft glitzernd im Dämmerlicht.

Nicht mehr lange, und es würde wieder finstere Nacht hier unten herrschen.

«Gormsagtdusollstzukräftenkommen. Erbrauchtdich.»

Sy-Bita fluchte still in sich hinein, weil es ihr kaum möglich war, seinem Nuscheln verständliche Worte zu entnehmen.

«Wirwerdendirfutterbringen. Nahrung. Dusollstdavonessen. Dumussthungrigsein. Sagtgorm.»

«Sagt Gorm. Sagt Gorm», äffte Sy-Bita ihn nach. «Habt ihr auch zufällig die Möglichkeit, selbst Entscheidungen zu treffen?»

Der Qwarn blickte erneut in ihre Richtung.

«Dashaterniegewollt. Duübrigensauchnicht. Ihrhabtunszudemgemachtwaswirsind. Nichtmehrundnichtweniger.»

Sy-Bita zuckte zurück.

Wie recht er doch hatte. Wie verdammt recht.

Während sie noch in die Dunkelheit starrte, öffnete sich die Zellentüre wieder. Kamen sie, sie zu holen? Natürlich nicht.

Das Scheppern eines blechernen Napfes über den felsigen Boden, gab ihr Zeichen, dass man ihr Nahrung brachte. Sy-Bita tastete sich vorwärts. Ihre Hand stieß gegen einen Becher, der randvoll mit Wasser vor ihr stand. Bevor sie in der Lage war danach zu greifen, fiel der Becher um und die kostbare Flüssigkeit verrann auf den Felsen.

«Wartet! Ich habe das Wasser versehentlich verschüttet.»

Ihre Stimme verklang, ohne dass jemand Antwort gegeben hätte.

Sy-Bita traten Tränen der Enttäuschung ins Gesicht.

Sie, die niemals Rücksicht nahm, spürte mit einem Mal, wie wenig sie dieser veränderten Situation entgegenbringen konnte. Was hatte Gorm nur vor? Wollte er ihr beweisen, wie sehr er sie bereits jetzt in seinen Fängen hatte? Bereits jetzt. Auch ohne einen Körper.

Wenn das sein Ansinnen war, hatte er sein Ziel bereits erreicht.

Sy-Bita stand auf, um ihr Gesicht zwischen die Gitterstäbe zu drücken.

«Du hast gewonnen. Ich gebe es zu.»

«Machdirnichtsvorerkanndichnichthören.»

Wie aus dem Nichts stand der Qwarn wieder vor ihr.

«Tritteinstückzurück. Hierhastduneueswasser. Verschütteesnichtwieder!»

Wie eine Verdurstende stürzte Sy-Bita sich auf den vollen Becher. Dabei aber so vorsichtig, dass sie nicht wieder etwas verschüttete.

Sie nahm einen großen Schluck. Und spuckte ihn sofort in hohem Bogen wieder aus.

«Was ist das? Ihr Schweine. Es stinkt, wie es schmeckt.»

«Esistjauchgenaudas. Frischeswasseristknapphierunten. Duweißtdas.»

Ein hämisches Kichern folgte. Dann verklangen die Schritte auf dem Fels.

In hohem Bogen feuerte Sy-Bita den Becher in die Nacht.

«So weit bekommt ihr mich nicht. Niemals.»

Als ihre Wut langsam abflaute, nahm sie sich den Teller und tastete nach den Speisen.

Angewidert fuhr sie zurück.

Haarige, pelzige Fleischstücke. Lange dürre Beine, die abgerissen neben dem Körper lagen.

Auch dieser Teller nahm denselben Weg wie der Becher zuvor.

«Ihr seid ekelhaft. Lieber verhungere oder verdurste ich, bevor ich euren Fraß esse.»

Wie schnell sie ihren eigenen Worten untreu werden würde, hätte Sy-Bita nicht für möglich gehalten. Bereits einen Tag später, nahm sie die Flüssigkeit zu sich. Unter Schaudern zwar, doch ihr Durst zwang sie dazu.

Als sie einen weiteren Tag später an den toten Körpern nagte, die man ihr brachte, erkannte sie sich bereits selbst nicht mehr wieder.

Sie würde bei Kräften bleiben müssen. Zum Guten oder zum Schlechten. Das wusste nur Gorm.

66 Ein überraschender Fund

Immer wieder sah Targor sich um, während er über die Ebene hastete, die in tiefer Dunkelheit lag. Ein Blick zu den Sternen am wolkenlosen Himmel zeigte ihm, dass es noch einige Stunden bis zum Sonnenaufgang dauern würde.

Unter den Rippen stach es ihn bereits seit geraumer Zeit. Aufgrund der langen Phasen der Gefangenschaft und dem Raubbau an seinen Körperkräften durch einen fremden Willen, hatte er seine derzeitig vorhandenen Kräfte weit überschätzt. Trotzdem wagte Targor nicht, eine Pause einzulegen. Wenn er auch nicht wirklich glaubte, dass man ihm folgen würde, wollte er sich dessen trotzdem nicht zu sicher sein. Welchen Grund sollten sie haben, nach ihm zu suchen? Er war ein Besucher, der sie ungebeten aufsuchte. Dem sie Platz an ihrem Feuer boten. Wenn er sich nun entschlossen hatte weiterzuziehen, war das seine eigene Entscheidung. Er hatte nichts mitgenommen, bis auf ein wenig Nahrung und Wasser.

Dennoch wurde Targor das Gefühl nicht los, dass sein überhastetes Verschwinden in der Nacht Misstrauen erwecken könnte. Besser, er brachte so viel Strecke zwischen sich und diese fremden Nomaden, wie nur irgendwie möglich. Er würde nicht in der Lage sein, Flucht zu ergreifen, die Aussicht auf Erfolg hätte, sobald sie in Sichtweite kamen.

Als der Morgen langsam aufzog, war Targor endlich davon überzeugt, weit genug gekommen zu sein. Selbst wenn die Bewohner des Lagers jetzt erwachten, würde es für sie keinen Sinn mehr haben, ihm zu folgen.

Targor war heilfroh, festzustellen, dass das erste Licht des neuen Tages jetzt die Dunkelheit vertrieb. Damit reduzierten sich auch die Gefahren, die ihm in einer unbekannten Gegend drohten. Mehrfach war er stehengeblieben, um zu lauschen, wenn er Geräusche vernahm, die ihm verdächtig vorkamen. Obwohl er das Erlebnis mit diesen seltsamen Spinnen überlebt hatte, war ihm die Aussage des Mannes am Feuer auf den Magen geschlagen. Ein weiteres Mal wollte er das Schicksal nicht herausfordern.

Nicht ganz eine Stunde zuvor, wurde er von einem Rascheln aufgeschreckt, das in seiner Intensität in Windeseile zunahm. Augenblicklich stand das Bild einer Armada von Spinnen vor seinem geistigen Auge. Weit und breit gab es keine Möglichkeit des Unterschlupfs. So legte Targor sich flach auf den Boden, um die Tiere nicht auf sich aufmerksam zu machen.

Ein erleichtertes Kichern entfuhr ihm, als er erkannte, wovor er in Deckung gegangen war. Eine große Anzahl von wilden Kaninchen. Zumindest erinnerten ihn diese Nager entfernt an solche. In einem aberwitzigen Tempo zogen sie an ihm vorbei. Verwundert sah Targor ihnen hinterher, um kurz darauf den Grund für ihre Flucht wahrzunehmen. Tausende der Spinnen rannten auf ihre ungelenk wirkende Art hinter den fliehenden Kaninchen her. Targor beobachtete mit einem morbiden Interesse, was sich vor ihm abspielte. Als die Marsandt-Spinnen den Nagern nahe genug kamen, sprangen sie mit einem unvorstellbaren Satz auf den Rücken der Tiere, um sich dort zu verbeißen. Innerhalb von Sekunden war das Opfer unter der Flut schwarzer Körper nicht mehr zu erkennen.

Als die Spinnen weiterzogen, blieben nur blanke Knochen zurück.

Das Gefühl, als die Spinnen über ihn krabbelten, war schlimm genug. Jetzt, aus der Entfernung zu sehen, was sie mit ihren Opfern taten, war eindeutig schlimmer. Plötzlich kam Targor zu Bewusstsein, wie nahe er dem Tod gewesen war. Hätten sie ihn töten wollen, so hätte er diesem Ansinnen nichts entgegenzusetzen gehabt.

Das Herz schlug Targor schmerzhaft gegen die Rippen.

«Verdammt, verdammt, verdammt», murmelte er und erhob sich erst wieder, als er völlig sicher sein konnte, dass mit Nachzüglern nicht mehr zu rechnen sein würde.

Erst in dem Moment als er tatsächlich aufstand, stellte er fest, wie wacklig er sich auf seinen Beinen fühlte. Der Schrecken, der vor seinen Augen in den vergangenen Minuten abgelaufen war, hatte ihn stärker mitgenommen als er sich selbst eingestehen wollte.

Als Targor wieder loslief und nach vorne blickte, entdeckte er in der Ferne etwas, das seine Aufmerksamkeit erregte. Es war nicht mehr als eine dunkle Stelle, die sich von der Umgebung ein wenig in der Farbschattierung unterschied.

Erst als der Wanderer nur noch wenige Schritte davon entfernt war, erkannte er, dass sich hier vor wenigen Tagen ein Lager befunden haben musste, das aber bereits seit längerer Zeit verlassen war.

Warum ihn dieser Platz zum Bleiben anregte, wusste Targor selbst nicht zu sagen. Es war, als ginge eine magische Anziehungskraft von ihm aus.

Der Mann hockte sich auf den Boden und ließ seine Hand durch einen kleinen Haufen Asche fahren, der sich geradewegs vor seinen Füßen befand. Was hier gebrannt hatte, war Targor schleierhaft. Doch es musste eine geradezu infernalische Hitze von sich gegeben haben. Es war nicht nur das Material, das hier zu feiner Asche pulverisiert wurde. Auch bis tief in den Boden hatte sich das Feuer gegraben.

Wenn Menschen diesem Feuer zu nahe gekommen waren, dann Gnade ihrer Seele.

Targor sah sich suchend um, konnte aber nichts erkennen, das Hinweis darauf gegeben hätte, jemand sei in Mitleidenschaft gezogen worden. Er umrundete den verlassenen Platz, ohne eine Antwort darauf geben zu können, nach was er Ausschau hielt oder was ihm so wichtig an dieser Stelle war. Er war nahe daran, wieder umzudrehen, als er einige feine Krümel auf dem Boden entdeckte. Targor bückte sich danach und hob sie auf.

«Ich will nicht mehr Targor heißen, wenn das nicht Tabakkrümel sind», murmelte er und rieb den Tabak zwischen Daumen und Zeigefinger seiner rechten Hand.

Als er die Finger zur Nase führte und den Geruch aufsog, hellte sein Gesicht sich auf.

«Das ist zweifellos der alte stinkende Tobak von Steinwart. Verdammter Zwerg, was hat dich hierher verschlagen? Mit wem bist du hier gewesen? Ach verdammt, könnte die Asche doch reden, um mir zu berichten, was hier vorgefallen ist.»

Targor sah sich um.

Zurückgehen würde er nicht. Auf gar keinen Fall.

Die Richtung, die er eingeschlagen hatte, schien die richtige zu sein.

«Auf jeden Fall weiß ich, dass ich auf euren Spuren bin. Hätte ich mich doch nur etwas mehr für die geographischen Gegebenheiten dieses Landes interessiert!»

Targor nahm ein kleines Stück abseits der Feuerstelle Platz.

Er nahm einen großen Schluck von dem mitgenommenen Wasser und aß einen Fetzen des entwendeten getrockneten Fleisches. Es schmeckte geradezu penetrant nach einer Tiergattung, die ihm nichts sagte. Aber Hauptsache war, die Nahrung war dazu geeignet seinen Hunger zu stillen. Ein weiterer Schluck Wasser vertrieb den muffigen Nachgeschmack.

Targor nahm seine Jacke und drehte sie zu einer Unterlage für seinen Kopf. Er sah sich noch ein letztes Mal prüfend um. Dann schloss er die Augen und schlief umgehend ein.

«Targor? Targor? Hörst du mich?»

Eben noch in tiefem Schlaf, schrak Targor hoch.

Jemand hatte ihn gerufen. Barinas Stimme?

Er hatte sich das doch nicht eingebildet. Aufmerksam sah er sich erneut um. Vermutlich nur ein Traum.

Kurz darauf schlief er wieder tief und fest.

«Targor. Wach nicht auf. Nur wenn du schläfst, bist du in der Lage, meine Worte zu hören. Frage dich nicht, wieso. Es liegt an der Magie dieses Ortes. Hier ist etwas geschehen, das uns verändert hat. Melinae …»

So sehr Targor sich auch bemühte, er schaffte es nicht, in diesem Zwischenbereich zwischen Traum und Wirklichkeit zu bleiben.

Als er die Augen wieder öffnete, brach Barinas Stimme

abrupt ab. Was hatte sie ihm erzählen wollen? Irgendetwas von Melinae? So sehr Targor sich auch bemühte, er fand nicht mehr in den Schlaf zurück.

Entnervt stand er auf, um weiterzuziehen.

Hierzubleiben würde keinen Sinn ergeben.

67 Unter Wasser

Die Gruppe um Steinwart und Barina schlief noch immer tief und fest. Niemandem fiel auf, was um sie herum vor sich ging.

Der Wasserschlauch gab ohne Unterlass seinen kostbaren Inhalt von sich. Über die salzige Kruste des Bodens hatte sich bereits ein weit ausgedehnter Wasserspiegel gelegt. Das Wasser war nicht in der Lage, im Boden zu versickern. Doch sehr wohl besaß es die Eigenschaft, die Kruste aufzuweichen. Die Kruste eines Bodens, der bereits seit hunderten von Jahren keinen einzigen Tropfen Wasser gesehen hatte.

Steinwart lag ein kleines Stück abseits der restlichen Gruppe. Er gehörte zu denjenigen Geschöpfen, die sich im Schlaf immer wieder drehten. Damals, auf der Treppe, die unsichtbar vom Pfad der Zwerge in die Tiefe führte, war das dazu geeignet gewesen, ihn in Angst und Schrecken zu versetzen. Immer in dem Bewusstsein verhaftet, dass er jeden Moment von einer der Stufen hinabstürzen könnte, war er in regelmäßigen Abständen aufgeschreckt. Vielleicht hatte ihm das seinerzeit sein Leben gerettet.

Hier aber war das etwas anderes.

Er musste keine Angst haben. Befand er sich doch auf sicherem Untergrund.

Das stimmte.

Aber nur, solange das Salz nicht mit einem endlosen

Strom von Wasser in Berührung kam.

Die Oberfläche begann aufzuweichen und nahm den Zwerg Stück für Stück mit sich. Immer tiefer sackte Steinwart in den aufweichenden Boden hinein.

Als er ein Gluckern von Flüssigkeit vernahm, war es bereits zu spät. Er war dem unterirdischen Salzsee so nah, dass nur noch eine Kleinigkeit fehlte, die elastische Decke, auf der er lag, reißen zu lassen.

Der Fuchs ließ ein erschrockenes Jaulen, gefolgt von einem hohen Bellen von sich.

In diesem Moment brach Steinwart ein.

«Hilfe», kam noch von seinen Lippen. Dann schlug der Wasserspiegel über dem Nichtschwimmer zusammen.

Karlotta kam augenblicklich zu sich, als sie den erstickten Ruf Steinwarts registrierte.

Hellwach erfasste sie mit einem einzigen Blick die Situation.

«Vorsicht! Kommt dem Bereich nicht zu nahe. Fram, schließ den Wasserschlauch. Vererzt und abgeklopft. Wir müssen Steinwart helfen. Er kann doch nicht schwimmen.»

Im letzten Moment fiel Karlotta ein, den Beutel mit Salz auf sicheres Terrain zu legen.

«Pass gut darauf auf!», wies sie Melinae an.

Sie stand auf, um ein Stück nach vorne zu hetzen und ließ sich auch nicht von Barina aufhalten, deren Hand sich in dem Hemd der Zwergin verkrallte. Ohne zu überlegen sprang Karlotta in das offene Loch, Steinwart hinterher.

Als das salzige Wasser auch über ihr zusammenschlug, begriff die Zwergin, dass sie hier unten nicht mit offenen Augen würde schwimmen können. Das Salz brannte so entsetzlich, dass sie nichts sehen konnte. Verzweifelt versuchte Karlotta es immer und immer wieder. Wenn sie wenigstens einen Schatten wahrgenommen hätte! Eine Richtung, in der Steinwart zu vermuten war. Doch nichts war erkennbar.

Hilflos ruderte sie mit ihren Armen und stocherte in die Dunkelheit.

Als sie fast aufgeben wollte, weil sie keine Atemluft mehr bekam, packten ihre Hände in ein Büschel Haare.

Steinwarts Bart.

Ohne Rücksicht auf die Gefühle des Zwerges zu nehmen, riss sie an seinem Vollbart. Steinwart gab kein Lebenszeichen mehr von sich.

Karlotta öffnete erneut versuchsweise ihre Augen.

Sie wusste bereits nicht mehr, wo sie sich befand.

Wenn das Einstiegsloch zu weit entfernt war, um dieses wiederzufinden, würden sie beide hier sterben.

An der Oberfläche robbte Fram immer näher an das Loch heran, welches die beiden Zwerge verschlungen hatte.

«Haltet mich fest dort hinten», gab er klare Anweisungen.

Melinae packte ihn bei seinen Füßen. Als nächster folgte Sam. Dann Farim.

«Wenn ihr mich abrutschen lasst, bekomme ich sie nicht mehr zu packen. Also strengt euch an.»

Fram rutschte vorsichtig noch ein Stück vorwärts, bis er spürte, dass ihn nicht mehr der Untergrund hielt, auf dem er lag, sondern ihm nur noch die Arme der Freunde Halt gaben.

Er streckte seine eigenen Arme in das Nass vor ihm. Immer in der Hoffnung, eine Hand zu spüren, die nach der seinen griff.

Rudernd bewegte er seine Hände von rechts nach links, vor und zurück.

«Bei den Göttern. Karlotta, wo seid ihr?»

Ein fester Griff an seinen Händen ließ ihn überrascht aufschreien.

«Ich habe ihn. Oder sie. Oder wen auch immer. Zieht mich vorsichtig zurück.»

Langsam und unendlich vorsichtig zogen die Freunde ihn nach hinten.

Zwar ging es Fram nicht schnell genug, zumal er wusste, unter welcher Luftnot Steinwart und Karlotta leiden mussten, doch er wusste, dass es nur so Aussicht auf Erfolg haben würde.

Als erstes kam Karlottas Kopf an die Oberfläche. Hustend und spuckend rang sie nach Luft.

«Steinwart», keuchte sie. «Kümmert euch nicht um mich. Er atmet nicht mehr.»

Über Frams Rücken hinweg krabbelte die Zwergin vorsichtig auf festes Gelände. Fram hatte inzwischen Steinwart in festem Griff und wartete darauf, dass man den Zwerg ebenfalls auf sicheren Untergrund brachte. Als dies vollbracht war, wurde endlich auch Fram selbst aus seiner misslichen Lage befreit.

Barina pumpte bereits wie eine Irrsinnige auf Steinwarts Brust. Zwischendurch spendete sie ihm Atemluft. Und endlich führte ihr Tun zum Erfolg. Hustend erbrach Steinwart die salzige Brühe.

«Ich habe Durst», keuchte er aus wunder Kehle.

Die Freunde lachten befreit auf.

«Ich meine, du hättest bereits genug Flüssigkeit zu dir genommen, vermaledeiter Zwerg. Kann man dich nicht einmal im Schlaf alleine lassen?»

Auch wenn Barinas Worte in diesem Moment vorwurfsvoll klangen, drückten sie weitaus mehr grenzenlose Erleichterung aus. Sie reichte Steinwart den Wasserschlauch, damit er sich daran satttrinken konnte.

«Jetzt verschließe ich ihn richtig», erwiderte er lächelnd, als er den Schlauch weiterreichte.

«Das passiert mir nicht noch einmal.»

Er stand auf und drückte Karlotta einen Kuss auf die Wange.

«Ich danke dir, mein Mädchen. Zum wievielten Mal eigentlich?»

Karlotta strahlte.

68 Geknebelt

Schon lange bevor Sy-Bita hörte, geschweige denn sah, dass der Qwarn sich näherte, roch sie bereits seine Ausdünstungen. Bisher war niemals ein Anlass gewesen, zu fragen, weshalb diese Ungeheuer mit einem solch penetranten Geruch versehen waren. Lag es an der Gegend, in der sie ins Leben gerufen wurden? Einem Leben, welches eigentlich kaum als solches zu bezeichnen war?

Sy-Bita ertappte sich dabei, wie sie sich Vorwürfe machte, nicht mehr hinterfragt zu haben. Nicht, weil diese Wesen es verdient hätten, sich mit ihnen zu beschäftigen. Vielmehr lag stattdessen der Grund wieder einzig und alleine in ihrer persönlichen Situation.

Mit einem unwirschen Hieb durch die Dunkelheit, befreite Sy-Bita sich von diesen Gedanken. Es war müßig, sich mit dem Hätte, Wenn und Aber zu beschäftigen. Sie war in dieser neuen Situation gefangen. Und nun galt es, für sich selbst das Beste daraus zu machen. Erst wenn sie wissen würde, in welcher Richtung Gorm vorhatte, sie zu manipulieren, erst dann würde sie in der Lage sein, Gegenmaßnahmen zu ergreifen.

Quietschend öffnete sich das verrostete Gitter vor ihrem Gefängnis.

«Kommmit. Erwartetaufdich.»

Sy-Bita musste nicht lange überlegen, wer gekommen war, sie zu holen.

Da sie nicht davon ausging, es wären mehrere von ihnen

der Sprache mächtig, so konnte es sich nur um ihren speziellen Freund handeln.

«Ja, ja, ja. Hetz eine alte Frau nicht. Ich komme ja schon.»

Als sie sich jetzt hochstemmte, notierte sie, wie viel Kraft bereits die wenigen Tage in diesem Gefängnis gekostet hatten. Plötzlich kam sie nicht umhin, Targor zu bewundern, der eine viel längere Zeit als sie selbst hier verbrachte.»

«Sag mal ...» Mit einem honigsüßen Tonfall wandte Sy-Bita sich an ihren Bewacher.

«Ich habe nie danach gefragt, wie eure Wünsche aussehen. Oder eure Vorstellungen. Vielleicht war ich manches Mal sogar grob zu euch. Wenn ich ehrlich bin, tut mir das leid. Warum können wir nicht versuchen, diesen Zustand zu verändern? Einfach neu anfangen ...»

Ein heftiger Hieb in ihr Gesicht, bremste den Redeschwall.

Mehr erschrocken als überrascht tastete Sy-Bita an ihre Lippen.

Sie hielt die Hand vor das Gesicht. Obwohl es dunkel war, konnte sie das Blut erkennen. Erregtes Schnüffeln rings um sie herum war ein Zeichen, dass es nicht nur ihr so erging.

«Erhatunsmitgeteiltdusollstnurredenwenndugefragtwirst. Erwirdseinengrunddafürhaben.»

Sy-Bita beschloss, sich ruhig zu verhalten. Es würde sie nicht weiterbringen, zeigte sie sich jetzt aufsässig. Natürlich hatten die Qwarn kein Interesse daran, ihr größeren körperlichen Schaden zuzufügen. Dazu waren vermutlich Gorms Anweisungen zu eindeutig. Trotzdem hatten sie es in der Hand, ihr das Leben zur Hölle zu machen.

Sie hatte es oft genug erlebt, wenn sie selbst es war, die diese Teufel von der Kette ließ.

Schon bevor sie die Höhle erreichten, in der Gorm erneut gefangen war, stellte Sy-Bita eine Veränderung fest. Im ersten Moment wurde ihr nicht einmal bewusst, worin genau diese

Veränderung lag. Dann aber fiel es ihr wie Schuppen von den Augen. Die Höhle war taghell erleuchtet. Die Fackeln, die üblicherweise hier ihr Licht verbreiteten, waren um ein Vielfaches übertroffen. Hunderte steckten in den hier angebrachten eisernen Haltern, aber auch an allen möglichen Stellen, an denen sie sich platzieren ließen.

«Was soll das? Wozu benötigt ihr so viel Licht?»

Ein harter Stoß in den Rücken brachte Sy-Bita zum Stolpern.

Sie schlug der Länge nach hin. Ein brennender Schmerz an ihrem rechten Knie ließ vermuten, dass sie eine klaffende Wunde davontrug. Instinktiv versuchte Sy-Bita, sich in ihr Altes Ego zu verwandeln. Ergebnislos. Irgendwie musste es Gorm gelungen sein, ihr Fähigkeiten zu nehmen, von denen sie bisher dachte, diese seien unangreifbar.

Wild schüttelte sie ihren Kopf.

«Ihr seid doch alle verrückt geworden. Aber das wird euch noch leid tun. Ihr werdet den Tag erleben, an dem …»

Ein noch härterer Schlag, als vorher in der Dunkelheit, ließ ihre Lippe weiter aufplatzen. Das erste Mal in ihrem Leben fühlte Sy-Bita sich dermaßen erniedrigt, dass sie am liebsten auf der Stelle losgeheult hätte. Sie riss sich aber krampfhaft zusammen. Diese Blöße würde sie sich nicht geben. Auf gar keinen Fall!

Andererseits stellte sie bei einem Blick in die Runde fest, wie hohl ihre, aus der Wut und Verzweiflung geborenen Worte, geklungen haben mochten. Mehr und immer mehr der Qwarn strömten in die unterirdische Welt. Sy-Bita hätte niemals zuvor gedacht, dass es so viele von ihnen gab. Das Atmen wurde zur Qual. Sie würde nicht mehr lange widerstehen können, dann müsste sie die Flucht ergreifen. In ihrer Brust formte sich etwas, das einer Panik gleichkam. Egal welche Konsequenzen ihr Verhalten nach sich ziehen würde, sie musste hier weg.

Sie zitterte am ganzen Körper. Atmete hektisch. Malte sich in Gedanken den besten Fluchtweg aus. Einen Fluchtweg, den es nicht gab. Ihr angeschlagener Verstand sagte ihr etwas anderes. Als Sy-Bita bereit war loszulaufen, war es bereits zu spät. Mit einem blitzschnellen Griff packte der Qwarn, der sie hierher führte, zu.

«Wowillstdudennhin? Hieristdeinplatz.»

Er stieß die Frau zu dem Baumstumpf hin, der nun bereits seit mehr als zwei Jahren Gorms Geist beherbergte.

«Dusiehstdiesechnallen? Siesindimmernochda. Gormhatfüreinenkurzenmomentdiefreiheitgenossen. Jetztwillersieerneut. Undweißtduwassybita? Du erscheinstihmalsdasgeeignetemedium. Übergangsweise.»

Der Qwarn drückte Sy-Bita zu Boden.

Sie war viel zu perplex, um auch nur an Gegenwehr zu denken.

«Das ist jetzt nicht dein Ernst. Gorm, das kannst du nicht wirklich vorhaben.»

Ihre Stimme wurde schrill, während sie beobachtete, wie ihr Bewacher den Kopf schief legte. So als lausche er einer Stimme, die zu weit entfernt war, um sie sauber und unmissverständlich zu verstehen.

«Nein. Nein. Nein.»

Sy-Bita wiederholte ihre Rufe, bis es dem Qwarn zu viel wurde.

Er packte sich das, was ihm am nächsten lag und stopfte es Sy-Bita in den Mund. Ein schmutziger Lappen, um ihren Mund gewickelt, verhinderte, dass der verweste und eingetrocknete Körper einer Maus wieder ausgestoßen wurde.

Sy-Bitas Augen wurden größer und größer. Sie würde sich nicht mehr lange beherrschen können. Wenn sie sich jetzt erbrach, würde sie ersticken. Soviel stand fest.

Auch der Qwarn schien dieses Problem erkannt zu haben.

Hastig, als habe er eine Anweisung erhalten, löste er den Lappen.

Sy-Bita spuckte den toten Körper aus und erbracht gleich hinterher alles, was sie gefühlsmäßig in den letzten Tagen zu sich genommen hatte.

«Dusolltestjetztstillsein. Obernochmalsrücksichtnimmt? Ichwürdemichnichtdaraufverlassen.»

Jetzt endlich konnte sie ihre Tränen nicht mehr zurückhalten.

Sy-Bita weinte wie ein kleines Kind.

Sie ließ sich festbinden und jegliche Gegenwehr erstarb.

Hatte sie nicht damit gerechnet, dass es so kommen würde?

69 Gestrandet

Nur noch wenige Tage bis Belugio. Bei allen Göttern, ich freue mich auf etwas Anständiges zu essen, frisch gezapftes Bier und auch …»

Ein breites Grinsen überzog das Gesicht des Matrosen.

«Hier an Bord haben sie nichts verloren. Aber an Land …». Genießerisch leckte sich der junge Mann die Lippen, die von der rauen Luft rissig und aufgesprungen waren,

«Smutje, da lernst auch du endlich mal, was gut für uns ist. Nicht immer nur dein Einheitsfraß.»

Die Art, wie der Matrose diese Worte aussprach und dabei spielerisch dem Schiffskoch in die Rippen boxte, war Zeichen genug, dass er das Gesagte nicht ernst meinte. Der Smutje war ein erfahrener alter Hase. Er wusste sehr gut mit dem Spott seiner Mitfahrer umzugehen. Es war nicht seine erste Fahrt. Und wenn die Götter es zuließen, würde es auch nicht die letzte sein. Doch mochte die Mannschaft auch von Schiff zu Schiff wechseln, letzten Endes kam es immer auf dasselbe hinaus. So froh sie zu Anfang waren, sich die frische Brise des unendlichen Meeres um die Nase wehen lassen zu können, so glücklich waren sie, wenn sie den Heimathafen wieder erreichten. Immer das gleiche Lied.

«Du wirst dich noch einmal nach meinem Essen sehnen. Auf dem nächsten Kahn, auf dem du anheuerst, würdet ihr glücklich sein, wenn ich euch unter meine Fittiche nähme.»

Alle lachten und Spott folgte auf neuen Spott.

Der Koch schaute auf die Strichliste oberhalb seiner Kochstelle.

Von Anfang an hatte er sich angewöhnt, die Tage zu zählen. Von der Abfahrt bis zur Wiederkehr. Manchmal waren es nur kurze Listen, manchmal aber fügte sich Strich an Strich. All diese zahllosen Seiten hatte er aufgehoben. Sie befanden sich in seiner Kajüte und er hütete sie wie seinen Augapfel. Machten sich hin und wieder die anderen über seinen Tick auch lustig, so war ihm das im Grunde egal. Was er tat, zählte nur für ihn selbst.

Ein versonnener Blick auf den derzeitigen Stand.

Es war eine der längeren Reisen, wenn auch beileibe nicht die längste gewesen. Die Mannschaft verstand sich gut. Der Kapitän war ein gutmütiger Bär von einem Mann. Er ließ die Matrosen gewähren, so lange alles so lief, wie er es sich vorstellte. Handelte man den nicht ausgesprochenen Gesetzen an Bord jedoch entgegen, konnte er auch äußerst ernst werden. Ohne dabei aber jemals die Fassung zu verlieren.

Dieser Mann verdiente sich seinen Respekt durch sein Fachwissen und die Art, wie er die Menschen führte. Nichts weiteres benötigte er.

Der Koch zuckte zusammen, als urplötzlich die Tür zur Kombüse aufflog.

Der Mann, an den er eben noch gedacht hatte, stand im Raum. Hinter ihm wehte kühle Luft einer beginnenden Nacht herein.

«Wenn ihr gegessen habt, bitte ich euch, mit an Deck zu kommen.»

Alle wendeten ihre Blicke in Richtung des Schiffsführers.

So verstört hatten sie ihn noch nie erlebt. Sein Blick flog irre hin und her. Seine Kiefer mahlten unaufhörlich.

«Was gibt´s?»

Jedem war klar, dass dumme Scherze an dieser Stelle überflüssig waren.

Es musste etwas Ernstes vorgefallen sein, was den Kapitän dermaßen aus der Fassung brachte.

Fast gleichzeitig zogen die Männer ihre Stühle zurück, um dem breitschultrigen Mann zu folgen, der gerade im Begriff war, die Kombüse wieder zu verlassen.

Die Gespräche waren ausnahmslos verstummt. Dort, wo eben noch Heiterkeit und gute Laune herrschte, blieb jetzt nur noch angespannte Stille.

Jeder nahm sich seine Jacke vom Haken und zog diese eilig im Gehen über.

Die Nächte waren in dieser Region empfindlich kalt.

Da das Schiff bei ruhigem Wetter gut auf Kurs lag, waren die meisten froh, nicht zum Nachtdienst eingeteilt zu sein. Es gab Schöneres, als sich am Steuerruder die Hände abzufrieren.

Der Schiffsführer blieb stehen und schaute fragend in die Runde. Es blieb kurz still. Niemand sprach ein Wort.

Die Männer sahen sich um, bis es ihnen plötzlich auffiel, was hier nicht stimmte. Die Segel blähten sich im Winde.

Eigentlich hätten sie gute und schnelle Fahrt machen müssen. Doch die Albatros bewegte sich allen Naturgesetzen zum Trotz, kaum von der Stelle.

Wobei auch das nicht stimmte.

Der junge Matrose, der eben noch Wortführer in der Kombüse war, trat an die Reling und schaute angestrengt in das dunkle Wasser.

«Das ist doch unmöglich. Wir bewegen uns gegen den Wind.»

Selbst in der Dunkelheit war zu erkennen, wie er fast jegliche Farbe verlor.

«Was hat das zu bedeuten?»

Mit lauten Geräuschen klatschte der Schiffsführer in seine Hände.

«Ich beobachte es bereits eine geraume Zeit. Zuerst dachte ich, wir seien zum Stillstand gekommen. Hätten uns irgendwo verfangen. Schnell wurde mir klar, dass das unmöglich ist. Was sollte hier auf hoher See schon existieren, das ein Schiff unserer Größe zur Bewegungslosigkeit verdammen könnte? Das aber, was wir jetzt zu sehen bekommen, verstehe ich noch viel weniger.»

Er sah sich erneut aufmerksam um.

Sein Blick drückte aus, dass er zu seiner gewohnten Ruhe zurückfand.

«Es gibt für alles einen Grund. Also auch für das, was augenblicklich mit uns geschieht. Ich werde mich nicht verrückt machen lassen. Das erwarte ich auch von euch. Egal was geschieht, wir werden gewappnet sein.»

Die Gesichter seiner überwiegend jungen Matrosen drückten dennoch Ratlosigkeit aus.

Als die ersten Gespräche aufflammten, wurden diese plötzlich durch einen lauten Ruf aus dem Ausguck unterbrochen.

«Land. Da ist Land in Sicht. Die Albatros schiebt langsam auf die Landmasse zu, die sich vor meinen Augen auftut.»

Wie auf ein geheimes Kommando hin, stürzte die Mannschaft zum Bug.

Diejenigen, die es nicht schafften in vorderster Reihe zu stehen, suchten sich einen erhöhten Platz auf den sorgsam gewickelten Tauen oder anderen Gegenständen, die sich eigneten, darauf zu stehen.

Der Kapitän schaute nach oben.

«Kannst du etwas sehen, das sich unter der Albatros befindet. Beim Klabautermann, es muss doch erkennbar sein, was uns in Richtung des Landes schiebt. Wenn wir es nicht aufhalten können, werden wir unweigerlich auflaufen. Dann kommen wir von hier nicht mehr fort.»

Kaum hatte er das gesagt, verlangsamte sich die Fahrt des Schiffes, bis es zum vollständigen Halt kam. Obwohl kein Anker geworfen war und obwohl die Segel noch immer hochgezogen an den Masten hingen, herrschte vollständige Ruhe.

«Selbst das habe ich versäumt», murmelte der Schiffsführer beim Blick auf die Segel.

«Holt sie ein!»

Diese Anweisung war eher geflüstert, als laut in die Runde gerufen. Trotzdem verstand die Mannschaft und machte sich an die Arbeit. Froh, eine Ablenkung zu erfahren.

Von irgendwo her erklang eine Stimme.

«Wohin hat es uns eigentlich verschlagen?»

Der Kapitän sah sich um.

«Das sind die Salzseen von Birudur. Totes Land. Ich wünschte, ich wüsste, warum wir hier gestrandet sind.»

70 Glückliche Fügung

Resigniert lief Steinwart am Ufer des Meeres entlang. Fram hatte ihnen aufgegeben, nach einer Möglichkeit Ausschau zu halten, wie sie diese unwirtliche Gegend verlassen könnten. Karlotta lief einige Schritte hinter dem Zwerg, als sie plötzlich rief, er solle kurz stehenbleiben.

«Warte mal eben, mein Zwerg. Ich habe mir einen Stein in meine Sandalen getreten. So kann ich nicht weitergehen.»

Steinwart blieb stehen und drehte sich um, froh, einen Grund zu haben, nicht mehr weiterlaufen zu müssen. Ohnehin schon mehr als genervt von einem aussichtlos erscheinenden Gang.

«Was soll uns hier schon begegnen? Was sollen wir hier finden, das uns eine Rückkehr ermöglicht? Ein Wunder vielleicht? Ja, ganz bestimmt.»

Karlotta schaute grinsend auf.

Steinwart war auf dem besten Wege, sich in Rage zu reden. Wenn nicht alles nach seinem Kopf ging, konnte er sehr schnell unleidlich werden. Karlotta wusste, dass sie ihn unterbrechen musste, indem sie ihn ablenkte.

«Du musst mir bitte kurz helfen. Ich bekomme diese Schnalle nicht auf. Meine Finger sind ein wenig geschwollen.»

Steinwart verstummte bereits bei den ersten Worten.

Er wusste sehr wohl, was Karlotta damit bezweckte, ihn zu sich zu rufen. Und wenn er ehrlich zu sich selbst war, musste er zugeben, dass er sehr froh über diesen Umstand war. Trotzdem würde er noch ein wenig den Griesgram spielen. Schon alleine um Karlotta das Gefühl zu geben, dass sie Erfolgt mit ihrem Tun hatte.

Was nun auch wiederum Karlotta wusste.

Es war wie ein ausgeklügeltes Spiel unter zwei Freunden, die sich bereits ein Leben lang kannten.

«Hyazintha, das passt», murmelte Steinwart.

«Was hast du gesagt, mein Zwerg?»

«Ach, nichts. Vergiss es.»

Steinwart kniete sich neben Karlotta, zog ihr die Schuhe von den Füßen und begann, diese sorgfältig zu massieren.

Mit einem wohligen Seufzer ließ Karlotta sich zurücksinken.

«Ich wünschte, wir wären schon wieder zuhause.»

Fast dämmerte die Zwergin in einen leichten Schlaf, als ihr bewusst wurde, dass ihr Freund urplötzlich aufgehört hatte, ihre Füße zu kneten.

«Mach weiter. Das tut unendlich gut.»

Steinwart gab keine Antwort, ließ aber auch den Fuß nicht los, den er augenblicklich zwischen seinen Händen beherbergte.

«Sei mal still», flüsterte er. «Mir ist, als habe ich etwas gehört.»

Karlotta zog ihr Bein zurück und setzte sich auf.

Ebenso wie Steinwart hielt sie den Atem an und lauschte mit schiefgelegtem Kopf.

«Du hast es dir nicht eingebildet. Ich höre auch etwas. Das ist … das sind …»

Genau in diesem Moment schob sich ein riesiger Schatten aus der Dunkelheit und kam nicht weit von ihnen entfernt zum Stillstand.

«Ich werde verrückt. Das ist ein Schiff. Bei den Göttern,

vererzt und abgeklopft, das ist ein Schiff. Karlotta, was sagst du dazu?»

Karlotta stand schon lange und begann, der Mannschaft an Bord des Seglers vehement zu winken.

«Bist du wahnsinnig?», zischte Steinwart. «Du weißt doch gar nicht, was sie für Absichten haben.»

Kurze Zeit hielt die Zwergin inne.

Dann winkte sie erneut. Stärker als zuvor.

«Haben wir nicht nach einer Möglichkeit gesucht, die Salzseen zu verlassen? Ich will nicht mehr Karlotta heißen, wenn sie uns nicht gerade präsentiert wird. Es wäre mehr als fahrlässig, diese Chance ungenutzt zu lassen.»

Steinwart schüttelte den Kopf.

«Ja natürlich. Das sehe ich nicht anders als du. Aber wir sind alleine hier. Denk nach. Wir haben keine Möglichkeit, uns unserer Haut zu erwehren, wenn sie alles andere als harmlos sein sollten.»

Karlotta lächelte.

«Du bist ein Angsthase. Uns droht keine Gefahr. Das weiß ich. Verlass dich nur auf mein Gefühl. Außerdem ist es sowieso bereits zu spät. Sie haben uns entdeckt.»

Ein riesenhafter Mann stand am Bug des Schiffes und formte seine Hände vor seinem Mund zu einem Trichter.

«Wer seid ihr?»

Steinwart schüttelte sich.

Der Mann klang harmlos. Jetzt nur nicht die Gelegenheit verstreichen lassen.

«Wir sind eine Gruppe von Gestrandeten. Dass ihr jetzt hier seid, kommt uns wie ein Wunder vor. Seht ihr eine Möglichkeit, uns mitzunehmen, auf eurem weiteren Weg?»

«Das werden wir dann sehen. Erstens, wohin wollt ihr? Und zweitens, alles ist abhängig davon, dass unser Schiff auch wieder von hier ablegen wird. Doch ehrlich gesagt, wundert mich derzeit fast überhaupt nichts mehr. Ich komme jetzt mit einigen meiner Leute an Land. Dann unterhalten wir uns in Ruhe.»

Erneut wandte sich der Mann an Steinwart.

«Aber du hast meine Frage noch nicht beantwortet. Wohin wollt ihr denn nun?»

Der Zwerg holte tief Luft. In der Hoffnung, die Schiffsbesatzung würde keine abweisende Antwort haben.

«Nach Belugio. Zum Hafen von Belugio. Dort war auch unser Ausgangspunkt.»

Der Kapitän lachte.

«Dann habt ihr ausgesprochenes Glück. Wir scheinen den gleich Weg zu haben.»

Bevor sie ein Beiboot zu Wasser ließen, wandte der Schiffsführer sich nochmals an die Matrosen.

«Ich verstehe kein Wort.»

Weit entfernt von diesem Punkt am Strand, grinste ein Wesen in sich hinein, das fern jeder Vorstellung und Realität war.

«Gut gemacht, alter Junge. Sehr gut hast du das hinbekommen.»

71 Ein verwirrender Anblick

Sie kamen in der Nacht, als niemand mit ihnen rechnete. Das Dorf schlief und war völlig unvorbereitet.

Als Baldur die ersten Schreie vernahm, wusste er, dass ihn sein Gefühl nicht getäuscht hatte. Im Nachhinein wusste er nicht mehr zu sagen, woher er die trügerische Gewissheit nahm, trotz seiner unheilvollen Ahnungen würden sie ihn und die übrigen Bewohner in Ruhe lassen.

Hätte es eine Möglichkeit gegeben, vorher zu fliehen?

Natürlich! Diese gab es immer. Doch wer wäre mitgekommen? Die Wenigsten.

Als die Tür zu seinem Schlafgemach aufflog und der Qwarn massig im Rahmen stand, beschloss Baldur, sich nicht zu wehren. Er würde damit nur erreichen, dass das Unweigerliche nur weiter aufgeschoben wurde.

Baldur betrachtete das Ungeheuer, welches kein Zeichen von sich gab. Es wartete. In der Gewissheit, dass der Zwerg zu ihm käme.

So, wie sie alle gekommen waren.

Verschiedene Zwerge waren schreiend davongelaufen.

Doch sie hatten sie alle wieder eingeholt. Jeden Einzelnen von ihnen.

Fast wünschte der Qwarn sich, es wäre auch in diesem Fall so vor sich gegangen. Seine Klauen öffneten und schlossen sich. Der Kampftrieb in ihm war hellwach.

Baldur wusste das.

Daher traf er die für sich einzig richtige Entscheidung. Er stand auf, zog sein Gewand über, welches er vor dem Zubettgehen regelmäßig ablegte, und griff nach seinem Stock.

Augenblicklich veränderte sich die Haltung des nächtlichen Besuchers. Ein wachsamer und angespannter Ausdruck trat in sein Gesicht.

Baldur schüttelte beruhigend den Kopf.

Er ließ den Stock fallen und humpelte einige Schritte im Kreis, um dem Qwarn begreiflich zu machen, weshalb er auf die Gehhilfe angewiesen war.

Der Qwarn verstand und gab mit einem unwilligen Knurren zu verstehen, der Zwerg solle sich das Holz nehmen und mit ihm kommen. Als Baldur endlich an ihm vorbeiging, bemühte er sich nach Kräften, keine Bewegung zu machen, die das Tier zu einer Reaktion verleitete.

Alles ging gut. Kurz darauf trafen sich alle Bewohner des Dorfes auf dem großen Versammlungsplatz. Viele der Zwerge sahen Baldur mit einer unverhohlenen Enttäuschung an. Was hatten sie von ihm erwartet? Dass er diesem Mob Einhalt geböte? Resignierend ließ Baldur seine Schultern sinken und wandte sich ab.

«Seid ihr von allen guten Geistern verlassen? Welch einen Vorwurf wollt ihr ihm ernsthaft machen? Dass er euch nicht geschützt hat? Er? Ein alter Mann?»

Karlotta stemmte ihre Hände in die Hüften.

Ihr Busen wogte unter der innerlichen Anspannung, unter der sie sich befand.

«Das hätte niemand geschafft. Vielleicht hätten wir gehen sollen, als noch die Zeit dazu war. Wir sind hiergeblieben.»

Die alte Heilerin sah sich aufmerksam um.

«Einige von euch haben sich gewehrt. Doch wozu? Hätte ich jetzt die Möglichkeit euch zu behandeln, würde ich gebrochene Knochen schienen müssen, Platzwunden nähen, und abgebrochene Zahnstümpfe entfernen. Es war dumm von euch. Nicht mehr, aber auch nicht weniger.»

Die Zwerge, die gemeint waren, schauten betroffen zu Boden.

Niemand erwiderte auch nur ein Sterbenswörtchen.

«Ich weiß nicht, weshalb sie gekommen sind. Was sie mit uns vorhaben. Baldur weiß es auch nicht. Aber ihr könnt es ihm leichter machen, indem ihr ihm nicht das Gefühl gebt, verantwortlich für diese Situation zu sein. Haben wir uns verstanden?»

Gemurmeltes Einverständnis war zu vernehmen.

Und dazwischen auch Worte der Entschuldigung. Baldur lächelte gequält. Ob Karlotta wohl jemals erfahren würde, wie wichtig diese Worte für ihn waren? Er sah sich um.

Die Qwarn standen bereit, um mit ihnen zusammen das Dorf zu verlassen. Weshalb sie Karlotta die Gelegenheit gaben, diese Rede zu halten, war ihm unbegreiflich.

Jetzt aber gaben sie ein unmissverständliches Zeichen. Der Treck setzte sich in Bewegung. In Richtung des Sumpfes. Gorms Gefängnis.

Auf dem Weg dorthin wurde nicht gesprochen.

Jeder hing seinen eigenen Gedanken nach. Einige der jüngeren Zwerge kümmerten sich um diejenigen Verletzten, die nicht mehr in der Lage waren, aus eigenen Kräften den Weg zu bewältigen. Selbst die Schmerzenslaute, als gebrochene Gliedmaßen gerichtet wurden, drangen nur gedämpft an Baldurs Gehör.

Es war, als befänden sie sich auf einem Weg, von dem jeder wusste, dass es kein Zurück mehr geben würde.

Baldur sah auf, als ihm dieser Gedanke durch den Kopf fuhr. Vermutlich war er gar nicht einmal so abwegig.

Im ersten Morgengrauen erreichten sie Brom. Innerlich verfluchte Baldur diesen Sumpf. Ein Leben lang war es ihr Bemühen gewesen, dem Berg seine Schätze abzutrotzen. Hätten sie nicht besser stattdessen dieses Gebiet von der Landkarte dieser Welt getilgt? Wenn das überhaupt möglich gewesen wäre. Baldur grinste unbeholfen.

«Wasgibtesdazugrinsen? Gehbesservorwärts!»

Ein derber Stoß in seinen Rücken ließ Baldur stolpern. Erschrocken sah er sich um. Ein Qwarn, der die Sprache beherrschte? Unmöglich! Und doch hatte er die Worte klar vernommen. Einer von diesen Viechern sah aus wie der andere.

Baldur schaute resignierend nach vorne. Er würde weder erkennen, wer von ihnen gesprochen hatte, noch war diese Erkenntnis dazu geeignet, ihn weiterzubringen.

Nach wenigen weiteren Schritten war der Zwerg so weit, dass er überzeugt davon war, er habe sich diese Sätze nur eingebildet.

Dunkelheit umfing die Gruppe erneut, als sie das Innere des Stollens betraten.

«Schon wieder», schoss es durch Baldurs Kopf. «Wie viele Male werde ich diesen unsäglichen Weg noch gehen müssen? Vielleicht zum letzten Mal. Dann soll und muss es eben so sein. Sy-Bita wird uns mitteilen, was sie mit uns zu tun gedenkt.»

Als sie in die Höhle kamen, die Gorm in seiner jetzigen Gestalt beherbergte, stutzte der Zwerg. Im ersten Augenblick war er der Meinung, sich nur eingebildet zu haben, was sich vor seinen Augen auftat. Er kniff die Augen zusammen und erblickte die Wahrheit. Sy-Bita an Gorms Baumstumpf gefesselt! Sie gab etwas von sich, das Baldur nicht verstehen konnte. Ihre langen Haare flogen um ihr Gesicht, als sie den Kopf von einer Seite zur anderen warf. Und dann konnte er ihre Stimme vernehmen.

«Amidor, nein. Amidor, lass das. Amidor, du kannst nicht gewinnen.»

72 Aufeinandertreffen

Steinwart nahm all seinen Mut zusammen und ging auf die Männer zu, die ihr Beiboot mühsam auf den Strand zogen, damit es nicht vom Meer mitgenommen würde.

«Ich helfe euch gerne.»

Der große Mann, den sie kurz zuvor an Bord des Schiffes sahen, drehte sich lächelnd um.

Jetzt aus der Nähe, wirkte er noch wesentlich imposanter.

«Mein Freund, es spricht nichts dagegen. Wir sind dankbar um jede helfende Hand. Sei sie auch noch so unscheinbar.»

Der Kapitän hatte ein solch entwaffnendes Grinsen parat, dass Steinwart überhaupt nicht auf die Idee gekommen wäre, sich über die Anspielung auf seine Größe aufzuregen.

Er spuckte ihn die Hände und kurz darauf war die Arbeit getan.

Als die Männer ein Stück weiter hinauf kamen, streckte der Wortführer Karlotta die rechte Hand zur Begrüßung entgegen.

«Damen immer zuerst. Ich bin Fadimba. Der Schiffsführer dieses stolzen Seglers, den ihr im Wasser liegen seht. Wer seid ihr? Und wie viele von euch gibt es?»

Karlotta schaute hilfesuchend zu Steinwart hinüber.

Der nickte nur.

«Ich habe das Gefühl, du kannst offen zu Fadimba sprechen.»

Karlotta lächelte.

«Hallo Fadimba. Wir heißen Steinwart», dabei zeigte sie auf ihren Freund, «und Karlotta. Außer uns gibt es noch Barina, Fram, Melinae, Sam und Farim. Ach ja, und nicht zu vergessen, einen Fuchs. Wir sind hierhergekommen, weil wir uns auf der Suche befunden haben. Bitte habt Verständnis, dass ich nicht ins Detail gehen möchte. Wir kennen uns ja gerade erst. Das Erzählen über unsere erste Begegnung hinaus, möchte ich Fram überlassen. Er ist so etwas wie der Anführer unserer Gruppe.»

Fadimba schaute interessiert, wobei ihm an seiner Miene abzulesen war, dass er kein Wort verstand.

«Wir sind heute Morgen wieder an diesen Punkt zurückgekehrt. Die Sturmwind hat uns vor einigen Tagen hierhergebracht.»

Fadimbas Blick hellte sich auf.

Die Sturmwind schien ihm ein Begriff zu sein.

«Jokar, dieser alte Halunke. Gibt es ihn noch auf diesem Seelenverkäufer?»

Karlotta nickte.

Wobei die Art, wie sich ihre Stirn umwölkte, verriet, dass etwas vorgefallen sein musste, worüber die Zwergin augenblicklich nicht reden wollte.

«Und jetzt wisst ihr nicht, wie ihr die Rückkehr bewerkstelligen sollt?»

«Du hast es erkannt.»

Fadimba schaute angestrengt in die Dunkelheit.

Es war ihm entgangen, dass sich jemand genähert hatte, während er mit Karlotta sprach.

«Ich bin Fram. Und das sind meine Freunde.»

Fram stellte sie einen nach dem anderen vor.

«Ich würde es gerne auf den Punkt bringen. Wenn ihr einen Platz für uns an Bord hättet, wäre das sehr wichtig für unsere weitere Mission. Es ist eine mehr als glückliche Fügung, dass Steinwart und Karlotta hier auf euch gestoßen sind.»

Fadimba räusperte sich.

«So kann man das auch nennen. Ich will aber eher sagen, dass es nicht in unseren Händen lag, dieses Aufeinandertreffen zu verhindern. Es scheint eine Macht zu geben, der sehr viel daran liegt, euch nach Belugio zu bringen. Den Göttern sei Dank, wir sind nicht abergläubisch. Ihr hättet auf schlimmere Besatzungen treffen können.»

Fram lag auf der Zunge, die Ereignisse auf der Sturmwind zu erwähnen.

Im letzten Moment verkniff er es sich. Das Verständnis Fadimbas über Gebühr zu strapazieren, würde möglicherweise nicht der richtige Weg sein.

«Haben wir denn überhaupt eine Möglichkeit, eurem Wunsch nicht zu entsprechen? Ich habe eine leise Ahnung, dass wir in diesem Fall nicht mehr von hier fortkommen würden.»

Jetzt waren es Fram und seine Freunde, die nicht verstanden.

«Lasst uns gegenseitig berichten, wie es uns ergangen ist, Fram. Wenn ihr nicht zu allem Stellung beziehen wollt, ist das eure Sache. Dennoch möchte ich gerne wissen, mit wem ich es zu tun habe. Schließlich habe ich nicht nur eine Verantwortung für mich, sondern auch für meine Mannschaft. Und dieses Schiff.»

Fram nickte.

«Ich denke, ich spreche für alle, dass nichts gegen deinen Wunsch spricht, Fadimba. Sollte trotzdem jemand anderer Meinung sein, möge er das sagen. Oder sie.»

Eindeutige Worte der Zustimmung waren zu vernehmen.

Viele Stunden saßen sie alle am Strand der Salzseen und erzählten sich gegenseitig ihre Geschichten. Nachdem Fram immer mehr Vertrauen fasste, verlor er sich auch in Einzelheiten, die er sonst nicht jedem Dahergelaufenen weitergegeben hätte.

Als alles gesagt war, standen die Männer auf und sahen sich abwartend an.

«Ich bin derjenige von uns, der jetzt das Wort ergreifen sollte.»

Fadimba schaute in die Runde.

«Es liegt an mir, euch auf mein Schiff einzuladen. Ich will nicht viel drumherum reden. Es wird mir und meiner Mannschaft eine Ehre sein, euch nach Belugio zu bringen. Manches, was ihr uns erzählt habt, klingt eher nach einem Märchen, als nach dem realen Leben. Trotzdem habe ich genug Lebenserfahrung, um zwischen Wahrheit und Lüge unterscheiden zu können.

Euer Weg wird nicht einfach sein. Besonders dann nicht, wenn ihr den Hafen erreicht habt. Das Schwierigste wird noch vor euch liegen. Das, was in eurem Wald seinen Anfang genommen hat, mag dazu geeignet sein, sich eines Tages auszubreiten. Gleich einem giftigen Pilz. Vielleicht auch nicht. Das vermag ich nicht zu entscheiden.

Auf keinen Fall möchte ich mir jedoch eines Tages vorwerfen müssen, falsch gehandelt zu haben. Also. Ihr seid herzlich eingeladen, mit uns zu kommen. Sofern man uns von hier aus wieder entkommen lässt. Aber, ehrlich gesagt, habe ich daran keine Zweifel.»

Fram schlug in die ausgestreckte Hand Fadimbas ein.

Nicht lange danach legte das Schiff mit seinen neuen Gästen ab und stach in See.

73 Zerbrochen

«Amidor, lass das. Du machst alles noch viel schlimmer. Hör auf. Das tut weh. Laaaass daaaaas.»

Ein schriller, nicht enden wollender Schrei beendete Sy-Bitas Gestammel.

Entkräftet sackte sie in sich zusammen und rang nach Luft. Es dauerte eine ganze Weile, bis sie sich wieder beruhigte und ihre Atemfrequenz sich wieder in normalen Verhältnissen bewegte. Sy-Bita rappelte sich ein wenig hoch und ließ ihre Blicke durch die Höhle schweifen. Auf der einen Seite die Qwarn, auf der anderen Seite die Zwerge.

Sy-Bita strich sich das schweißnasse Haar aus der Stirn.

Es war zu sehen, dass es hinter ihrer Stirn arbeitete. Doch sie benötigte nochmal eine geraume Zeit, bis sie wieder zu Worten fand. Erst als sie Baldur unter den Zwergen entdeckte, ging ihr ein Licht auf.

«Baldur. Wie gut, dass du hier bist. Ich weiß nicht, aus welchem Grund sie euch geholt haben. Manchmal benötigt Gorm ja noch nicht einmal einen triftigen Anlass.»

Die Frau, die immer noch an den Baumstumpf gefesselt war, lachte hell auf. Doch es klang keine Fröhlichkeit aus diesem Lachen.

Immer wieder schüttelte sie den Kopf und zerrte an den Lederriemen, die ihre Arme hielten.

«Manchmal braucht er nicht einmal das.»

Sy-Bitas Stimme war mit so viel Bitterkeit gefüllt, mehr

als Baldur das für möglich gehalten hätte.

«Komm her zu mir, mein Freund. Ja. Wundere dich nicht. Natürlich sind wir noch Freunde. Nach all der langen Zeit. Und nach den überstandenen Erlebnissen. Jeder von uns an dem Platz, den das Schicksal ihm bereitstellte.»

Sie versuchte, Baldur mit einem Handzeichen zu bewegen, endlich zu ihr zu kommen.

Als Sy-Bita feststellte, dass sie selbst dazu nicht in der Lage war, lief ihr Kopf puterrot an.

«Ich hasse ihn. Baldur, ich hasse ihn. Ihr könnt es alle hören. Ich hasse den Tag, an dem ich mich entschieden habe, Gorm ins Leben zurückzuholen.»

Die Gefangene verrenkte sich soweit sie das vermochte.

Dann spuckte sie mit ungezügelter Wut auf das Holz.

«Ich weiß, Baldur, dass ich mich wie ein ungezogenes Kind verhalte. Aber welche Möglichkeit habe ich denn sonst noch, ihm zu zeigen, was ich in ihm sehe. Im Grunde ist er nicht einmal mehr die Spucke wert, die ich an ihn verschwende.»

Sy-Bita sah wieder auf zu Baldur, der immer noch regungslos an seinem Platz stand.

«Ich kann nur ahnen, was er mit euch vorhat. Vermutlich dasselbe wie mit mir. Er benötigt meine Kraft. Eure Kraft. Wenn ich euch einen guten Rat geben darf, flieht, solange ihr dazu noch Zeit habt.»

Wieder warf sie ihren Kopf vehement von links nach rechts und wieder zurück.

«Was rede ich denn da? Eure Chance ist schon lange dahin. In dem Moment, da er euch holen ließ, war euer weiteres Dasein bereits besiegelt.»

Voller Wut stampfte Sy-Bita mit ihrem rechten Fuß auf den felsigen Boden.

«Den habt ihr vergessen. Ich zeige meinen Unmut, wie, wann, wie lange und wie oft ich will.»

Einer der Qwarn kam auf sie zu, packte ihren Fuß und verdrehte diesen im Gelenk, bis die Bänder knirschten. Mit zusammengebissenen Zähnen versuchte Sy-Bita dem Schmerz zu widerstehen. Doch es kam der Punkt, an dem sie ihrem inneren Drang nachgeben musste.

Erneut gellten schrille Schreie durch die Höhle.

Erste Unruhe machte sich unter den gefangenen Zwergen breit.

Zwei von ihnen, die in hinterster Reihe standen, machten auf dem Absatz kehrt und liefen in die Dunkelheit des Ganges, durch den sie den Weg hier herunter genommen hatten.

Sie sollten nicht weit kommen. Als die Qwarn sie zurückbrachten, waren sie in einem Zustand, der sie, gleich einem toten Bündel Fleisch, zusammensacken ließ.

Sy-Bita kicherte.

«Habe ich es nicht gesagt? Ihr habt alle eure Chance vertan. Ebenso wie ich.»

Kurzzeitig herrschte Ruhe.

«Baldur. Jetzt komm endlich her zu mir. Ich will dir etwas sagen. Ich brauche deine Hilfe. Das hättest du auch niemals gedacht, dass ich diese Worte einmal zu dir sagen würde. Komm. Du musst keine Angst haben. Sie werden dir nichts antun.»

Baldur sah die Qwarn an, die immer noch regungslos auf ihren Plätzen standen.

Wenn sie nicht damit einverstanden sein würden, dass er sich zu Sy-Bita begab, würden sie es ihn wissen lassen.

Der Zwerg packte seine Gehhilfe und humpelte vorsichtig zu der gefesselten Frau. Immer einen Blick auf die Qwarn gewandt. Sie nur nicht unterschätzen. Doch sie ließen ihn unbehelligt gewähren. Waren sie sich ihrer Sache wirklich so sicher?

«Näher. Du musst näher kommen. Ich kann dir nicht laut

sagen, was ich von dir verlange.»

Wieder dieses seltsame Kichern.

Baldur blickte erstaunt in Sy-Bitas Gesicht.

War sie auf dem besten Wege, ihren Verstand zu verlieren?

«Amidor. Er ist doch dein Freund. Gorm versucht sich in die Welt meiner Gedanken zu graben. Er will mich manipulieren. Voll und ganz über mich verfügen. So, wie er es auch mit Targor bereits versuchte. Es ist ihm egal, dass ich eine Frau bin. Er will leben. Und ich auch.

Aber jetzt hör mir gut zu, Baldur. Amidor ist dagegen. Er versucht, sich an der Barriere, die uns trennt, zwischen uns zu stellen. Ich habe ihm gesagt, das könne nicht gutgehen. Ich werde dieses Zerren nicht überleben. Und wenn doch, so nicht mehr bei klarem Verstand.»

Wieder lachte Sy-Bita.

Diesmal so schrill und langanhaltend, dass Baldur erschrocken zurückfuhr.

«Er fängt wieder an. Bei den Göttern, er versucht es erneut.»

Zwei Qwarn eilten herbei und nahmen Baldur beiseite.

Als sie ihn zu seinen Leidensgenossen zurückbrachten, hatte er keine Möglichkeit mehr einzugreifen. Vermutlich hatte er diese ohnehin niemals besessen.

Sy-Bitas Schreie gellten über viele Stunden durch die unterirdische Nacht.

Als die Qwarn die Gefangene endlich erlösten, war Sy-Bita nur noch eine leere Hülle. Zerbrochen unter dem Kampf, der um ihren Verstand stattgefunden hatte.

Ihr Blick flackerte leer.

Speichel rann aus ihrem Mund, ohne dass sie sich dessen bewusst wurde.

Da sie auf eigenen Beinen nicht mehr gehen konnte,

schleiften zwei der unheimlichen Gestalten sie in den Gang hinein. Zu den Höhlen.

Jetzt wusste Baldur, was ihnen bevorstand.

Gorm war auf der Suche nach einem geeigneten Medium.

Er würde sie durchprobieren. Einen nach dem anderen.

Ihr Schicksal war vorbestimmt.

Sy-Bita war nur noch eine zerbrochene Hülle. Ihnen allen stand dasselbe bevor.

74 Überfahrt

Schneller, als er selbst es für möglich hielt, hatte Steinwart sich auf die erneute Seereise eingestellt. Viel schlimmer, als das tatsächliche Rumoren in seinen Eingeweiden, war die Sorge, die er sich darum gemacht hatte. In Gedanken bereits wieder unter Deck, in der Dunkelheit, war er nach der Abfahrt soweit, dass er das Meer nahezu genießen konnte.

«Na ja, noch ist es ruhig. Denk dran, es kann auch anders kommen.»

Steinwart drehte sich um.

Für diesen Ausspruch hätte er Fram töten können. Ein breites Grinsen überzog das Gesicht des Mannes. Einen Augenblick konnte der Zwerg sich in seinem verbissenen Gesichtsausdruck halten. Dann entfuhr auch ihm ein Lachen.

«Ich werde noch zum wahren Seebären. Wind und Seegang können mir nichts anhaben.»

In diesem Moment sackte das Schiff in ein tiefes Wellental. Der Blick Steinwarts sprach Bände.

«Ganz so wird es wohl doch nicht sein», grinste Fram.

Im Weggehen vernahm er, wie Steinwart ihm leise etwas hinterher zischte. Gut, dass er es nicht hatte vollständig verstehen können.

Steinwart sah versonnen auf das Land, von dem sie sich bereits so weit entfernt befanden, dass es nicht mehr war, als eine Ahnung, die nach und nach verblasste. Die Salzseen von Birudur waren ein Anlaufpunkt gewesen. Sie konnten nur hoffen, dass er sich als das erwies, was sie sich wünschten. Eine Hilfe gegen die aufziehende Dunkelheit in ihrer Heimat.

Der Kapitän dieses Schiffes, auf dem sie nun der Hafenstadt entgegen reisten, die sie vor nicht allzu langer Zeit verließen, war unruhig auf Deck auf- und abgelaufen, als sie den Anker lichteten. Was ihn und seine Mannschaft zu den Salzseen lotste, wusste niemand zu sagen. Viel größere Sorge schien ihm die Tatsache zu machen, dass ihnen vielleicht die Rückkehr auf das Meer verwehrt sein könnte. Als sie feststellten, dass alles war, wie auch sonst, war die Erleichterung fast mit den Händen zu greifen. Alle gewohnten Handgriffe gingen schnell und flüssig von der Hand. Es hatte den Anschein, als lege die Mannschaft verstärkten Wert darauf, nichts dem Zufall zu überlassen.

Kurz darauf war bereits ein gutes Stück zwischen das Schiff und das Land gebracht. Jetzt würde nichts mehr schiefgehen.

So schnell die Mannschaft sich bereit erklärte, die Schiffbrüchigen aufzunehmen, so sehr gingen sie ihren Gästen auch aus dem Weg. Das Gefühl, es mit etwas Unerklärlichem und Geheimnisvollen zu tun zu haben, schwebte über der Situation.

Als sie sich am ersten Abend zu einem einfachen Essen in der Kombüse trafen, war es augenscheinlich, wie die meisten aus der Mannschaft reagierten. Nicht wenige starrten auf den Teller, von dem sie aßen, standen wenig später wortlos auf und verließen den Raum.

«Ihr dürft ihnen das nicht übelnehmen. Sie sind es nicht gewohnt, mit Gästen umzugehen.»

«Noch weniger, mit Gästen umzugehen, wie ihr das seid.»

Den Nachsatz hatte der Smutje erst nach kurzer Überlegung hinzugefügt. Fast so, als sei es ihm peinlich, diese Worte auszusprechen.

«Wir sind, den Göttern sei Dank, auf einem Schiff, das von einem guten Mann geführt wird. Es gibt andere, die solche wie euch, entschuldigt, wenn ich das sage, bei Nacht entsorgt hätten.»

Fram sog scharf die Luft ein.

«Warum sagst du das?»

Der Schiffskoch überlegte erneut kurz, als ob er sich die Worte, die er zu sagen gedachte, erst sorgsam zurechtlegen musste.

«Schaut sie doch an.»

Mit einer Bewegung seines Kopfes wies er auf Barina, die sich wohlweislich zurückhielt.

«Sie versucht, es mit jeder Bewegung, jeder Aktion zu verbergen. Sie ist eine wunderschöne Frau. Eine Frau, die stolz sein dürfte auf ihre Erscheinung. Trotzdem hüllt sie sich in ihre Gewänder, wie ein altes Weib. Und kann es dennoch nicht verbergen. Das Leuchten, das von ihrer Haut ausgeht.»

Der Mann blies das Licht in der Laterne aus, die in der Mitte des Raumes hing.

Es wurde dunkel, bis auf das Feuer, das von der Kochstelle ausging. Unruhig wandte Barina sich auf ihrem Stuhl.

Das Licht, das die bunten Linien verströmten, hüllte die Kombüse in einen matten Schein.

«Jeder von uns sieht es. Man redet darüber.»

Barina setzte sich auf.

«Was meinst du, das ich tun sollte? Ich möchte niemandem zur Last fallen. Es geht mir, und uns allen doch nur darum, das Festland wieder zu erreichen.»

Der Smutje lächelte und winkte ab.

«Bei den Göttern, wenn ihr mich jetzt falsch verstanden

habt, so tut mir das leid. Auch ich bin es nicht gewohnt, mit Leuten wie euch umzugehen. Ich bin ein einfacher Mann, der froh ist, wenn er seine Ruhe hat. Mir fehlen manchmal die Worte, die euch wahrscheinlich viel einfacher von den Lippen gehen. Was ich sagen wollte, ist das. Es wird euch niemand hier an Bord etwas antun. Aber ihr dürft ihnen ebenso wenig böse sein, wenn sie nicht gerade eure Gesellschaft suchen.»

Es war dem Mann anzusehen, dass es ihm peinlich war, das Gespräch überhaupt begonnen zu haben. Nach einem letzten scheuen Blick zündete er die Kerze in der Laterne wieder an. Dann begab er sich wieder an seine Kochstelle.

«Vergesst einfach, was ich gesagt habe. Es tut sowieso nichts zur Sache. Ich habe jetzt ohnehin zu tun. Die nächste Gruppe wird gleich hier eintreffen, um zu Abend zu essen.»

Der Blick, den er ihnen zuwarf, sprach mehr als tausend Worte.

«Kommt», murmelte Fram, «wir sollten die Plätze besser wieder freimachen.»

In dieser und ähnlicher Form verstrichen die Tage.

Als Sam, den die Langweile plagte, begann, bei den täglichen Routinearbeiten mit Hand anzulegen, war das das Signal für die Mannschaft, erste scheue Gespräche aufzunehmen. Sie stellten fest, dass zumindest Sam einer der ihren war. Vermutlich beeindruckt durch seine unkomplizierte Art, tauten viele der Matrosen auf und ihre Zurückhaltung schwand zusehends.

Nicht, dass hieraus Freundschaften hätten entstehen können. Doch als der Hafen von Belugio endlich in Sichtweite kam, waren einige von ihnen so weit, Scherze mit denjenigen an Bord auszutauschen, die im Grunde nicht zu ihnen gehörten.

Als die Freunde letztendlich von Bord gingen, war es Sam anzusehen, wie schwer es ihm fiel, die vertrauten Decksplanken hinter sich zu lassen.

Steinwart war es, der die Worte aussprach, die manch andere nicht auszusprechen wagten.

«Bist du sicher, dass du das Richtige tust? Dass du nicht eher hierher gehörst? In diese Welt?»

Sam sah ihn überrascht an.

Dann schüttelte er vehement den Kopf und schloss sich der Gruppe an.

Dass er selbst ebenso wenig überzeugt war von seinem Tun, wie die anderen, war dabei unübersehbar.

75 Entwendet

Als die Gruppe wieder in das Gewühl der Hafenstadt eintauchte, war es, als seien sie niemals fortgewesen. Erneut schoben die Menschenmengen sie durch die engen Gassen. Steinwart ging zügig voran, blieb aber dennoch hin und wieder so unvermittelt stehen, dass Menschen, die hinter ihm liefen, nicht damit rechneten und daher ins Stolpern gerieten.

«Pass doch auf. Du hältst den Verkehr auf.»

Solche und weit schlimmere Flüche bekam der Zwerg laufend zu hören.

Doch was konnte er dafür, dass er erst jetzt auf dem Rückweg die Muße fand, sich die Gebäude zu betrachten, die sie passierten. Auf dem Weg hinunter zum Hafen hatte er so viel mit sich selbst zu tun, dass ihm der Sinn fehlte, sich umzuschauen.

Verfallene Hütten, die den Eindruck machten, den nächsten Sturm nicht zu überstehen, wechselten sich ab mit herrschaftlichen Bauten, die, aus hellem Kalkstein gebaut, im Sonnenlicht erstrahlten. Gerade noch hatten sie ein Haus passiert, dessen Türen windschief in den Angeln hingen. Die Fensterhöhlen nur mit löchrigem Tuch versehen, das sich beim leisesten Windhauch drehte und wendete. Als wolle es sich von dem Rahmen lösen, an dem es befestigt war, um fortzufliegen. Das Elend nicht mehr sehen, welches es tagtäglich zu Gesicht bekam. Allein die rostigen Nägel an den Seiten, hinderten es daran.

Daneben ein Prachtbau. Türen, die schimmerten, als seien sie mit einer Schicht aus purem Gold beschlagen. Männer, die gelangweilt, jedoch gut bewaffnet davorstanden, um das Hab und Gut desjenigen zu bewachen, der dort residierte. Die Kluft zwischen Arm und Reich schien unüberbrückbar.

Gerade kamen Steinwart und seine Freunde erneut an einem riesigen Tor vorbei. Prächtiger und gigantischer, als alle, die sie bis dahin gesehen hatten. In diesem Moment flog das Tor so abrupt auf, dass Steinwart erschrak und wie angewurzelt auf der Stelle stehenblieb. Viele andere aber schienen dieses Phänomen zu kennen. Sie sprangen beiseite, um nicht von den Reitern, die aus dem Innern des Hofes strömten, über den Haufen geritten zu werden. Hätte nicht Barina aus einem Reflex heraus zugegriffen und den Zwerg beiseite gezogen, wer weiß, was passiert wäre.

Mit zornesrotem Gesicht blieb Steinwart stehen.

«Habt ihr das gesehen? Unmöglich, ein solches Verhalten.»

Die Passanten um ihn herum liefen bereits weiter, als sei überhaupt nichts geschehen.

«Ja, Steinwart, wir sind ja nicht blind. Ich habe euch gesagt, dass ihr vorsichtig sein sollt. In dieser Stadt gönnt der eine dem anderen nichts. Und derjenige, der Eigentum hat, ist sorgsam darauf bedacht, dieses zu erhalten oder zu mehren. Daran ist beileibe nichts Schändliches. Doch bei Vielen ist dabei einfach die Menschlichkeit abhandengekommen.»

Steinwart starrte Fram hinterher.

«Und wie wird es sein, wenn es uns nicht gelingt, Gorm Einhalt zu gebieten?»

«Schlimmer. Viel schlimmer ...»

Den Rest von Frams Worten verschluckte der Trubel, der Steinwart umgab.

Als Karlotta zu ihm aufschloss, nahm Steinwart die

Zwergin kurz beiseite.

«Mir ist aufgefallen, dass du regelmäßig den Beutel mit Salz aus deiner Tasche ziehst. Was hast du damit vor?»

Karlotta lächelte.

«Das ist nicht mehr als eine dumme Angewohnheit. Ich will einfach sehen und spüren, dass er noch da ist.»

Karlotta senke ihre Stimme.

«Diese Gegend, in der wir uns aufhalten, macht mir Angst. Ich habe stets das Gefühl, hunderte Augen seien auf mich gerichtet. Wenn ich mich umsehe, verschwindet dieser Eindruck. Aber ich bin jetzt bereits froh, wenn wir uns wieder außerhalb der Stadtmauern befinden.»

Hätte Karlotta nur gewusst, wie recht sie mit ihrer Vermutung hatte.

Bereits seit dem Zeitpunkt, als sie das Hafengebiet verließen, folgten der Gruppe zwei zwielichtige Gestalten. Zerlumpt, mager, mit zotteligem, fettigem Haar waren sie darauf bedacht, mit kleineren Diebstählen ihren täglichen Bedarf sicherzustellen.

Seit zwei Tagen hatten sie nichts mehr zwischen die Rippen bekommen, was einer anständigen Mahlzeit auch nur ansatzweise nahekam. Einer der beiden Männer, die ihre Namen selbst nicht mehr wussten, wenn sie überhaupt jemals einen besaßen, trug eine ausgeprägte Hakennase im Gesicht. Aufgrund des dauernden Hungers seit dem vergangenen Winter, war diese besonders ausgeprägt. Er war es, der als erster beobachtete, wie eine Zwergin, die an ihnen vorbeilief, ein prall gefülltes Säckchen aus ihrem Gewand zog. Nachdem sie es kurz betrachtete, versteckte sie es wieder. Der Jagdtrieb des Mannes war erwacht.

«Hey», stuppste er seinen Begleiter an. «Hast du das auch gesehen? Ich glaube, da wartet fette Beute auf uns. Es ist an der Zeit, dass auch wir einmal richtig Glück haben.»

Der andere blickte auf.

Er war mit seinen Gedanken sonst wo gewesen und hatte seine Umgebung völlig ignoriert.

«Wenn du meinst», nuschelte er und kam dabei dem Gesicht des Begleiters so nahe, dass dieser angewidert den Kopf zur Seite drehte.

«Du stinkst wieder aus dem Maul. Je nachdem, wie viel Gold diese Zwergin bei sich trägt, wird vielleicht auch noch etwas übrigbleiben, um dich zu einem Bader zu schicken, der dir deine faulen Stümpfe aus dem Mund zieht.»

Dass es dazu nicht kommen würde, drückte er dabei nicht aus. Sein Begleiter war ohnehin nur lästig. Wer würde nach ihm fragen, wenn er über kurz oder lang von der Bildfläche dieser Stadt verschwand?

«Sieh genau hin. Du wirst sie ablenken. Ich greife mir das Gold. Und ehe sie begreifen wird, was geschieht, sind wir bereits über alle Berge.»

Seit diesem Zeitpunkt verfolgten sie Karlotta. Wobei sie aber immer noch nicht die passende Gelegenheit finden konnten, um ihr Vorhaben in die Tat umzusetzen. Entweder bewegte sich die Zwergin zu nah an einer der Mauern. Oder dieser unnütze Zwerg, der sie begleitete, war zu nahe. Diesmal aber schien der rechte Zeitpunkt gekommen.

Die Zwergin war stehengeblieben, um in den Tiefen ihrer Taschen nach einem Tuch zu suchen, mit dem sie sich die Nase putzen wollte. Ihre Begleiter ließen sich vom Strom der Menschen weitertreiben, ohne auf ihre Gefährtin zu achten.

Hakennase stieß Stinkmaul in die Rippen.

«Jetzt!»

Gewandt wie immer, führten die beiden ihr Vorhaben aus.

Stinkmaul rempelte die Zwergin an, die erschrocken nach

vorne stolperte.

Hakennase umfasste sie schützend, um ihr Halt zu geben.

Dankbar nickte Karlotta, ohne dabei zu merken, dass der hilfreiche Mann mit der ausgeprägten Hakennase ihren Beutel schnappte.

Erst, als er einen Schmerzenslaut von sich gab, wurde Karlotta aufmerksam.

Sie sah mit Erschrecken, wie der Mann sich im Laufschritt von ihr entfernte. Der Beutel brannte sich sengend in dessen Handinnenfläche. Ähnlich, wie es auch bereits bei Barina der Fall gewesen war. Doch dieser Lump ließ nicht los.

Oder er war nicht dazu in der Lage.

Ehe Karlotta um Hilfe schreien konnte, war der Räuber bereits im Gewühl verschwunden.

76 In einer Reihe

«Was werden sie mit uns vorhaben?»

Karlotta wandte sich an Baldur, obwohl sie wusste, dass er ihr keine Antwort geben konnte. Doch selbst ein Lächeln oder ein Zwinkern der Augen würde dazu geeignet sein, ihr für den ersten Augenblick ein wenig Ruhe zu schenken.

«Es geht mir nicht um mich. Ich habe mein Leben gelebt. Ein gutes Leben, um es mit wenigen Worten auszudrücken. Sei mir bitte nicht böse, wenn ich das sage, aber ich denke, das siehst du für dich nicht anders. Die letzten Jahre mögen schwierig gewesen sein. Besonders für dich. Aber trotzdem möchtest du sie nicht missen. Stimmt es? Deine Freundschaft mit Steinwart ist so tief und fest geworden. Viel intensiver, als sie jemals zuvor war.»

Baldur schaute ihr offen ins Gesicht.

Er spürte, dass es Karlotta guttat, jetzt in dieser Situation zu reden. Zu reden, um nicht nachdenken zu müssen. Um sich nicht mit dem Grauen zu beschäftigen, das möglicherweise auf sie wartete.

Der Zwerg schaute sich erneut um.

Mit wie vielen seiner Mitbewohner und Freunde waren sie hier herab gebracht worden? Einhundert? Zweihundert? Fast alle Bewohner des Dorfes. Vielleicht bis auf diejenigen, die es irgendwie geschafft hatten, vorher zu fliehen. Sofern das überhaupt möglich gewesen war. Er wusste es nicht zu sagen.

Vertraute Gesichter blickten ihn an. Als habe er den Schlüssel zur Lösung. Augen, aus denen die pure Angst sprach. Augen, die aber auch zeigten, dass manche bereits mit ihrem Schicksal abgeschlossen hatten. Dass sie nichts mehr erwarteten. Und dass, sollte das Entsetzliche tatsächlich eintreffen, es einfach nur schnell gehen würde.

Karlotta riss Baldur erneut aus den Gedanken.

«Sieh sie dir an. Alte Männer, alte Frauen. So wie du und ich.»

Karlotta lächelte, als wolle sie sich für ihre Worte entschuldigen.

Baldur grinste zurück.

«Aber da sind auch so viele Kinder. Junge Zwerge, die ihr Leben noch vor sich haben. Das kann doch nicht alles gewesen sein. Baldur, sag mir, sag es mir bitte, dass wenigstens sie lebend davonkommen werden. Ich mache mir ansonsten keine Hoffnung mehr. Wer soll uns jetzt noch zu Hilfe kommen? Wir wissen ja nicht einmal, ob Steinwart und Barina noch leben.»

Jetzt traten ihr die Tränen in die Augen.

Schniefend zog die alte Zwergin die Nase hoch und lächelte durch den Tränenschleier.

«Ich habe leider kein Taschentuch. Was geht in einer alten Zwergin vor, dass sie meint, jetzt auch noch heulen zu müssen?»

Baldur legte ihr seine Hand auf den Arm und schaute ihr erneut tief in die Augen.

Karlotta tauchte hinein und konnte selbst in der Dämmerung der unterirdischen Höhle so vieles darin lesen, das geeignet war, ihr neue Hoffnung zu schenken.

Sie las von Freundschaft, von Vertrauen, von Gemeinsamkeit. Aber auch davon, dass sie den Weg zum Ende bringen mussten. Mit erhobenem Haupt. Damit nicht die anderen um sie herum bereits jetzt jede Zuversicht verloren.

Karlotta straffte die Schultern.

«Du hast recht, Baldur. Ich bin froh, dass du bei uns bist.»

Baldur stieß ihr in die Seite und gab mit einem Nicken seines Kopfes zu verstehen, Karlotta solle in die Richtung hinter sich sehen.

Als sie seiner Aufforderung nachkam, konnte sie nicht verhindern, dass sie kurzzeitig zusammenzuckte. Einer der Qwarn kam auf sie zu und baute sich mit einer eindeutigen Drohgebärde vor ihr auf.

«Genuggequtaschtihrsollteteurekräftebessereinteilen.»

Karlotta fuhr erschreckt herum und starrte Baldur an.

Ihre Augen drückten die Frage aus, die sie nicht aussprechen konnte.

«Hast du gewusst, dass sie sprechen können?»

Baldur schüttelte den Kopf. Er war nicht minder überrascht.

«Esstehteucheinegroßeehrebevor. Ihrwerdetihmzuneuerkraftverhelfen. Seinerückkehristnah.»

«Auf diese Ehre könnte ich gut verzichten», murmelte Karlotta.

Ein plötzlicher Hieb des Qwarn schleuderte den Kopf der Zwergin zur Seite, sodass man das Knacken ihrer Wirbel in der plötzlichen Stille überlaut hören konnte.

Ein Blutfaden rann aus einer Platzwunde in der Wange. Von Sekunde zu Sekunde blutete die Wunde stärker. Automatisch fühlte Karlotta nach ihrer Wange. Erst als sie die Hand vor Augen führte und diese blutrot war, fühlte sie auch den beginnenden Schmerz.

Baldur, der spürte, dass seine Freundin kurz davor war eine große Dummheit zu begehen, griff nach ihren Armen, um sie festzuhalten. Er konnte unter seinen Händen fühlen, wie

Karlotta sich wehrte. Doch unter seiner Berührung kam sie wieder zur Ruhe.

«Danke», flüsterte sie und sah dem Qwarn offen in sein verschobenes Gesicht.

«Daswarsehrklug. Ihr wolltwissenwieesweitergeht?»

Ein meckerndes Lachen ertönte.

«Sy-Bitahatsichzusehrgewehrt. Daswardumm. Ihrhabteserlebt. Schenktihmeinfacheurekraft. Dereinemehrderanderewenigger. Ichwillnichtversprechendassesschmerzlosseinwird»

Bei diesen Worten leckte der sich genießerisch über seine verhornten Lippen.

«Aberjewenigerihreuchwehrtdestoschnellerwirdesgehen. Sagtdaseurenbegleitern. Wir beginnengleich.»

Als er wieder verschwand, murmelte Karlotta, dass es ja nun an ihr liegen werde, die anderen Zwerge zu informieren. Sie ging schwerfällig auf einen erhöhten Platz und begann die schwere Aufgabe, über das zu erwartende Schicksal aufzuklären.

Allen Erwartungen zum Trotz waren die Reaktionen ruhiger, als sie oder Baldur das erwartet hatten. Mehrere Zwerge brachen schluchzend zusammen. Die meisten anderen nahmen Karlottas Ausführungen stoisch zur Kenntnis. Die alte Heilerin gab nichts von sich, das sie sich nicht ein ums andere Mal ohnehin schon in Gedanken ausmalten.

Als der Qwarn kam, um den ersten aus ihren Reihen zu holen, machte niemand Anstalten sich zu verstecken oder die Aufmerksamkeit auf andere zu lenken. Sie wussten, dass es nur ein Aufschub sein würde, der ihre Qualen verlängerte. Nicht mehr und nicht weniger.

Es traf einen der alten Zwerge, die ihre Gesundheit über viele Jahre im Innern des Berges gelassen hatten.

Als seine Frau hemmungslos in Tränen ausbrach, befreite er sich nochmals aus dem Zugriff seiner Häscher. Er ging zurück und strich seiner Frau zärtlich über den Kopf. Die Worte aber, die er ihr sagen wollte, blieben ihm im Halse stecken.

Da er ihr nicht zeigen wollte, wie tief seine eigene innere Qual ging, drehte er sich wortlos um und folgte dem Qwarn.

Sie banden ihn an den Baumstumpf und öffneten seine Pulsadern, sodass sein Blut in pulsierenden Strömen in das Wurzelwerk des Baumes floss. Als Gorm sich satttrank und in seiner neu erwachenden Kraft begann, sich seiner Gedanken, Empfindungen und Gefühle zu bemächtigten, begannen die Schmerzen.

Obwohl der Zwerg sich fest vorgenommen hatte, keine Schreie auszustoßen, war die Höhle bald darauf bis in den letzten Winkel davon erfüllt.

Sein Todeskampf währte nicht lange.

Als sie ihn endlich abbanden, war er nur noch eine leere Hülle.

Die Lichter, die über den Baumstumpf jagten, waren heller als jemals zuvor.

Gorm hatte den richtigen Weg gefunden.

Mit genügend Kraft ausgestattet, würde es ihm endlich gelingen, sich eines neuen Körpers zu bemächtigen. Diesen würde er finden. Einen Körper, der seinen Vorstellungen entsprach.

Der Qwarn trat vor die Zwerge, die zusammenzuckten, weil sie davon ausgingen, es werde der nächste folgen.

«Nichtzuvieleaufeinmal. Ihrhabtjetztzeiteuchvorzubereiten. Schlafteinwenig. Starkekörperhelfendemmeistervorrangig.»

Wieder dieses entsetzlich meckernde Kichern, das bis in die Höhle Sy-Bitas drang.

Jedoch nicht mehr in ihr Bewusstsein.

77 Rohes Fleisch

An einer Stelle, an der es von Ratten und Ungeziefer wimmelte, brach Hakenhase laut aufheulend zusammen. Das Säckchen brannte sich immer tiefer in seine Hand.

«Was ist das? Bei den Göttern, was ist das?»

Hätte er doch nur losgelassen, als er die erste Hitze spürte.

Doch seine Gier war größer gewesen. Ohne einen Gedanken an die Konsequenzen zu verschwenden, hatte er noch fester zugepackt. Und damit sein Schicksal besiegelt. Unter Schreien versuchte er, seine Hand zu öffnen. Doch das gelang ihm nicht, weil er bereits keine Gewalt mehr über deren Bewegung besaß. Das, was einst seine rechte Hand gewesen war, entpuppte sich nunmehr nur noch als ein verquollener Klumpen rohen Fleisches.

«Hack mir meine Flosse ab. Tu doch was. Ich halte das nicht mehr aus.»

Aus fiebrig glühenden Augen starrte er Stinkmaul an, der heilfroh war, dass das Los dieses Mal an ihm vorbeigegangen war. Bei dem Gedanken, dass er selbst es hätte sein können, der sich jetzt jaulend am Boden wälzte, wurde ihm schlecht.

«Du bist ja vielleicht witzig. Womit soll ich dich befreien? Siehst du hier etwas, das sich dazu eignen würde?»

Hakennase verlor die Geduld.

«Du bist so dämlich. Warum habe ich mich nur mit einem Idioten wie dich eingelassen?»

Verwundert starrte Hakennase auf seine Hand, oder vielmehr auf das, was davon übriggeblieben war. Langsam ließ der Schmerz ein wenig nach. Vermutlich deshalb, weil da kaum mehr etwas vorhanden war, das Schmerzen verursachen konnte. Das Einzige, das unversehrt schien, war der Beutel voller Gold.»

«Schwarze Magie. Das ist schwarze Magie. Erkennst du das nicht?»

Stinkmaul, der sich gerade nähern wollte, um nach Hakennase zu sehen, wich auf der Stelle zurück. Er schüttelte wie wild den Kopf.

«Damit will ich nichts zu tun haben. Sieh doch selbst, wie du klarkommst.»

Er machte auf dem Absatz kehrt und ehe Hakennase sich versah, war sein Kumpan verschwunden.

Der Verletzte lachte bitter auf.

War das nicht genau der Punkt, den er sich gewünscht hatte? Die Beute für sich alleine zu haben? Dieser Wunsch war nun erfüllt, ohne dass er sich deswegen die Hände schmutzig machen musste.

«Die Hände?», stöhnte er. «Die Hand trifft es ja wohl eher.»

In diesem Moment löste sich das Säckchen aus der verbrannten unförmigen Masse und fiel zu Boden. In einem ersten Reflex wollte Hakennase danach greifen, besann sich aber glücklicherweise.

«Nein, nicht ein weiteres Mal.»

Die Augen schwammen in Tränen des Schmerzes.

Trotzdem gelang es dem Mann, ein kleines Stück entfernt eine Tonscherbe wahrzunehmen.

Er robbte nach vorne, bis er sie mit seiner linken Hand zu greifen bekam. Sie schien scharf zu sein. Scharf genug für sein Vorhaben.

Hakennase setzte sie an den Rand des Säckchens und mit einem entschlossenen Ruck, schlitzte er die linke Seite auf.

Ein weißes Pulver rieselte heraus.

«Nein, nein, nein! Nicht dafür. Ganz bestimmt nicht dafür!» Ein heiseres, irres Lachen drang aus seiner Kehle. «Dafür habe ich meine Hand geopfert? Für ein verfluchtes Beutelchen Salz?»

Mit der Scherbe fuhr er unter seine Beute, hob sie an und schleuderte sie mit einem kraftvollen Wurf von sich. Er folgte mit den Augen der Flugkurve. Das Salz würde irgendwo auf diesem riesigen Haufen aus Unrat landen.

Plötzlich aber tauchte ein Fuchs wie aus dem Nichts auf.

Ehe das Päckchen zwischen dem Unrat versickern konnte, fing er es nach einem hohen Sprung auf und trug es in seinem Maul blitzartig davon. Ohne dass seine Beute ihm Schaden zugefügt hätte.

Aus großen Augen starrte Hakennase ihm hinterher und sah kurz darauf, die Zwergin sowie einige andere Personen auf sich zukommen.

«Du solltest beginnen, den Unterschied zwischen mein und dein zu erlernen.»

Die Zwergin ging vor Hakennase in die Hocke.

«Lass mich deine Hand sehen.»

Der Mann am Boden zog sie hinter seinen Rücken zurück.

«Stell dich jetzt nicht so dumm an. Lass mich endlich nach deiner verbrannten Hand sehen, um festzustellen, ob ich etwas für dich tun kann.»

Zögernd streckte Hakennase die Hand in Richtung Karlottas.

«Da kann niemand mehr etwas tun.»

Erschrocken sog Karlotta scharf die Luft ein.

«Sie muss ab. Du wirst dich davon trennen müssen. Andernfalls kostet sie dein Leben.»

«So schlau war ich auch bereits. Aber wer soll das tun?»

Karlotta blickte ihm ernst ins Gesicht.

«Ich. Ich werde das tun. Auch wenn ich nicht weiß, womit du das verdient hast. Eigentlich sollte ich dich hier dir selbst überlassen. Aber das ist nicht meine Art. Ich sehe, dass du Hunger gelitten hast. Und dass sich dieser Zustand vermutlich auch in Zukunft nicht ändern wird. Ich kann dir noch nicht einmal versprechen, dass du die Amputation und deren Folgen überleben wirst. Aber wenn du eine Chance haben willst, eine faire Chance, so wirst du dich darauf einlassen müssen.»

Hakennase nickte.

Sie suchten sich einen sauberen und geschützten Platz.

Wenig später brodelte kochendes Wasser und Karlotta säuberte ihr scharfes Messer.

«Presst ihm etwas zwischen die Zähne. Branntwein haben wir nicht.»

Den ersten Schreien folgte eine tiefe Ohnmacht.

Als Hakennase erwachte, war die Wunde vernäht. Ein sauberer Verband umspannte den Stumpf.

Fram trat auf Hakennase zu.

«Hier hast du einen Taler. Versaufe ihn nicht. Du wirst ihn benötigen, damit der Bader regelmäßig nach der Wunde sieht. Wenn du zulässt, dass der Brand in den Stumpf zieht, hast du verloren.»

Karlotta säuberte ihr Besteck und wandte sich ein letztes Mal an den frisch Operierten.

«Das sollte dir eine Lehre gewesen sein. Bei allem Elend hast du noch Glück gehabt.»

Als die Gruppe aus ungleichen Personen Hakennase verließ, wusste dieser nicht, ob er lachen oder weinen sollte. Er betrachtete die Münze in seiner linken Hand. Ein gehöriger Schluck Branntwein würde helfen, die Schmerzen zu betäuben. Für einen kurzen Moment.

Um Hakennases rechte Hand balgten sich die Ratten.

78 Purer Zufall

Als Hakennase sich aufrappelte, um sich wieder in den Menschenstrom einzureihen, verspürte er bereits nach kürzester Zeit, dass er seine eigenen Kräfte völlig falsch eingeschätzt hatte. Der Schwindel überfiel ihn bereits nach wenigen Schritten und zwang ihn immer wieder kürzere, aber auch längere Pausen einzulegen. Meistens stand er schwer atmend an eine Mauer gelehnt. Die Augen geschlossen. Darauf wartend, dass der Anfall vorüberging.

Wenn er es schaffte, den anvisierten Punkt zu erreichen, ohne dass ihm die Beine wegknickten, war er glücklich. Doch nicht immer war ihm dieses Glück beschieden. Mehrmals taumelte er mehr, als dass er ging. Und bei einem der letzten Anfälle dieser Art, stürzte er zu Boden, während er instinktiv versuchte, mit seiner rechten Hand Halt zu finden.

Der Schmerz, der durch den Stumpf jagte, übertraf alles bisher Dagewesene.

Hakennase zog seinen rechten Arm fest an seinen Körper und wippte ständig vor und zurück. Dass sich niemand um ihn scherte, interessierte ihn nicht. Im Grunde hatte er nichts anderes erwartet. Die Flüche allerdings, die auf ihn einprasselten, weil er dem Strom von Passanten im Weg lag, schüttelte er nicht so ohne weiteres ab. Normalerweise gewohnt, sich mit Worten, aber auch mit Taten zu wehren, blieb ihm jetzt nichts weiter übrig, als den Mund zu halten und sich in einer Ecke zu verkriechen, an der sie nicht auf ihn eintraten, wie auf einen räudigen Hund.

Hakennase hielt sich den Stumpf vors Gesicht. Und erschrak.

Der Sturz schien die Wunde aufgerissen zu haben. Der Stumpf blutete stark, sodass der Verband an verschiedenen Stellen bereits mit Blut durchtränkt war.

Abwägend betrachtete der Mann das Geld in seiner linken Hand, dann wieder den blutigen Verband.

«Ich sollte wohl besser tatsächlich einen Bader aufsuchen. Aber es wäre um den Taler zu schade. Ihn solch einem Hundsfott in den Hintern schieben? Nein und dreimal nein! Dieses glänzende Stück Metall wird eher dazu geeignet sein, meinen Hunger, vor allem aber meinen Durst zu stillen. Für alles andere wird sich eine Lösung finden.»

Dass die Menschen, die ihn passierten, ihn misstrauisch ansahen, während er seine Selbstgespräche führte, registrierte Hakennase nicht.

Es kam ihm vor, als habe er Stunden dort gelegen.

Vielleicht war er sogar eingeschlafen. Als er wieder zu sich kam, war die Gasse nahezu menschenleer. Hakennase sah sich um und stellte fest, dass er nicht weit vom Stadtzentrum entfernt war.

«Zu teuer», murmelte er. «Viel zu teuer».

Welcher Teufel ihn auch immer geritten hatte, sich in die Oberstadt zu bewegen, jetzt schüttelte er ihn ab. Wenn es überhaupt eine Möglichkeit gab, etwas Essbares zu erhalten für das, was er an Geld besaß, so nur in einer der üblen Kaschemmen in der Hafengegend.

Taumelnd setzte der Mann sich wieder in Bewegung. Der Schmerz klopfte in regelmäßigen Impulsen in der Operationswunde und erinnerte ihn daran, dass er eigentlich Ruhe benötigte.

«Ruhe?»

Hakennase spuckte verächtlich in den Staub der Straße.

«Wenn ich nach Ruhe suche, kann ich mir auch gleich einen Platz auswählen, um zu sterben. Dieses elende bisschen Leben wird weitergehen. Jetzt vermutlich schlechter, als jemals zuvor.»

Der Mann kicherte vor sich hin.

Es schien, als beginne das Fieber bereits in ihm zu glühen.

Dass er die Münze verlor, entging ihm. Auch die Tatsache, dass zwei halbwüchsige Jungen, die nur darauf gewartet hatten, sich das Geld schnappten und in der Dunkelheit verschwanden, bemerkte er nicht.

Als Hakennase endlich vor dem windschiefen Schild *Zum einäugigen Seemann* anhielt, war er mittellos. Normalerweise hätte er es selbst in dieser Absteige nicht gewagt, ohne Geld Eintritt zu verlangen. Der Wirt war bekannt dafür, dass er kurzen Prozess mit Zechprellern machte. *Einäugiger Seemann,* dieser Name kam nicht von ungefähr. Mancher, der hierhergekommen war, mit zwei gesunden Augen, musste feststellen, dass die Bezeichnung auf in zutraf, nachdem er seine Zeche nicht zahlen konnte.

Doch Hakennase war nicht mehr in der Lage, soweit zu denken.

Er trat ein und fand sich augenblicklich in vertrautem Umfeld wieder. Abgestandene, stickige Luft. Rauchgeschwängert von Tabakpfeifen, die diesen Namen nicht verdienten. Kaum jemand besaß genug Geld, um reinen Tabak kaufen zu können. Vieles, das hier verbrannt wurde, war vermischt, mit was auch immer. Über manches hatte er niemals nachdenken wollen.

Klirrende Gläser. Lautes Gelächter. Huren, schrill angemalt und für wenig Bares bereit, auf einem der Strohsäcke im Keller der Kaschemme mit ihm zu verschwinden. Nicht wenige Male war er dazu, nach gut verlaufenen Raubzügen, in der Lage gewesen.

«Heute nicht», lallte Hakennase. «Jetzt gilt es erst einmal meinen unbändigen Durst zu stillen.»

Der Mann torkelte nach vorne, als sei er bereits jetzt sturzbetrunken.

«Einen Humpen von deinem gepanschten Gesöff für mich. Den größten, den du finden kannst, in deinem Sammelsurium.»

Der Wirt wurde augenblicklich auf Hakennase aufmerksam.

Er hatte ein feines Gespür für Situationen, die imstande waren, nur eines zu bringen. Handfesten Ärger.

«Zeig mir erst einmal, ob du überhaupt bezahlen kannst, du verlaustes Subjekt.»

Hakennase grinste triumphierend.

«Und ob ich das kann.»

Er fummelte in seinen Taschen. Und wurde blass.

«Das gibt es doch nicht. Eben war doch noch …»

Der Mann hinter der Theke nickte in Hakennases Richtung.

«Schmeißt ihn raus.»

Zwei Bären von Männern packten ihn und schoben ihn resolut in Richtung Ausgang.

«Diese verdammte Zwergin hat mir die Hand abgeschnitten. Dann hat mir einer ihrer Gefährten einen Taler in die Linke gedrückt. Einen ganzen Taler. Diese Frau mit den farbigen Linien auf ihrem Arm hat mich dabei so seltsam angesehen. Verdammt. Ich muss ihn verloren haben. Lasst mich nachsehen. Ich finde ihn wieder.»

In diesem Moment wurde der tobende Mann in hohem Bogen aus der Türe befördert und landete schmerzhaft im Staub der Straße.

Zumindest hatten sie darauf verzichtet, ihn zu verprügeln. Seine Verletzung schien sie davon abgebracht zu haben. Oder aber die Tatsache, dass er noch nichts verzehren konnte, das jetzt zur Zahlung offenstand.

Eine dunkle Gestalt beugte sich über ihn.

Hakennase duckte sich.

«Lass mich in Ruhe. Geh weg. Bei mir ist nichts zu holen.»

«Oh doch, mein Freund. Informationen. Vielleicht sogar sehr wichtige für mich. Du hast eben von einer Zwergin gesprochen. Und von einer Frau mit farbigen Linien auf der Haut. Diese Frau, war sie jung? War sie schön?»

Hakennase witterte Morgenluft.

«Was bist du bereit, mir zu geben, wenn ich deine Fragen beantworte?»

Der Fremde richtete sich auf.

«Ich habe selbst nichts, was ich dir geben könnte. Aber ich will dir gerne dein Leben lassen.»

Hakennase schluckte.

Augenblicklich kam er zur Erkenntnis, dass er diesem Mann nichts entgegenzusetzen hatte. Jedenfalls nicht in diesem Zustand.

«Ein beschissener Tag. Einfach ein beschissener Tag.»

Als der Mann sich von ihm entfernte, starrte Hakennase ihm hinterher.

Dieser Mann strahlte Gefahr aus. Vielleicht würde er diesem Pack den Garaus machen. Hoffentlich würde er das.

Targor drehte sich nicht mehr um.

Er wusste jetzt, dass er seiner Barina nahe war. Sehr nahe.

79 Dann ist alles verloren

Verschwinde aus meinen Gedanken. Ich bin müde. Ich habe lange genug gekämpft. Irgendwann muss es gut sein.»

«Was du von dir gibst, ist Unsinn. Und das weißt du genau.»

«Wen interessiert denn noch, was ich glaube? Es ist vorbei. Ich habe es genau gespürt.»

«Und damit findest du dich ab?»

«Was soll ich denn sonst tun? Lauthals um Hilfe schreien? Sie werden mich auslachen. Jeder Einzelne von ihnen.»

«Nun gut. Wenn du dir so sicher bist, sollten wir unser Gespräch am besten an dieser Stelle beenden.»

«Unser Gespräch? Du bist ein Witzbold. Was hat das mit einem Gespräch zu tun, was hier zwischen uns abläuft?»

«Was sollte es sonst sein? Erkläre es mir.»

«Impulse, die ein sterbendes Hirn aussendet. Ach, was weiß denn ich? Lass mir meinen Frieden und ich werde es dir zu gegebener Zeit bekanntgeben. Vielleicht unterhalte ich mich ja nur mit mir alleine.»

«Oh! Das ist gar nicht nett. Ich müsste es eigentlich als Beleidigung auffassen, dass du mich als Hirngespinst deutest.»

«Dann beschwere dich doch. Wenn du laut genug rufst…»

«Du weißt genau, dass mir diese Fähigkeit nicht gegeben ist.»

«Oh, Entschuldigung, wenn ich dir jetzt zu nahe getreten

bin. Dann lass doch bitte auch das Denken sein. Es würde mir sehr viel daran liegen.»

Eine lange Zeit herrschte Ruhe.

Die normalerweise spontan erfolgende Antwort blieb aus.

Hatte sie das so gewollt?

«Bist du noch da?»

«Natürlich. Warum sollte ich das nicht sein? Ich bin ebenso real wie du es bist. Dass wir uns nicht sehen, nicht fühlen können, heißt nicht zwangsläufig, dass ich nicht mehr bin. Und um ehrlich zu sein, ich kann nicht einmal von dir lassen. Irgendwie wird diese Symbiose uns erhalten bleiben. Ob wir das wollen oder nicht.»

«Du bist eine Nervensäge. Weißt du das?»

«Wenn du das sagst. Ich selber sehe mich da völlig anders. Aber ich muss ja nicht das Maß aller Dinge sein.»

«Nein, nein. So habe ich das nicht gemeint.»

«Ich habe das Gefühl, du hast unsere nette Plauderei vielleicht doch ein wenig vermisst.»

«Wie kommst du denn darauf?»

«Warst du nicht diejenige von uns beiden, die den losen Faden unserer Unterhaltung wieder aufgenommen hat?»

Eine Zeitlang herrschte Ruhe.

«Ja, du hast sicherlich Recht. Ich erinnere mich daran. Es mag an der für mich so ungewohnten Situation liegen, dass mir die Gedanken zeitweise entgleiten.»

«Das ist doch nicht schlimm. Meinst du, mir ist es damals anders ergangen, als ich …»

«Heißt das, du bist nicht schon immer bei mir?»

Ein leises Lachen in ihren Gedanken.

«Wie kommst du denn darauf? Wir sind noch nicht sehr lange verbunden, Sy-Bita. Ich weiß auch nicht genau, was mit mir, was mit uns geschehen ist. Ich habe versucht, ihn aufzuhalten, als er in die Welt deiner Gedanken hat eindringen wollen. Aber er ist so stark. Ganz entsetzlich stark. Plötzlich war ich statt seiner in deinem Ich verhaftet.»

Erneut kurzzeitige Stille.

«Sy-Bita, ich muss dir etwas sagen.»

«Sy-Bita. Dieser Name klingt wie Musik Er gefällt mir. Bin ich das? Hast du auch einen Namen?»

«Ja, natürlich. Nur sehr wenige Wesen verfügen über keinen Namen. Einst war ich Amidor. Erinnerst du dich wirklich nicht?»

«Amidor? Dieser Name hat keinen Klang für mich. Aber du meintest, du müssest mir etwas sagen.»

«Das muss ich. Aber es ist nicht sehr einfach. Hör mir einfach zu. Dein Körper, Sy-Bita, auch wenn du dich vermutlich selbst an diesen nicht mehr erinnern kannst, ist nicht mehr in der Lage, in dieses Leben zurückzukehren. Er lebt. Aber da ist kein Bewusstsein mehr, das ihn antreibt.»

«Aber du unterhältst dich doch mit mir. Ich verstehe das nicht.»

«Lass mich ausreden. Ich unterhalte mich mit einem geteilten Bewusstsein. Du hast dich, wenn es dir danach war, in einen zweiten Körper zurückziehen können. Mit diesem kleineren Teil des Bewusstseins unterhalte ich mich. Erinnere dich, Sy-Bita. Bei den Göttern, versuche es. Oder willst du auf Dauer das Wesen bleiben, das hier auf dem Boden liegt? Fern von jedem intelligenzbehafteten Dasein?»

«Amidor, ich verstehe nicht, was du mir sagen willst.»

«Sy-Bita, denke nach. Erwecke den Schmetterling in dir. Verlasse dieses Gefängnis. Zusammen mit mir.»

«Ein Schmetterling? Du bist verrückter, als ich dachte.»

«Sy-Bita!» Die Stimme Amidors wurde zornig. «Reiß dich gefälligst zusammen. Streng dich endlich an.»

«Ich wüsste ja nicht einmal, wie. Ich versuche etwas zu

erwecken, von dem ich nicht einmal weiß, dass es existiert. Weißt du eigentlich, was du da von mir erwartest? Amidor, begreife endlich, dass da nichts ist. Ich bin jetzt müde. Ich will schlafen.»

«Sy-Bita, du darfst nicht schlafen. Ich bitte dich noch einmal. Reiß dich zusammen. Wenn du jetzt einschläfst, erreiche ich dein Bewusstsein nicht mehr. Vielleicht sogar nie mehr. Willst du das wirklich riskieren?»

«Amidor, du bist der Verrücktere von uns beiden. Jetzt verschwinde.»

«Sy-Bita, bitte nicht. Dann ist alles verloren. Besinne dich!»

80 Ich will leben

Die Gedanken rasten Targor durch seinen Kopf, während er sich, müde und hungrig wie er war, erneut in Richtung der Oberstadt kämpfte. Seine übersäuerten Muskeln befahlen ihm bereits seit langer Zeit, sich endlich irgendwo einen Platz zum Schlafen zu suchen. In der Kaschemme am Hafen war er der Meinung gewesen, diesen Ort gefunden zu haben.

Hungrig hatte er um einen Kanten Brot gebeten und um einen Platz zum Ausruhen.

Was hatte er sich dabei gedacht? Hätte es ihm nicht klar sein müssen, dass hier niemand etwas zu verschenken hatte? Die Gegend war bettelarm.

Ehe Targor sich versah, fand er sich an der gleichen Stelle wieder, wie auch der Mann mit der verbundenen Hand vorhin.

Doch er wollte sich nicht auf diese Art und Weise abspeisen lassen.

Er war kräftig und nicht dumm. Wenn man so nicht bereit war, ihm etwas zu geben, würde er sich seinen Unterhalt verdienen. Er hatte einfach keine Wahl.

Als er sich erneut Einlass verschaffte, schaute der Wirt in seiner schmierigen Schürze überrascht auf.

«Das habe ich selten erlebt, dass ein Streuner zurückkommt und um Schläge bettelt.»

Targor hob abwehrend seine Rechte.

«Warte bitte ab. Hör mir zu. Ich komme von weit her. Ich

will leben. Doch dazu benötige ich etwas zu essen und einen Platz, wo ich schlafen kann. Ich bin bereit dafür zu arbeiten. Aber gib mir wenigstens die Gelegenheit, es zu beweisen. Betteln kann ich nicht. Und ehrlich gesagt, will ich es auch nicht.»

Der Wirt musterte Targor von oben bis unten.

«Mal angenommen, nur mal angenommen, ich wäre so dumm, dir eine Arbeit zu geben, was sind deine Fähigkeiten?»

«Egal, was du mir aufträgst, ich werde es tun. Ich will auch kein Geld von dir. Nur etwas zu essen. Und einen Platz für den Schlaf.»

«Nun gut. Es soll niemand sagen, ich erkenne nicht, wenn jemand hilfebedürftig ist. Aber eines schreibe dir hinter die Ohren. Vorschüsse gibt es nicht. Zuerst gilt es, deinen Lohn zu verdienen.»

Ein verschlagenes Grinsen beendete seine Worte.

Solch eine billige Arbeitskraft hatte er lange nicht mehr angeboten bekommen.

Targor erwies sich als fleißig und erledigte jede, ihm übertragene Arbeit schnell, zuverlässig und ohne zu murren.

Bis, ja, bis zu diesem Punkt, als dieser Mann hereingekommen war und Targor hellhörig wurde.

Jetzt befand er sich erneut auf der Suche, ohne überhaupt nach seinem Lohn gefragt zu haben.

Immer noch hungrig und müde, mehr als jemals zuvor. Wenn sich jetzt herausstellen sollte, dass er einem Irrtum aufgesessen war, würde er nicht einmal versuchen können, erneut mit diesem Wirt ins Geschäft zu kommen. Entweder die Spur stellte sich tatsächlich als heiß heraus, oder er würde nicht mehr wissen, wie es weiterging.

Jeden, der ihm zu so später Stunde über den Weg lief, befragte Targor. Ohne tatsächlich zu wissen, wie groß die Gruppe sein könnte. Und wer überhaupt dabei sein würde. Daher war es immer wieder dieselbe Frage, die er stellte: «Entschuldigt bitte, dass ich euch belästige. Nein, nein, keine Sorge, ich will nichts von euch. Nichts, außer einer kleinen Information. Ich bin auf der Suche nach zwei Frauen. Eine Menschenfrau, etwa so groß wie ich. Wunderschön. Mit deutlich erkennbaren bunten Linien auf ihrer Haut. Vermutlich in Begleitung einer Zwergin. Es kann sein, dass noch weitere Personen bei ihnen sind. Aber das weiß ich nicht wirklich.»

Die Antworten, die Targor erhielt, waren ebenso vielfältig, wie die Gestalten, auf die er traf.

Manche schüttelten nur wortlos den Kopf.

Vermutlich froh, ihm aus dem Weg gehen zu können. Wer traute schon fremden Personen, die nachts herumliefen und solch seltsame Fragen stellten?

Der ein oder andere war dabei, der meinte, sich erinnern zu können.

«Ja. Ich meine, ich habe eine solche Frau gesehen. Sie ist mir sofort aufgefallen. Aber da waren noch andere bei ihr. Wenn ich mich recht erinnere, sogar ein weiterer Zwerg.»

So sehr solche Antworten Targor auch in seiner Vermutung bestärkten, er sei auf der richtigen Fährte, half es ihm dennoch nicht weiter.

Bis er auf die alte Frau traf, die schwer an einem Bündel Holz schleppte.

Targor sprach auch diese Frau an, obwohl er nicht glaubte, dass ausgerechnet sie ihm weiterhelfen könnte.

«Mein Junge, es ist so schwierig nachzudenken, wenn man kaum weiß, wie man mit seiner Last die nächsten Schritte bewältigen soll.»

Sie starrte zu Boden und sprach kein weiteres Wort.

Targor grinste. Er hatte verstanden.

«Ich denke mir, du wirst nichts dagegen haben, wenn ich dich ein Stück begleite. Vielleicht darf ich sogar dein Feuerholz tragen? Ich will mich allerdings nicht aufdrängen.»

Die Frau streckte den Rücken und ließ das Holz zu Boden fallen.

«Statt zu reden, schnapp dir das Bündel, und komm mit. Ich glaube, ich habe tatsächlich diese Frau und die Zwergin gesehen. Zusammen mit einigen Männern, sowie einem Rotfuchs. Ich habe noch bei mir gedacht, dass ich mich nicht erinnern kann, bereits einmal einen Fuchs hier in der Stadt gesehen zu haben. Sie suchten nach einem Schlafplatz. Und wenn ich jetzt noch intensiver nachdenke, war ich es …ja, genau, ich selbst war es, die von ihnen angesprochen wurde.»

Misstrauisch sah die Alte Targor an.

«Sag mir, weshalb suchst du nach ihnen?»

Targors Blick verlor sich in weiter Ferne.

«Weil ich sie liebe.»

Die Frau grinste in sich hinein.

«Wie lange habe ich das nicht mehr gehört. Ich denke, ich kann dir vertrauen. Komm mit. Sie haben einen Schlafplatz gefunden.»

Targor sah sie verständnislos an.

«Jetzt sieh mich nicht an wie ein dummes Schaf. Sie sind bei mir!»

«Das ist jetzt nicht dein Ernst!»

Die alte Frau tippte sich mit einem Zeigefinger an die Stirn: «Welchen Grund sollte ich haben, dich zu belügen?»

81 Flieg mit mir

«Bist du noch da?»

Stille.

«Hallo? Ich habe dich etwas gefragt.»

«Natürlich bin ich da. Wo sollte ich auch sonst sein?»

Die Stimme klang deutlich gelangweilt.

Die Überzeugung war ihr anzumerken, bereits vorab alles gesagt zu haben, was notwendig war. Jetzt lag es allein an Sy-Bita, die längst fälligen Schlüsse daraus zu ziehen.

«Und du meinst wirklich, ich könne mich …»

Sy-Bitas Stimme machte den Anschein, als wage sie es nicht, die Worte auszusprechen, die Amidor ihr eingeimpft hatte und die jetzt begannen, ein eigenes Leben zu führen.

«Sprich es aus. Wage es nur. Es wird der erste Schritt sein, dich selbst in dir wiederzufinden.»

«Was ist mit mir passiert, Amidor? So war doch dein Name?»

Das zusätzliche Bewusstsein, das jetzt in ihr schlummerte, gab einen verächtlichen Laut von sich.

«Das ist jetzt völlig unerheblich. Es tut nichts zur Sache. Und es wird auch nichts an deinem Zustand ändern, wenn du weißt, was er dir angetan hat.»

«Er?»

«Sy-Bita, vergiss ihn. Vergiss alles. Besinne dich auf deine eigenen Fähigkeiten, deine eigenen Stärken. Bring uns hier hinaus. Und streife diesen Körper ab, der zu nichts mehr Nutze sein wird!»

Amidor legte, bewusst oder unbewusst, eine kurze Pause ein.

«Nie mehr wieder.»

Hätte Sy-Bita noch Gewalt über die Bewegungen ihres Körpers gehabt, so hätte sie jetzt den Kopf schiefgelegt. Als lausche sie einer Stimme, die nur für sie selbst hörbar war. Das hatte sie immer getan, wenn sie nachdachte. Aber selbst dieser kleine Tick war Vergangenheit. Ihre Nervenfasern besaßen nicht mehr die Kraft, Bewegungen zu steuern.

«Ich habe es vergessen, Amidor. Wenn ich überhaupt jemals die Fähigkeiten besessen habe, von denen du sprichst.»

«Unsinn. Das kannst du nicht vergessen. Es ist ein Teil von dir. Ebenso wie die Fähigkeit, dich jetzt und unter diesen Umständen mit mir zu unterhalten. Mag sein, dass das Wissen verschüttet ist. Doch wenn du danach suchst, wenn du es wirklich willst, mit jeder Faser deiner selbst, dann wirst du es wieder entdecken.»

«Amidor?»

«Was?»

«Amidor, ich habe Angst.»

«Aber wovor denn? Vor dem Fliegen? Vor deinem zweiten Ich?»

«Nein»

«Wovor dann?»

«Ich habe Angst, es nicht zu finden. Angst, dass meine Suche vergebens sein könnte.»

«Sy-Bita?»

«Ja?»

«Du redest zu viel.»

Eine kurze Zeitspanne blieb Amidor völlig still.

Dann meldete er sich ein weiteres Mal zu Wort.

«Du magst in der letzten Zeit vieles falsch gemacht haben. Das wird dir nichts sagen, aber glaube mir einfach, dass ich recht habe. Doch eines werde ich dir im Positiven niemals vergessen. Du hast mir vor langer Zeit ein eigenes Leben geschenkt. Als ich es freiwillig beenden wollte, um damit einer anderen Person ihr Leben zurückzugeben, habe ich gedacht, das sei für immer. Aber das war es nicht. Ganz und gar nicht. Ich bin zu dem zurückgekehrt, was vor unendlich langer Zeit einmal zusammengehörte. Und ich habe dort den Wahnsinn gesehen. Wer weiß, wie lange ich das überstanden hätte, ohne … ja, ohne selbst ein Teil von ihm zu werden. Dann kamst erneut du. Was mit uns geschehen ist, habe ich so nicht beabsichtigt, Sy-Bita. Wirklich nicht. Trotzdem bin ich dem Schicksal dankbar, dass es mich aus diesem Sumpf befreien konnte. Wenn du es jetzt schaffst, deinen alten Körper abzulegen, Sy-Bita, dann werden wir frei sein.»

«Amidor, ich verstehe kein Wort.»

Ein Lachen erklang.

«Das musst du auch nicht. Es ist nur die Freude eines Mannes gewesen, der über lange Zeit einsam war, die mich hat reden lassen. Gib nichts darauf. Und jetzt streng dich bitte endlich an.»

Endlich war Sy-Bita im Begriff, zu verstehen, was diese Stimme in ihrem Inneren von ihr verlangte. Sie wusste nicht, wer er war. Sie wusste auch nicht, was er damit meinte, sie habe ihm sein Leben geschenkt. Dennoch war es ihm gelungen, mittels seiner Worte etwas in ihr zu bewegen. Ihr Geist, der sich bisher immer nur um den gleichen Punkt drehte, verstand, dass er über seine Grenzen gehen musste. Erkunden musste, dass es mehr gab als diesen dunklen Raum, in dem sie sich seit vielen Stunden befand.

«Stell dir vor, du würdest durch eine offene Tür gehen. Neue Wege erkunden.»

War es Amidors Stimme, die ihr diese Worte zuflüsterte?

Vermutlich ja. Aber in ihrem jetzigen Zustand einer Trance, erkannte sie selbst seine Stimmlage nicht mehr.

Seitlich von ihr tauchte ein Licht aus der Dunkelheit auf.

Sy-Bita wollte sich darauf zu bewegen, aber in dem Moment, als die Absicht in ihr Gestalt annahm, befand sie sich bereits im angrenzenden Raum.

«Sy-Bita, das Leben gehorcht hier anderen Gesetzmäßigkeiten.»

«Pssst. Lass mich jetzt in Ruhe.»

Ein bunt schillernder Fleck mitten im Raum erweckte Sy-Bitas Aufmerksamkeit.

Sie sah ihn und hielt das, was dort gelegen hatte, augenblicklich in ihren Händen.

Weich wie Seide.

Schillernd in bunten Farben.

Unendlich zart. Und doch war keine Angst in ihr, sie könne damit unachtsam umgehen.

Es war, als betrachte sie sich selbst. Auf eine, ja, auf eine andere Weise.

«Versuche es. Steig hinein. Zieh es dir über wie ein herrlich buntes Sommerkleid. Es wird dir passen.»

Sy-Bita wusste, dass sie sich nur von Gefühlen leiten lassen durfte.

An dieser Stelle ging es nicht mehr darum, bewusste Handlungen auszuführen.

Sie legte sich den seidigen Stoff um ihr Schultern.

Kurz geschah gar nichts. Erste Enttäuschung machte sich in ihr breit. Als habe sie den Schlüssel nicht mehr, um dieses Wunder zum Leben zu erwecken.

Als sie sich bereits umwenden wollte, spürte sie, dass das Gespinst begann, sich um ihre Schultern zu legen. Um die

Schultern eines nicht vorhandenen Körpers. Dennoch spürte sie jede Bewegung. Ihr Körper und das bunte Gebilde wurden eins.

Und dann erwachte sie.

«Bei den Göttern. Ich bin es. Amidor. Ich bin es wirklich. Amidor, sag etwas.»

«Ich bin überwältigt und finde keine Worte. Das erste Mal in meinem Leben fliege ich, Sy-Bita. Danke, dass du mir dieses Geschenk machst.»

Bei diesen Worten Amidors passierte Sy-Bita die Stäbe ihres Gefängnisses.

Ein letzter Blick zurück auf einen verkrümmten Körper auf dem Boden des Verlieses.

Dann stieg sie jubelnd in die Höhe.

82 Unerwartet

Irgendwie habe ich das Gefühl, mich noch immer auf dem Meer zu befinden.»

Steinwart lachte auf, während er breitbeinig im einzigen Raum der kleinen Hütte stand. Hier waren Wohnraum, Schlafstätte und die Ecke, an dem man das Essen zubereitete, eines.

«Es ist eine Gnade diese Hütte gefunden zu haben. Aber trotzdem wäre ich nicht böse darum, wenn dieses Schwanken endlich aufhören würde.»

Fram stand auf und drückte Steinwart sanft zu Boden.

«Das ist ein völlig normaler Zustand. Du hast es ja bereits erlebt, als wir die Salzseen erreichten. Versuch ein bisschen zu schlafen. Dann fühlst du dich morgen wie neugeboren.»

Der Zwerg und der großgewachsene Mann waren die Einzigen, die sich noch wach hielten. Selbst der Fuchs schlief friedlich in Barinas Arme gekuschelt.

«Wenn ich doch wüsste was uns erwartet, sobald wir die Sümpfe wieder erreicht haben. Dort und nur dort, wird sich entscheiden, wer gewinnt. Er oder wir.»

Fram schüttelte den Kopf.

«Mach dir jetzt keine Gedanken, mein Zwerg. Wir werden nichts planen können. Das, was das Schicksal für uns vorsehen wird, müssen wir annehmen. Es wird dir nur den Schlaf rauben, wenn du dir jetzt Gedanken über Dinge machst, die du ohnehin nicht beeinflussen kannst. Jedenfalls nicht von hier aus.»

Er warf einen Blick auf Karlotta, die ihr Säckchen mit Salz auch im Schlaf fest umklammerte. Als habe sie Sorge, dass irgendjemand es mit sich nehmen könnte.

«Das, was Karlotta zu uns gebracht hat, wird eine entscheidende Rolle spielen. Und wir werden das bessere Ende auf unserer Seite haben. Glaube mir.»

Fram schob Steinwart in Richtung Karlottas.

«Der Schlaf wird dir guttun.»

Als der Zwerg sich niederlegte, spürte er erst, wie unendlich müde er war.

Nur mit einem winzigen Teil seines Bewusstseins nahm er wahr, dass sich die Tür öffnete. Steinwart blinzelte und ahnte mehr, als dass er es sah, wie einer seiner Freunde den Raum betrat.

Komisch, er hatte gar nicht bemerkt, dass jemand gegangen war.

Im nächsten Moment schlief auch er tief und fest.

Mitten in der Nacht wurde er von einem Geräusch geweckt, das er zuerst nicht einzuordnen wusste. Erst nach und nach drang es an sein Bewusstsein, dass eine geflüsterte Unterhaltung im Gange war. Unterbrochen von Kichern und von zarten Küssen.

Steinwart schreckte hoch.

Küsse?

Er fühlte, wie bohrende Eifersucht in ihm erwachte.

Konnte es sein, dass Karlotta …?

Steinwart warf einen Blick neben sich und atmete erleichtert auf.

Die Zwergin neben ihm schlief wie ein Stein. Das Heben und Senken ihrer Brust war kaum wahrzunehmen.

Erleichtert drehte er sich in die andere Richtung. Und schaute geradewegs in Barinas strahlendes Gesicht.

«Haben wir dich geweckt? Das lag nicht in unserer Absicht.»

Steinwart schaute verständnislos.

Was daran liegen mochte, dass er immer noch das Gefühl nicht los wurde, im Grunde zu schlafen. Vielleicht träumte er all das ja nur.

«Wir haben Besuch bekommen, mein geliebter Zwerg. Sehr lieben Besuch. Sehr unerwarteten Besuch!»

Steinwart rappelte sich auf und kroch vorsichtig, um Karlotta nicht zu wecken, auf Barina zu.

Kurz bevor er die junge Frau erreichte, tauchte ein Gesicht neben ihr auf, das sich bewusst hinter ihr versteckt hielt.

«Selten zuvor habe ich dich solch ein dummes Gesicht machen sehen», flüsterte Targor dem Zwerg entgegen.

Steinwart sah nach vorne, dann wieder zurück zu Karlotta.

Als könne sie ihm sagen, was das alles zu bedeuten hatte.

«Targor? Bist du es wirklich? Aber wann … woher … seit wann … wo …?»

Steinwart stotterte verlegen und kam sich reichlich dumm dabei vor.

Targor musste wohl richtig liegen mit seiner Aussage.

Barina drückte Targor einen Kuss auf die Wange. Dann auf die Lippen.

«Du kannst mir ruhig glauben, dass er es ist, Steinwart. Ich weiß das. Um nicht zu sagen, ich schmecke das.»

Steinwart konnte nicht mehr an sich halten.

Er stand auf und flog Targor so heftig um den Hals, dass der Mann neben Barina nach hinten schlug und mit seinem Kopf schmerzhaft auf die Bretter des Bodens fiel.

Trotzdem lachte er aus voller Seele.

«Na, das ist mir ja mal eine Begrüßung. Barina war da wesentlich zärtlicher und vorsichtiger.»

Natürlich war es bei dem Lärm auch den anderen nicht entgangen, wer sich da mitten in der Nacht zu ihnen gesellte. Im Nu war Targor von seinen Freunden umringt. Jeder stellte ihm dieselben Fragen. Bis Targor die Hand hob.

«Morgen ist bei Tageslicht genug Zeit, uns gegenseitig unsere Erlebnisse zu schildern. Ich danke den Göttern, dass sie uns durch einen puren Zufall wieder zusammengeführt haben. Dass ich diese Frau getroffen habe … unter so vielen Menschen … ich halte es selbst kaum für möglich.»

Targor sah in die Runde.

«Wo ist sie überhaupt?»

Barina sah ihren Freund verwundert an.

«Wovon redest du? Von welcher Frau? Muss ich eifersüchtig sein?»

Targor grinste.

«Niemals. Sie ist kaum in der Lage, sich mit deinem Glanz zu messen. Aber nochmals. Wo ist sie?»

«Targor, hier ist niemand. Wir haben diese Hütte gefunden. Verlassen. So als habe sie auf uns gewartet. Hier ist niemand außer uns. Und hier war auch niemand außer uns.»

Targor schluckte schwer.

«Was geschieht hier?»

83 Neugier

Sy-Bita spürte ihre jäh erwachte, neue Lebenslust. Sie flatterte durch die Dunkelheit der Höhle, sehnte sich aber danach, endlich hinaus ins Freie zu gelangen. Trotzdem war da etwas in ihr, das sie hinderte, ihr Vorhaben in die Tat umzusetzen.

Jetzt, in ihrer neuen und doch so vertrauten Gestalt, waren die Erinnerungen zurückgekehrt. War sie unglücklich darüber, ihr altes Leben zurücklassen zu müssen? Sy-Bita musste nicht lange darüber nachdenken. Nein, nicht wirklich. Endlich hatte sie die Freiheit gefunden, die sie ein Leben lang vermisste.

Natürlich waren da diese kurzen Phasen gewesen, in denen sie es genossen hatte, das unbekümmerte Leben eines Schmetterlings zu führen. Aber frei in ihren Entscheidungen? Das war sie niemals gewesen. Das andere Ich in ihr, die Frau in Menschengestalt war nicht müde geworden, zu bohren und zu fordern. So lange, bis Sy-Bita ihre alternative Lebensform mit all der Leichtigkeit, die damit verbunden war, wieder abstreifen musste.

«Warum verlässt du dieses unterirdische Loch nicht? Was hält dich hier?»

Da war die Stimme wieder in ihr. Amidors Stimme. Mit ihm würde sie jetzt ihr Leben teilen müssen. Sie waren auf Gedeih und Verderb aufeinander angewiesen. Wahrscheinlich er wesentlich mehr auf sie, als dies umgekehrt der Fall war.

«Gleich Amidor. Gleich.»

Amidor, der sich nicht mit ihrer Antwort zufriedengeben wollte, hakte nach.

«Warum nicht jetzt?»

«Nenn es Neugier, Amidor. Ich möchte ein letztes Mal zurück. Zurück zu Gorm. Ich will sehen, was er vorhat. Auch wenn es mich eigentlich nicht mehr interessieren sollte, ist da etwas in mir, das mich antreibt, zurückzukehren.»

«Ich hoffe, du weißt, was du da tust, meine Liebe.»

«Natürlich weiß ich das. Vertrau mir nur.»

Bei diesen Worten erreichte Sy-Bita den Vorsprung, der den Eingang in Gorms Reich bildete. Sie ließ sich auf einem Felsvorsprung nieder, von dem aus sie alles im Blick haben würde, aber nicht Gefahr lief, von einem der Qwarn entdeckt zu werden. Trotzdem duckte sie sich ein wenig tiefer in das Gestein, als es notwendig gewesen wäre.

Hatten Amidors Worte dazu beigetragen, sie nervös zu machen? Scheinbar ja.

«Tu es nicht, Sy-Bita. Sei vernünftig. Lass das alles hinter dir.»

Die Schmetterlingsfrau lachte auf, ohne dass dieses Lachen fröhlich klang. Es war nicht mehr als ein Laut, der ihre innere Anspannung lösen sollte.

«Amidor. Überleg doch mal, was soll mir passieren?»

«Sprich nicht immer von dir, wenn du uns meinen solltest. Du triffst deine Entscheidungen nicht mehr für dich alleine. Du hast auch mir gegenüber eine Verantwortung.»

Sy-Bita seufzte auf.

«Ja, ja. Ist ja schon gut. Ich habe dich verstanden, du Unke. Aber ein weiteres Mal. Ich werde so hoch über ihn weg fliegen, dass niemand uns erreichen kann. Hast du es vernommen? Ich habe uns gesagt.»

Amidor ersparte sich eine Antwort.

«Du wirst sehen, sobald wir draußen sind, beginnt ein neues Leben.»

«Hoffentlich», entgegnete Amidor, der genau wusste, dass er Sy-Bita nicht daran hindern konnte, ihren Weg zu gehen. Alleine durch seine Worte würde sie nicht von ihrem Vorhaben ablassen. So musste er hilflos miterleben, wie sie in der Gestalt des Schmetterlings aufstieg und in Richtung Gorms Baum steuerte.

Etwas hatte sich verändert.

Ehe Sy-Bita das bemerkte, war es bereits fast zu spät.

Ein Zwerg nach dem anderen wurde von den Qwarn zu Gorm gebracht, um dort mit nichts anderem als seiner Lebenskraft zu dienen. Gerade als sie in die Höhle hineinflogen, wurde ein weiterer Zwerg festgebunden.

Sy-Bita konnte nicht sagen, wie lange sie sich bereits in diesem Zustand befunden hatte, in dem ihr Denken völlig abgeschaltet war. Es musste aber eine recht lange Zeit gewesen sein, denn die wartenden Opfer waren bereits erheblich reduziert.

Über Gorm bildete sich eine Aura, die vermutlich bei Tageslicht niemandem aufgefallen wäre. Hier unten aber erstrahlte sie in einem eigentümlichen bläulichen Licht.

Etwas in Sy-Bita stieß einen warnenden Ruf aus.

Hektisch versuchte sie ihren Flug hochzuziehen. Aber es war den Bruchteil einer Sekunde zu spät.

Mit dem Rand ihres rechten Flügels streifte sie den blauen Lichtkegel.

Es durchschoss sie wie einen Blitz. Ein wahnsinniger Schmerz durchfuhr Sy-Bita, als sei sie dabei, innerlich auseinandergerissen zu werden.

Hilflos trudelte sie zu Boden und blieb dort nahezu ohne Besinnung liegen.

Als sie wieder vollständig zu sich kam, sah sie sich vorsichtig um.

Niemand schien Notiz von ihr genommen zu haben. Sie musste nur weg von hier, um ins Freie zu flüchten.

«Amidor, ich hätte auf dich hören sollen.»

Alles blieb still.

«Amidor? Jetzt hab dich nicht so. Beleidigt sein kannst du später. Ja, ich entschuldige mich dafür, nicht auf dich gehört zu haben.»

Erneut kein Wort.

Was war da nur geschehen?

Sy-Bita sah sich erneut um und erkannte voller Grauen, dass etwas vor sich ging, das ihr Begriffsvermögen überstieg.

Aus ihrem Körper löste sich ein Strang.

Wie an einem Faden hängend zog er sich in die Länge und überspannte bald wie eine Brücke den Abstand zwischen ihr und dem Baumstumpf. Sy-Bita erkannte, dass das Plasma sich wehrte. Der Zug aber, der von Gorm ausging, war viel stärker.

Mit einem hörbar peitschenden Knall zerriss die Verbindung. Sy-Bita fühlte sich plötzlich allein. Voller Entsetzen betrachtete sie, wie Gorm mit Amidor erneut verschmolz.

Wer anders sollte es gewesen sein?

Kein Wunder, dass Amidor kein Wort mehr gesprochen hatte.

Sy-Bita versuchte, sich aufzurichten. Erst nach mehreren Anläufen gelang es ihr. Es war, als drücke sie eine unendlich starke Macht immer wieder zu Boden.

Und dann hörte sie seine Stimme.

«Glaub nur ja nicht, dass du mir entkommen kannst. Ich habe jetzt alles, was ich brauche. Amidor hat mir gefehlt, um wieder eins zu werden. Endlich, endlich habe ich die Kraft, mich neu erstehen zu lassen.»

Entsetzt sah Sy-Bita wie sich das blaue Licht neben dem Baum zusammenballte.

Als es verschwand, stand Gorm vor ihr. Nackt. In seiner eigenen Gestalt.

84 Sturm

Seit vielen Stunden waren Targor und seine Freunde wieder unterwegs. Die Stadt Belugio lag bereits außer Sichtweite. Vor allem Steinwart hatte lange Zeit den Drang verspürt, sich regelmäßig umzusehen, um das Bild der Stadt in sich aufzunehmen. Er wusste, dass er sie niemals wiedersehen würde. Doch er wollte das Bild der gigantischen Stadtmauern in seinem Gedächtnis halten, um sich hin und wieder daran zu erinnern. Obwohl er ein Kind der Wälder war, übten die Steine eine magische Faszination auf ihn aus.

Als sie um einen Hügel bogen und die Stadt damit endgültig seinen Augen entschwand, seufzte der Zwerg kurz auf und widmete sich wieder den Dingen, die vor ihnen lagen. Wie immer war es Fram, der vorausging und zügig ausschritt. Farim folgte ihm auf dem Fuße. Wobei Steinwart schmunzeln musste, wenn er betrachtete, wie er sich bemühte, seinen großen Schritten standzuhalten. Ihm selbst wie auch Karlotta war es hingegen völlig egal, wenn sie ein Stück zurückfielen. Sie wussten, dass Fram sie im Auge behielt und notfalls seine Schritte zügeln würde.

Ein ganzes Stück dahinter gingen Barina und Targor.

Zwei Menschen, die nicht voneinander lassen konnten, nachdem sie sich jetzt endlich wiedergefunden hatten. Hin und wieder war zu beobachten, wie sie stehenblieben, um sich kurz aneinander festzuhalten und einen scheuen Kuss auszutauschen. Als hätten sie Angst, sich im nächsten Moment erneut zu verlieren.

Melinae hingegen ging allein. Auch wenn er sich nicht von den anderen abschottete und sich auch regelmäßig mit ins Gespräch ziehen ließ, war unübersehbar, dass er alleine sein wollte. Niemand nahm ihm das übel. Und Melinae zeigte seine Dankbarkeit hin und wieder durch ein aufmunterndes Lächeln an.

Nur einer hatte die Gruppe verlassen.

Sam war nicht mehr bei ihnen. Nachdem sie sich die Köpfe heiß redeten und versuchten die Frage zu ergründen, wer Targor in Gestalt einer alten Frau begegnet war, um ihn zu der Hütte zu leiten, konnte man dem Matrosen anmerken, wie er immer stiller wurde.

Steinwart war daraufhin in seine Nähe gerückt.

«Was hast du, Junge? Man muss kein Prophet sein, um festzustellen, dass du dich immer mehr in dich verkriechst.»

Sam sah Steinwart überrascht an.

Er machte den Eindruck, als hätten ihn die Worte des Zwerges aus einem schlafähnlichen Zustand geholt.

«Merkt man mir das an?», flüsterte er und schickte ein verlegenes Grinsen hinterher.

Steinwart gab keine Antwort und versuchte stattdessen nur, Sam mit einem aufmunternden Nicken zu einem weiteren Gespräch zu ermuntern.

«Ich schäme mich dafür. Aber langsam spüre ich, dass all das, was mit uns geschieht, dazu geeignet ist, meine Kräfte und mein Weltbild zu erschüttern. Ich habe gedacht, ich sei stark genug, um das auszuhalten. Jetzt merke ich immer mehr, dass ich es wohl doch nicht bin.»

Steinwart legte dem jungen Mann eine Hand auf dessen Arm.

«Es gibt nichts, für das du dich schämen müsstest. Wichtig ist doch nur, dass du für dich, und nur für dich, die Entscheidung triffst, wie dein weiteres Leben ablaufen soll. Dein Zuhause ist das Meer gewesen. Ich denke, das wird es auch in Zukunft wieder sein. Sei ehrlich zu dir. Darauf alleine kommt es an.»

Nach diesen Worten wandte sich Steinwart an die Gruppe.

«Wir können uns noch lange den Kopf zerbrechen, was hier vorgefallen ist. Doch wir werden das Rätsel damit nicht lösen. Lasst uns froh sein, dass wir auf diese Weise wieder zueinander gefunden haben. Alles andere ist müßig. Stattdessen sollten wir schleunigst machen, dass wir in unseren Wald zurückkehren. Ich habe so ein unbestimmtes Gefühl, dass wir keine Zeit mehr verlieren dürfen.»

Der Zwerg sah sich kurz zu Sam um und nickte.

«Ich glaube außerdem, dass unser junger Freund uns etwas mitteilen möchte.»

Sam war anzusehen, dass er die Vorlage Steinwarts dankbar annahm, um der Gruppe sein Herz auszuschütteten.

Kurz darauf brachen sie auf.

Ohne den Matrosen, der mit einem glücklichen Gesichtsausdruck Richtung Hafen lief, um auf dem nächsten Schiff anzuheuern.

Jetzt, auf dem Weg durch die Ebene von Marsandt, herrschte eine gedrückte Stimmung. Steinwart fragte sich nicht zum ersten Mal, wie viele von seinen Freunden, sich selbst eingenommen, am liebsten Sam gefolgt wären.

Der Sturm, der ihm jäh ins Gesicht blies, riss ihn augenblicklich aus seinen Gedanken. Steinwart drehte sich mit dem Rücken zum Weg, um den Staubfontänen aus dem Weg zu gehen, die der Sturm aufwirbelte.

Als sein Blick über die Ebene wanderte, machte er dabei

eine Entdeckung, die ihn auf der Stelle kehrtmachen ließ. Nach wenigen Schritten hatte er Fram erreicht.

«Fram, was ist das?»

Im Blick des hochgewachsenen Mannes konnte er lesen, dass auch er bereits seine eigenen Schlüsse zog.

Einige Meter von ihnen nach rechts und links entfernt, waren die Büsche in Windstille wie erstarrt.

«Das ist doch nicht normal», schrie Steinwart. Inzwischen war der Sturm so heftig, dass er die Worte zerfaserte. Dem Wind aus dem Weg zu gehen, indem die Freunde seitwärts auswichen, entpuppte sich als nicht möglich. Der Sturm sah ihre Gedanken voraus und bewegte sich im gleichen Verhältnis mit ihnen.

«Da will jemand verhindern, dass wir ihm näherkommen.»

Barina war an die Spitze der Gruppe getreten und hatte ihre Worte in ruhigem Tonfall gesprochen. Dennoch war sie für jeden der Freunde klar verständlich.

Wieder einmal war zu erkennen, dass sie Kräfte besaß, die weit über jede Vorstellungskraft hinausgingen.

«Wir alle wissen, von wem ich rede.»

Barina stellte sich breitbeinig in den Sturm und hob ihre Arme, sodass die Ärmel ihres Hemdes zurückrutschten und die Linien freigaben, die erneut in einem satten Farbton leuchteten.

«Deine Reaktion zeigt, dass du Angst vor uns hast. Doch mit solch läppischen Spielchen, wirst du uns nicht aufhalten!»

Jeder in Barinas Umgebung wusste, mit wem sie sprach.

Auch wenn ihre Worte erneut ruhig vorgetragen wurden, war allen klar, dass sie ihren Adressaten erreichten.

«Du bist albern, Gorm. Was willst du erreichen? Uns aufhalten? Uns einschüchtern? Das wird dir nicht gelingen!»

Der Sturm nahm zu und erreichte nach kurzer Phase Orkanstärke.

Vor allem die Zwerge stemmten sich gegen den Wind, um nicht zu stürzen.

«Du wirst uns vielleicht verlangsamen. Aber wir erreichen unser Ziel dennoch.»

Der Orkan heulte ein letztes Mal auf, um danach wie abgeschnitten zu sterben.

Steinwart stolperte nach vorne und fand sich auf dem Boden wieder.

Als er den Staub aus seiner Kleidung klopfte, grinste er Barina an.

«Ein wenig einfühlsamer und ich hätte mir meine Bekanntschaft mit dem staubigen Boden sparen können.»

Doch wirklich wohl war ihm bei seinen Worten nicht.

Steinwart sah sich um und notierte, dass Gorm sehr wohl etwas erreicht hatte.

Die Saat des Zweifels, ob dieser Kampf zu gewinnen sein würde, war gesät.

85 Machtspiel

Verzweifelt versuchte der Schmetterling, sich aus der Gefahrenzone zu begeben. Doch so sehr Sy-Bita sich auch mühte, die unheimliche Kraft, die von Gorm ausging, nagelte sie regelrecht am Erdboden fest.

«Meine Kleine, spar dir das bisschen an Kraft, das dir geblieben ist. Wieso bist du immer noch der Meinung, du könntest dich mir widersetzen?»

Sy-Bita konnte dennoch nicht anders. Sie musste sich selbst eingestehen, dass mit der Verwandlung nicht nur eine körperliche Veränderung vonstattengegangen war. Ohne dass sie es beeinflussen konnte, erweckten auch tierische Instinkte Begehrlichkeiten. Früher, als es noch in ihrer Macht stand, den Wechsel zwischen einem Körper und einem Insekt zu steuern, war es ihr ein Leichtes gewesen dieses Aufrühren zu unterdrücken. Jetzt aber erkannte Sy-Bita, dass sie weit entfernt davon war Macht auszuüben.

Das verzweifelte Schlagen ihrer hauchdünnen Flügel war etwas, das sie zwar registrieren, nicht aber unterbinden konnte.

Gorm bückte sich und drückte mit einem Zeigefinger einen der Flügel dermaßen grob zu Boden, dass es Sy-Bita Schmerzen bereitete. Ihr Körper drehte und wand sich, hatte aber keine Chance, dem Zugriff zu entgehen. Erst nachdem einige Zeit vergangen war, erlahmten die Instinkte des Schmetterlings, die ihn zur Flucht trieben.

Wie hatte sie nur so unendlich dumm sein können?

«Du weißt, dass ich dich mit einem gezielten Tritt meines Fußes vom Antlitz dieser Welt entfernen kann.»

Furchtsam registrierte Sy-Bita, wie sich ein Fuß drohend ihrem Körper näherte. Erst als die Fußsohle den Schmetterling berührte, stoppte der nackte Mann seine Bewegung.

Gorm lachte schallend auf.

«Glaubst du wirklich, dass ich es dir so einfach mache? Du hast mich über eine unendlich lange Zeit zu etwas verdammt, das mit einem Leben in Würde nichts, aber auch gar nichts mehr zu tun hatte. Was mir blieb waren nur Schmerzen. Schmerzen und Wut. Wut auf alles, was sich bewegen konnte!»

Die Veränderung in Gorms Stimme war unüberhörbar.

Jetzt, da er sich daran erinnerte, nur noch ein Impuls gewesen zu sein, stachelte ihn dies zu erneut übersteigerter Wut und Grausamkeit an. Gorm zog seinen Fuß weg, griff Sy-Bita und führte sie vor sein Gesicht. Verzweifelt drehte der Schmetterling sich erneut im Griff ihres Peinigers. Wenn sie doch nur in der Lage gewesen wäre, einen ihrer todbringenden Bisse anzusetzen. Doch Gorm war gewarnt und verdrehte ihren Kopf mit eiserner Entschlossenheit.

«Für wie dumm hältst du mich eigentlich? Ich weiß um deine Spielchen. Aber selbst wenn du einen deiner gefürchteten Bisse ansetzen könntest, glaube ich nicht, dass er mir etwas anhaben könnte. Aber will ich es darauf ankommen lassen, dies festzustellen? Nein, ich denke eher nicht.»

Sy-Bita verhielt sich ruhig und schaffte es, sich tatsächlich den Anstrengungen des Tieres zu widersetzen. Die Art und Weise, wie Gorm jetzt sprach, ließ die Vermutung zu, dass er sich eher mit sich selbst unterhielt, als mit dem Schmetterling auf seiner Hand.

«Du willst sicherlich wissen, wie ich es geschafft habe, wieder zu dem zu werden, den du jetzt vor dir siehst? Zu dem, der dich mit einem sanften Druck seiner Hand zerquetschen könnte!»

Gorms Hand schloss sich. Sy-Bita spürte die Sehnsucht in ihm, seine Hand vollständig zur Faust zu ballen. Und wenn sie ehrlich zu sich war, sehnte sie sich sogar danach. Was hatte dieses Leben, welches ihr jetzt übrigblieb, noch mit ihren Vorstellungen zu tun?

Gorms nächste Sätze rissen den Schmetterling wieder aus seinen Gedanken.

«Du sagst ja gar nichts. Bist du nicht einmal mehr dazu in der Lage?»

Sy-Bita erschrak.

Sie lauschte in sich hinein und erkannte, dass etwas in ihrem Empfinden dabei war, sich vollständig vom Wissen, von den Emotionen, Erfahrungen und Gedanken zu lösen, die sie bisher so sorgfältig gesammelt und gehegt hatte.

In ganz kurzen Phasen, die immer häufiger aufblitzten, war es ihr, als könne sie den Worten Gorms nicht mehr folgen. Sie sah, wie sich sein Mund bewegte, wie er Worte ausstieß. Doch der Sinn dieser Worte wollte sich ihr nicht mehr in jedem Fall erschließen.

Als Sy-Bita bewusst wurde, was das zu bedeuten hatte, dass möglicherweise etwas in ihr stärker sein könnte, als das Bewusstsein, über das sie einst verfügte, begann ihr Herz wie wild zu schlagen. War es das, was sie in Zukunft erwartete? Wie würde es sein, in den letzten Phasen des untergehenden Ichs zu erkennen, was mit ihr vor sich ging? Nein und nochmals nein. Lieber würde sie sterben wollen, als diesen Weg gehen zu müssen.

«Du bist so still. Ich glaube, du hast begriffen.»

Gorm lachte so laut auf, dass es Sy-Bita in den Ohren schmerzte.

«Diese Wesen, diese Zwerge», Gorm zeigte mit dem Zeigefinger auf die eingeschüchtert kauernden Waldbewohner, wobei es ihm egal war, dass sie hörten, was er zu sagen hatte, «sie sind alleine für sich ein Nichts. Aber jetzt endlich haben sie eine Aufgabe erfahren, die ihrem nutzlosen Dasein einen Sinn verleiht. Einer nach dem anderen spenden sie mir ihre Lebenskraft. Auch wenn ich für alle Zeit darauf angewiesen sein werde, diesen Baum zu schützen, der mein Ich trägt, werde ich Mittel und Wege haben, dies in die Tat umzusetzen.»

Gorm sah Sy-Bita mit einem Blick an, der seinen Wahnsinn verriet.

«Aber es sind nicht nur diese Zwerge», verächtlich spie Gorm auf den Boden, «es ist auch die Wurzel, die ich versandt habe, mir alles Leben einzuverleiben, dessen sie habhaft werden kann. Oh, sie ist fleißig gewesen, Sy-Bita, mein Schätzchen. Fleißiger, als du dir jemals wirst vorstellen können.

Jetzt habe ich noch eine letzte Aufgabe zu erfüllen, bevor ich mich wieder auf meine Reise begebe. Auf eine Reise zu neu erweckter Größe und Macht.»

Gorm senkte seine Stimme, sah sich misstrauisch um und flüsterte dem Schmetterling die nächsten Worte zu. So leise, als habe er Sorge, jemand könne sie aufschnappen, um sie Ohren mitzuteilen, die hierfür nicht vorgesehen waren.

«Ich weiß, dass sie auf dem Weg hierher sind. Sie meinen, sie hätten etwas gegen mich in Händen. Aber sie sind nur eines! Narren!»

Gorm begann zu kichern und bewies mit der Art und Weise wie er diese Laute ausstieß, dass auch er nicht mehr vollständig Herr seiner Sinne war. Sy-Bita überlegte, ob er damit noch eine Gefahr für kommende Generationen darstellte. Dann aber wischte sie diese Zweifel fort. Es hatte sich dem Grunde nach nichts geändert. Er war schon immer wahnsinnig gewesen. Wieso hatte sie das nur nicht erkannt?

«Ich werde sie erwarten, Sy-Bita. Was können sie schon gegen mich ausrichten? Den Stein der Weisen werden sie ganz sicher nicht gefunden haben.»

Und wenn doch?

Der Gedanke schoss dem Schmetterling durch den Kopf.

Gorm zuckte zusammen.

«Was hast du gerade gesagt?»

Es war Sy-Bita, als habe sie es in einer der letzten aufflackernden Kraftanstrengungen geschafft, Gorm tatsächlich noch eine Nachricht zu übermitteln. Sie wusste nicht wie, aber sie wusste, dass es noch einmal wichtig sein könnte.

Jetzt würde er sie freilassen müssen!

Als hätten ihre Gedanken etwas bewirkt, öffnete Gorm in diesem Augenblick seine Hand und stieß sie kraftvoll nach oben.

«Verschwinde, Sy-Bita. Weder kannst du mir von Nutzen sein, noch stellst du eine Gefahr für mich dar!»

Als er ihr hinterher sah, wie sie das Gewölbe verließ, fragte er sich ganz kurz, ob er einen Fehler begangen hatte.

Dann lachte er auf und gab dem Anführer der Qwarn ein Zeichen, dem nächsten Zwerg zu einem sinnvollen Lebensende zu verhelfen.

Es fehlte nicht mehr viel.

86 Begreifen

Steinwart rappelte sich auf und spuckte den Sand aus, den er bei seinem Sturz unfreiwillig in den Mund bekommen hatte.

Karlotta reichte ihm den Wasserschlauch und Steinwart wusch sich den Mund aus. Als er noch einen großen Schluck nahm, um seinen aufflackernden Durst zu stillen, starrte er ungläubig auf den Beutel.

«Er leert sich.»

Obwohl der Zwerg diese Worte nur flüsterte, hatte jeder der Freunde sie verstanden.

Die meisten von ihnen nahmen sie unkommentiert zur Kenntnis. Wobei die Blicke sehr wohl zeigten, was in ihnen vorging.

Karlotta war die Erste, die Steinwart den Wasserschlauch aus der Hand nahm.

Sie schüttelte ihn. Obwohl sie noch ein Gluckern vernahm, verdüsterte sich ihre Miene. Sie entnahm den Korken, der den Hals des Gefäßes verschloss und starrte hinein.

«Was hat das zu bedeuten? Ich dachte …»

Barina kam ebenfalls hinzu und legte eine Hand beruhigend auf die Schulter der Zwergin.

«Wir haben diesen nicht versiegenden Quell in einem Moment erhalten, als wir in größter Not waren. Das heißt aber scheinbar nicht, dass er uns für immer erhalten bleibt. Derjenige, der uns damit mit großer Wahrscheinlichkeit das Leben gerettet hat, will uns womöglich daran erinnern, dass wir uns wieder auf unsere eigenen Kräfte besinnen müssen.»

«Um nicht unvorsichtig zu werden. Es stehst uns noch Einiges bevor.»

Fram schaltete sich ebenfalls mit ein.

Karlotta zuckte erschreckt zusammen und tastete nach dem Beutel mit Salz, den sie immer noch gut versteckt unter ihrer Kleidung trug.

Sie atmete erleichtert auf, als sie ihn unter ihrer Hand spürte.

«Den Göttern sei Dank. Er ist noch da.»

Barina lächelte.

«Warum sollte er das auch nicht, Karlotta? Er hat seinen Zweck noch nicht erfüllt. Ich mache mir überhaupt keine Sorgen, dass er uns nicht weiter begleiten könnte. Welches Ende damit vorgesehen ist, ob zum Guten oder zum Schlechten, wird die Zukunft uns zeigen müssen. Aber ich bin weiterhin guter Dinge. Auch wenn …»

Das Gesicht der jungen Frau nahm einen ernsten Ausdruck an.

«… auch wenn Gorm zu bemerken scheint, dass wir uns nähern.»

Barina wandte sich an Targor und Fram.

«Kann es sein, dass er spürt, es könnte eine Gefahr von uns ausgehen? Ich kann es mir nicht vorstellen. Dazu sind wir doch eigentlich viel zu weit von ihm entfernt. Aber das, was uns eben widerfahren ist, straft meine Worte bereits Lügen. Wie lange waren wir fort? Ist es möglich, dass er stärker geworden ist? Stärker, als wir uns vorstellen können?»

Mit jedem weiteren Wort verdüsterte sich Barinas Gesichtsausdruck.

Es war, als habe sie das Aussprechen der Worte erst daran erinnert, was sie bei ihrer Rückkehr erwartete.

Targor nahm Barina in die Arme.

Sie schmiegte sich schutzsuchend an ihn und nahm das Angebot dankend an.

«Es ist müßig darüber zu reden, was sein könnte. Wir werden vorsichtig sein müssen. Aber das wussten wir vorher schon. Lasst uns erst einmal ankommen. Dann sehen wir weiter.»

Targor packte seine Habseligkeiten, die er während des unnatürlichen Sturms achtlos zu Boden hatte fallenlassen.

«Wenn alle soweit in Ordnung sind, sollten wir unseren Weg fortsetzen. Es dauert nicht mehr lange, bis die Dämmerung einsetzt. Bis dahin möchte ich, dass wir einen sicheren Platz gefunden haben. Ihr wisst ja selbst um die Geschöpfe der Nacht.»

Fröstelnd zog Targor die Schultern hoch.

Als er losging, folgten ihm Barina, Karlotta, Steinwart, Fram, Farim und Melinae ohne ein weiteres Wort über die Sorgen zu verlieren, von denen sie alle geplagt wurden.

Gegen Abend, noch bevor die Sonne unterging, fanden sie ein verlassenes Lager vor, das ein wenig erhöht in der Ebene vom Marsandt lag. Fram kniete sich an der erloschenen Feuerstelle nieder und prüfte die Asche mit seinen Fingern.

«Sie ist noch nicht vollständig abgekühlt. Wahrscheinlich sind die Wanderer, die hier übernachtet haben, heute Morgen nach dem Frühstück weitergezogen. Wohin ihr Weg sie führte, wissen wir nicht. Aber sie scheinen hier sicher gewesen zu sein. Es ist nichts zu erkennen, was auf irgendwelche Gefahr hindeuten würde.»

Nachdem die Gruppe sich entschloss gegen die Kälte der Nacht ein Feuer zu entzünden, waren alle froh, einen guten Platz gefunden zu haben, an dem sie ausruhen konnten. Die Ereignisse der letzten Wochen zerrten mehr an ihren Kräften, als so mancher von ihnen sich eingestehen wollte. Vor allem

Melinae wurde immer verschlossener.

Er war es auch, der mitten in der Nacht wach wurde, von einem Geräusch geweckt, das er nicht zuzuordnen wusste. Melinae lauschte mit verschlossenen Augen. Er notierte leichte Bewegungen, das Reiben von Körpern aneinander. Dann erneut Stille, als seien sich die Wesen darüber bewusst geworden, es wäre besser, nicht auf sich aufmerksam zu machen.

Erst als ihm die Ungewissheit keine Ruhe mehr ließ, stand Melinae auf, sah sich um, und erstarrte. Tausende der riesigen Marsandt-Spinnen hatten einen perfekten Kreis um ihr Lager gebildet. Sie verharrten in völliger Regungslosigkeit. Nur wenn hin und wieder eine von ihnen sich zur Seite schob, erklang dieses Geräusch, welches ihn geweckt hatte.

Melinae rüttelte Fram an der Schulter. Dann Targor, nachdem Fram keine Reaktion von sich gab. Alle außer ihm selbst waren in einen tiefen Schlaf versunken, aus dem sie nicht zu erwecken waren. Warum er selbst nicht davon in Mitleidenschaft gezogen war, konnte er sich nicht erklären.

Melinae drehte sich langsam und zögernd im Kreis.

Auch wenn ihm das nahezu unmöglich schien, wurde er das Gefühl nicht los, die Tiere beobachteten ihn auf eine Weise, die völlig über sein Begriffsvermögen hinausging.

«Was wollt ihr von uns?», flüsterte er.

Als sei dies ein geheimes Kommando gewesen, kam Bewegung in die Spinnen.

In Windeseile drehten sie sich um und verschwanden.

Das Geräusch, welches ihre Beine dabei verursachten, trieb Melinae den kalten Schweiß auf die Stirn. Wenige Augenblicke später war nichts mehr von ihnen auszumachen.

«Kannst du nicht schlafen?»

Melinae drehte sich zu Barina um, die sich auf ihren Ellbogen gestützt ein wenig aufrichtete.

Er beobachtete sie einen Augenblick und überlegte, ob und was er ihr sagen sollte. Aber was sollte es für einen Sinn haben, sie zu ängstigen? Jetzt, wo alles vorbei war.

«Es ist alles in Ordnung. Leg dich wieder hin und schlaf weiter.»

Melinae wickelte sich ebenfalls wieder in seine Decke.

Kurz darauf kündeten tiefe und regelmäßige Atemzüge davon, dass alle wieder tief und fest schliefen.

87 Vergessen

Als Sy-Bita endlich den Ausgang erreichte, spürte sie mehr, als dass sie es begriff, dass sie viel mehr Zeit gebraucht hatte, als man üblicherweise für diesen Weg zurücklegen musste. Immer wieder hatte sie innehalten müssen, um an Abzweigungen, die ins Leere liefen, die Erinnerung zurückzurufen. Der Instinkt des Schmetterlings in ihr hätte vermutlich den richtigen Weg ohne Probleme gefunden. Doch der Widerstreit zwischen ihrem vergehenden Bewusstsein und der stärker werdenden Kraft in ihr führte dazu, dass sie sich aufgrund der Konflikte wie ein Spielball hin und hergeworfen vorkam.

Als sie endlich den Sumpf unter sich sah, ahnte sie, dass sie auf dem richtigen Weg war. Etwas Warnendes in ihr befahl, sich so hoch über dem Gelände aufzuhalten, dass niemand sie erreichen konnte. Sie schaute nach unten und registrierte Ausdünstungen, gleich feinen Nebelschwaden, die über den Sumpf waberten. Auch wenn ihr augenblicklich keine direkte Gefahr drohte, strengte sie die Bewegungen ihrer Flügel an, um sich von diesem Gebiet zu entfernen, das ihr nunmehr unheimlich war. Tief in ihr wusste sie, dass dieser Bereich ihr einmal etwas bedeutete. Doch das gehörte unwiderruflich der Vergangenheit an.

Ein wenig entkräftet landete der Schmetterling auf einem Baumstamm, um dort fürs Erste zur Ruhe zu kommen. Sie wusste, dass sie noch eine Aufgabe zu erfüllen haben würde, bevor das Vergessen seinen dunklen Mantel völlig über ihr ausbreitete.

Eben hatte sie doch noch gewusst, was sie als so unendlich wichtig empfand.

«Streng dich an …»

Bei den Göttern, sie war bereits dabei, ihren Namen zu vergessen.

Die Zeit raste. Wenn sie sich jetzt nicht anstrengte, würde ihr Vorhaben scheitern.

«Gebrauche deinen Kopf. Wenn du jetzt nicht noch einmal zu dir finden kannst, ist es endgültig vorbei.»

Sie ahnte, dass es darauf ankam, sich selbst unter Druck zu setzen. Sollte sie soweit kommen, dass sie die einsetzende Dunkelheit akzeptierte, war jede Chance dahin.

«Sy-Bita. Mein Name ist Sy-Bita.»

Hätte sie noch Gesichtszüge gehabt, die sie zu einem Lächeln formen konnte, so wäre ihr das jetzt vermutlich gelungen. So aber war sie nur von einer unendlichen Erleichterung ergriffen.

«Ich darf mir nichts vormachen. Das, was ich jetzt weiß, werde ich in nicht allzu langer Zeit vergessen haben. Ich weiß, dass ich ihnen unbedingt eine Mitteilung machen muss. Aber …, aber ich habe bereits vergessen, wer sie sind, die ich aufzusuchen habe.»

Dies war die erste Phase, in der die Instinkte und das Bewusstsein des Schmetterlings die Oberhand gewannen.

Stundenlang flog das Tier durch den Wald. Labte sich an ersten Blüten und genoss die Frühlingssonne, die ihre wärmenden Strahlen schenkte. Das, was Sy-Bita einmal gewesen war, existierte nur noch dunkel in der Erinnerung.

Bis, ja, bis der Schmetterling jene Stelle am Rand des

Waldes erreichte, an der Sy-Bita vor nicht allzu langer Zeit mit Gorm den Rückzug hatte antreten müssen.

«Gorm!»

Die Erinnerung an diesen Namen setzte zweierlei Dinge in Gang. Erstens bildete sich in ihr ein abgrundtiefer Hass auf ein Wesen, an das sie sich kaum noch erinnerte. Und zweitens wusste sie wieder, was sie mitzuteilen gedachte. Und wem.

«Ich muss Targor, Barina und Steinwart finden. Sie müssen wissen, dass Gorm wieder in seiner ursprünglichen Gestalt unter uns weilt. Sie dürfen nicht in seine Falle geraten. Mein Leben ist dahin. Meine einzige Hoffnung kann es sein, dass es ihm ebenso ergeht.»

Sy-Bita sah sich um.

Sah die beginnende weite Ebene von Marsandt vor sich.

Ahnte, dass sie sich auf diese Pfade begeben musste. Irgendwo dort draußen würde der Zwerg auf sie warten, der sie vor langer Zeit unter Einsatz seiner letzten Kräfte befreite.

In ihr entstand ein Bild und plötzlich wusste sie, dass dieser Tag, als sie auf den Zwerg gestoßen war, ihr Ende eingeleitet hatte.

Erneut blickte sie in Richtung der Ebene.

Trostlos lag das weite Land vor ihr. Würde sie überhaupt die Kraft noch aufbringen können, sich auf diesen gefahrvollen Weg zu begeben?

Wenn sie doch nur wüsste, wohin sie sich begeben musste!

Die Schatten begannen über das Land zu ziehen.

Die Sonne versank und die Dunkelheit nahm in immer größer werdenden Bereichen Besitz.

Fasziniert beobachtete Sy-Bita das Naturschauspiel. Mit einer Trauer in ihrem Innern, weil die Gewissheit kam, dass es einer der letzten Sonnenuntergänge sein würde, den sie bewusst wahrnahm.

Plötzlich wurde ihr Blick abgelenkt.

Unter ihr sammelte sich ein Heer achtbeiniger Wesen.

Einen Moment überlegte sie. Dann wusste sie es wieder.

Marsandt-Spinnen. Gefährlich. Geheimnisvoll. Für viele nicht mehr als eine Legende. Sie selbst hatte sie niemals zu Gesicht bekommen.

Warum sammelten sie sich so nahe am Rand des Waldes?

Normalerweise hielten sie sich ganz fern von bewohnten Gebieten. Auch wenn sie gefährlich waren, scheuten sie die Nähe zu immergrünen Bereichen.

Immer mehr kamen zusammen.

Sy-Bita versuchte ihre Zahl zu schätzen. Und erkannte jäh, dass der Umgang mit Zahlen für sie unwiderruflich der Vergangenheit angehörte.

Die Spinnen blieben regungslos vor ihr sitzen.

Es kam ihr vor, als wollten sie ihr etwas sagen, das sie nur nicht verstand.

Die Armee der Spinnen setzte sich in Bewegung.

Stoppte. Wartete erneut.

«Wollt ihr mir bedeuten, dass ich euch folgen soll?»

Sy-Bita flog auf. Folgte den Marsandt-Spinnen ein kurzes Stück.

Als hätten sie auf dieses Signal gewartet, setzte sich der Zug blitzschnell in Bewegung.

Sy-Bita begriff.

Sie waren gekommen, sie zu holen.

Jetzt konnte sie nur hoffen, dass die Zeit ausreichte, ihr Vergessen zu verzögern.

Ohne das geringste Anzeichen von Ermüdung durchquerte der dunkle Teppich der Spinnen die Nacht. Sy-Bita begriff, dass sie dieses Tempo nicht dauerhaft durchhalten konnte. Sich jetzt aber auszuruhen? Das würden die Spinnen nicht zulassen.

Die Geschwindigkeit, mit der sie vorwärts zogen, ließ keinen anderen Schluss zu.

Waren sie wirklich so vernunftbegabt?

Oder war da eine Kraft, die ihnen Richtung und Zeit vorgab?

Sy-Bita wusste es nicht.

Doch eines wusste sie mit Bestimmtheit.

Sie würde in ihrem Leben nicht mehr die Gelegenheit finden, dieses Rätsel zu lösen.

Als die letzten Kräfte sie verließen, wagte sie sich auf dem behaarten Rücken einer der Spinnentiere niederzulassen.

Sie spürte, dass sie kein Gewicht für das Tier darstellte, dass es aber sehr wohl registrierte, einen Gast auf seinem Rücken zu tragen.

Ohne sein Tempo zu verändern, schoss es mit der Herde voran.

88 Verzweifeltes Bemühen

Melinae öffnete blinzelnd die Augen. Er war bereits seit einigen Minuten wach und ärgerte sich seitdem über sich selbst. Anstatt in der vergangenen Nacht in Ruhe darüber nachzudenken, was ihm widerfahren war, musste er auf der Stelle eingeschlafen sein.

Hatten sie sich in Gefahr befunden? Vermutlich nein.

Sonst würden sie jetzt bereits nicht mehr unter den Lebenden weilen.

Die Spinnen waren gekommen, ihnen etwas mitzuteilen.

Ihnen? Oder nur ihm?

Warum waren die anderen in einen solch tiefen Schlaf versunken, dass es unmöglich gewesen war, sie daraus zu erwecken?

Je länger Melinae darüber nachdachte, desto mehr kam er zu der Überzeugung, dass der Besuch nur ihm alleine galt.

Versonnen rieb er über das Fell an seinem Arm.

Spürten sie, dass er zwischen den Welten stand? Nicht ganz Mensch war? Aber auch weit entfernt davon, das Dasein eines Tieres zu führen?

Melinae stand auf und sah sich um.

Weit und breit war nichts mehr von den Besuchern der Nacht zu sehen.

Die Sonne ging zögernd auf.

Sollte er die Freunde noch schlafen lassen? Ja, sie alle würden die Kraft noch benötigen.

«Melinae, ist alles in Ordnung?»

Schlaftrunken rappelte Steinwart sich auf, rieb sich die Augen und stellte sich neben seinen Gefährten. Der Zwerg folgte den Blicken seines Freundes in die Weite, konnte aber nichts erkennen, was seiner Aufmerksamkeit bedurft hätte.

«Ja, ja. Geht schon», murmelte Melinae.

Einen Moment lang überlegte er, ob er Steinwart mit ins Vertrauen ziehen sollte. Dann entschied er sich aber doch dagegen. Im Grunde war ja nichts passiert.

Nach und nach wachten auch die übrigen Mitglieder der Gruppe auf.

Fröstelnd schlugen Barina und Karlotta die Arme um ihre Körper.

«Die Nacht war kalt.»

Während sie diese Worte sagte, schlugen Barinas Zähne klappernd aufeinander.

Targor nahm die junge Frau in die Arme.

«Warte nur ab. Sobald wir uns wieder bewegen und die Sonne am Himmel steht, geht es dir besser.»

Er grinste lausbübisch und tanzte mit Barina zu einer Musik, die nur die beiden zu hören schienen, durch das Lager.

«Muss Liebe schön sein!»

Bei diesen Worten schielte Karlotta zu Steinwart und lächelte ihn vielsagend an.

Dem Zwerg aber waren diese Direktheiten wieder nur peinlich. Er brummelte etwas vor sich hin und kramte in seinen Habseligkeiten, als gäbe es in diesem Moment nichts Wichtigeres auf dieser Welt.

Es schien als sollte es ein fröhlicher Tag werden.

Sozusagen die Ruhe vor dem Sturm.

Nachdem sie sich alle ausreichend frisch gemacht und von den wenigen Vorräten etwas zu sich genommen hatten, drängte Fram zum Aufbruch.

«Ein Tag noch und eine Nacht. Dann werden wir unser Zuhause wieder erreicht haben. Dann gilt es.»

Die Art und Weise, wie er das Wort *unser* aussprach, ließ Rückschlüsse darauf zu, dass er anders fühlte, als die meisten anderen. Sollte es gelingen, das gemeinsame Vorhaben erfolgreich in die Tat umzusetzen, würde er wieder seiner Wege ziehen.

Steinwart überlegte, ob es ihm leidtun würde, wenn Fram sie wieder verließ.

Er kam zu dem Schluss, dass der Mann nicht hierher gehörte. Für ihn würde es vermutlich wirklich besser sein, wenn er mit dem Fuchs wieder verschwand.

«Bei den Göttern!»

Im ersten Augenblick registrierte Steinwart den warnenden Ausruf Frams nicht als so konkret, wie er gemeint war. Als er aber das Gesicht in Richtung ihres Anführers wandte, traute er seinen Augen nicht. Eine unübersehbare Zahl der Spinnen jagte auf ihren Rastplatz zu. Steinwart überlegte kurz, wo er sich mit Karlotta in Sicherheit bringen konnte. Doch so schnell, wie dieser Gedanke gekommen war, verschwand er auch wieder. Es würde keinen Unterschlupf geben.

Melinae starrte wie versteinert auf die schnell näherkommende Armada.

Hätte es einen Unterschied gemacht, wenn die Freunde von ihm gewarnt worden wären?

Doch wohin hätten sie fliehen sollen?

Von der gegenüberliegenden Seite näherte sich eine weitere Flut der Marsandt-Spinnen. Vielleicht jene, die ihn in der Nacht aufsuchten.

Innerhalb kürzester Zeit waren sie eingekesselt.

Die Freunde stellten sich Rücken an Rücken und drehten sich langsam im Kreis.

Eine Flucht schien ebenso aussichtslos wie eine kämpferische Gegenwehr.

Einige wenige würden sie töten können. Aber dann …?

«Barina», zischte Fram. «Siehst du eine Möglichkeit?»

Die junge Frau schüttelte den Kopf und deutete auf ihre Arme. Die Linien schimmerten nur blass auf ihrer Haut.

Eine der Spinnen löste sich aus der Armee vor ihnen.

Sie blieb einen Moment unschlüssig stehen. Dann huschte sie zielgerichtet auf Melinae zu.

Als sie stehenblieb, fiel den Freunden auf, dass auf ihrem Rücken ein herrlich bunter Schmetterling saß, der sich jetzt erhob, um auf Melinaes Arm Platz zu nehmen.

Steinwart brauchte eine kurze Überlegungsfrist, bevor er begriff.

«Vorsicht, Melinae! Das ist Sy-Bita. Ein Biss von ihr und du stirbst.»

Melinae schüttelte sanft den Kopf.

«Keine Aufregung. Sie wird mir nichts antun.»

Er schloss die Augen und öffnete seinen Geist, auf dass Sy-Bita Kontakt mit ihm aufnehmen konnte. Aber so sehr er sich auch bemühte, es war nichts mehr festzustellen, als die Empfindungen eines Insektes. Bunte Wiesen. Blühende Felder. Sonnenschein und Wärme. Dazwischen Bilder von Dunkelheit. Gespeicherte Erinnerungen, die Melinae nicht mehr deuten konnte.

So sehr er sich auch bemühte, an diesem Schmetterling war nichts mehr wahrzunehmen, das auch nur im Entferntesten an die Frau erinnerte, die sie einmal als Sy-Bita gekannt hatten.

Mit einem Flattern erhob sich das Tier von Melinaes Arm.

Ziellos schwebte der Schmetterling kurze Zeit über dem Heer aus Spinnen.

Dann verschwand er über der Ebene.

Die Marsandt-Spinnen zerstreuten sich in Windeseile, als

hätten sie ein Signal erhalten.

Kurz darauf war die Ebene von Marsandt wieder leer und die Gefährten blickten sich ratlos an.

89 Kontrolle

Steinwart fror mit einem Mal. Er rieb sich über seine Arme, um die Blutzirkulation anzuregen. Langsam ließ das Gefühl, welches sich seiner bemächtigte, wieder nach.

«Sie mag gewesen sein, wie sie will. Aber es scheint etwas vorgefallen zu sein, das ...»

Die Worte des Zwerges stockten, als habe es ihm die Sprache verschlagen.

Hilflos sah er Barina an. Starrte auf die Linien ihrer Arme, die blass unter der Haut schimmerten, als sei nichts vorgefallen. Er wusste nicht, ob er deswegen froh sein sollte oder nicht. Wenn die Linien in satten Farben glühten, kündeten sie von Gefahr, aber gleichzeitig übermittelten sie das Gefühl, dass nichts so schlimm sein könnte, um es nicht gemeinsam zu bewältigen.

Barina lächelte Steinwart an, als sei sie in der Lage die Gedanken zu lesen, die durch seinen Kopf schossen.

«Natürlich wird Gorm nicht untätig gewesen sein. Wir waren einige Zeit unterwegs. Möglicherweise ist er in seiner Entwicklung weiter vorangekommen, als das gut für uns sein kann. Wenn es wirklich Sy-Bita war, die uns eben einen Besuch abgestattet hat, ich zweifle im Übrigen nicht ernsthaft daran, so hat sie sich nicht freiwillig in die Gestalt des Schmetterlings geflüchtet.»

Melinae räusperte sich, um auf sich aufmerksam zu machen.

«Sie war es! Ohne jeden Zweifel. Ich habe ganz deutlich gespürt, dass da mehr gewesen ist, als ein zufälliges Aufeinandertreffen. Außerdem … ich habe es euch nicht gesagt … aber in der Nacht waren die Spinnen schon einmal in der Nähe unseres Lagers. Ich habe versucht, euch zu wecken. Sie umringten unseren Schlafplatz und ich habe befürchtet, sie greifen jeden Moment an. Aber dann verschwanden sie so schnell wie sie erschienen waren. Das war kein Zufall.»

«Das hättest du uns sagen müssen!»

Fram sah Melinae mit ernstem Gesichtsausdruck an und schüttelte voller Besorgnis seinen Kopf.

Dann sah er einen nach dem anderen aus der Gruppe ebenso nachdenklich an.

«Wir müssen einander jederzeit vertrauen können. Dazu gehört auch Feststellungen weiterzugeben, die wir für uns machen. Auch wenn ihr meint, sie seien nicht wichtig … Melinae, du wirst selbst für dich wissen, dass dein Erlebnis aus der vergangenen Nacht nicht zu den unwichtigen gehört.»

Melinae zeigte einen schuldbewussten und unglücklichen Ausdruck seines Mienenspiels.

«Was hätte es ändern können, hätte ich davon berichtet?»

Steinwart legte ihm die Hand auf das fellbewachsene Stück seines Arms und nahm erneut das Gefühl tiefer Vertrautheit in sich wahr.

«Ich glaube, was Fram sagen möchte, ist, dass es gar nicht darauf ankommt, ob wir etwas mit dem Weitergeben einer Feststellung ändern können. Es ist nur einfach für den Zusammenhalt und für das Vertrauen innerhalb der Gruppe eminent wichtig, zu wissen, dass wir uns in jeder Phase des Zusammenseins aufeinander verlassen können. Dass niemand Alleingänge macht …»

«Steinwart!»

Karlottas erschreckter Aufschrei, ließ den Zwerg herumwirbeln.

Mit großer Sorge im Blick sah er die Zwergin an, die in den Tiefen ihres Gewandes herumfuchtelte.

«Es ist weg!»

Karlotta war den Tränen nah.

«Bei den Göttern, das Säckchen mit Salz ist weg!»

«Das kann nicht sein.»

Steinwarts Herz klopfte mit einem Mal ein wildes Stakkato.

«Hast du wirklich überall nachgesehen?»

Karlotta stemmte ihre zu Fäusten geballten Hände in die Hüften.

«Zwerg! Ich brauche niemanden, der mir unnütze Ratschläge gibt. Wenn ich sage, dass das Salz nicht mehr bei mir ist, dann ist das eine Feststellung. Keine Vermutung. Anstatt dumme Aussagen von dir zu geben, hilfst du mir besser bei der Suche.»

Sie schaute sich mit funkelnden Augen um.

«Das gilt auch für euch.»

Fram kam zu Melinae und stellte sich vor ihm auf.

«Was ist in der Nacht vorgefallen? Versuche dich zu erinnern. Ist eine von den Spinnen in Karlottas Nähe gelangt. Melinae, streng dein Gedächtnis an!»

Der Schweiß brach Melinae aus.

«Nein. Dreimal nein. Sie haben einen Kreis um unser Lager gezogen. Haben still in ihrer Position verharrt. Als wollten sie nur Gewissheit haben, dass wir hier sind. Dass wir warten. Auf irgendetwas, das kommen würde. Das ich aber nicht verstehen konnte. Jetzt im Nachhinein denke ich, dass sie Sy-Bita eine Nachricht übermittelt haben. Sie wollte uns etwas mitteilen. Vielleicht eine Warnung zukommen lassen. Aber keine, ich wiederhole, keine der Geschöpfe hat das Lager betreten.»

«Dann muss sich das Salz noch hier befinden.»

Fram nahm Karlotta kurz zur Seite, um ihr eine Frage zuzuflüstern.

Sie riss die Augen auf.

«Das meinst du jetzt nicht ernst. Für jeden von uns würde ich meine Hand ohne Überlegung ins Feuer legen.»

Fram kam zu den Freunden zurück.

«Versteht mich bitte nicht falsch. Aber jeder von uns sollte bereit sein, seine Taschen zu öffnen. Ich weiß, dass sich das dumm anhört. Aber wir müssen sicherstellen, dass niemand von uns sich Sachen bemächtigt, die ihn nichts angehen. Ich nehme mich selbst in keiner Weise davon aus.»

Sein Blick traf auf verschlossene Mienen.

Wobei jeder den Ansatz von Frams Aufforderung verstand.

Nach und nach öffneten sie die Taschen. Karlotta kam näher, kontrollierte den Inhalt und gab Fram ein Zeichen, dass die Aktion überflüssig gewesen sei.

«Wer sollte den Beutel auch an sich genommen haben, ohne dass seine Hand in Fetzen hinge? Ihr wisst doch alle, dass es nicht möglich ist, ihn von jemand anderem berühren zu lassen, als von mir.»

Sie setzte sich auf den Boden und vergrub ihr Gesicht in ihren Händen.

«Ihr habt mich vergessen.»

Steinwart gab ein schiefes Grinsen von sich und öffnete die Tasche, die er niemals aus den Augen ließ und die seine wenigen Habseligkeiten enthielt.

Er drehte sie um und einige Utensilien fielen auf den staubigen Boden.

Der Zwerg wurde blass und seine Knie weich.

«Das gibt es doch nicht», flüsterte er.

Karlotta stürzte nach vorne, um das Salz wieder zu sich zu nehmen, das jetzt vor Steinwarts Füßen lag.

Mit einem entsetzten Aufschrei riss sie ihre Hand zurück und sah fassungslos auf ihren Zeigefinger, auf dem sich eine deutliche Brandblase bildete.

Steinwart bückte sich, überlegte einen Moment und nahm dann den Beutel fest in seine Hände.

Karlotta war fassungslos.

«Was geht da vor?»

Barinas Farben auf ihrer Haut begannen in einem drohenden Farbton aufzuglühen.

90 Trugbild

Mit jedem Zwerg, der dem Ende zugeführt wurde, spürte Gorm, wie seine Kräfte wuchsen. Es war noch eine erhebliche Anzahl an Nachschub vorhanden. Inzwischen hatten sie begriffen, dass es keinen Sinn haben würde, sich gegen das unvermeidliche Schicksal zu stemmen. Diejenigen, die es dennoch versuchten, wurden auf Gorms Geheiß von den Qwarn zur Raison gebracht. Wenn er auch fühlte, dass er möglicherweise einen Fehler beging, indem er wertvolles Material zerstörte, welches besser ihm selbst zugutegekommen wäre, war ihm klar, dass er diesen Weg gehen musste. Aufruhr unter den Zwergen würde nur dazu führen, dass es die Sache komplizierte.

Gorm sah an sich hinab und wurde sich mit einem Mal seiner Nacktheit bewusst.

Er sah zu den Qwarn, die eine ältere Zwergin an den Baumstumpf banden. Sie würde ihm sicher nicht sehr viel zu geben haben. Aber er war nicht in der Situation, darauf Rücksicht nehmen zu können. Also würde es jeden von ihnen treffen. Egal ob alt, jung, groß oder klein. Ob es allerdings noch für ihn notwendig sein mochte, hier zu warten, war eine ganz andere Frage, die sich ihm bereits seit einiger Zeit stellte. Auf seine Gehilfen war Verlass.

Gorm nahm Kontakt auf geistiger Ebene mit dem Anführer der Qwarn auf.

Einer der wenigen, bei dem dies möglich war. Die anderen

waren nicht viel mehr, als mit Leben beseelte Hüllen. Erzogen, zu gehorchen.

«Ich werde euch jetzt verlassen. Nicht für lange Zeit. Bevor es dem Großteil von euch bewusst wird, dass ich fort gewesen bin, bin ich bereits zurückgekehrt. Ich weiß, dass ich mich auf dich verlassen kann.»

Gorm suchte mit seinem Blick den Qwarn, der die Informationen erhielt, konnte ihn aber in der Herde dieser Wesen nicht identifizieren. Einer sah wie der andere aus.

«Ja.»

Beinahe hätte Gorm die Nachricht nicht bemerkt, die schwach zu ihm zurückkam. Der Anführer dieser Gestalten vor ihm schien im Moment mehr mit sich selbst zu tun zu haben, als dass er auf Ansprache reagieren wollte. Vermutlich hatte er sich mit einem der ausgesaugten Zwerge zurückgezogen, um seinen Hunger zu stillen, solange das Fleisch noch warm war.

Gorm schüttelte sich. Diese Wesen zu seinen notwendigen Unterstützern zu zählen, musste noch lange nicht heißen, dass er ihre Instinkte guthieß oder verstand.

Er wusste, dass es keinen Sinn hatte, jetzt noch ein weiteres Wort zu verlieren.

Der Qwarn hatte ihm signalisiert, verstanden zu haben. Er würde sich tunlichst hüten, seinen Anführer zu enttäuschen. Das Zusammenspiel aus Grausamkeit und Angst bewährte sich immer stärker. Gorm lachte schallend auf und genoss dabei, seine eigene Stimme wieder zu hören. Wenn er auch über Generationen hinweg nicht mehr gewesen war, als gebündelte Energie, verstand er sehr wohl, diese zielgerichtet einzusetzen. Jetzt zog er seinen Vorteil daraus.

Gorm sah sich ein weiteres Mal um.

Erkannte die ausdruckslosen Gesichter der echsenhaften Wesen, die noch nicht einmal zur Kenntnis nahmen, dass er ein Lachen von sich gab. Sah auf der anderen Seite die Gesichter der Zwerge, die nur noch warten konnten. Viele Gesichter leer, desinteressiert. Als hätten sie mit dem, was hier vor sich ging, bereits abgeschlossen.

Andere, vor allem jüngere Zwerge, die sich weinend an einen der Altvorderen drückten. Wenn diese auch versuchten, Trost zu geben, gelang ihnen das nur für kurze Zeit.

«Reißt euch zusammen. Ich benötige eure vollständige Lebenskraft. Wenn ihr euch durchhängen lasst, passt mir das nicht in meine Planung!»

Gorm lachte erneut auf.

Wenn er auch wusste, dass seine Worte nicht mehr bewirken würden, als die Angst der potenziellen Opfer zu verstärken, konnte er sich diese nicht verkneifen.

Außerdem würde sich Angst auch zu einer Quelle der Energie eignen.

Der nackte Mann drehte sich um und verschwand in dem Gang, der in die Freiheit führte.

Auch wenn es ihm widerstrebte, hierher zurückzukommen, wusste er, dass ihm nichts anderes übrigblieb. Die Höhle würde verschlossen werden müssen. Der Schutz des Baumes, aus dem er seine Kraft zog, hatte oberste Priorität. Und wer würde zum jetzigen Zeitpunkt schon sagen können, ob das, was ihm die Zwerge zuführten, für alle Zeit ausreichte.

Planung und Vorsicht waren jetzt seine vorrangigen Ziele. Wobei sie allerdings hinter die beabsichtigte Befriedigung seiner Gelüste im Augenblick zurücktraten.

Als Gorm ins Freie trat, war die Nacht bereits wieder hereingebrochen.

Er streckte seine Arme aus und genoss die Kühle auf seiner Haut. Als er zu frösteln begann und sich eine Gänsehaut bildete, hieß er diese willkommen. Wie viele Jahrhunderte war es her, dass er solche Empfindungen erlebte?

Vor sich sah Gorm die Schatten des Weges, der sich durch den Sumpf schlängelte.

Der Weg war immer noch da? Warum hätte er das auch nicht sein sollen?

Gorm setzte mit einem Sprung auf den Pfad über.

Als die schmutzige Brühe des Sumpfes über seinem Kopf zusammenschlug, begriff er erst, dass der Weg, der sich abzeichnete, nur ein Trugbild war.

Mit aller Kraft, die er aufbringen konnte, ruderte Gorm aufwärts. Spürte aber dabei, dass ihn von unten etwas festhielt. Dennoch schaffte er es, seinen Kopf über den Wasserspiegel zu bringen. Gorm spuckte das brackige Wasser aus.

«Lasst mich los, ihr Idioten. Ich werde euch zeigen, was es heißt, mich aufzuhalten.»

Rund um den nackten Mann erschienen Zerrbilder von Lebewesen, die bereits vor langer Zeit vergangen waren. Und trotzdem nicht sterben durften.

«Du wirst nicht gehen. Ebenso wenig, wie wir es dürfen. Befreie uns von unserem unwürdigen Dasein. Und du bist frei.»

Gorm spürte eine unbändige Wut ins sich aufsteigen.

Jetzt, da er endlich wieder seinen Körper sein Eigen nannte, wollten ihn diese Toten des Sumpfes aufhalten? Das würde er nicht zulassen!

«Ihr seid ja verrückt. Lasst mich endlich los. Dann werde ich sehen, was ich für euch tun kann.»

Auch wenn es ihm widerstrebte, Zugeständnisse zu machen, war er an diesem Punkt nicht in der Lage, seine Macht auszuspielen. Sobald sie ihn aber aus ihrem Griff entließen und er wieder an das Ufer gelangte, würden sie seinen Unmut zu spüren bekommen.

Es dauerte noch einen Augenblick. Dann lockerte sich der Griff um seine Füße.

«Wir wissen nicht, ob wir dir vertrauen können. Trotzdem geben wir dich wieder frei. Aber vergiss nicht, dass wir viele sind. Mehr, als du jemals ermessen kannst.»

Mit einem beherzten Griff gelang es Gorm eine Wurzel zu packen, die vom Ufer her in den Sumpf ragte. Als er danach griff, bemerkte er aus dem Augenwinkel, wie sich eine glühende bunte Gitterlinie über den Sumpf zu ziehen begann. Er wusste nicht, was diese zu bedeuten hatte. Aber da sie Gefahr signalisierte, beeilte er sich, mit der anderen Hand ebenfalls die Wurzel zu greifen.

Ein Schrei entfuhr ihm, als genau in dem Moment, als er begann seinen Körper aus dem Wasser zu ziehen, eine der Linien seinen Rücken streifte. Ein Schmerz durchfuhr ihn, als habe man ihm einen Peitschenhieb versetzt. Gorm biss sich auf die Zähne und schaffte es, sich aus dem Sumpf zu befreien. Als er an sich herabsah, entdeckte er ein Gitterwerk von Striemen. An den Stellen, wo seine Haut berührt worden war, bildeten sich Wundmale, wie sie bei Verbrennungen entstanden.

Erst jetzt drang der Schmerz in sein Bewusstsein.

Und zum ersten Mal wurde ihm bewusst, was die Zwerge im Innern der Höhle erleiden mussten.

Wenn ihn das auch nicht interessierte, so wurde ihm klar, dass der Ausweg fürs Erste versperrt war.

*

In der Ebene von Marsandt beobachteten Steinwart und seine Freunde, wie Barina sich veränderte. Was mit einem Aufglühen ihrer Linien auf der Haut begann, bedeckte jetzt ihren ganzen Körper. Es war ihr anzusehen, dass sie Schmerzen erleiden musste, doch sie biss die Zähne fest aufeinander.

Targor, der auf sie zustürzte, warf sie einen warnenden Blick zu.

«Komm nicht in meine Nähe!»

Steinwarts Blick wanderte flackernd zwischen Karlottas Salz, welches scheinbar jetzt das seine war, und Barina hin und her.

«Es ist an der Zeit, endlich wieder Ruhe zu finden», flüsterte er.

91 Ein Entschluss

Gorm presste die Lippen aufeinander, während er in die Höhle zurückwankte. In den ersten Minuten nach dem Vorfall hatte er nicht wahrhaben wollen, dass er sich dem Gitter, das sich vor ihm ausbreitete nicht widersetzen konnte. Nach mehrfachen Versuchen seine Schritte so zu setzen, dass seine Füße nicht auf den sich kreuzenden Linien aufsetzten, musste er endgültig aufgeben. Das Farbmuster beobachtete jede seiner Bewegungen und reagierte darauf, indem es sich verschob. Gorm fluchte, weil er immer noch nicht wahrhaben wollte, dass bereits sein erster Versuch, das Gelände zu verlassen, gescheitert war. Viel größer aber wurde sein Erstaunen, als er begriff, dass ein Teil des Farbgitters sich verselbstständigte. Dort, wo sein Finger es berührte, haftete es an ihm, als sei es mit seiner Haut verwachsen.

Was Gorm auch versuchte, den brennenden Farbstrang loszuwerden, es gelang ihm nicht.

Als er endlich wieder den Ort erreichte, an dem er so viel Zeit verloren hatte, war seine Wut ins Unermessliche gestiegen. Sein irrer Blick strich flackernd über die gefangenen Zwerge, die sich in ihrer Hilflosigkeit duckten und enger zusammenrückten.

Gorm sog genießerisch die Luft ein. Die Angst, die seine Gefangenen in jenem Moment aus jeder ihrer Poren verströmten, war für ihn ein willkommenes Aroma. Schlagartig beruhigte sich sein aufgestachelter Wahn.

«Ihr wisst gar nicht, wie gut ihr mir tut. Ich müsste euch eigentlich dankbar sein. Aber wenn ich recht nachdenke, wäre das dann doch zu viel der Ehre.»

Gorm bemerkte, dass ihn einer der jüngeren Zwerge mit einem neugierigen Gesichtsausdruck anstarrte. Im ersten Moment begriff er nicht, was den Zwerg dermaßen verzückte. Dann verstand er.

«Mein Finger. Dir gefällt die bunte Farbe. Stimmt´s, mein Freund?»

Der Junge nickte und versuchte ein vorsichtiges Lächeln. In dieser Form war er noch nicht angesprochen worden. Sollte sich doch alles zum Guten wenden?

«Weißt du was? Es soll niemand sagen, ich wäre nicht in der Lage, zu gönnen. Wenn mein Finger dir so gut gefällt, mein Freund, dann sollst du ihn ganz alleine für dich besitzen.»

Das Lächeln auf dem Gesicht des Zwerges erstarb.

Er spürte, dass Gorms Worte nichts Gutes bedeuten konnten.

Wie recht er mit dieser Vermutung hatte, erfuhr er bereits im nächsten Augenblick.

«Weißt du, Junge, er stört mich sowieso. Es haftet etwas an ihm, das mir nicht gehört. Und das ich, um ehrlich zu sein, auch nicht besitzen möchte.»

Gorm hob den Finger, drehte sich um und winkte einen der Qwarn herbei.

«Beiß ihn ab!»

Obwohl das Geschöpf nicht mit besonderer Intelligenz gesegnet war, wusste es nicht, wie es mit dieser Situation umgehen sollte. War es nur ein Trick, um danach die Grausamkeit ihres Anführers an ihm selbst zu erfahren? Mit stumpfem Blick vermied der Qwarn jeglichen Augenkontakt mit dem Mann, der nackt vor ihm stand.

«Oh! Du denkst, ich erlaube mir einen Scherz mit dir?

Keineswegs, keineswegs. Walte deines Amtes.»

Erneut streckte Gorm seinen Zeigefinger aus.

Als der Qwarn zubiss und der Finger in Gorms ausgestreckte Hand fiel, die er wie einen Teller darunter hielt, zuckte der Mann nur kurz zusammen. In dickem Strom quoll das Blut aus der Wunde. Gorm warf einen kurzen Blick darauf.

«Ihr müsst euch keine Sorgen um mich machen. Ich verstehe solche kleinen Kratzer zu behandeln.»

Während er diese Worte sprach, schloss sich die Wunde.

Kurz darauf sah sie aus, als handele es sich um eine alte Verletzung, die bereits seit vielen Jahren abgeheilt sei.

«Ich bin noch nicht in der Lage, den Finger nachwachsen zu lassen. Aber wer weiß, was die Zukunft noch bringt.»

Gorm wandte sich an den Zwerg.

«Und dir habe ich ja ein Geschenk versprochen. Du erinnerst dich? Das ist schön. Dann ist jetzt der Moment gekommen, dir eine Freude zu machen.»

Mit einem schnellen und eisenharten Griff drückte Gorm die Kiefer des Zwerges auseinander und legte ihm den blutigen Stumpf auf die Zunge.

«Erstick mir nur nicht daran.»

Gorm lachte und drehte sich um. Der Qwarn, der auf seine Weisung hin den Finger abbiss, war auf dem Weg zu den anderen Gestalten, die im Augenblick nutzlos vor ihm standen.

«Wo willst du hin? Findest du es richtig, deinen Herrn und Meister zu verletzen? Ich denke schon, dass darüber zu reden sein wird.»

Gorm spürte eine enorme Gewaltbereitschaft in sich aufsteigen. Er steigerte sich in einem solchen Maß hinein, dass er kurz Raum und Zeit vergaß.

Als er wieder zu sich kam, sah er zwei verstümmelte Körper vor sich liegen. Den des Qwarn sowie den des Zwerges.

«Dumm bin ich. Nur dumm. Solch wertvolles Material. Es wird nicht wieder vorkommen.»

Lachend drehte er sich wider zu den Gefangenen um. Selbst in der Dunkelheit der Höhle war die Blässe ihrer Gesichter unübersehbar.

«Jetzt, da ich dieses lästige Anhängsel los bin, werde ich auch für alles Weitere eine Lösung finden.»

*

Zitternd kam Barina wieder zu sich.

Die Farben waren verblasst und Barina fror am ganzen Körper.

Targor näherte sich in dem Gefühl, die Gefahr sei vorbei dennoch vorsichtig und nahm Barina in die Arme.

«Was ist passiert?»

Die junge Frau sah auf. Aus ihrem Blick sprach das nackte Grauen.

«Ich habe ihn gesehen. Er hat wieder einen Körper. Und er ist grausam. Einer meiner Farbstränge blieb an ihm haften. Er nahm ihn mit. Mit in sein Reich. Ich habe es sehen können. Alles ...»

Barina ballte eine Hand zur Faust und presste sie vor ihren Mund.

«Steinwart.»

Der Zwerg kam näher.

«Wir müssen ihm ein Ende bereiten. Unbedingt. Versprich mir das!»

Steinwart nickte.

Nachdem Barina flüsternd berichtet hatte, was sie ihren Eindrücken entnehmen konnte, griff Steinwart nach dem Salz, das er nun selbst an seinem Gürtel trug.

«Ich glaube, ich weiß, was ich zu tun habe. Und auch weshalb das Schicksal jetzt mich statt deiner erwählt hat.»

Er sah Karlotta an und strich ihr sanft eine Träne von der Wange.

«Du musst nicht weinen. Mit mir hat es begonnen. Und scheinbar soll es auch durch mich enden.»

92 Die Wege trennen sich

Aber du weißt doch gar nicht …» Karlotta schluchzte laut auf und ihre Stimme versagte. Steinwart strich ihr die Haare aus der Stirn und nahm sie fest in die Arme.

«Ebenso wenig wie du, meine Liebe. Aber ich vertraue darauf, dass ich zum rechten Zeitpunkt wissen werde, was ich zu tun habe.»

Steinwart blickte seine Gefährten der Reihe nach an.

«Irgendetwas sagt mir, dass ich diese Aufgabe alleine zu erfüllen habe. Ihr könnt mich gerne begleiten. Bis zu einem Punkt, an dem ich euch sagen werde, dass es besser sein wird, mich zu verlassen. Ich weiß nicht, ob es dazu kommt. Noch weiß ich wann und wo. Aber wenn der Moment gekommen ist, werde ich es wissen. Und dann, darum bitte ich euch von ganzem Herzen, dann versucht nicht, mich aufzuhalten. Ob ich ein zweites Mal die Kraft aufbringen werde, meinen Weg zu gehen, solltet ihr mich zum Bleiben überredet haben, das weiß ich nicht.»

Die Unschlüssigkeit, mit der Steinwart sich umsah, ließ unschwer erkennen, dass er noch etwas auf dem Herzen hatte, wohl aber nicht die Worte fand, um auszudrücken, was ihn bewegte.

Karlotta spürte, dass es um sie selbst ging und zog den Zwerg ein Stück beiseite.

Als sie Steinwart tief in die Augen sah, brachen die Worte aus ihm heraus.

«Karlotta, mein Mädchen. Ich habe nicht gedacht, dass ich jemals wieder so empfinden würde, nachdem mir Hyazintha genommen wurde. Doch seit du bei mir bist, wird vieles wieder einfacher, was vorher kompliziert war. Klarer, was für mich undurchschaubar schien. Dich jetzt zu verlassen …»

Karlotta schreckte auf.

«Jetzt? Was willst du damit sagen? Wir haben noch ein gutes Stück gemeinsamen Weges vor uns, bis wir unser Zuhause erreichen.»

Steinwart legte ihr einen Zeigefinger auf die Lippen.

«Pssst. Ich weiß, was ich sage. Und es bricht mir das Herz. Aber ab hier muss ich meinen Weg alleine gehen. Das heißt … nicht ganz alleine.»

Das Gesicht der Zwergin überzog sich mit einem Strahlen.

«Ich habe es gewusst. Bei den Göttern, ich danke dir.»

Traurig schüttelte ihr Gegenüber den Kopf.

«So habe ich das nicht gemeint, meine Liebe. Auch wenn ich dich gerne bei mir hätte, widerstrebt es mir, dich einer Gefahr auszusetzen. Ich habe eher an Barina gedacht. Du weißt, dass an ihr etwas ist, das sich nicht mit Worten erklären lässt. Ich hätte sie gerne dabei, sollte es zu einer Situation kommen, aus der ich mich mit eigener Kraft nicht mehr befreien könnte.»

Karlotta stemmte ihr Fäuste in die Hüften, was Steinwart dazu bewegte, tief Luft zu holen. Er wusste, dass sich die Zwergin nicht ohne Weiteres abspeisen lassen würde.

«Herr Zwerg!»

Karlotta nahm keine Rücksicht mehr darauf, ob jemand ihre Worte hören könnte. Sie ahnte, dass sie Steinwart nur umstimmen konnte, wenn sie ihrer Stimme den entsprechenden Nachdruck verlieh.

«Herr Zwerg! Auch wenn ich mich wiederhole. Versuch

nicht, dich mit einer Frau anzulegen. Du würdest nur den Kürzeren ziehen. Entweder wir drei gehen gemeinsam oder es geht keiner von uns.»

Die Zwergin drehte sich zu Barina um.

«Komm bitte her zu uns und erkläre diesem Sturkopf, dass ich euch begleiten werde!»

Barina schaute unschlüssig zwischen den Zwergen hin und her.

Dann zuckte sie die Schultern.

«Vielleicht klärt mich mal jemand auf. Mit mir hat noch niemand ein Wort gesprochen, ob, mit wem oder wohin ich gehen soll.»

Karlottas Gesicht nahm einen konsternierten Ausdruck an.

«Ich habe gedacht, dass ...»

Steinwart schob sie zur Seite.

«Das kommt davon, wenn man zu viele Dinge voraussetzt. Ich habe mit Barina noch kein Wort gewechselt. Viel wichtiger war mir, meine Gedanken erst mit dir geteilt zu haben.»

Karlotta lief puterrot an und schaute betreten zu Boden, was Steinwart zum Lachen brachte.

«Alles ist gut, mein Mädchen. Ich sehe sowieso ein, dass ich dich nicht überredet bekomme, hierzubleiben. Wer weiß, wozu es gut sein kann. Schließlich bist du es bis eben gewesen, die die Hüterin des Salzes war. Ich habe das Gefühl, wir sind nur Spielbälle eines Wesens, das uns wie Schachfiguren hin und her schiebt. Du bist also dabei.»

Dann wandte er sich an Barina.

«Kann ich das auch von dir behaupten?»

Nachdem Steinwart der jungen Frau seine Gedanken nahebrachte, stimmte auch Barina zu.

Doch sie hatten die Rechnung ohne Targor und Fram gemacht, der das Wort ergriff.

«Das werdet ihr ganz bestimmt nicht tun. Steinwart, bitte verstehe mich jetzt nicht falsch. Aber warum sollten wir etwas auf Vermutungen eines Zwerges geben, der sicherlich auch nicht mehr weiß, als jeder andere von uns?»

Steinwart starrte Fram mit großen Augen an.

Nicht aus dem Grund, weil ihn dessen Worte verletzt hätten. Das konnten sie nämlich überhaupt nicht, weil Frams Worte nicht mehr bis an sein Ohr drangen. Für einen winzigen Moment war es, als schiebe sich eine unsichtbare Schranke zwischen Barina, Karlotta und Steinwart. Die Luft begann zu flimmern. Dann herrschte Dunkelheit.»

Fram blieb stehen, als ob er gegen eine Wand gelaufen sei.

Vor ihm waberte die Luft, wie unter großer Hitze.

Die Silhouetten der Freunde zerflossen an den Rändern, bis die kompletten Körper nur noch zu erkennen waren, wenn man genau hinschaute. Dann war auch dieser Effekt dahin.

Steinwart, Barina und Karlotta waren verschwunden.

Von hinten legte den beiden Männern jemand die Hände auf die Schultern.

Als sie sich umdrehten, stand Melinae hinter ihnen und lächelte.

«Auch wenn niemand von uns verstanden hat, was da gerade passiert ist, glaube ich nicht, dass wir uns Sorgen machen müssen. Sie sind geholt von jemandem worden, der scheinbar sehr genau weiß, was er will oder tut. Eines ist klar, wir werden nicht rückgängig machen, was vor unseren Augen ablief. Stattdessen sollten wir uns schleunigst auf den Weg machen, den Sumpf zu erreichen. Es ist noch ein gehöriges Stück, das wir vor uns haben.»

Targor kniete sich in den Sand und tastete mit seinen Händen über den Boden. Als wolle er nicht wahrhaben, was seine Augen sahen. Als er aufstand, hatte sein Gesicht einen versteinerten Ausdruck angenommen. Er nahm sein Bündel und schritt zügig in Richtung ihres Zuhauses aus, ohne auf die Gefährten zu warten. Mit geringer Verzögerung folgten sie ihm.

93 Spiegel

Steinwart hatte schon lange aufgegeben seine Schritte in dieser Umgebung zu zählen, in der er spürte, dass er hier nicht hingehörte. Ebenso wenig wie Karlotta oder Barina. Misstrauisch äugte er in regelmäßigen Abständen auf das blasse Farbenspiel auf Barinas Haut.

«Macht euch keine Sorgen», hatte sie gesagt. «Solange die Farben nicht warnend aufleuchten, ist alles in Ordnung. Das blasse Schimmern liegt vermutlich daran, dass ich selbst aufgeregt bin und nicht weiß, was mir bevorsteht.»

Die Einzige von ihnen, die mit stoischer Gelassenheit aufnahm, was mit ihnen geschah, war Karlotta, ohne dass sie hätte sagen können, aus welchem Grund. Fast war es ihr, als bewege sie sich in vertrauter Umgebung.

In den ersten Minuten, nachdem es sie in diese unterirdische Gebirgslandschaft versetzte, waren sie von großer Verwirrung ergriffen. Steinwart griff nach seinem Messer, das er wie immer an seinem Gürtel trug. Je nachdem wer sie angriff, würde das Messer nicht viel ausrichten können. Aber er fühlte sich sicherer, als er den vertrauten Horngriff in seiner Hand spürte.

Sein Blick wanderte über die Landschaft, die vor ihnen lag. Es herrschte völlige Windstille. Kein Lüftchen regte sich. Als alles ruhig blieb, hatte der Zwerg Karlotta und Barina im Dämmerlicht angesehen.

«Der gangbare Weg führt nur in eine Richtung. Hinauf.»

Zwar gab es auch einen Pfad, der weit in die Tiefe

wies, doch war bereits von ihrem jetzigen Standpunkt aus zu erkennen, dass sie nicht weit kommen würden. Er war übersät von Geröll. Steinwart versuchte dennoch, ihn probeweise ein Stück zu gehen. Hinter der nächsten Biegung klaffte jedoch ein Felsbruch, der so tief hinab führte, dass der Stein, den der Zwerg warf, keinen Laut eines Aufschlags verursachte.

Derjenige, der sie hierher brachte, hatte dafür gesorgt, dass keine Zweifel an der Richtung ihres Weges aufkamen.

«Ich bin nicht begeistert davon, steil hinaufgehen zu müssen, aber ich denke, es bleibt uns keine andere Wahl.»

Die Gespräche, die sie führten, die Fragen, die sie sich gegenseitig stellten, ohne eine Antwort zu erhalten, verstummten nach und nach. Alle drei hatten sie genug damit zu tun, das bisschen Luft, das ihnen zum Atmen blieb, sinnvoll zu verwenden. Bereits nach kurzer Wegstrecke war Steinwart schweißüberströmt und seine Beine schmerzten.

Schwer atmend ließ er sich auf einem Felsbrocken nieder.

«Das ist jetzt keine gute Entscheidung.»

Barina kam zu ihm, blieb aber stehen.

«Überwinde deinen inneren Schweinehund. Sonst nimmst du dir selbst jede Kraft, den Weg zu bewältigen. Du machst es für dich selbst nur schwerer.»

Karlotta nickte zur Bekräftigung ihrer Worte und bot Steinwart ihre Hand, damit er sich daran wieder in die Höhe ziehen konnte.

Steinwart wusste natürlich, dass die Frauen mit ihrem Hinweis richtig lagen. Aber er fühlte sich müde und zerschlagen. Nicht alleine wegen des Weges, der von seiner Bewältigung schwer genug war. Nein, in erster Linie lastete die Bürde unsagbar schwer auf seinen Schultern, zu wissen, was ihm bevorstand, ohne jedoch zu wissen, wie die Lösung aussah.

Er stöhnte auf und erhob sich.

Nach wenigen Schritten war die Unterhaltung vergessen

und außer ihrem schweren Atmen, sowie den knirschenden Geräuschen auf den Kieseln, war nichts zu hören.

Steinwart war so tief in Gedanken, dass er nicht bemerkte, wie Barina und Karlotta an ihm vorbeizogen. Erst als Barina stehenblieb und nach vorne zeigte, erwachte der Zwerg aus der Welt seiner eigenen Gedanken.

«Was ist los, Barina?»

Die junge Frau drehte sich um und wartete, bis Steinwart und Karlotta endgültig aufholten.

«Seht ihr das?»

Barina stand auf der höchsten Stelle ihres Weges. Von dort aus ging es in Serpentinen hinab. Steinwart atmete hörbar auf. Endlich hatte die Plackerei ein Ende.

Als er aber genauer hinschaute, ging ihm erst auf, was seine Gefährtin tatsächlich meinte. In der Talsenke wartete eine glänzende und spiegelnde Fläche auf sie, die nicht nur den Boden bedeckte, sondern sich auch an den Rändern der Berge in der Ferne verlor.

Was die drei zuerst für einen See hielten, stellte sich bei genauerem Hinsehen als etwas anderes heraus. So starr, wie das Bild sich nach oben zeigte, konnte es sich unmöglich um einen Wasserspiegel halten. Und für eine Eisfläche war es, gelinde gesagt, viel zu warm hier unten.

«Was ist das?»

Steinwart flüsterte diese Frage, als wisse er, dass er sich an einem Ort befände, an dem laute Sprache nicht erwünscht ist.

«Wir werden das Rätsel von hier oben nicht lösen können.»

Karlotta ging weiter und schob Barina, die ihr den Weg versperrte, sanft zur Seite.

«Wenn wir unten sind, werden wir es wissen.»

Der Weg hinab, der im ersten Moment nicht sehr aufwendig erschienen war, gestaltete sich schwieriger, als sie alle dachten. Die direkte Entfernung hatte sie glauben lassen, sie würden innerhalb eines halben Tages im Tal ankommen. Die Serpentinen jedoch, machten ihren Plan zunichte. Nachdem sie vielleicht die Hälfte der Strecke hinter sich wussten, war es diesmal Barina selbst, die um eine längere Rast bat. Der Punkt, an dem sie vorbeikamen, der sich zu einer größeren freien Fläche ausweitete, hatte einen einladenden Charakter.

«Lass uns zuerst feststellen, dass es sich nicht um eine Falle handelt.»

Auch wenn bis zu dieser Stelle nichts geschehen war, was Anlass zur Sorge gab, wollte Steinwart auf Nummer sicher gehen.

Vorsichtig nahm er das Gelände in Augenschein. Dann ließ er sich, zum Signal alles sei in Ordnung, mit einem wohligen Stöhnen niedersinken.

«Ich habe einen unbändigen Durst. Habt ihr noch etwas in euren Wasserbeuteln? Bei mir ist der Vorrat fast zur Neige gegangen. Wir wissen nicht, was uns unten erwartet. Ob wir eine Quelle finden werden. Daher schlag ich vor, dass wir maßvoll mit unseren Vorräten umgehen.»

Die beiden Frauen prüften ihren Wasservorrat und bestätigten, dass es ihnen ähnlich ging. Im Moment bestand noch keine Gefahr. Doch der Zeitpunkt würde kommen, an dem sie auf Zufuhr von Flüssigkeit angewiesen waren. Es sei denn, dort unten wartete eine Lösung auf sie, wie auch immer diese aussehen würde.

Steinwart bettete seinen Kopf auf den Beutel mit seinen Habseligkeiten.

Nachdem er die Fläche, auf der er lag, von losen Steinen befreit hatte, war es ihm möglich, einigermaßen bequem auszuruhen.

«Geht es bei euch auch? Könnt ihr ein bisschen zur Ruhe kommen?»

Als er keine Antwort erhielt, stützte Steinwart sich auf seinen Ellenbogen und sah nach Karlotta und Barina. Tiefe regelmäßige Atemzüge kündeten davon, dass die beiden auf der Stelle eingeschlafen waren.

Steinwart schloss ebenfalls die Augen und überlegte kurz, ob er eine erste Wache ausführen sollte. Ehe er sich selbst eine Antwort gab, schlief auch er tief und fest.

94 Stationen eines Lebens

Als Steinwart wieder erwachte, waren die beiden Frauen bereits in ein Gespräch vertieft. Er drehte sich herum und versuchte, sich zu erheben. Karlotta lachte.

«Signalisiert dir dein Rücken ebenfalls, dass er mit der harten Unterlage nicht ganz einverstanden gewesen ist?»

Steinwart lächelte gequält. Er spürte jeden einzelnen Knochen seines Rückens.

«Ein weiches Bett wäre mir lieber gewesen. Aber der Schlaf hat trotzdem gutgetan.»

Schwerfällig tastete er nach seinem Wasserschlauch und schüttelte ihn vorsichtig.

Es war noch genug darin, um die nächsten Stunden zu überstehen. Aber dann musste dringend eine Lösung her. Der Magen des Zwerges knurrte laut und vernehmlich.

«Halt dich raus. Es wird dir ganz guttun, mal auf Nachschub zu verzichten», knurrte Steinwart zurück. Karlotta und Barina lachten.

«Dann können wir uns gleich ja aufmachen, um die zweite Hälfte des Weges in Angriff zu nehmen.»

Barina schob ihre Ärmel hoch, um sich selbst ein Bild von der Reaktion auf ihrer Haut zu machen. Die bunten Linien lagen so sehr verblasst, dass sie kaum noch mit bloßem Auge zu erkennen waren. Die junge Frau beobachtete sie noch eine Weile mit einem versonnenen Gesichtsausdruck. Dann bedeckte sie ihre Arme wieder vollständig.

Wenig später befanden sich die Freunde wieder auf ihrem Weg, hinab ins Tal.

Ob es an der gewonnenen Frische nach dem Schlaf lag, wussten sie nicht zu sagen. Tatsache jedoch war, dass sie schneller als erwartet, in der Senke ankamen.

Feiner weißer Sand bedeckte den Boden. Steinwart ließ sich lachend hineinfallen. Den hätten sie weiter oben gut gebrauchen können. Der Sand schmiegte sich an die Konturen seines Körpers an und verursachte erneut ein Gefühl tiefer Müdigkeit. Fast hätte Steinwart sich davon einlullen lassen, raffte sich aber auf, als das Schlafbedürfnis überhandnahm.

Seine beiden Begleiterinnen standen am Rand der spiegelnden Fläche und schauten fasziniert hinein. Als Steinwart neben sie trat, wusste er auf Anhieb den Grund.

Von einem Punkt, knapp unter der Oberfläche des Spiegels sah ihm sein eigenes Gesicht entgegen. Steinwart schielte nach links und erkannte, dass es Barina und Karlotta ähnlich erging. Auch diese waren in der Betrachtung ihres eigenen Spiegelbildes versunken.

Im Gegensatz zu den beiden Frauen ließ es Steinwart nicht bei dieser Situation bewenden. Er spürte, dass sie nicht hierher gerufen wurden, um ihr eigenes Konterfei zu studieren. Noch kannte er den Grund nicht. Aber er würde ihn erfahren.

Mit einem vorsichtigen Schritt betrat Steinwart die vor ihm liegende Fläche. Er hielt die Luft an und erwartete, jeden Moment einzubrechen. Aber nichts dergleichen geschah. Den Blick weiterhin auf sein eigenes Spiegelbild gerichtet, ging der Zwerg Stück für Stück nach vorne. Sein Bild folgte ihm, so wie ein Schatten bei Sonnenschein. Immer noch verstand Steinwart nicht, was ihm diese Situation mitteilen wollte.

Steinwart kniff die Augen misstrauisch zusammen.

Hatte sich in seinem Spiegelbild etwas verändert? Oder

machte ihn nur die Stille langsam verrückt? Dichtes schwarzes Haar eines schlanken Zwerges bot sich ihm dar.

«Dunkles Haar?»

Steinwart schielte an sich hinab und erkannte das ergraute Haar seines Vollbartes.

Was wollten ihm diese Bilder nur zeigen?

Als er weiterging, wechselten die Bilder mit jedem Schritt. Es war immer noch er selbst, den er sah. Allerdings in den verschiedensten Situationen seines Lebens. An manche erinnerte er sich, an viele andere nicht.

Er sah hinüber zu Karlotta und Barina.

Es erging ihnen nicht anders, als ihm selbst.

Auch wenn sie kein Wort sprachen, so war es ihrem entrückten Gesichtsausdruck anzusehen.

Ohne sich dessen bewusst zu werden, näherten sie sich dem gegenüberliegenden Ufer. Eigentlich war es unmöglich, die Distanz mit solch wenigen Schritten zu überwinden. Doch hier unten herrschten andere Gesetze als diejenigen, von denen sie ein Leben lang begleitet wurden.

Sollte es wirklich so sein, dass jeder, der hier hinab kam, sofern er überhaupt die Möglichkeit dazu besaß, die Stationen seines eigenen Lebens zu sehen bekam?

Eine wunderschöne Erfahrung, vor allem in einer bildhaften Klarheit, die unübertroffen und vielleicht gerade deshalb entsetzlich war.

Aber noch immer verstand Steinwart nicht den tieferen Sinn, der dahinter steckte.

Erst als er an den Wänden der Berge entlang schritt, begann er zu begreifen.

In der Erwartung, sich ebenfalls selbst zu sehen, boten sich ihnen allen mit einem Mal dieselben Bilder.

Menschen, Zwerge, Gestalten, die sie vorher noch niemals zu Gesicht bekommen hatten, in Bewegungslosigkeit erstarrt. Manche mit einem Ausdruck unendlicher Ruhe, andere verzerrt. In Angst, Schrecken, Agonie.

Endlos stellte sich ihnen diese Wand der Bilder dar.

Keinen von ihnen hatten sie zu Lebzeiten gekannt.

Keinen … keinen … keinen …

Steinwart blieb stehen, als sei er vom Donner gerührt.

Hyazintha blickte ihn an. Mit einem gütigen Lächeln blickte sie durch ihn hindurch. Und trotzdem war es ihm, als schaue sie ihm bis auf den Grund seiner Seele.

Die Tränen traten Steinwart in die Augen.

Vorsichtig legte er seine Hand gegen das Bild, ohne zu wissen, ob ihm das erlaubt war. Was er fühlte, war nur der kalte Stein.

Es fiel ihm entsetzlich schwer, sich von ihrem Bild zu lösen.

Langsam ging Steinwart weiter. Sah andere vertraute Gesichter, die ihn in seinem Leben begleitet hatten. Und als er meinte, nichts könne ihn stärker treffen, als das, was sich seinen Augen darbot, da sah er sich.

Er stand neben Barina und Karlotta. Jedem von ihnen bot sich derselbe Anblick.

Steinwart, Karlotta, Barina, Targor, Fram, der Fuchs, Baldur und viele andere mehr in einer abwehrenden Haltung erstarrt. Entsetzen in den Blicken. Als hätten sie etwas gesehen, das sich für alle Zeiten einbrannte.

Das Herz klopfte den dreien so heftig in der Brust, als wolle es diese zerreißen.

«Heißt das, dass wir keine Chance haben?»

Steinwart flüsterte diese Frage, als habe er gewollt, dass niemand sie höre. So bliebe ihm auch eine Antwort erspart.

«Nein, das glaube ich nicht.»

Karlotta wandte sich an den Zwerg.

«Ich denke, es soll eine Warnung sein. Eine Warnung

vor einem Ende, das uns erwartet, wenn wir scheitern. Es liegt einzig und alleine an uns, dafür zu sorgen, dass das, was wir sehen, nicht zur Wirklichkeit wird. Alles, was uns vorher gezeigt wurde, werden wir nicht mehr ändern können. Dieses letzte Bild aber vielleicht doch.»

Als habe die Spiegelung nur darauf gewartet, dass einer von ihnen zu dieser Erkenntnis kam, waberte das Bild. Und zerriss im nächsten Augenblick.

Zurück blieb ein leerer Raum.

Wie er eines Tages gefüllt würde, lag ausschließlich daran, ob sie Erfolg haben würden.

Oder nicht.

Im letzteren Fall hatten sie bereits einen Blick auf das Ende werfen können.

95 Tür in der Dunkelheit

Das leere Bild ließ die Freunde tief erschüttert zurück. Lange Zeit war niemand von ihnen fähig, ein Wort zu sagen. Steinwart war es schließlich erneut, der die Stille unterbrach.

«Wer uns auch immer diese Bilder nahebringen wollte, für meinen Fall hat er sein Ziel erreicht. Ich war mir natürlich vorher schon sicher, wo ich meine Bestimmung sehe. Jetzt aber wird mich nichts und niemand mehr davon abbringen, mein Ziel zu erreichen. Mit euch. Oder ohne euch. Wer für sich entscheidet, sie könne mich nicht weiter begleiten, kehre jetzt um. Ich werde niemand deswegen gram sein.»

Karlotta trat Steinwart mit Absicht so heftig auf die Zehen, dass ihm sämtliche Farbe aus dem Gesicht wich. Er sog scharf die Luft ein, dann ließ er sich auf den Boden fallen, riss seinen rechten Schuh vom Fuß und knetete seine Zehen, die bereits blau anliefen.

«Bist du wahnsinnig geworden?»

Der Tonfall des Zwerges schwankte zwischen einem gehässigen Zischen und einer Klangfarbe, als wolle er jeden Augenblick in Tränen ausbrechen.

Karlotta baute sich vor ihm auf und sah mitleidlos auf ihn herab.

«Anders scheint Herr Zwerg ja nicht zu verstehen, auf wen er bauen kann. Zum wiederholten Male gibst du solch einen geistigen Dünnpfiff von dir.»

Die Zwergin verzog ihr Gesicht, um Steinwart nachzuäffen.

«Wer für sich entscheidet, sie könne mich nicht weiter begleiten, kehre jetzt um. Ich werde niemand deswegen gram sein. Du müsstest dich selbst einmal reden hören. So, als seist du der Einzige unter Gottes Sonne, der dazu auserkoren ist, Gorm dorthin zu schicken, wohin er gehört. Wenn du immer noch nicht begriffen hast, wer deine Freunde sind, tust du mir entsetzlich leid. Und wenn es sein muss, trete ich dir mit Freude auch auf deinen anderen Fuß. Anders begreifst du es ja nicht.»

Karlotta drehte sich mit dem Rücken zu Steinwart. Sie hatte sich so sehr in Wut geredet, dass ihr die Tränen ausbrachen. Barina nahm die Zwergin in ihre Arme, warf aber gleichzeitig Steinwart einen auffordernden Blick zu. Diesmal verstand er ausnahmsweise auf Anhieb.

Als er aufstand, um Karlotta unbeholfen über ihr Haar zu streichen, drehte sie sich herum und funkelte in wütend an.

«Du idiotischer Zwerg. Ich gebe dir einen guten Rat. Halte am besten den Mund und wage es ja nicht, noch einmal unsere Freundschaft infrage zu stellen.»

Steinwart holte Luft, doch Karlotta verschloss ihm mit einem Kuss den Mund.

«Ruhe!»

Von diesem Moment an, verlor Steinwart niemals mehr ein Wort in dieser Richtung.

Barina räusperte sich leise, um auf sich aufmerksam zu machen.

«Wenn wir das nun geklärt hätten, bleibt dennoch eine Frage, die für mein Dafürhalten nicht außer Acht zu lassen ist. Wie kommen wir wieder fort von hier? Ich glaube nämlich nicht, dass man es uns so einfach machen wird, wie das Erscheinen. Was zugegebenermaßen sehr überraschend war.»

Steinwart sah sich um.

«Ich glaube auch nicht, dass von uns erwartet wird, in die Ebene von Marsandt zurückzukehren. Unsere Freunde brauchen uns nicht, um den Weg zurückzufinden. Mit Fram und Targor besitzen sie hervorragende Führer. Wir werden wieder auf sie treffen, wenn die Zeit dafür gekommen ist. Doch wir, wir drei haben einen anderen Weg zu gehen. Wenn wir die Augen offenhalten, wird er sich uns offenbaren.»

Steinwart zeigte in die Richtung, die sie beschritten hatten, während sie die Bilder betrachteten, die wie aus dem Nichts erschienen waren.

«Ich glaube nicht einmal, dass es uns überhaupt möglich sein wird, denselben Weg zurückzugehen, den wir gekommen sind.»

Der Zwerg trat einige Schritte zurück und tastete mit seinen Händen vorsichtig nach vorne, bis er auf eine gallertartige Masse traf. Als seine Finger ein Stück darin versanken, zitterte die Wand so heftig, dass sie ihr unsichtbares Vorhandensein gegen ein Flimmern vor ihren Augen eintauschte.

«Irgendwie kommt mir das bekannt vor.»

Steinwart flüsterte und starrte die Wand an, bis diese erneut völlig unsichtbar war.

«Also. Sonst noch Fragen? Wenn nicht, dann lasst uns aufbrechen.»

Der Weg, der vor ihnen lag, zog sich in gerader Linie in die Ferne.

An der Stelle, an der sie ihre Füße setzten, erhellte ein Licht die Dunkelheit, von dem niemand sagen konnte, von woher es gespeist wurde. In der ersten Phase ihres Marsches warfen die Freunde hin und wieder einen Blick zurück. Doch die Schwärze in die sie sahen, war undurchdringlich. Es kam ihnen vor, als solle alles, das sie zu Gesicht bekamen, im nächsten Moment dem Vergessen anheimfallen. Alles, bis auf die entsetzlichen Bilder, die sich tief in ihr Gedächtnis brannten.

Aus Stunden wurden Tage.

Das Zeitgefühl war lange schon verlorengegangen, als Barina verwundert an sich herabsah.

Ihre Linien der Haut, die schon lange kein Lebenszeichen mehr von sich gaben, leuchteten in blassen Farben auf.

«Was soll ich jetzt daraus deuten? Wollen mir die Farben Gefahr signalisieren? Oder hat der Weg irgendwo vor uns ein Ende?»

«Vielleicht beides, Barina. Wir wollten vorsichtiger sein. Ich habe keine Lust, mich plötzlich etwas gegenüber zu sehen, vor dem wir uns hätten schützen können, wenn wir ihm aus dem Wege gegangen wären.»

Die letzten Worte hatte Steinwart erneut nur geflüstert.

Unter misstrauischen Blicken folgte er Barina, indem er mit großer Sorge die Farben im Auge behielt. Als sie sich nicht weiter veränderten, entspannte sich die Körperhaltung des Zwerges. Die Gefahr, die er vermutete schien sich zumindest nicht stärker hervorzuheben.

Statt auf den Weg achtete Steinwart mehr auf Barinas Arme. Als die junge Frau vor ihnen plötzlich stehenblieb, kannten die nachfolgenden Zwerge den Grund noch nicht.

Erst, als sie neben Barina traten, entdeckten sie eine Tür, die in der Dunkelheit nur schwach zu erkennen war. Wobei man dieses Gebilde kaum als Tür bezeichnen konnte. Vielleicht war sie irgendwann einmal für diesen Zweck vorgesehen. Doch das, was sich hier ihren Augen darbot, waren nicht mehr als Bretter, die einen Gang, geradewegs in den Felsen hinein versperrten.

Steinwart rüttelte daran und machte einen erstaunten Gesichtsausdruck, als die Bretter unter seinem Griff in Staub zusammenfielen.

«Sie haben einmal einen Zweck erfüllt. Das ist lange schon vorbei.»

Die drei Freunde wirbelten erschrocken herum, als die Stimme hinter ihnen ertönte.

Es war niemand zu sehen. Trotz Aufforderung, Erklärungen von sich zu geben, blieb alles still.

«Na dann.»

Steinwart drehte sich wütend um und trat in den Durchgang.

Noch ehe er seinen Fuß auf den Boden setzen konnte, riss Barinas Hand ihn zurück, sodass der Zwerg sich auf den Hosenboden setzte und die junge Frau fragend ansah.

«Hast du das nicht gesehen?»

Barina schob ihren rechten Arm in den Durchgang.

Augenblicklich flammten die Farben pulsierend auf.

Steinwart hielt erschrocken die Luft an. Sein Herz pochte wie wild.

Das hätte das Ende ihrer Mission bedeuten können.

Er sah sich zu Barina und Karlotta um.

«Was sollen wir jetzt tun?»

96 Es breitet sich aus

Würdet ihr mir bitte auch sagen, was los ist?»

Unruhig bewegte Karlotta sich von einem Fuß auf den anderen.

«Ich sehe nichts, wenn ihr mir den Blick versperrt. Außerdem ist es mit meiner Nachtsicht nicht sehr weit her.»

Barina trat ein Stück zur Seite, um die Zwergin vorbeizulassen.

«Sieh hinein. Aber bleib um Gottes Willen außerhalb des Gangs. Es erklärt sich von selbst.»

Völlig verwirrt kam Karlotta der Aufforderung nach.

Einige Sekunden brauchten ihre Augen, um sich an die Dunkelheit zu gewöhnen. Als Barina auf den Boden zeigte, begriff die Zwergin das Dilemma.

Der gesamte Felsboden war mit einem dichten Wurzelgeflecht überzogen, das sich nach hinten verdickte. Erst bei genauerem Hinsehen begriff Karlotta, dass die Wurzel lebte. Zitternd erhoben sich einzelne Ranken. Verhielten sich, als witterten sie die Anwesenheit lebender Individuen.

«Verhaltet euch ruhig.»

Barina flüsterte die Worte nur, während sich das Farbenspiel auf ihrer Haut langsam zurückzog. Als wisse das Unterbewusstsein der jungen Frau, dass die Gefahr zu groß war, auf sich aufmerksam zu machen.

«Ich habe nur zu gut erlebt, was dieses Grünzeug vermag. Es ist alles andere als harmlos. Es sucht. Sucht nach Nahrung.»

«Barina!!!»

Steinwarts warnender Ausruf ließ die junge Frau erschreckt aufmerken. Sie folgte Steinwarts ausgestrecktem Arm und erkannte ein Knäuel an Wurzelwerk, das sich bis in eine Ecke des Ganges zurückgezogen hatte, um dort eine mehr als mannshohe Stärke zu erreichen. Im ersten Moment begriff Barina nicht, was Steinwart ihr sagen wollte. Doch bei genauerem Hinsehen entdeckte sie schmale Ausläufer, die mit einem haarigen Pelz bedeckt waren und nicht vollständig unter der Wurzel verschwanden.

«Bei den Göttern, was ist das?»

Steinwart sah Barina nachdenklich an.

«Erkennst du nicht, auf was wir gestoßen sind. Wenn selbst sie nicht genügend Kraft haben, sich zu wehren, wie sollen wir es dann schaffen?»

Vor ihnen lag eine der riesenhaften Spinnen, welche zwei Jahre zuvor Hyazintha und ihm selbst das Leben retteten. Bis sie ebenso sang und klanglos verschwanden, wie sie aufgetaucht waren. Keine von den monströsen Wesen war jemals wieder aufgetaucht. Jetzt wusste Steinwart den Grund. Er wusste nicht, wie viele es von diesen Bewohnern der Dunkelheit gab. Aber wenn die von Gorm gesteuerte Wurzel es verstanden hatte, aller habhaft zu werden, dann war ihm jetzt mit einem Mal klar, wie stark Gorm in der Zwischenzeit geworden sein musste.

«Weißt du, was mir Angst macht?»

Steinwart sah bei seinen Worten niemand an. Doch Barina wusste instinktiv, dass der Zwerg von ihr eine Antwort erwartete.

«Ich glaube, ich kann dir folgen. Auch ich habe das unbestimmte Gefühl, dass dies unser Weg sein wird.»

Karlotta schüttelte den Kopf.

«Ihr seid wahnsinnig. Wie viele Schritte sollen wir schaffen, ohne so zu enden wie …»

Statt den Satz zu beenden, deutete die Zwergin nur mit dem Kopf in Richtung des einstmals riesenhaften Achtbeiners.

«Spinnen sind zwar nicht gerade meine Lieblingsgeschöpfe, aber ich weiß, dass Steinwart, damit auch ich, ihnen viel zu verdanken haben. Dieses Ende hat niemand verdient. Wenn ich nur daran denke, mich in die Dunkelheit dieses Weges zu begeben, stehen mir die Haare zu Berge. Wer weiß, worauf wir noch stoßen werden.»

Steinwart warf Barina einen Blick zu, der ihr signalisieren sollte, sie möge ihm das weitere Reden überlassen. Zusammen mit Karlotta ging er ein Stück zur Seite und umschlang die Zwergin mit seinen Armen. Zwar immer noch unbeholfen, aber mit sehr viel Gefühl gab er Karlotta einen Kuss auf die Nasenspitze.

«Wir haben gar keine andere Wahl. Das haben Barina und ich begriffen. Und du auch. Gib es zu.»

Karlotta nickte.

Natürlich hatte sie das. Insgeheim aber hoffte sie, dass ihre Worte etwas hätten bewegen können. Ein Umdenken. Das Suchen nach einer Alternative. Dass es diese nicht geben würde, verstand sie auf der Stelle. Doch die Hoffnung war ein Strohhalm, an den sie sich klammern wollte. So lange es irgendwie möglich war.

«Überhaupt keine Frage. Lass uns überlegen, welche Vorsichtsmaßnahmen wir treffen können. Vom Abwarten ist noch niemals jemand angekommen.»

Steinwart drückte ihr erneut einen Kuss aufs Gesicht.

Mehr Worte zu verlieren war nicht notwendig.

Als sie zu Barina zurückkamen, beobachteten die ihre Freundin dabei, wie sie sich vorsichtig ins Innere des Gangs begab. Karlotta sog erschrocken die Luft ein. Steinwart gab ihr ein Zeichen, sich völlig ruhig zu verhalten. Er vertraute darauf, dass Barina sehr wohl wusste, was sie tat. Langsam tastete sie sich Schritt für Schritt vor. Die Farben auf ihren Armen waren fast vollständig verblasst. Dafür glühten ihre Füße in einem unheimlichen Licht. Und tatsächlich zeigte dieses Phänomen Wirkung. Bei jedem Schritt stockte die Bewegung der Wurzelfasern, als gebe es eine Barriere, die sie nicht zum Überqueren imstande waren. Hinter Barina aber war das Bestreben unübersehbar, das verlorene Terrain zurückzuerobern. In Windeseile bedeckte die Pflanze die Stellen, an denen kurz zuvor noch eine fremde Person ihre Schritte setzte.

Inzwischen war Barina bis in die Mitte des Gangs vorgedrungen. Zumindest betraf das den Bereich, den Steinwart und Karlotta von ihrem Standpunkt aus einsehen konnten. Es hatte den Anschein, als stehe ihre Freundin auf einer winzigen Insel in einem wogenden grünen Meer.

Sie nickte den Zwergen zu und gab ein Zeichen, zurückzukommen. Während sie sich vorsichtig drehte, verlor sie für einen winzigen Augenblick ihr Gleichgewicht. Panisch ruderte Barina mit ihren Armen. Selbst auf diese Entfernung war zu sehen, wie ihr der Schweiß auf der Stirn perlte.

In morbider Faszination beobachtete Steinwart, wie sich ein Schweißtropfen auf den Weg, die Nase hinab machte. Jeden Moment würde er sich lösen und in das Blattwerk fallen. In erschreckender Klarheit wusste Steinwart, dass dies auf keinen Fall geschehen dürfte. Woher er diese Gewissheit nahm, wusste er nicht, doch es war mehr als eine Ahnung, dass Barinas Schweißtropfen der Auslöser sein würde, um der Wurzel den Weg über die Barriere hinweg zu ermöglichen. Auch wenn es jetzt möglicherweise ein Fehler war, schrie der Zwerg die

Warnung hinaus.

«Barina! Der Schweiß auf deiner Nase!»

Barina begriff sofort.

Ihre Hand schnellte in ihr Gesicht. Jedoch zu spät.

Wie in Zeitlupe löste sich der Schweißtropfen und fiel in Richtung des Bodens.

Barina konnte nicht mehr anders, als die Luft anzuhalten und sich innerlich gegen das zu wappnen, was unweigerlich kommen würde.

Ihre Augen nahmen einen traurigen Ausdruck an und ihre Lippen formten stumm ein einziges Wort.

«Verloren ...»

97 Hinein

Hätten Steinwarts Gedanken dies vermocht, so wäre es ihm möglich gewesen, dem Schweißtropfen eine andere Richtung zu geben. Doch sein Bemühen war vergeblich. Der Schweiß tropfte genau auf eine Ranke und löste damit eine Kettenreaktion aus. Von den ersten Fasern, die sich in den Bereich drängten, in dem Barina stocksteif auf ihr Ende wartete, war es nicht weit bis zum Anblick, wie die junge Frau sich unter einem dichten Pelz aus Blättern wand.

«Tu doch was!»

Karlotta stieß Steinwart in den Rücken und löste so die Erstarrung, in der er sich befand.

«Du bist vielleicht witzig», herrschte er die Zwergin an. «Ich habe nichts, womit ich auch nur im Entferntesten eine Chance …»

Steinwart brach ab.

Er erinnerte sich an das Säckchen mit Salz, das sich in seiner Tasche befand.

War jetzt der Augenblick gekommen, es einzusetzen? In seinen Gedanken hatte er stets die Hoffnung gehegt, es sei ein Mittel zum Zwecke, Gorm endgültig zu besiegen. Musste er es jetzt bereits einsetzen, um Barinas Leben zu retten?

Während er das Salz noch unschlüssig in seinen Händen wog, stellte er verblüfft fest, dass die Wurzel zwar in der Lage war, ihr Opfer zu umschlingen, mehr aber auch nicht. Dort wo sie Barinas Haut berührte, begann die Wurzel zu verwelken.

In Windeseile verdorrten größere Stücke und fielen kraftlos zu Boden. Doch nicht alleine das. Dieses unheimliche Wesen schien auch über ein Bewusstsein zu verfügen. Es begriff, dass es an jemanden gelangt war, dessen es jetzt noch nicht gewachsen war. Langsam zog es sich zurück. Augenblicke später löste sich auch das letzte Blatt. Barina lächelte hinüber und atmete sichtlich auf.

«Man sollte tatsächlich niemals nie sagen.»

Kurze Zeit darauf stand sie wieder bei Karlotta und Steinwart.

Überglücklich fielen die Freunde sich in die Arme.

Als Barina Steinwart wieder von sich schob, schaute sie ihn ernst an.

«Ich habe mitbekommen, was du vorhattest. Dein Tun ehrt dich sehr. Ich bin dir auch äußerst dankbar dafür. Aber ich denke, dieses Salz ist für eine andere Aufgabe bestimmt. Ich weiß, du wirst sagen, dass es ohne mich möglicherweise nicht weitergegangen wäre. Aber das glaube ich nicht. Da ist so viel Kraft, Mut, Stärke und Gewitztheit in dir, mein kleiner Freund, dass du einen anderen Weg gefunden hättest. Du hast vor wenigen Stunden gesagt, dass es durch dich begonnen hat. Und auch durch dich enden muss. Genau das ist es. Wir alle sind unwichtig. Begleiter auf deinem Weg. Das musst du begreifen. Auch wenn es in der einen oder anderen Situation schwerfallen mag.»

Steinwart tippte vorsichtig mit seinem Zeigefinger an die Stirn.

Irgendwann einmal hatte er diese Geste bei den Menschen gesehen, ohne direkt zu begreifen, was sie damit ausdrücken wollten. Erst auf sein Nachfragen hin, gab es eine Erklärung. Für den Moment schien es ihm die einzig logische Antwort auf Barinas Monolog zu sein.

«Ich bin ohne euch überhaupt nichts, Barina. Oder

auch Karlotta. Versucht erst gar nicht, mir etwas einzureden. Entweder wir erreichen unser Ziel gemeinsam. Oder überhaupt nicht. Ich will nichts mehr davon hören, mögliche Entscheidungen zu überdenken, wenn einer von euch in Not sein sollte. Ich werde immer wieder genauso reagieren, wie ich empfinde. Hyazintha hat den Tod gefunden, weil ich sie damals zurückließ. Das wird mir nicht wieder passieren.»

Er sah Barina und Karlotta sehr ernst an.

«Mehr gibt es zu diesem Thema nicht zu sagen.»

Barina und Karlotta lächelten.

«Dann sollten wir das auch lassen. Dich Sturkopf ändern wir ohnehin nicht mehr.»

Karlotta packte ihr Bündel.

«Wann gehen wir los?»

Schlagartig wurde Barina wieder nachdenklich.

«Wenn wir jetzt hineingehen, weiß ich für den Moment nur, wie die Wurzel auf mich reagiert. Wir wissen nicht, ob ihr dauerhaft unter meinem Schutz stehen werdet. Auch nicht, wie lang der Weg sein wird und was uns dort erwartet.»

Steinwart winkte ab.

«Nein, Steinwart und Karlotta, versteht mich jetzt bitte nicht falsch. Ihr müsst meinen Anweisungen folgen. Ich befürchte, dass ich nur auf kurze Entfernungen für euch da sein kann. Wenn ihr euch zu weit von mir entfernt, könnte das euer Aus bedeuten. Steinwart, ich will mich dazu nicht wiederholen. Aber meine Meinung kennst du ja.»

Barina nahm vor dem Eingang Aufstellung.

«Seid ihr bereit.»

Die Zwerge hoben eine Hand.

«Dann folgt mir.»

Als Barina den ersten Schritt in den Gang setzte, glühte ihr Fuß erneut in dem Licht auf, das Steinwart auch kurz zuvor beobachtete. Die Ranken schienen gelernt zu haben. Augen-

blicklich zogen sie sich ein Stück zurück und gaben damit so viel Weg frei, dass es Steinwart und Karlotta dadurch ermöglicht wurde, gefahrlos hinterher zu huschen. Bereits nach kurzer Zeit war der Eingang in den Bereich, in den sie eingedrungen waren, nicht mehr zu erkennen.

Das Herz klopfte Steinwart zwar wie wild, doch nach und nach beruhigte es sich. Schwer wurde es nur für ihn, als sie die tote Spinne passierten. Ein Schaudern überlief den Zwerg. Obwohl er sich vornahm, nicht genauer hinzusehen, wurde er seinen eigenen Vorsätzen nicht gerecht. Es war ihm, als rufe dieses Wesen nach ihm. Er solle sich anschauen, was aus ihnen geworden war. Um zu begreifen, wie wichtig es sein würde, sein Vorhaben erfolgreich in die Tat umzusetzen.

«Als ob ich das nicht genau wüsste …»

Karlotta sah Steinwart fragend an.

«Hast du etwas gesagt?»

Der Zwerg winkte ab.

«Ich habe nur mit mir selbst gesprochen.»

Vor ihnen drang Barina in den ersten Seitenarm ein, von denen noch viele folgen sollten. Mit jedem Schritt wurde die Wurzel sichtbar dicker und fleischiger. Bei genauem Hinsehen war zu erkennen, dass es in ihr pulsierte. Bewegungen setzten sich wie in Ringen fort. Immer in die Richtung, in die sich die drei Freunde bewegten.

«Ich ekle mich vor ihr.»

Karlotta musste sich zwingen, auf Steinwarts Rücken zu schauen. Da die Wurzel aber einen immer größeren Raum einnahm, war es kaum möglich, sie vollständig zu ignorieren.

«Seht sie euch doch an. Sie transportiert ständig etwas hin zu ihm. Nicht nur Kraft, die sie sich einverleibt. Nein, mir ist, als ob sie uns belauscht. Als habe Gorm ihr aufgetragen, uns in Ruhe zu lassen. Er weiß, dass wir kommen. Und er wird vorbereitet sein. Ich weiß das. Und es macht mir große Sorgen.»

98 Platzangst

Je weiter die Freunde in den Bereich eindrangen, der sich unübersehbar weit vor ihnen in der Dunkelheit erstreckte, desto stickiger wurde die Atemluft. Steinwart war Zeit seines Lebens in den Tiefen des Berges seiner Arbeit nachgegangen. In Staub, Hitze und Finsternis, die oftmals nur unzureichend von seiner Grubenlampe erhellt wurde. Hier allerdings bemerkte er, wie ihm das Atmen von Schritt zu Schritt schwerer fiel. Die Wurzel verdickte sich, je weiter sie dem Weg zu ihrem Ursprung folgten. War es eben noch ein Strang, so dick wie der Unterarm eines Zwerges gewesen, so hatte er nun bereits Ausmaße wie der Oberschenkel eines ausgewachsenen Mannes aus dem Volk der Menschen angenommen. Und immer noch war das Ende nicht absehbar.

Steinwart blieb stehen, um sich den Schweiß von der Stirn zu wischen.

Auch wenn er nicht glaubte, dass der Wurzelstrang ihre gesprochenen Worte verstand, wagte er nur ein Flüstern, als er Barina und Karlotta ansprach.

«Dieses Ungetüm kommt mir vor, wie ein lebender Organismus.»

Beschwichtigend hob der Zwerg seine Hände.

«Ich meine damit, wie ein Wesen aus Fleisch und Blut, das nur vorgibt, eine Pflanze zu sein. Schaut, wie es sich bewegt. Wie es sucht. Wie es uns erahnt und es dennoch nicht schafft, uns in seine Gewalt zu bringen.»

Angewidert sah er auf die tiefschwarze, speckig glänzende Oberfläche. Unzureichend erhellt durch den Schimmer, der von Barinas Armen ausging.

«Ich ekle mich!»

Steinwart spuckte aus und folgte den beiden Frauen, die wahrscheinlich ähnlich dachten, wie er, aber kein Wort zu seinem Monolog verloren.

Seine Füße ausschließlich auf den Boden gerichtet, um nicht zu stolpern, erfolgten seine Schritte inzwischen nur noch mechanisch. Alleine der Wille, irgendwo und irgendwann diese Welt wieder zu verlassen, die nicht die seine war, trieb ihn vorwärts. Die stickige Atmosphäre wurde so bedrückend, dass Steinwart immer häufiger stehenbleiben musste, um sich an der Felswand abzustützen. Sein Atem ging stoßweise und sein Herz raste.

«Was ist nur mit mir los?»

Vor seinen Augen zeigten sich bunte Räder, die sich immer schneller drehten.

Dann verlor er das Bewusstsein.

Eine flache Hand schlug vorsichtig auf seine Wangen.

Langsam tauchte der Zwerg wieder aus seiner Ohnmacht auf und schaute in die erschrockenen und besorgten Gesichter seiner Begleiterinnen.

«Was ist los, mein Zwerg? Hier, trink etwas Wasser. Dann kommst du wieder zu dir. Du hast uns einen gehörigen Schrecken eingejagt.»

Karlotta reichte Steinwart ihren Wasserbeutel und sah kritisch zu, wie der Zwerg einige große Schlucke zu sich nahm.

Als er schließlich wieder aufstand, war ihm anzusehen, dass er nicht sicher auf seinen Beinen stand.

«Setzt dich wieder hin. Es bringt uns nicht weiter, wenn du gleich erneut der Länge nach hinschlägst. Wobei das mit der

Länge nach, eher im übertragenen Sinne gelten kann.»

Steinwart spürte kurzzeitig einen Groll aufsteigen, wegen des Spaßes, den Karlotta gemacht hatte. Dann verstand er aber, dass sie ein Ventil brauchte, um ihrer Sorge Luft zu machen.

Als er zu ihr aufsah, stimmte er in ihr Grinsen mit ein, wurde aber auch schlagartig wieder ernst.

«Ich bin zeitlebens ein Mann des Gesteins gewesen. Ich habe mich im Berg oftmals wohler gefühlt, als an der Außenwelt. Und jetzt so etwas. Ich kenne mich selbst nicht wieder. Es ist diese stickige feuchte Luft, die mich wahnsinnig werden lässt. Selbst als ich vor Sy-Bita geflohen bin und mich dabei an solch engen Stellen durch das Gestein zwängen musste, dass ich gedacht habe, es gehe nicht mehr weiter, habe ich nicht dieses Gefühl der Ohnmacht verspürt.»

Barina hockte sich zu Steinwart hinunter.

«Uns geht es nicht besser. Nicht, dass du das denkst. Es muss dir aber auch nicht peinlich sein, dass dein Körper jetzt so reagiert hat. Wenn wir ein wenig ausgeruht haben, gehen wir weiter. Dich nehmen wir in die Mitte.»

Barina sah Karlotta an.

«Ist das in Ordnung für dich?»

Die Zwergin nickte.

«Dann habe ich ihn wenigstens im Blick und kann achtgeben, dass er mir keine Dummheiten macht.»

Steinwart kramte in seiner Tasche und zog seine Pfeife, sowie seinen Tabakbeutel hervor. Als er Barina fragend anschaute, nickte die junge Frau zustimmend.

Der Zwerg grinste und öffnete den Beutel in seiner Hand.

«Wo bin ich nur mit meinen Gedanken?», murmelte er. «Salz eignet sich nicht für das, was ich jetzt vorhabe.»

Er band den Beutel wieder zu, ohne zu bemerken, dass sich einige Salzkristalle in seinem Hemd verfingen. Kurze Zeit darauf erfüllte ein würziger Duft die unterirdische Welt. Mit jedem Zug aus seiner Pfeife merkte Steinwart, wie seine Lebensgeister zurückkehrten. Erst als die Glut völlig erloschen war, stand er wieder auf.

Vorsichtig klopfte er den Pfeifenkopf an der Felswand aus. Seine Blicke folgten den Tabakresten, die langsam hinab zum Boden segelten.

«Eine gute Pfeife ist immer noch das beste Mittel gegen Anfälle von aufkommendem Schwermut. Das war schon früher so. Was stehen wir hier so dumm in der Gegend herum? Lasst uns weitergehen.»

Auch wenn die beiden Frauen wussten, dass Steinwarts Fröhlichkeit nur aufgesetzt war, atmeten sie erleichtert auf. Der Vorfall hatte ihnen einen gehörigen Schrecken eingejagt.

Über mehrere Stunden kamen sie, trotz mancher notwendiger Pause gut voran. Als Barina ihre Hand hob und Zeichen zum Anhalten gab, waren Steinwart und Karlotta überzeugt davon, dass die nächste Pause anvisiert war.

«Hier wird es nicht einfach», flüsterte Barina und zeigte auf einen Durchgang im Fels, durch den der Wurzelstrang sich wand. Auf der anderen Seite verbreitete sich der Gang.

«Wenn wir es geschafft haben, dort anzukommen, scheint das Schlimmste vorerst überstanden. Aber ehrlich gesagt, ist mir noch nicht ganz klar, wie wir den Durchgang bewältigen sollen.»

Steinwart kam vorsichtig näher und betrachtete den Weg, den die Wurzel nahm, um von dort auf die Seite zu gelangen, auf der sie sich selbst befanden.

«Wenn ich die Luft einziehe, schaffe ich es vielleicht, mich hindurch zu zwängen. Dasselbe gilt für Karlotta. Aber

Barina, wie du dort hinüber gelangen sollst, ohne den Strang zu berühren, ist mir ein Rätsel. Und ehrlich gesagt, möchte ich mir nicht vorstellen, was passiert, wenn du sie berührst. Selbst wenn sie vor dir ausweicht, ist der Platz begrenzt, an den sie sich zurückziehen kann.»

Barina kaute auf ihren Lippen.

«Wir werden sehen, Steinwart. Wir werden es sehen.»

99 Eine schwärende Wunde

Als niemand den ersten Schritt wagte, sich durch den engen Spalt zu zwängen, der zwischen der Wurzel und dem Boden verblieb, war es wieder einmal mehr Karlotta, die Mut bewies. Langsam und mit äußerster Vorsicht näherte sie sich dem Strang, um sich ein genaues Bild von den Bewegungen zu machen.

«Das macht es nicht einfacher, dass sie sich ständig bewegt. Wenn wenigstens ein Rhythmus darin zu erkennen wäre, auf den man sich vorbereiten könnte. Aber sie schnellt nach oben, nach unten oder zur Seite, scheinbar, wie es ihr gerade in den Sinn kommt.»

Karlotta sah sich fragend um.

Barina zuckte die Schultern.

«Genau wie du versuche ich bereits seit geraumer Zeit, ein System zu erkennen. Aber ich scheitere ebenso, wie jeder von uns.»

Betreten sah Barina zu Boden.

«Ich würde euch gerne den ersten Schritt abnehmen. Aber ich sehe leider für mich noch keine Möglichkeit, den Durchgang zu bewältigen. Ich ...»

Steinwart klopfte ihr beruhigend auf den Arm.

«Lass uns vorgehen. Und hör auf dir Gedanken zu machen, die dich sowieso nicht weiterbringen. Und dir, Karlotta, möchte ich sagen, dass du dich zurückhältst. Wenn hier jemand beginnt, dann bin ich das.»

«Pah!»

Eine ausführliche Bemerkung sah Karlotta als überflüssig an.

Sie hatte sich bereits auf den Rücken gelegt und robbte näher an die Wurzel heran. Über ihr gab der Strang seltsame Geräusche von sich, als er sich bedrohlich auf die Zwergin hinab senkte. Ob das eine bewusste Handlung war, oder dem Zufall geschuldet war, wusste niemand der Freunde zu sagen. Karlotta presste das letzte Bisschen Luft aus ihren Lungen und machte sich so flach, wie sie es nur eben vermochte.

Millimeter fehlten, dann hätte die Wurzel Karlottas Brust gestreift. Doch kurz bevor es dazu kam, erhob sie sich wieder, um nach oben zu schnellen.

«Beeil dich! Jetzt!»

Steinwart machte seiner Anspannung mit diesem Ausruf Luft. Am liebsten hätte er eingegriffen. Er wusste aber sehr gut, dass er damit mehr Schaden hätte anrichten, als Gutes bewirken können. So konnte er nur stumm Karlotta beobachten, die nach einem erneuten bangen Blick die Beine in den Boden stemmte und sich mit einem Ruck nach hinten rutschen ließ.

Hinter der Kante schloss sich abschüssiges Gelände an. Die Zwergin fiel schwer auf den Rücken und schlug mit ihrem Kopf auf dem Felsboden auf. Fluchend erhob sie sich und rieb sich den schmerzenden Rücken.

«Du hast Glück gehabt, meine Liebe.»

Dumpf schallte Barinas Stimme von der anderen Seite.

«Als du ins Rutschen gekommen bist, schnellten deine Beine nach oben. Um Haaresbreite schrammten deine Füße an der Wurzel vorbei. Steinwart, denke bitte daran, wenn du jetzt an der Reihe bist.»

Mit einem breiten Grinsen im Gesicht, nahm Barina wahr, dass Karlotta noch immer dabei war, diese verfluchte Wurzel in die Hölle zu schicken.

Erst nach und nach beruhigte sie sich wieder.

«Hier ist alles in Ordnung. Wenn mein Hinterkopf auch dröhnt, als hätte ich versucht, mit ihm einen ganzen Haufen des Gesteins abzubauen. Steinwart, sieh dich vor.»

Dem Zwerg war überhaupt nicht wohl bei der Sache, als er jetzt an der Reihe war, sich ein Stück von dem Strang entfernt, auf den Boden zu legen.

Er sah Barina mit großen Augen an.

«Ich hoffe, dass wir uns gleich, bei Karlotta gesund und munter wiedersehen.»

Die junge Frau nickte aufmunternd, obwohl sie noch immer nicht wusste, wie sie diese Mammutaufgabe bewältigen sollte.

«Rede nicht so viel. Sieh zu, dass du zu deiner Liebsten kommst. Sie wartet auf dich.»

Steinwart war bereits zu konzentriert, um darauf noch eine Erwiderung folgen zu lassen. Zentimeter um Zentimeter schob er sich voran und beobachtete nun seinerseits die Bewegungen der Pflanze. Wie kurz zuvor bei Karlotta, senkte sie sich auch in seinem Fall bedrohlich nahe auf seine Brust herab. Was Steinwart kurz zuvor noch als Zufall abtun wollte, wurde ihm nun zur Gewissheit. Das war eine, von Intelligenz gesteuerte Bewegung. Der Wurzelstrang spürte, er wusste regelrecht, dass sich unter ihm ein warmblütiges Wesen in Richtung des Durchgangs schob. Und was ihm eben verwehrt wurde, würde er nun zum Gelingen bringen. Einem weiteren dieser Wesen würde die Flucht nicht gelingen.

Der Zwerg presste seinen Rücken so tief er konnte, auf den Boden hinab. Er stellte das Atmen ein und hoffte, es werde der Wurzel nicht möglich sein, sich noch tiefer nach unten zu bewegen.

Vielleicht wäre es ihm auch gelungen, sie so zu überlisten. Der Drang jedoch nach Sauerstoff in seinen Lungen wurde schier übermächtig. Mit einem tiefen Seufzen nahm Steinwarts Körper sich sein Recht. Als sein Brustkorb sich aufblähte, kam es, wie es kommen musste. Der Strang, der sich soeben noch nach oben wölbte, schnellte seiner Brust entgegen. Berührte Steinwart, verharrte kurz ...

Ein Zittern durchlief den Strang, wie Steinwart das bisher noch nicht erlebt hatte.

Ein Schrei ertönte, von der Steinwart niemals geglaubt hätte, dass dieses Wesen imstande sein würde, diesen auszustoßen.

Mit einer wahnwitzigen Geschwindigkeit schlug die Wurzel nach oben. Lockeres Gestein löste sich und polterte Steinwart ins Gesicht. Der Strang, der eben noch verhältnismäßig ruhig lag, verfiel in ein krampfartiges Zucken.

«Jetzt! Steinwart! Hindurch!»

Der Zwerg reagierte nur noch.

Es war ihm egal, ob er ein weiteres Mal Kontakt aufnehmen würde.

Die peitschenden Tentakel schlugen so hart in seinen Rücken, dass er aufstöhnte. Als er vor Karlottas Füße rollte, hätte er nicht sagen können, wie er es geschafft hatte, dem Inferno über ihm zu entkommen.

Karlotta riss an seinen Armen.

«Wir müssen hier fort.»

Steinwart sah verstört nach oben, wo aufgrund des aufgewirbelten Staubs kaum noch etwas zu erkennen war.

«Aber, Barina ...»

«Komm jetzt endlich. Du kannst ihr jetzt nicht helfen.»

Endlich begriff Steinwart und folgte Karlotta einige Schritte, bis er sich fallen ließ und sein Gesicht in seinen Händen verbarg.

Es dauerte gefühlt eine Ewigkeit, bis das Getöse um die beiden Zwerge herum wieder zur Ruhe kam. Vereinzelt hörte man noch kleinere Steine zu Boden fallen.

Dann herrschte Stille.

Steinwart wartete noch kurze Zeit ab. Dann näherte er sich dem Durchgang, der jetzt als solcher nicht mehr zu erkennen war. Ein Haufen Geröll versperrte jeden Zugang. Auf das panische Rufen von Barinas Namen kam keine Antwort.

Karlotta nahm Steinwart zur Seite.

«Selbst ... selbst, wenn sie es überlebt hat ... sie wird uns nicht hören. Aber ich bin dennoch sicher, dass es ihr gutgeht. Es muss einfach so sein ...»

Die Tränen in den Augen der Zwergin sprachen aus, was sie wirklich dachte.

«Schau dir das an, Karlotta.»

Die Zwergin drehte ihren Kopf in Richtung Steinwarts und wischte ihre Tränen fort.

«Was hat das zu bedeuten?»

Steinwart stand unterhalb der Wurzel und schaute nachdenklich nach oben.

Als Karlotta seinen Blicken folgte, begriff sie, was er meinte.

Die Wurzel zeigte eine großflächige schwärende Wunde, aus der fortwährend zäher grüner Pflanzensaft tropfte. Aber nicht genug damit, dass die Wunde ausfaserte. Es war darüber hinaus eindeutig zu erkennen, dass ein Zersetzungsprozess einsetzte, der immer schneller um sich griff, bis er urplötzlich zum Stillstand kam.

Steinwart schüttelte den Kopf und sah Karlotta nachdenklich an.

«Was habe ich getan?»

100 Begreifen

Karlotta nahm Steinwarts Gesicht in ihre Hände und drückte ihm einen zarten Kuss auf die Wange.

«Ich weiß nicht, was da gerade passiert ist. Aber auf gar keinen Fall hast du etwas damit zu tun. Wie hättest du bewirken sollen, was da … was da mit ihr geschehen ist. Barina … Es wird ihr gutgehen, Steinwart.»

Die Zwergin zwang sich, nicht in die Richtung zu sehen, in der ein Haufen massiver Felsbrocken Barina den Ausweg versperrte.

«Steinwart, überlege bitte genau, was du getan hast, als du durch den Durchgang gekrochen bist. Was wäre, wenn du es wieder herbeirufen könntest? Vielleicht gibt ein weiterer Felsrutsch den Weg für sie wieder frei.»

Karlotta zuckte zusammen.

«Hast du das gehört? Sie ruft nach uns.»

Steinwart schüttelte traurig den Kopf.

«Du bildest dir nur etwas ein, das du gerne hören möchtest. Mach dir nichts vor, Karlotta. Selbst wenn Barina überlebt hat, was ich sehr hoffe, würde sie keine Möglichkeit haben, sich hinter dem massiven Fels bemerkbar zu machen. Und auch wenn ich diese verfluchte Wurzel ein weiteres Mal dazu bewegen könnte, sich aufzubäumen … würdest du das Risiko eingehen wollen, Barina ausgerechnet damit …?»

Der Zwerg brach seine Worte ab. Karlotta verstand sehr gut, was er hatte sagen wollen.

«Ich muss einfach nachsehen. Das verstehst du doch.»

Natürlich verstand Steinwart, was in Karlotta vorging. Sie würde erst dann ihren Seelenfrieden wiederfinden, wenn sie alle Möglichkeiten ausgeschöpft wusste, Barina zur Hilfe zu eilen.

Er sah Karlotta hinterher, wie sie vorsichtig an den Granitblöcken, die zur Erde gefallen waren emporkletterte, um dort immer wieder dieselben Worte in Richtung ihrer eingeschlossenen Freundin zu rufen. Die Zwergin schlug gegen die Felswände, bis ihre Fingernägel abbrachen und eine blutige Spur über den Fels zogen.

«Sie hört mich nicht. Sie hört mich einfach nicht.»

Erstaunt sah Karlotta in die Richtung, in der Steinwart soeben noch stand.

Jetzt war er verschwunden.

Als sie sich suchend nach ihm umsah, entdeckte sie ihn, wie er sich vorsichtig dieser großen Wunde in dem Pflanzenstrang näherte, aus der noch immer zäher Saft tropfte.

«Was habe ich getan, um dir dieses zuzufügen?»

Steinwart kramte in seinen Taschen, um nach Tabak für seine Pfeife zu suchen. Er fand, dass ein geeigneter Augenblick gekommen sei, um sich in Ruhe zurückzuziehen. Ein wenig erschrak er vor sich selbst, wie teilnahmslos er mit der Situation um Barina umging. War er tatsächlich solchermaßen abgestumpft? Oder lag es einfach an der Gewissheit, die er tief in sich spürte, dass ganz einfach nichts mit ihr passiert sein konnte?

«Ich sollte mir angewöhnen, darauf zu achten, in welche Tasche ich meinen Tabakbeutel stecke und in welche diesen Beutel mit Salz.»

Steinwart hielt letzteren hoch und lächelte.

«Ich habe ja vieles an unmöglichem Kraut geraucht, in meinem Leben. Aber meine Pfeife mit Salz zu füllen, käme mir als allerletztes in den Sinn.»

Bevor der Zwerg den Beutel wieder in seinen Taschen verstaute, blies er darüber, um die letzten Krümel davon zu entfernen. Einer davon streifte, bevor er zu Boden sank, einen grünen Auswuchs, der sich vom fleischigen Körper der Wurzel seitwärts in Steinwarts Richtung erstreckte.

Fasziniert beobachtete Steinwart, welche Wirkung dieser Umstand auf den astähnlichen Begleiter des Pflanzenstranges hatte.

Von einem Moment auf den anderen bezog eine unansehnliche braune Schicht die grüne Färbung. Der pflanzliche Auswuchs verdorrte in Sekundenschnelle vor den Augen des Zwerges und fiel in kleinste Teile zerbröselt in den Staub. Kurz bevor der Zersetzungsprozess den Körper der Wurzel erreichte, war die Kraft des Salzkorns verbraucht. Die Pflanze schien nicht einmal bemerkt zu haben, was mit ihr vorging.

Was vermutlich auch gut so war.

Steinwart drehte sich um und lief zielstrebig auf Karlotta zu, die mit tränenverschmiertem Gesicht am Fuße des Felsrutsches saß.

«Sie hört mich nicht, Steinwart. Nicht einmal Klopfzeichen sind von ihr zu vernehmen.»

Der Zwerg lief ein paar Schritte hinauf, um das Dilemma in näheren Augenschein zu nehmen. Nach kurzer Zeit kam er zurück, um Karlotta zu erklären, dass er ohne geeignetes Werkzeug nichts würde ausrichten können.

«Aber etwas anderes muss ich dir sagen. Ich glaube jetzt zu wissen, was die Reaktion der Pflanze ausgelöst hat. Ein paar wenige Salzkristalle müssen sich in meiner Jacke verfangen haben, als ich den Beutel beim letzten Mal in Händen hielt. Als ich den Durchgang passierte, ist dieses Miststück mit großer Wahrscheinlichkeit mit den Kristallen in Berührung geraten.»

Steinwart sah Karlotta ernst an.

«Ich weiß nicht, was das ist, das du mit zu uns gebracht

hast an jenem Tag. Ich weiß auch nicht, wo du gewesen bist, oder von wem du es erhalten hast. Aber eines steht für mich fest.»

Er zog den Beutel erneut aus seinem Wams.

«Das hier ist kein gewöhnliches Salz. Beileibe nicht. Wir haben etwas in die Hände bekommen, das uns für alle Zeit von Gorm befreien kann. Wir müssen es nur schaffen. Es unbemerkt von ihm einzusetzen.»

«Und wenn wir ihm den Lebenssaft hier bereits abschneiden, indem wir die Wurzel zerstören?»

Karlotta blickte Steinwart hoffnungsvoll an.

Der aber schüttelte den Kopf.

«Ich befürchte, dazu sind wir noch zu weit von ihm entfernt. Wir müssen es dort einsetzen, wo es den größtmöglichen Schaden anrichten kann. Dort nämlich, wo er wie eine fette Spinne in ihrem Netz sitzt und versucht, alles und jeden zu manipulieren. Das muss ein Ende haben. Und das wird auch ein Ende haben.»

Steinwart schloss Karlotta fest in seine Arme.

«Mein Mädchen, du hörst mir jetzt gut zu. Und ich lasse mich diesmal auf keine Diskussionen ein.»

Karlotta hob ihr tränennasses Gesicht. Wohlwissen, was jetzt kommen würde.

«Hier trennen sich unsere Wege. Du bleibst hier. Wenn Barina einen Weg hinaus findet, wird sie vielleicht auf Hilfe angewiesen sein. Dann wäre es gut, wenn sie dich hier vorfindet. Ich werde das letzte Stück alleine hinter mich bringen.

Sag jetzt nichts. Ich werde es schon deshalb müssen, um kein Misstrauen zu erregen. Wenn ich Glück habe, sieht er mich als das an, was ich im Grunde ja auch bin. Ein Zwerg von vielen.»

Karlotta folgte Steinwart mit ihren Blicken, bis die Dunkelheit ihn vollends verschluckte.

101 Warnung

Steinwart stöhnte auf. Dieser verfluchte Weg führte nur in diese eine Richtung. Eine andere Möglichkeit, von dem Ort fortzukommen, an dem er sich von Karlotta trennte, existierte nicht.

Gut und schön. Aber warum in aller Welt musste es erneut ein Pfad sein, der ihn durch völlige Dunkelheit führte? Dabei war es nicht einmal das Fehlen von Licht. Damit hätte Steinwart zurechtkommen können. Hinzu kam, dass diese Schwärze irgendwo Substanz besaß. So dumm seine eigenen Ängste selbst für ihn klangen, es war so, als könne er diese Dunkelheit mit Händen greifen. Als stemme sie sich ihm entgegen, um ihn aufzuhalten, oder vom Weg abzubringen.

Mehr als einmal war Steinwart so weit, sich umzudrehen und zu Karlotta zurückzugehen. Bei diesem Gedanken war es ihm, als frohlocke die Schwärze um ihn herum. Unsichtbare Hände griffen nach ihm, um ihn zu drehen und vorwärts zu schieben. Hinaus. Immer nur hinaus.

Vielleicht aber war es gerade dieser nicht enden wollende Versuch, ihn von seinem Vorhaben abzubringen, der dem Zwerg neue Kraft schenkte. Die Enttäuschung dieser unerklärlichen Wesen, die ihn umgaben war so intensiv, dass Steinwart die Fäuste auf seine Ohren presste, in der Hoffnung, nichts mehr hören zu müssen.

Weit gefehlt. Es war nichts, das den üblichen Weg zu seinen Sinnen nahm. Es war in ihm. Er konnte es nicht beeinflussen. So sehr er sich auch anstrengte.

Schließlich blieb Steinwart stehen, schlug um sich, als sei er nahe daran, den Verstand zu verlieren und brüllte dann all seinen Frust und seine Ängste lauthals heraus.

Wie lange er so dagestanden war, wusste er hinterher nicht zu sagen. Wenige Sekunden? Ein halbes Leben lang? Es war ihm egal.

Und doch hatte es Erfolg gebracht. Die Eindrücke ließen nach und Steinwart begann sich zu fragen, ob nicht alles nur Reize seiner überspannten Sinne gewesen waren.

Als Steinwart weiterging spürte er in sich ein Gefühl neuer Stärke und Kraft. Sein Ausbruch in dieser Welt, die nicht die seine war, hatte ihm gutgetan.

Abrupt blieb er stehen, fuchtelte wie wild in der Luft und spuckte aus.

«Ich hasse Spinnennetze. Vererzt und abgeklopft, wie ich sie hasse.»

Steinwart öffnete seinen Mund und wischte mit seinen Fingern darin herum. Das Gefühl, die klebrigen Fäden auf seiner Zunge zu wissen, ließ ihn würgen. Es dauerte eine ganze Weile, bis er sich wieder beruhigte.

Misstrauisch lauschte er, ob etwas zu hören war. Eine Spinne, die imstande war, Netze von solch immenser Größe zu bauen, musste monströse Ausmaße haben. Wenn Steinwart hier unten auf einen solchen Achtbeiner träfe, müsste er sich keine Gedanken mehr zu seinem weiteren Weg machen.

Aufseufzend nahm der Zwerg seinen Feuerstein zur Hand, mit dem er ansonsten Feuer schlug, um seine Pfeife anzuzünden.

«Eigentlich viel zu schade, für einen solchen Anlass», murmelte er.

Doch der Drang, für einen winzigen Moment etwas sehen

zu können, wurde schier übermächtig. Auch wenn Steinwart wusste, dass es danach umso schwerer sein würde, sich erneut mit der Schwärze dieser unterirdischen Nacht auseinanderzusetzen. Als er sich gleichzeitig vornahm, das Feuer auch zu nutzen, um sich bei einer Pfeife auszuruhen, war der Entschluss gefasst.

Für einen Augenblick wurde es hell um Steinwart.

Das Licht des Feuers loderte auf und ließ große verzerrte Schatten an den Wänden tanzen. Hektisch sah Steinwart sich um. Wände aus Granit tauchten aus der Dunkelheit auf. Der Gang, der schnurgerade weiterführte. Aber kein Angreifer und vor allem, was ihn außerordentlich wunderte, nicht ein einziges Spinnennetz.

Hastig stopfte Steinwart seine Tabakpfeife und genoss den ersten Atemzug würzigen Tabaks.

«Aber ich habe doch genau gemerkt, dass ich in diese Netze gelaufen bin. Das kann ich mir doch nicht eingebildet haben.»

Die Glut des Tabaks leuchtete rot auf, als Steinwart ein weiteres Mal an seiner Pfeife sog. Seine Umgebung wurde in ein unheimliches rotes Licht getaucht. Steinwart spürte, dass seine Ängste zunahmen. Hastiger als gewohnt klopfte er den Tabak aus dem Kolben und registrierte beruhigt, wie die Schatten wieder verschwanden.

Doch als er aufstand, um weiterzugehen, wiederholte sich das Phänomen. Es war ihm, als habe er sich in einem Netz verfangen, dem er nicht entkommen konnte.

«Was soll das? Wenn du etwas von mir willst, dann drücke dich klar aus und lass diesen Unsinn.»

Steinwart lauschte und vernahm ferne Stimmen. Nicht mehr als ein Hauch, die an seine Ohren drangen.

«Steinwart. Du bist es tatsächlich. Wir waren uns zuerst

nicht sicher. Hier ist alles so fremd. Wir sind glücklich, dass die Schmerzen vorbei sind. Sie waren unerträglich. Steinwart, sieh dich vor.»

Ein Tuscheln erklang, als sei jemand nicht einverstanden damit, dass man Steinwart eine Warnung zukommen ließ.

«Mach dir nichts daraus, mein Freund. Er hat sich noch nicht damit abfinden können, dass das Leben beendet ist, wie er es bisher kannte. Er verspürt Wut auf alles und jeden, der in der Lage ist, sich zu bewegen. So, wie du es gerade tust. Mach dir nichts daraus. Er wird sich daran gewöhnen.»

«Wer bist du? Oder meinetwegen, wer seid ihr?»

«Steinwart, das tut nichts zur Sache. Oder soll ich sagen, nicht mehr? Du hast mit uns zusammengelebt im Eichenhain. Bist mit uns in den Berg gezogen. Tag für Tag und Jahr für Jahr. Aber das alles zählt jetzt nicht mehr. Pass nur auf dich auf. Am besten, du drehst um und kehrst zurück. Wir haben mehrfach versucht, es dir anzudeuten. Aber du hast unsere Zeichen nicht verstehen wollen. Geh fort. Geh so weit fort, wie du nur kannst. Wenn du in seine Hände fällst, wirst du schon in Bälde keine Chance mehr haben, auf eigenen Beinen deiner Wege zu gehen. Er wird dich deiner Kraft berauben. So, wie er es auch mit uns getan hat.»

«Aber genau deswegen bin ich auf diesem Weg. Um seinem Tun ein Ende zu bereiten. Versteht ihr das denn nicht?»

Ein Lachen erklang. Leise, wie ein Wispern.

«Überschätzt du dich da nicht? Du hast schon einmal gedacht, Gorm besiegt zu haben. Was daraus geworden ist, kannst du ja nun unschwer erkennen. Aber tu, was du nicht lassen kannst. Es sind nur noch wenige Schritte, bis du bei ihm bist. Denk an meine Worte, wenn er deiner habhaft geworden ist. Es ist fürchterlich. Das wünschst du deinem ärgsten Feind nicht. Aber du musst selbst wissen, ob du auf das hörst, was deine übertriebene Selbstsicherheit dir einflüstert. Oder vielleicht doch auf deine Worte.»

«Ich danke euch. Ich danke euch wirklich und aus ganzem Herzen. Aber wenn nicht jetzt endlich ein Ende ist, wann dann?»

«Nun gut, es ist deine Entscheidung. Wir werden auf dich warten. Sehr lange kann es nicht dauern, dann wirst du dich uns anschließen.»

Das waren die letzten Worte der unsichtbaren Begleiter, die Steinwart zu hören bekam.

Er blieb noch eine Weile stehen und wartete darauf, ob sie sich nochmals zu Wort melden würden. Erst als sie fort waren, wurde ihm bewusst, dass es viele Fragen gegeben hätte, die sich lohnten, gestellt zu werden.

Zu spät, sich hierüber Gedanken zu machen.

Ob allerdings ein vernünftiges und sachliches Gespräch mit diesen verlorenen Seelen möglich gewesen wäre, wagte er ohnehin zu bezweifeln.

Nur eines wurde ihm schlagartig klar – er hatte nicht die leiseste Ahnung, wie er vorgehen sollte, wenn er Gorm und seine Helfer erreichte.

102 Zwischenspiele

Verdammt, sagt mir, dass ich nicht nahe davor bin, meinen Verstand zu verlieren. Eben standen sie noch vor mir, jetzt sind sie spurlos verschwunden!»

Targor stand wie ein Häufchen Elend vor Fram und seinen weiteren Freunden und wartete darauf, dass ihm jemand sagen würde, alles sei nur ein böser Traum gewesen.

«Was machen wir jetzt? Warten wir auf sie? Begeben wir uns auf die Suche …?»

Melinae fasste Targor vorsichtig bei den Schultern.

«Mach dich nicht verrückt. Alles wird seinen Grund haben, auch wenn wir im Moment noch nicht in der Lage sind, ihn zu verstehen. Hier auf unsere Freunde zu warten wird keinen Sinn haben. Nicht sie selbst haben entschieden, sich von uns zu trennen. Das ist jemand gewesen, dessen Beweggründe er nicht gedenkt, uns mitzuteilen. Aber auf gar keinen Fall wird er ein Versteckspiel mit uns aufziehen wollen. Er hat Barina, Karlotta und Steinwart hier fortgeholt, weil er etwas mit ihnen vorhat. Etwas, das uns möglicherweise nichts angeht.»

Melinae drehte sich zu Fram und den Zwergen um.

«Oder ist jemand von euch anderer Meinung?»

Fram, als auch die Zwerge schüttelten die Köpfe.

«Mir passt das ganz und gar nicht. Mir will nicht in den Kopf, was die beiden Frauen mit Steinwart alleine ausrichten wollen. Das Risiko erscheint mir viel zu groß. Aber wenn es da jemand gibt, der intelligenter und weitsichtiger ist, als wir, dann müssen wir ihm vertrauen. Was bleibt uns auch anderes übrig?»

Fram packte sein Bündel und rief den Fuchs zu sich.

«Kommt, der Weg ist noch weit.»

*

Karlotta war zur Untätigkeit verdammt.

Ein Umstand, mit dem sie überhaupt nicht umgehen konnte.

Steinwarts Worte klangen in ihrem Gedächtnis nach.

Natürlich hatte er Recht, als er sagte, dass jemand hierbleiben müsse, für den Fall, dass Barina es schaffen sollte, sich auf eine andere Art und Weise zu befreien.

Aber wie lange würde sie warten müssen?

Ihrem Gefühl nach war sie alle Stellen, die möglicherweise in Betracht kamen, einen Ausgang darzustellen wieder und wieder abgegangen. Ohne jeden Erfolg.

Barina war eingeschlossen, wenn nicht sogar Schlimmeres.

Karlotta setzte sich auf einen Felsbrocken, vergrub ihr Gesicht in ihren Händen und ließ ihren Tränen freien Lauf. Sie war gefangen zwischen der großen Sorge um Barina, die so nah und doch so unerreichbar war und natürlich auch um Steinwart.

«Ich kenne dich nur zu gut. Wenn niemand bei dir ist, machst du Dummheiten. Du entscheidest manchmal zu impulsiv. Ohne nachzudenken. Aber dafür hast du ja mich.»

Karlotta stand auf und ging ein letztes Mal zu der Stelle, an der dieser verflixte Felsrutsch den Weg zu Barina versperrte.

«Ich komme zurück. Das verspreche ich dir. Aber zuerst einmal werde ich Steinwart folgen. Du weißt genauso gut wie ich, dass man immer ein achtsames Auge auf ihn haben muss.»

Obwohl Karlotta nicht wohl bei dem Gedanken war, sich von hier zu entfernen, verschwand auch sie kurz darauf in der Dunkelheit.

*

Baldur und Karlotta saßen zusammen in einer Ecke der großen Höhle und beobachteten, was sich vor ihren Augen abspielte.

Immerzu nach demselben System.

Ein Qwarn erschien.

Er sah sich um.

Sein Blick fiel auf Baldur und Karlotta.

Er blieb stehen, als versuche er das Bild, das sich ihm darbot, mit den Befehlen in Einklang zu bringen.

«Sssualtunsssuschwach.»

Dann ging er weiter.

«Die Intelligenzbestie. Der Einäugige unter den Blinden.»

Baldur nickte in Richtung Karlottas.

Dieser Qwarn war der einzige in der gesamten Herde, der es gelernt hatte, sich zu artikulieren. Meistens kam nichts dabei heraus, das genügend Sinn gehabt hätte, um es für die Nachwelt festzuhalten. Aber es sah ohnehin nicht so aus, als dass die Nachwelt jemals erfahren würde, was hier geschah.

«Die Auswahl wird kleiner. Es kann nicht mehr lange dauern, bis auch die letzten Alten und Schwachen an der Reihe sind.»

Baldur nickte erneut.

Seit vielen Stunden fragte er sich bereits, wen von ihnen beiden es als ersten träfe. Und was er zu tun gedachte, wenn es Karlotta wäre.

Würde er sich für sie einsetzen? Hätte er noch die Kraft, dies zu tun?

*

Gorm wurde nicht müde, sich zu betrachten.

Endlich wieder einen Körper zu besitzen – seinen eigenen Körper – war etwas, auf das er Generationen lang hingearbeitet hatte. Dieses erreichte Ziel würde er sich von niemandem nehmen lassen. Man würde versuchen, ihn aufzustöbern. Es gab Menschen oder auch Zwerge, die ihm nicht gönnten, zurückgekommen zu sein.

Aber er würde sich zu wehren wissen.

Gorm sah sich um.

Nicht mehr viele, die darauf warteten, ihm zugeführt zu werden. Wenn sie aufgebraucht waren, würden seine Qwarn für Nachschub sorgen.

Sie würden verstehen, so wie sie das Jahrhundertelang getan hatten.

Eine Sache allerdings machte ihm Sorgen.

Vor zwei Tagen war es zu einem Zwischenfall gekommen.

Er konnte nicht so recht einordnen, was genau geschehen war.

Das Rumoren im Berg hatte ihm Bauschmerzen verursacht. Unter seinen Füßen war ein Zittern im Gestein zu verspüren gewesen. Seine rechte Hand, auf die er in diesem Augenblick schaute, flimmerte eine ganze Weile. Dann verfestigte sie sich wieder.

Gorm bildete eine Faust und betrachtete, wie nach kurzer Zeit die Adern an seinem Arm deutlich hervortraten. Er ließ in seiner Anstrengung nicht nach.

Es tat unendlich gut, diese Kraft wieder in sich zu spüren.

Als er sie endlich öffnete, war es ein wunderbares Gefühl, zu betrachten, wie sich das Blut wieder seinen Weg bahnte. Er lebte. Und das war die Hauptsache.

Sein Blick streifte die beiden alten Zwerge, die weit entfernt saßen.

Den ohne Zunge kannte er. Die alte Zwergin nicht.

Kein Grund, sich hierüber Gedanken zu machen.

Sie würden zum nächsten Schwung gehören.

Gorm gab entsprechende Hinweise an seine Qwarn. Sie machten sich auf den Weg.

103 Ende des Weges

Der Rest des Weges gestaltete sich ohne besondere Vorkommnisse. Steinwart befand sich in einem regelmäßigen Wechsel zwischen den Phasen, in denen er nur geradeaus lief, ohne darüber nachzudenken, wohin er seinen nächsten Schritt setzte und den Zeiten der Ruhe. Hin und wieder fragte er sich verwundert, weshalb er weder Durst noch Hunger verspürte. Doch er hatte es längst aufgegeben, sich hierüber den Kopf zu zerbrechen. Stattdessen nutzte er die Zeit, um intensiv über sich und sein bisheriges Leben nachzudenken.

In den vergangenen beiden Jahren war alles auf den Kopf gestellt worden, von dem er glaubte, es sei wichtig und richtig gewesen. Vermutlich war es das auch. Wäre er damals nicht ausgewählt worden, Zufall oder Bestimmung, hätte er dieses Leben weitergelebt, bis auf seine letzten Tage.

Steinwart blieb kurz stehen, als ob er sich besser erinnern könnte, wenn er nicht Schritt für Schritt in der Dunkelheit weiterging. Bilder tauchten vor seinem geistigen Auge auf. Bilder aus glücklichen Zeiten, aber auch solche aus Phasen, in denen er nicht wusste, wie es weitergehen sollte. Ganz sicher war das nicht nur ihm so gegangen, sondern Hunderten, Tausenden anderen ebenso. Und doch waren es immer nur die kleinen Probleme, die ihm Kopfzerbrechen machten. Dass er eines Tages hier unten in einem ihm völlig unbekannten Terrain stehen würde, um sein Leben Revue passieren zu lassen, hätte er niemals für möglich gehalten. Er hätte darüber gelacht, an seiner Pfeife gezogen und Hyazintha dabei zugesehen, wie sie das Abendbrot bereitete.

Jetzt aber stand er tatsächlich hier und wusste nicht einmal, wo sich dieser Platz befand. War er noch auf der Erde, die er kannte, oder hatte es ihn an einen Ort verschlagen, der so weit jenseits allen Irdischen lag, dass er es sowieso niemals begreifen würde?

«Egal, alter Mann. Du wirst dieses Geheimnis ohnehin nicht lösen können.»

Steinwart straffte die Schultern und machte sich erneut auf den Weg.

Die einzige Frage, die für ihn tatsächlich von Wichtigkeit war, lautete, wann der Weg zu Ende sein würde, wo er ihn hinführte und wie er wieder in die Realität zurückkäme.

Als habe jemand seine Gedanken gelesen, tauchte vor seinen Augen ein Blitzen und Flimmern auf, das er im ersten Moment nicht zuordnen konnte. Erst als er vorsichtig näher trat, entdeckte er eine Wand aus schwarzem Basalt, die mit funkelnden Einschlüssen übersät waren, gespeist von einem Licht, dessen Herkunft er nicht ergründen konnte. Sie strahlten wie der helle Tag.

Konsterniert sah Steinwart an der Wand empor.

Sie erstreckte sich in Höhen, die für ihn unabsehbar waren. Sowohl nach rechts und nach links verlor sie sich ebenfalls in der Ferne. Auch wenn Steinwart noch nicht an der Wand entlanggegangen war, wusste er, dass er sich diesen Aufwand sparen konnte. Ohne fremde Hilfe hätte er aber auch gar keine Chance, von hier zu entkommen.

Trotzdem blieb Steinwart erstaunlich ruhig.

Ihn hier stehenzulassen, konnte kaum im Sinne desjenigen sein, der ihn hierher beordert hatte. Also wartete der Zwerg ab.

Stundenlang starrte er auf die Wand.

Begann in seiner Langeweile die glitzernden Elemente in der Wand zu zählen. Und erinnerte sich dabei an seinen alten Freund, Meister Dachs. Er hatte ihm stets vorgeworfen, sich nicht genügend mit der Welt der Zahlen und noch weniger mit der Welt der Worte zu beschäftigen. Ja. Vermutlich stimmte das sogar. Er hörte seine eigenen Worte, als er Hyazintha wiederholt zu verstehen gab, Bücher würden ihm niemals ins Haus kommen.

Heute wusste er, dass das Unsinn war.

Wenn man sich auf das geschriebene Wort nur einließ, gab es so viele Weisheiten zu entdecken. Und selbst, wenn es keine tiefgründigen Worte waren, so waren sie in der Lage, Entspannung zu schenken und von den Widrigkeiten des Lebens abzulenken.

Wenn ihm die Zeit ein neues Leben mit Karlotta schenkte, würde Steinwart vieles anders machen. Dazu war er ohne Frage bereit.

Doch war er auch dazu bereit, zu glauben, was Barina ihm sagte?

Es kam ihm vor, als sei es eine Ewigkeit her, als sie ihm unter vier Augen erklärte, wer Melinae tatsächlich sei. Anfangs hatte er es ins Reich der Phantasie geschoben. Jetzt, hier unten, erschien ihm überhaupt nichts mehr unmöglich zu sein.

Kurz bevor sie sich trennten, nahm Melinae ihn zur Seite. Als habe er eine Ahnung gehabt, dass ihre Wege in andere Richtung verlaufen würden. Steinwart erinnerte sich so genau an ihre Unterhaltung, dass Melinae regelrecht als Bild auf der schwarzen Wand vor ihm erschien. Steinwart hatte den Eindruck, dass er nur die Hand ausstrecken müsse, um den Mann vor ihm zu berühren. Dann verschwand das Bild wieder.

«Steinwart, hör mir gut zu. Du bist gewitzt und stark. Du bist mehr, als ich jemals in dir erkannt habe. Ja, schau mich nicht so an. Ich kenne dich länger, als du jemals begreifen könntest. Ich kann es ja selbst nicht. Wenn du an den Punkt kommst, eigene Entscheidungen treffen zu müssen – und ich weiß, dass dieser Tag kommen wird – alleine und ohne jede Unterstützung, dann vergiss nicht, dass es auch manchmal die kleinen Finten sein können, die Großes herbeiführen. Hast du mich verstanden?»

Steinwart hatte Melinae mit großen Augen angesehen und natürlich kein einziges Wort verstanden. Trotzdem antwortete er.

«Ja, natürlich.»

«Wie bitte? Was meinst du damit, Steinwart?»

«Aber du hast mich doch gebeten zu sagen, ob ich deine Worte verstanden habe.»

Melinae schüttelte den Kopf.

«Du solltest zur Ruhe kommen. Ich habe kein einziges Wort verloren.»

Dann ging er zu seinem Schlafplatz und rollte sich zusammen, als habe es diese Unterredung niemals gegeben.

Heute, vor dieser Wand erinnerte Steinwart sich daran.

Er gewann immer stärker den Eindruck, dass Melinaes Worte, auch wenn er sie nicht bewusst sprach, enorm wichtig waren. Wenn er doch nur mit jemand darüber gesprochen hätte. Im Lösen von Rätseln und Metaphern war er nie der Beste gewesen.

Als er jetzt wieder nach vorne schaute, zerfloss die Basaltwand vor ihm zu einem riesigen Bild. Diesmal aber war es nicht nur ein Bild, sondern eine Verbindung zur Wirklichkeit. Der Gestank, der zu Steinwart hineinwehte, sprach eine deutliche Sprache.

Vor ihm erschien der Sumpf Brom.

Es herrschte finstere Nacht. Vereinzelte Strahlen des

blassen Mondes ließen die Dämpfe erahnen, die von der Oberfläche des Morastes aufstiegen.

Die Ängste und Erinnerungen an längst vergangene Zeiten stiegen in Steinwart erneut hoch.

Als er aufstand und näher herantrat, streckten sich ihm bleiche Hände entgegen. Zerfetzte und aufgequollene Gesichter blickten ihm aus trüben Augen entgegen.

Ganz kurz überlegte Steinwart.

Dann wusste er instinktiv, dass er dieses Angebot annehmen musste.

Hier ging es nicht darum, dass er alleine den Schritt hinüber nicht hätte bewerkstelligen können. Stattdessen war es eine Frage von Vertrauen und damit das Versprechen, alles zu tun, damit die gefangenen Seelen von Brom endlich frei sein könnten.

Der Zwerg nahm die Hände und spürte impulsiv Wogen von Wärme, Dankbarkeit und Freundschaft.

Er wusste, dass sein Handeln richtig gewesen war.

«Komm mit uns», erklangen Tausende von Stimmen in seinem Kopf.

«Hab keine Angst,»

Nein, Angst verspürte Steinwart zum ersten Mal in seinem Leben nicht mehr, im Angesicht von Brom.

Er schaute sich um.

Die Wand gab es nicht mehr.

Vor seinen Augen erstreckte sich der Wald, so wie er ihn ein Leben lang bereits kannte.

Vor ihm aber gähnte der Eingang in Gorms Reich.

Hier würde eine Entscheidung fallen müssen.

Noch in dieser Nacht.

104 Nimm mich

Unschlüssig blieb Steinwart am Eingang zu Gorms Höhle stehen. Plötzlich waren all die Erinnerungen wieder da. Wie sie zwei Jahre zuvor dafür sorgten, dass Gorm vernichtet wurde.

Steinwart lachte.

Wie naiv sie doch gewesen waren.

Er dachte an seine Flucht aus dem Berg, was noch gar nicht so lange her war. An diese seltsamen Wesen, die er kennenlernte und die es ihm erst ermöglichten, von hier zu verschwinden.

Jetzt stand er erneut hier. Freiwillig. Ohne Hilfe. Ohne Unterstützung.

Er musste wahnsinnig sein.

«Na und. Dann bin ich es halt!»

Steinwart drehte sich ein letztes Mal um.

Hinter ihm stand eine Armee aus Wesen, die nur eines von ihm erwarteten.

Erfolg.

Ohne länger zu überlegen, betrat er den Gang, der ins Innere führte.

Je näher er dem inneren Kern kam, desto unsicherer wurden seine Schritte. Immer wieder tastete er zu dem Beutel mit Salz in seiner Tasche. Irgendwo wusste er, dass es darauf ankommen würde, diesen gezielt einzusetzen. Auf Gedeih und Verderb, das war seine einzige Chance.

Flackernder Feuerschein hinter der nächsten Biegung ließ den Zwerg erahnen, dass er sein Ziel gleich erreichte. Erste Rufe drangen an seine Ohren. Auch wenn er die Stimme nicht kannte, schloss er aus dem überheblichen Tonfall, dass es sich nur um den Einen handeln konnte.

Vorsichtig linste Steinwart ins Innere der Höhle.

«Jetzt holt sie endlich! Wie lange soll ich denn noch warten. Sie soll ihr freches Mundwerk gestopft bekommen. Ich bin es leid, mir weiterhin ihre Schmähungen anhören zu müssen.»

Zwei Qwarn liefen schnellen Schrittes auf Karlotta zu, die sich bereits mühsam neben Baldur aufrappelte.

«Dann habe ich endlich meine Ruhe und muss mir dein dummes und pubertäres Gewäsch nicht mehr anhören.»

Baldur zog an Karlottas Schürze und gab Zeichen, dass sie sitzenbleiben solle. Wenn jemand zuerst gehen solle, dann müsse das ja wohl eindeutig er selbst sein.

Karlotta schüttelte lächelnd den Kopf.

«Kommt es darauf jetzt etwa noch an?»

«Ihr müsst ja besonders mutig sein, dass ihr zwei von diesen geflügelten und ekelhaften Wesen braucht, um einer alten Frau habhaft zu werden.»

Gorms Kopf flog entgeistert herum.

Im Eingang der Höhle stand ein Zwerg, der ihm entfernt bekannt vorkam.

Karlotta schlug eine Hand vor den Mund.

«Steinwart! Bist du verrückt geworden? Mach, dass du verschwindest. Du kannst hier nichts ausrichten.»

Steinwart schüttelte den Kopf.

«Zu spät. Ich weiß, was ich tue.»

Obwohl er das ganz und gar nicht wusste, war es für Steinwart wichtig, ein gewisses Maß an Stärke und Überzeugungskraft an den Tag zu legen.

«Steinwart. So, so. Du bist doch dieser vermaledeite Zwerg, der mir all das hier eingebrockt hat. Schön, dass du kommst, um mir die Aufwartung zu machen. Ich habe sogar einen Ehrenplatz an meiner Tafel für dich.»

Gorm gab den Qwarn Zeichen, Karlotta loszulassen.

«Sie läuft uns nicht fort. Ergreift stattdessen ihn!»

Steinwart zuckte zusammen.

Er wurde leichenblass, drehte sich um und lief in großen Schritten zurück in die Dunkelheit.

Dass er nicht sehr weit kommen würde, war abzusehen. In Sekundenschnelle holten seine Häscher ihn ein und brachten ihn vor ihren Anführer.

Der Zwerg brach jammernd zusammen.

«Das habe ich so nicht gewollt. Ich hatte vor, mit dir in Ruhe zu reden. So kann es doch nicht weitergehen. Es ist immer noch nicht zu spät, eine Lösung zu finden.»

Zitternd tastete er nach dem Beutel mit Salz in seiner Tasche und atmete auf, als er den vertrauten Umriss unter seinen Fingern spürte.

Misstrauisch sah Gorm Steinwart ins Gesicht.

«Was hast du da?»

Steinwart schluckte krampfhaft.

«Nichts weiter. Nur etwas Salz. Für meine täglichen Mahlzeiten.»

«Wirf ihn fort.»

«Gorm, nein. Bitte lass ihn mir.»

«Unsinn. Dort, wo du hingehst, wirst du ihn nicht mehr brauchen. Wirf ihn fort. Los jetzt.»

Als Steinwart sich noch weigerte, befahl Gorm seinen Helfern, ihm den Beutel abzunehmen. Da der Zwerg aber wusste, dass er dies auf keinen Fall zulassen durfte, weil niemand außer ihm in der Lage sein würde, den Beutel anzufassen, schleuderte er ihn selbst in hohem Bogen fort.

«Warum nicht gleich so», lachte Gorm meckernd.

«Und was befindet sich in deiner anderen Tasche?»

«Meine Tabakpfeife. Diese wirst du mir doch wohl lassen.»

Gorm lachte erneut auf.

«Welche Ironie des Schicksals. Wenn du brennst und du mir deine Kraft schenkst, wirst du wenigstens noch einen angenehmen Geruch verbreiten … Lasst ihm den Tabak.»

Die Qwarn nahmen Steinwart in ihre Mitte und führten ihn zu dem Platz, an dem bereits unzählige Zwerge ihr Leben ließen.

Karlotta und Baldur wendeten die Köpfe ab.

Dieses unwürdige Schauspiel wollten sie unter keinen Umständen miterleben.

Als die Häscher Steinwart die Hände in eisernen Ringen festketteten, wusste er, dass er verloren hatte. Jetzt war auch die letzte Chance dahin, zu agieren.

Er war dumm gewesen. So entsetzlich dumm.

105 Unerwartet

Über Stunden hinweg überließen sie Steinwart in dieser unangenehm verrenkten Stellung sich selbst. Bereits nach wenigen Minuten schmerzten die Gelenke. Steinwart hätte alles dafür gegeben, sich ausstrecken zu können, um seine angespannten Glieder zu entspannen. Als die ersten Krämpfe auftraten, stöhnte er wider Willen auf. Er hatte nicht vorgehabt, Gorm die Genugtuung zu geben, dass er preisgab, welche Schmerzen ihn plagten. Als aber die Wellen immer heftiger durch seinen Körper jagten, war jeder Stolz dahin.

«Vererzt und abgeklopft. Bring es zu Ende!»

Steinwart warf seinen Kopf hin und her, als wäre es ihm dadurch möglich, die Ketten und ledernen Bänder zu lösen, die ihn hielten.

«Sind sie dir nicht fest genug?»

Urplötzlich stand Gorm vor ihm.

«Das können wir ganz schnell ändern. Du hättest doch nur etwas sagen müssen.»

In seiner Hand hielt Gorm einen Krug mit Wasser.

Erst jetzt wurde dem Zwerg bewusst, welch einen Durst er litt. Dass sein Peiniger darauf aufmerksam sein würde, hatte Steinwart nicht für möglich gehalten. Er krächzte ein Danke und reckte seinen Kopf nach oben, um möglichst viel der kostbaren Flüssigkeit zu erhaschen.

Gorm lachte.

«Du glaubst doch nicht wirklich, ich sei gekommen, um

dir etwas zu trinken zu geben? Wer hat an mich gedacht, in all diesen vielen Jahren? Ist es nur einem, nur einem von euch eingefallen, sich um mich zu kümmern? Jetzt sieh mich nicht so dumm an. Natürlich hat es dich noch nicht gegeben, als sie mich hier in diese Dunkelheit verbannten. Aber dafür andere deines Geschlechtes. Ihrer konnte ich nicht habhaft werden. Doch jetzt habe ich dich. Und ich habe beschlossen, es dir nicht einfach zu machen. Das war es nicht für mich. Warum also sollte ich dir Gnade schenken? Hättest du sie mir gegenüber besessen …?»

Steinwart verzog das Gesicht.

«Halt doch endlich dein dummes Mundwerk. Schlimm genug, hier zu sitzen. In dem Wissen, was mir bevorsteht. Aber deinem selbstgerechten Geschwätz zuzuhören, setzt dem allen die Krone auf.»

Es war zu erkennen, wie die Worte des Zwerges in Gorm arbeiteten.

Hatte dieses niedere Volk denn immer noch nicht begriffen, dass er zurück war, um der Welt zu zeigen, wie dumm sie alle gewesen waren, sich mit ihm anzulegen?

Gorm ging einen Schritt zurück, sah den gefesselten Zwerg an und versetzte ihm einen Tritt in die Rippen, der Steinwarts Knochen laut und vernehmlich krachen ließ.

«Ach so, ich wollte dir ja noch das Wasser geben. Hättest mich daran erinnern sollen. Deine Lederbänder müssen getränkt werden. Du wirst mir unendlich dankbar sein, wenn sie wieder trocknen und in dein Fleisch schneiden. Hast du nicht eben noch geschimpft, sie liegen zu locker an?»

Mit einem erneut irren Lachen ließ Gorm das frische Wasser langsam und vorsichtig über die Bänder laufen. Als er fertig war, bückte er sich und hob Steinwarts Gesicht an.

«Ich werde wiederkommen. Aber jetzt setz dich endlich aufrecht hin. Wie liegst du denn da vor mir? Soll niemand mir nachsagen, ich kümmere mich nicht um meine Gäste.»

Gorm legte den Kopf schief, als lausche er Worten, die nur für ihn hörbar waren.

«Was hast du gesagt, mein Freund? Jetzt hast du noch Kraft, die du mir schenken kannst? Ob das später immer noch der Fall, weißt du nicht? Nun, wenn ich recht überlege, muss ich sagen, das ist ein sehr intelligenter Hinweis.»

Mit einem groben Ruck riss der Mann Steinwart hoch und lehnte ihn mit dem Rücken an den Stamm.

«Genieße deine erste Behandlung. Und sei mir dankbar.»

Während Gorm den Platz verließ, spürte Steinwart aufsteigende Hitze in seinem Rücken.

Zuerst war es nur ein leichtes Kribbeln. Ein Jucken, das in dem Zwerg das Sehnen auslöste, sich zu kratzen. Als das Jucken verging, machte es einem ersten Schmerz Platz. Erst nur kurz, gleich einer vagen Ankündigung dessen, was ihn erwartete.

Kurz darauf drehte und wand Steinwart sich, als befinde er sich mit seinem bloßen Rücken an einer glühenden Herdplatte. In diesem Moment löste sich der erste Schrei. Dem viele weitere folgen sollten.

Erst lange, nachdem die erste Kraftübertragung endete, begriff Steinwart, dass sie vorbei war. Noch immer vermeinte er, den Schmerz zu spüren.

«Da ist nichts mehr. Es sind nur deine überreizten Nerven, die dir einen Streich spielen. Übrigens habe ich bei meinen Studien erfahren, dass jeder von euch diesen süßen Schmerz anders empfindet. Wie war es bei dir, mein Freund. Ich werde den Eindruck nicht los, du hast es genossen …»

Gorm brach abrupt ab und sprang ein Stück zurück, als Steinwart ihm vor die Füße spuckte.

«Du irre Kreatur. Ich weiß nicht, woher ich noch den Speichel nehme, ihn dir zu präsentieren. Aber ich würde es immer wieder tun. Dumm bin ich gewesen. So dumm, zu dir zu kommen. Was habe ich nur erwartet? Hier hereinzukommen und dich erneut zu besiegen? So, wie es uns schon einmal gelungen ist? Ich war ein Narr.»

Steinwart drehte seinen Kopf zur Seite.

Er war es leid, diese Ausgeburt der Hölle, weiter ansehen zu müssen.

«Ja, mein kleiner Freund. Du brauchst etwas Ruhe. Und ich auch. Ich bin ein wenig müde. Lass uns beide ein bisschen schlafen. Umso mehr Spaß wird es machen, wenn wir uns morgen wieder treffen. Zumindest mir.»

Steinwart weigerte sich, seinen Kopf zu heben.

Er lauschte den Schritten, als Gorm sich entfernte.

Dann horchte er in sich hinein.

Wie lange würde er es noch aushalten, in dieser Zwangsposition zu verharren? Die Lederbänder trockneten immer mehr und schnitten ihm schmerzhaft ins Fleisch. Zum ersten Mal kam in dem gefesselten Zwerg der Wunsch auf, es möge beendet sein. Er war über den Punkt hinweg, dass er sich noch nach einem Leben sehnte.

Dieses Dasein war nur noch eines – unwürdig.

Trotzdem forderte die Entkräftung ihren Tribut.

Immer häufiger fielen Steinwart die Augen zu.

Wie lange er geschlafen hatte, wusste er nicht zu sagen. Er wurde wach von einem Gefühl der Nässe. War er jetzt schon so weit, dass er jegliche Kontrolle über sich verlor?

Steinwart schämte sich entsetzlich. Tränen der Wut traten in seine Augen.

«Wir wussten, dass du zurückkommen würdest. Wenn andere es vielleicht auch für dumm halten, dass du deine Freiheit gegen diesen Ort getauscht hast - wir wissen es besser. Steinwart, vertrau uns. So, wie du es schon einmal getan hast. Wir wissen, dass du etwas bei dir trägst, das diesen Kampf entscheiden kann. Bist du bereit, es einzusetzen? Auch auf die

Gefahr hin, dass es dich mitreißt?»

Steinwart nickte.

Er wusste, wer gekommen war. Es war, als hätten sie seine Gedanken gelesen.

Steinwart nickte.

«Ja, dazu bin ich bereit.»

«Dann warte, bis er zurückkommt. Wir haben noch etwas vorzubereiten.»

Ein leises Gluckern kündete davon, dass sie Steinwart verließen.

Endlich schöpfte er wieder Hoffnung.

106 Instinkte

Seit sie wieder unterwegs waren, hastete Targor im schnellen Schritt voran. Es zog ihn mit Macht an den Ort, von dem er hoffte, dort auf Barina, Steinwart und Karlotta zu treffen. Dass sie unterwegs sein würden, zu Gorms Unterschlupf, war ihnen allen klar. Niemand konnte jedoch die Frage beantworten, ob ihre Freunde noch selbstbestimmt agierten, oder ob sie unter einem Zwang standen, dem sie zu folgen hatten. Egal, welche Konsequenzen dies auch für sie mit sich brachte.

«Targor, sei vernünftig. Alle Eile, die du jetzt an den Tag legst, wird sich rächen. Du bist nicht in der Lage, dieses Tempo auf Dauer durchzuhalten. Reiß dich zusammen, auf einen Tag wird es nicht ankommen. Solltest du aber deinem Körper Tribut zollen müssen, werden wir mehr Zeit verlieren.»

Während Targors Lungen krampfhaft nach Atemluft pumpten, dachte er an das kurze Gespräch mit Fram. War es überhaupt ein Gespräch gewesen? Wohl eher, nein. Er selbst war es, der sich umdrehte und sich wortlos von der Gruppe entfernte. Dass Fram ihm noch hinterher rief, vernahm Targor sehr wohl. Doch es interessierte ihn nicht.

Als die Sonne unterging, näherte Targor sich Castors Lager, in dem er eine halbe Nacht verbrachte, bevor es ihn weiterzog zu der Hafenstadt.

Misstrauisch näherte der entkräftete Mann sich den Zelten. Auch wenn er es nicht in Worte fassen konnte, wurde das Gefühl übermächtig, dass hier etwas nicht stimmte. Normalerweise war dies die Tageszeit, in der das Leben pulsierte. Die Hitze des Tages schwand, um einer erfrischenden Kühle Platz zu machen. Targor erinnerte sich sehr genau an die Gruppe von Frauen, die sich um die Zubereitung des Abendessens kümmerte. Von ihnen war nichts zu sehen.

Targor ging in die Hocke, sah sich um und legte prüfend seine rechte Hand in das erloschene Feuer. Die Wärme, die von der Asche noch ausging, war auf den ungewöhnlich heißen Tag zurückzuführen. Hier hatte bereits seit Tagen kein Feuer mehr Wärme oder Licht verbreitet.

Ein Rascheln neben Targor ließ ihn aufhorchen. Augenblicklich spannte er seine Muskeln an. Bereit, zu reagieren, wenn dies sein müsste. Als er sah, wer ihn besuchte, entspannte sich sein Gesichtsausdruck auf der Stelle.

«Mein Fuchs. Schön, dich zu sehen. Wenn du schon hier bist, wird vermutlich auch der Rest der Truppe nicht weit sein.»

Der Rotfuchs legte den Kopf schief und sah Targor aus großen Augen an.

Der Mann lachte.

«Mach mir nichts vor. Du verstehst jedes Wort. Wenn du doch nur in der Lage sein würdest, mir mitzuteilen, was deine Instinkte dir eingeben. Deine Sinne sind unzweifelhaft wesentlich besser entwickelt, als die meinen.»

Targor erhob sich und stöhnte auf.

«Meine Knie haben mir soeben zu verstehen gegeben, dass sie mit dem Raubbau an meiner Gesundheit nicht einverstanden sind. Könnte es sein, dass Fram vielleicht doch nicht ganz Unrecht mit seinen Hinweisen hat?»

Er streckte sich, drehte seinen Körper mehrfach seitwärts, während er seine Arme über dem Kopf verschränkte.

«Das tut gut. Was jetzt noch fehlt, ist etwas frisches Wasser und …»

Targor sog scharf die Luft ein und griff sich an den Kopf.

Ein schneidender Schmerz war durch seinen Körper gejagt und war in seinem Hinterkopf geradezu explodiert.

Obwohl der Schmerz jetzt nachgelassen hatte, war der Druck immer noch spürbar.

Targor kniff die Augen zusammen und spähte in die Abenddämmerung. Dann senkte er seinen Blick hinunter zu dem Fuchs, der regungslos vor ihm saß.

«Hast du das auch gesehen? Da war für einen Moment ein Schatten. Durchsichtig. Ohne stoffliche Substanz. Ein Huschen. Als sei es nicht mehr, als ...» Targor beäugte den Fuchs kritisch. «...als sei es nicht mehr, als eine Erinnerung. Dazu dieser Schmerz. Fuchs, warst du das? Sieh mich an. Es ist mein Ernst.»

Reineke hob den Kopf und versenkte seinen Blick in die Augen Targors.

Ihm war nun unzweifelhaft klar, dass er sich auf das Angebot von Frams Begleiter einlassen musste.

«Darf ich mich wenigstens bei diesem Experiment hinsetzen?»

Targor grinste.

«Wie bescheuert bin ich eigentlich, dass ich jetzt schon einen Fuchs frage, ob ...?»

Erneut jagte die Schmerzwelle durch seinen Körper.

Targor winkte ab.

«Ich habe verstanden.»

Als er sich hinsetzte atmete Targor tief durch. Er merkte, wie gut ihm diese Pause bekam. Wenn Fram, Melinae und die Zwerge gleich eintrafen, würde er ihnen zu verstehen geben, dass er verstanden hatte.

Er atmete noch mehrfach tief durch. Dann gab er dem Fuchs per Fingerzeig zu verstehen, dass er bereit war.

Zuerst geschah nicht viel.

Erneut die Schatten, die so schnell durch sein imaginäres

Sichtfeld huschten, dass er sie kaum zuordnen konnte. Kurz darauf registrierte Targor, dass die Bewegungen sich verlangsamten, bis sie fast zum Stillstand kamen. Und er begriff, was hier vorgefallen war.

Es ist ein Abend, wie hunderte zuvor. Das Lager erwacht. Die Hitze des Tages ist mörderisch gewesen. Jetzt, da der Abend naht, sind sie endlich in der Lage, wieder aus ihren Verstecken zu kriechen. Die Männer und Frauen bewegen ihre Lippen. Sie reden miteinander. Sie lachen. Die Worte sind für Targor aber nicht zu verstehen. Als komme es darauf überhaupt nicht an.

Eine Bewegung am Rand seines Gesichtsfeldes lässt Targor seinen Kopf wenden.

Für einen Moment sieht er noch eine junge Frau, die auf ihn zukommt und winkt. Als habe sie ihn entdeckt. Erst da begreift Targor, dass hinter ihm jemand steht, dem ihr Gruß gegolten hat.

Plötzlich reißt sie ihre Arme hoch. Die Utensilien in ihren Händen fliegen hoch in die Luft, als sie versucht, ihr Gleichgewicht wieder zu erlangen.

Im nächsten Moment ist sie verschwunden.

Targor sieht einen Pflanzenstrang, der sich aus dem Boden windet. Er umschlingt die junge Frau und zieht sie mit sich.

Die Männer eilen zu ihren Waffen, um der Frau zu Hilfe zu kommen.

Sie haben keine Chance.

Plötzlich ist der Boden übersät von diesem wimmelnden Grün.

Einer nach dem anderen verschwindet.

Als die Pflanze ihren Rückzug antritt, kündet nichts mehr davon, dass sie jemals hier an der Oberfläche gewesen ist.

Targor sprang auf und sah sich fast panisch um.

Nichts kündete davon, dass ein neuer Angriff bevorstehe.

«Komm mit», flüsterte er. «Wir müssen die anderen warnen.»

Während Targor mit dem Fuchs das verlassene Lager hinter sich ließ, beäugte er voller Misstrauen und Angst jede Bewegung in seinem Umfeld.

Noch blieb alles ruhig.

107 Namenlos

Mit einem Stöhnen erwachte sie. Als sie die Augen aufschlug, wusste sie sofort, dass sie dies besser gelassen hätte. Der Staub, der zentimeterdick ihr Gesicht bedeckte, geriet ihr in die Augen. Dunkel sagte ihr Instinkt, dass ein Reiben jetzt der völlig falsche Weg sei. Krampfhaft schloss sie ihre Lider und schlug sich mit den Händen den Großteil des Staubs aus dem Gesicht. Trotzdem dauerte es noch eine ganze Weile, bis ihr Sehvermögen wieder so weit hergestellt war, um etwas in der dämmrigen Umgebung zu erkennen.

Auf ihren Beinen lastete ein unvorstellbarer Druck.

Sie tastete nach vorne, verwundert über die farbigen Linien, die ihre Haut zeichneten.

Warum nur konnte sie sich nicht daran erinnern?

Ebenso wenig, wie an ihren Namen?

Ihr Schädel schmerzte.

Instinktiv griff sie an ihre Stirn. Klebrige Flüssigkeit unter ihren Fingern, die auf dem Weg war, einzutrocknen. Vermutlich lagen nicht nur Felsbrocken auf ihren Beinen. Sie musste auch einen Schlag gegen den Kopf erhalten haben.

So sehr sie sich auch mühte, ihr fiel nicht ein, was ihr widerfahren war.

*

Karlotta arbeitete sich zügig voran.

So sehr es sie auch zu Steinwart hinzog, ihr schlechtes Gewissen nahm sie mit sich.

Was wäre, wenn Barina genau in diesem Moment erwachte und Hilfe bedurfte? War es ein Fehler gewesen, sich aufzumachen?

«Dumme Frage. Natürlich war es ein Fehler.»

Karlotta gab sich selbst die Antwort.

Ganz kurz überlegte sie noch. Dann drehte sie sich seufzend um.

Steinwart würde zurechtkommen. Barina möglicherweise nicht.

Schritt für Schritt stolperte die Zwergin durch die Dunkelheit. Jetzt, da sie sich entschieden hatte, tatsächlich zu dem Ort zurückzukehren, an dem Barina vielleicht um ihr Leben kämpfte, konnte es ihr nicht schnell genug gehen. Mehrfach stolperte Karlotta und schlug sich die Knie auf. Auch wenn sie wusste, dass sie mit dieser Eile nichts erreichen konnte, wurde sie von etwas vorangetrieben, das mächtiger war, als sie selbst. Etwas, das nie gelernt hatte, eine Weigerung hinzunehmen. Und das auch jetzt nicht tun würde.

Überglücklich erreichte sie nach Stunden den Ort, von dem aus sie aufgebrochen war.

Jetzt im Nachhinein war es ihr nicht mehr möglich, zu sagen, was sie veranlasste, Barina zu verlassen. Es gab nur einen einzigen Ort, an dem er für sie Sinn machte, zu warten. Dieser Ort war hier.

Erneut kletterte Karlotta an dem Geröll empor, das den Zugang zu ihrer Freundin verschloss.

Verzweifelt rüttelte sie an einem der Brocken, der am Kopf des Haufen, leicht verkantet auf den anderen saß.

Wiederum ohne Erfolg.

«Du dummes Wesen. Was hast du denn erwartet? Dass

jetzt plötzlich alles einfach von der Hand gehen wird, das eben noch unmöglich zu stemmen war? Wie alt bist du eigentlich?»

Voller Wut gab Karlotta dem Brocken einen weiteren Stoß.

Dieser hätte eigentlich auch nichts weiter bewirkt. Wäre da nicht der Zufall zur Hilfe gekommen.

Als die Zwergin nach vorne stieß, rutschte sie mit der Hand ab und streifte dabei die Pflanze, die jetzt wieder völlig ruhig in ihrer Position lag.

Erschrocken wich Karlotta zurück.

Was, wenn dieses ekelhafte Wesen aufgrund ihrer Bewegung jetzt Kenntnis von ihrem Standort erlangte?

Tatsächlich bäumte der immense Wurzelstrang sich ein Stück auf. Fiel dann aber wieder in sich zusammen.

Karlotta atmete auf.

Es war gerade noch einmal gutgegangen.

Sie wartete noch einen Augenblick ab, um sich kurz darauf wieder dem Gestein zuzuwenden.

Erstaunt registrierte sie, dass sich plötzlich ein armdicker Durchlass im Geröll auftat. Die Wurzel musste durch ihre Bewegung dafür gesorgt haben, dass die Brocken verrutschten.

Ohne zu überlegen näherte Karlotta sich dem Durchgang und streckte ihren Arm hindurch, soweit es ihr möglich war. Nichts, lag ihrer tastenden Hand im Weg. Ihre geringe Körpergröße machte der Zwergin allerdings einen Strich durch die Rechnung. Viel zu schnell musste sie der Kürze ihres Armes Tribut zollen.

Enttäuscht zog sie den Arm wieder zurück und näherte stattdessen ihr Gesicht der Stelle, die sich vor ihr auftat.

«Barina?»

Keine Antwort.

«Barina? Sag doch was. Hörst du mich?»

Nichts.

Karlotta legte ihr Ohr an die Stelle, durch die inzwischen ein Strom kühler Luft wehte.

Es war nichts zu hören.

Verzweifelt schlug Karlotta mit der geballten Faust auf das Gestein.

«Barina. Ich werde regelrecht verrückt hier. Sag etwas. Bei den Göttern, bitte sag was …»

«Meinst du mich?»

Karlotta hielt die Luft an.

War da wirklich eine Antwort an ihr Ohr gedrungen?

«Barina? Bist du das? Welch eine blöde Frage. Wie viel Menschen sollen sonst noch hier eingeschlossen sein?»

Karlotta liefen Tränen der Freude über das Gesicht.

«Wenn du sagst, dass mein Name Barina ist … Mag ja sein.»

Karlotta schnäuzte sich die Nase.

«Was redest du denn da?»

«Ich weiß nicht, wer ich bin. Ich weiß nicht, wie ich hierher kam. Und auch nicht, wie ich von hier wegkommen soll. Es wäre wundervoll, wenn mir jemand auf die Sprünge hilft. Ich kann mich nicht bewegen.»

Die Zwergin zuckte kurz zusammen.

Was meinte ihre Freundin damit, sich nicht bewegen zu können? Mithilfe war also von Barina augenblicklich nicht zu erwarten. Hauptsache ... Karlotta wagte nicht, den Gedanken zu Ende zu führen, der sich in ihr breit machte.

Erneut führte sie ihre Lippen an den Durchbruch.

«Mach dir keine Sorgen. Du bist nicht alleine. Wahrscheinlich hast du einen Stoß gegen den Kopf bekommen. Dein Gedächtnis wird zurückkehren … Ganz bestimmt.»

Fieberhaft überlegte Karlotta, wie sie weiter vorgehen sollte.

108 Es beginnt

Steinwart hatte keine Minute Ruhe gefunden. Die Zwangshaltung, in der er sich befand, jagte Wellen von Krämpfen durch seinen geschundenen Körper. Er hatte bereits aufgegeben, sich noch Hoffnung zu machen, alles könne zu einem guten Ende führen. Jedes Mal, wenn sein Körper nach einer Ruhepause gierte, irgendwo zwischen Schlaf aus Erschöpfung und einer beginnenden Ohnmacht, straften ihn seine Muskeln unverzüglich. Sie ließen nicht zu, dass der Zwerg in sich zusammensackte.

Inzwischen sehnte er den Moment herbei, in dem alles vorbei sein würde. Steinwart gab auf.

«Ich hoffe, du hattest eine angenehme Nacht. Was jetzt folgt, könnte möglicherweise etwas belastend für dich sein. Da wäre es gut, du hättest ein bisschen Erholung tanken können. Du weißt ja schließlich, wem dein letztes Quäntchen an Kraft zukommen soll. Da erwarte ich doch zumindest ein kleines Bisschen an Unterstützung.»

Steinwart sah kurz hoch. Registrierte Gorms überhebliches Grinsen. Und nahm ebenfalls zur Kenntnis, dass seine gespielte gute Laune, seine Augen nicht erreichte. Diese blickten kalt und starr auf ihn herab.

«Wenn ich auch für vieles Verständnis habe …», Steinwart richtete sich ein wenig auf und stöhnte erneut, als ein weiterer Krampf durch seine Oberschenkel jagte, … «so werde ich niemals verstehen, weshalb Sy-Bita ihre Meinung zu dir änderte. Das kann ich ihr einfach nicht vergeben. Sie hat uns damals berichtet, was zu ihrer Entscheidung führte, dich hier unten einzusperren. Heute weiß ich, dass sie dich besser getötet hätte.»

Ganz kurz legte sich ein Schatten der Wut über Gorms Gesicht. Doch er hatte sich so gut im Griff, dass er es verstand, den Moment zu unterdrücken.

«Du meinst, dass ich meine Beherrschung verliere? Du denkst, du könntest damit erreichen, dass ich es dir einfacher mache? Täusche dich nicht, mein Freund. Ich werde dir ein kleines Bisschen von dem zu schmecken geben, was ich erlitten habe. So, wie ich es deinem gesamten Volk gezeigt habe. Und Sy-Bita? Sie interessiert mich nicht mehr. Sie lebt jetzt, wie soll ich es bezeichnen, ein freieres Leben. Sie könnte über manche ihrer Entscheidungen nachdenken. Sofern sie dazu noch in der Lage wäre. Aber wir wollen uns doch nicht in nutzlosen Diskussionen verlieren. Ich weiß, dass du dich viel mehr danach sehnst, dass ich mich mit dir beschäftige. Keine Sorge, ich vergesse dich nicht. Ich lass dich ein weiteres Mal ganz kurz alleine. Dann wird unser gemeinsames Fest beginnen. Ein Fest, bei dem du die Hauptattraktion sein wirst.»

Als Gorm sich umdrehte und Steinwart seinen Rücken zuwandte, hätte der Zwerg ohne Zögern sein Messer in dessen Fleisch gestoßen. Auch wenn er bezweifelte, dass ihn das überhaupt hätte töten können. Doch es war müßig, hierüber nachzudenken.

«Wirsssollenbeidirbleiben. Verhaltedischeinfachruhig. Dannhastdunischtssszubefürchten. Zumindestjezzzznoch-nischt.»

Einer der Qwarn näherte sich Steinwart und lachte auf eine ekelhafte Weise.

Der Zwerg drehte seinen Kopf zur Seite. So entkräftet, wie er war, raubte ihm der Gestank dieses entarteten Wesens den letzten Verstand. Er spürte, wie sich die geflügelte Echse an seinem Rücken zu schaffen machte. Als der Qwarn ihn ein Stück nach vorne schob, schnitten die Lederriemen noch tiefer in Steinwarts Fleisch. Der Zwerg spürte, wie ihm das Blut über die Handgelenke lief und der Qwarn unruhig wurde.

«Erwirdnischtssssdagegenhaben.»

Steinwart konnte so lange nichts mit diesem Ausspruch anfangen, bis der Qwarn sich hinab beugte, um mit seiner geschuppten Zunge das Blut genüsslich abzulecken.

Das war der Moment, da Steinwarts Körper vollends rebellierte und er sich würgend erbrach.

«Ich habe Durst.»

Steinwarts Äußerung kam nur noch einem Lallen gleich.

Auch wenn er sich selbst dafür hasste, um Wasser gebeten zu haben, befand er sich an einem Punkt, an dem er nicht mehr imstande war, zu ertragen, was mit ihm geschah.

Zu seiner übergroßen Verwunderung erschien kurz darauf tatsächlich einer von Gorms Gesellen und setzte Steinwart einen Krug mit Flüssigkeit an die Lippen.

Gierig öffnete der Zwerg seinen Mund und schluckte, ohne abzusetzen. Er wusste nicht, was sie ihm gaben. Ob der Gestank nur von den Qwarn herrührte oder ob das Wasser selbst unrein war. Zwischen seinen Zähnen blieb etwas hängen, das aus einer schleimigen Konsistenz bestand.

Steinwart versuchte, den Ekel zu unterdrücken. Zu spät.

Erneut spie er aus. Diesmal die Flüssigkeit, die er soeben zu sich nahm. Um sich selbst zu schützen vermied er es, genau hinzusehen, was man ihm gab.

Das Zischen des Qwarn, als er sich entfernte, mochte vieles zu bedeuten haben. Gelächter, weil sie den Zwerg dazu gebracht hatten, sich selbst zu verachten. Oder Wut, weil er ihren guten Willen verschmähte.

Kurz darauf war er wieder alleine.

Als er sich nach hinten lehnte, spürte er einen spitzen Dorn, der durch seine Jacke stach und ihm den Rücken aufkratzte. Steinwart konnte sich sehr wohl vorstellen, was das zu bedeuten hatte.

Die Vorbereitungen waren abgeschlossen.

«Wir haben dich nicht vergessen.»

Steinwart zuckte zusammen.

«Ich euch sehr wohl. Ich habe nicht mehr daran gedacht, dass ihr noch einmal zurückkommen würdet. Aber ehrlich gesagt weiß ich auch nicht, was ihr hier noch ausrichten wollt.»

«Das lass unsere Sorge sein. Wir werden dir jetzt etwas nehmen. Etwas sehr Wertvolles, das sich in deinem Besitz befindet. Wehre dich nicht. Es geschieht alles nur zu deinem Besten. Und noch etwas, Steinwart, wir danken dir.»

«Mir? Warum? Verwechselt ihr da nicht etwas?»

«Oh, keineswegs. Schließlich bist du es gewesen, der es hierher gebracht hat. Alles wird seiner Bestimmung zugeführt. Halte durch, Steinwart.»

Für eine kurze Zeit blieb alles still und regungslos.

Dann spürte Steinwart, wie die Nässe begann, an ihm emporzusteigen und an seiner linken Hosentasche haltzumachen.

«Ein hervorragender Einfall, Steinwart. Mit deiner Entscheidung, den Tabak gegen das Salz auszutauschen, hast du erst ermöglicht, was jetzt beginnt. Ihr Zwerge seid gerissener, als wir das jemals vermutet hätten. Und auch Gorm unterschätzt euch. Selbst jetzt noch.»

Auch wenn das Gefühl in seinen Extremitäten immer stärker nachließ, konnte Steinwart spüren, wie sich der Beutel, der das Salz enthielt leerte. Der vertraute Druck auf seinen Oberschenkel ließ nach, bis er ganz verschwand.

Sollten die Wasserwesen tatsächlich eine Lösung gefunden haben, Gorm zur Strecke zu bringen? Würde es im Endeffekt so einfach sein?

«Nein, Steinwart, so einfach ist es ganz und gar nicht. Erstens habt ihr erst dafür gesorgt, das Salz hierherzubringen. Und zweitens wird es nicht alleine dafür sorgen, Gorm zu besiegen. Du wirst wissen, wann der Zeitpunkt gekommen ist, selbst tätig zu werden. Du bist nichts ohne uns. Aber wir ebenso wenig ohne dich.»

Steinwart atmete tief durch und ignorierte den Dorn, der sich erneut in seinen Rücken bohrte.

Jetzt konnte er es nicht mehr erwarten, Gorm zum Finale wiederzusehen.

Er war vorbereitet.

109 Gorm beginnt

Ihr habt euch doch sicher gut verstanden.» Wie aus dem Nichts stand Gorm wieder vor Steinwart.

«Kann es sein, dass du dich unwohl gefühlt hast? Ich mache mir Sorgen um dich, Steinwart. Ernsthafte und ehrliche Sorgen. Du solltest unbedingt etwas gegen diese Anfälle von Übelkeit unternehmen, mein Freund.»

Gorm sah erneut grinsend auf Steinwart hinab.

Dann erlosch sein Mienenspiel.

«Grins nicht so dämlich! Dein Lachen wird dir noch vergehen. Qwarn, hierher zu mir!»

Steinwart registrierte die wachsende Verunsicherung auf Gorms Gesicht. Er wusste nicht damit umzugehen, dass etwas passiert sein musste, das dem Zwerg jegliche Angst genommen hatte. Auch wenn Steinwart selbst nicht wissen konnte, ob die Wasserwesen wussten, was sie taten, waren die Hoffnung und das Vertrauen dermaßen grenzenlos, dass er Gorm offen ins Gesicht lachte.

Wenn auch noch nichts geschehen war, das sein Vertrauen gerechtfertigt hätte, ahnte er, dass einfach noch nicht der rechte Zeitpunkt gekommen war, sich zu offenbaren.

«Fangt an!»

Schneidend und kalt erklang die Stimme des nackten Mannes, der vor ihm stand. Abwartend, bis seine Helfer gebückt, gleich geprügelten Hunden neben ihm erschienen.

«Ihr wisst, was ihr zu tun habt.»

Zwei der Qwarn huschten nach vorne und machten sich erneut in Steinwarts Rücken zu schaffen. Als sie wieder in sein Blickfeld traten, nickten sie, als Zeichen, dass alles bereit war.

Der Dorn näherte sich erneut und durchstach die Kleidung des Zwerges. Jeden Moment würde er die Haut ein weiteres Mal ritzen.

Gorm starrte selbstzufrieden auf den Zwerg, der plötzlich wieder dabei war, sein grenzenloses Vertrauen zu verlieren.

*

«Was geschieht mit mir?»

Karlotta, die immer noch dabei war, zu versuchen, die Felsbrocken zu bewegen, stutzte.

«Hast du etwas gesagt, Barina?»

«Ja, allerdings. Es geht mit einem Mal ein Glühen von meiner Haut aus. Die farbigen Linien strahlen immer heller. Es sieht aus, als würde ich brennen. Aber ich spüre angenehme Kühle.»

Karlotta lugte durch das Loch, hinter dem sie ihre Freundin wusste, bemerkte aber, dass sie nicht in der Lage war, längere Zeit hinzusehen. Das Licht erstrahlte in einer Intensität, die sie bisher noch niemals so festgestellt hatte. Selbst an jedem Tag nicht, als Barina Melinae das Leben rettete.

«Da passiert etwas, Barina. Ich glaube, das ist nichts, um das wir uns hierher direkt sorgen müssen. Aber ich habe große Angst um Steinwart. Hoffentlich macht er keine Dummheiten.»

«Karlotta?»

«Ja? Was gibt es?»

«Ich glaube, mein Gedächtnis kehrt zurück. Bruchfetzen von Erinnerungen steigen in mir auf. Es ist, als ob die Farben sie mir zurückbringen.»

Karlotta atmete tief durch.

«Den Göttern sei Dank.»

Sobald Barina wieder bei sich wäre, konnten sie ihr Problem gemeinsam angehen.

Karlotta schaute auf die Wurzel und kniff ihre Augen zusammen.

Ganz kurz war unter dem Licht, welches inzwischen aus dem Durchgang strahlte, ein Glitzern auf dem Pflanzenstrang zu erkennen gewesen. Jetzt, als die Zwergin ein weiteres Mal hinsah, war der Eindruck verschwunden. Stattdessen wurden die Bewegungen schwerfälliger.

«Karlotta!»

Diesmal erklang Barinas Ausruf fast panisch.

Das Herz der Zwergin schlug spürbar in ihrer Brust.

«Meine rechte Hand erstrahlt in einem intensiven Grün. Da ist eine Kraft, die sie magisch zu der Wurzel zieht. Ich kann mich nicht dagegen wehren. Karlotta, ich habe Angst.»

Die Gedanken jagten Karlotta durch den Kopf.

Sie konnte von hier aus nichts unternehmen. Nichts, außer zu versuchen, ihrer Freundin ein wenig Mut zuzusprechen.

«Bisher war es immer ein gutes Zeichen, wenn dein Körper derart reagierte. Lass es einfach geschehen.»

Von Barina kam keine Antwort.

Vermutlich war sie viel zu sehr mit sich selbst beschäftigt.

Nach einer langen Phase der quälenden Stille, endlich wieder ein Lebenszeichen.

«Sie stirbt. Karlotta, sie stirbt. Es ist ihr wichtig, mich in ihrer Nähe zu wissen. Meine Berührung zu spüren. Auch wenn ich das selbst alles nicht verstehe.»

*

Targor, Fram und Melinae, sowie die Zwerge und der Fuchs entfernten sich im Laufschritt von dem verlassenen Lager. Mit pumpenden Lungen blieben sie stehen, als Targor meinte, weit genug gekommen zu sein.

«Ich denke, hier droht uns keine Gefahr mehr», keuchte er und ließ sich entkräftet zu Boden fallen.

Melinae stand immer noch auf seinen Beinen und zeigte stumm auf den Himmel vor ihnen.

Genau in die Richtung, in die ihr gemeinsamer Weg führte.

Das Firmament nahm eine bedrohliche Färbung an.

«Das ist kein normales Unwetter, das sich uns dort ankündigt.»

Fram sah seine Gefährten auffordernd an.

«Mir steht der Sinn ebenfalls nach einer Pause. Aber wenn das dort oben eine Warnung sein soll, dann dürfen wir keine Zeit verlieren. Ich weiß nicht, wie Steinwart und Barina oder Karlotta darin verwickelt sind. Aber ich will mir nicht den Vorwurf machen müssen, nicht reagiert zu haben.»

Targor legte ihm eine Hand auf die Schultern.

«Das gilt für uns alle, denke ich.»

Obwohl sie sich nach Ruhe sehnten, zogen sie unverzüglich weiter.

110 Veränderung

Steinwart spürte, wie der Dorn über seinen Rücken wanderte. Als suche die Pflanze den richtigen Punkt, um zuzustoßen und die Lebenskraft des Zwergs in Kanäle zu leiten, über die Steinwart erst gar nicht nachdenken wollte. Gorm machte dabei ein Gesicht, so entrückt von allem Weltlichen, als sei er es, der den Dorn steuerte. Was natürlich Unsinn war. Denn auch ohne sein Zutun waren die Qwarn in der Lage gewesen, ihre Opfer dem Schicksal zuzuführen, welches nun auch Steinwart selbst blühte. In seinem Unterbewusstsein hörte er Baldurs und Karlottas Rufe, die Gorm um Gnade baten. Der Zwerg schüttelte den Kopf. Es war nur sinnlose Vergeudung von Kräften. Gorm würde von sich aus, nicht nachgeben. Nicht nach all den Jahren in denen der Hass ihn zerfressen hatte.

Ein verräterisches Blitzen in Gorms Augen zeigte Steinwart an, dass der Dorn genau auf die Stelle ausgerichtet war, auf die es ankam. Der gefesselte Zwerg hielt die Luft an, um sich gegen den Einstich zu wappnen, der jeden Moment erfolgen würde.

«Je mehr du dich dagegen wehrst, desto schlimmer wird es sein. Lass es einfach geschehen. Umso schneller ist es vorbei … Für dich!»

Gorm gab ein solch ekelhaftes Lachen von sich, dass Steinwart eine nie gekannte Wut in sich aufsteigen spürte. Er hatte sich geschworen, nichts zu sagen. Keine Laute von sich zu geben, die auf Qual oder Schmerz hindeuteten. An diesem frühen Punkt allerdings, war dieser Vorsatz bereits Schall und Rauch.

«Nicht, dass dir dein Lachen noch vergeht. Du bist es nicht wert, auf dem gleichen Boden zu stehen, wie meine Freunde oder ich. Hätte ich heute noch ein einziges Mal die Gelegenheit, Sy-Bita mitzuteilen, welchen Fehler sie aus meiner Sicht begangen hat, ich würde es ...»

Gorm nahm eine abwehrende Haltung vor seinem Gefangenen ein.

Er zeigte Steinwart seine Handflächen und ging ein Stück zurück. Seine Stimme nahm einen weinerlichen Tonfall an.

«Nein, bitte nicht, du machst mir Angst.»

Panisch sah Gorm sich um, als erwarte er einen Angriff aus dem Hinterhalt.

Dann wandte er sich erneut Steinwart zu und verzog sein Gesicht zu einer Grimasse.

«War ich nicht gut? Sag es. Sag, dass ich Talent habe. Ich werde mein neues Leben genießen. Als Bänkelsänger, als Geschichtenerzähler, als Schauspieler am Hof von Fürsten und Königen. Sag, Steinwart, kann es sein, dass ihr mir nicht nur Kraft geschenkt habt, sondern auch eure Talente? »

Er kam näher, schob seinen Zeigefinger unter das Kinn Steinwarts und hob dessen Kopf an, bis sie sich geradewegs in die Augen sahen.

«Sag mir, was ich von dir zu erwarten habe. Ich bin gespannt.»

Der Zwerg spuckte aus und holte tief Luft.

«Salz, mein Freund. Nichts weiter, als eine Prise Salz.»

Im nächsten Moment hätte Steinwart sich für diese Worte verfluchen können. Hatte er damit erreicht, dass Gorm misstrauisch wurde? Dann war das ausgesprochen dumm, jetzt aber nicht mehr zu ändern. Steinwart biss sich auf die Zunge und registrierte angespannt Gorms Reaktion.

Sein Peiniger trat einen Schritt zurück und sah Steinwart verdutzt an.

«Salz? Kann es sein, dass dir die vergangene Nacht zu sehr zugesetzt hat? Nun, wenn du nicht freiwillig mit der Sprache herausrücken willst, welche Talente du dein Eigen nennst, so werde ich selbst versuchen, mir hiervon ein Bild zu machen.»

Kopfschüttelnd und lachend drehte er sich weg.

«Salz. Selten habe ich etwas Dümmeres gehört.»

Steinwart spürte, wie der Druck in seinem Rücken fester wurde. Jeden Moment erwartete er den aufflammenden Schmerz. Erneut sog er die Luft ein und spannte die Muskeln seines Rückens an.

Nichts geschah.

Ein leichtes Knacken war in der angespannten Stille zu hören, dann verschwand das Druckgefühl vollends.

Gorm wirbelte herum und kam in großen Schritten auf Steinwart zu.

«Was soll das? Was hast du da gemacht?»

Mit der Rückseite seiner rechten Hand schlug er dem Zwerg hart ins Gesicht.

Steinwart spürte, wie seine Wange aufplatzte und die Wunde zu bluten begann. Augenblicklich wurden die Qwarn unruhig.

«Reißt euch zusammen!»

Gorm hatte diesen Befehl nur leise geknurrt. Trotzdem war das ausreichend gewesen. Der Respekt vor ihrem Anführer war unübersehbar.

Mit der Hand tastete Gorm sich hinter den Rücken des Zwerges.

Als er sie wieder zurückzog und die Faust öffnete, konnte Steinwart ein Gebrösel aus graubraunen Pflanzenteilen und weißen Salzkörnern erkennen.

Gorm starrte darauf und ließ den Inhalt seiner Handfläche zu Boden fallen.

Ohne Vorwarnung versetzte er Steinwart einen weiteren Schlag.

«Was hast du eben gesagt? Sprich! Du hast das Salz nicht ohne Hintergrund erwähnt. Oh, ich Idiot!»

Gorm steigerte sich in ein Brüllen. Weiße Schaumflocken flogen von seinen Lippen.

Plötzlich erstarrte er.

Mit flinken Fingern band er Steinwart los und sah fassungslos auf den Baum.

«Das wirst du mir büßen, Zwerg. Du wirst diese Höhle nicht lebend verlassen. Das schwöre ich dir.»

Steinwart wusste, dass er keine Chance hatte, zu fliehen. Aber nicht alleine aus diesem Grund blieb er wie angewurzelt stehen. Mit dem Baum ging eine Veränderung vor sich, die den Zwerg fasziniert zusehen ließ. Direkt über den felsigen Boden kroch eine weiße Schicht aus dem Erdreich … Nein, Steinwart kniff die Augen zusammen. Es war keine Schicht, die sich über den Baum legte, stattdessen war es der Baum selbst, der sich veränderte.

Immer schneller krochen die Veränderungen empor. Teilweise nur in schmalen Linien, die sich an bestimmten Punkten kreuzten, um kurz darauf miteinander zu verschmelzen. Das Leuchten, das bisher über die Zweige lief, erlosch vollständig, als die Schicht auch den obersten Punkt erreichte.

Steinwart blieb noch einen Moment stehen, dann ging er nach vorne, ohne zu wissen, was ihn dazu verleitete. Von Gorm kam keine Reaktion.

Der Zwerg blieb vor der weißen Skulptur stehen. Mehr war es zu diesem Zeitpunkt bereits nicht mehr. Jedes Leben hatte den Baum verlassen. Steinwart sah sich nochmal um. Dann versetzte er dem Kunstwerk ein Schnipsen mit seinen Fingern.

Unter einem leisen Rauschen fiel das, was er vor sich sah, in sich zusammen.

Ast für Ast löste sich auf, bis eine Salzschicht den Boden bedeckte. Wesentlich mehr, als Steinwart mit hierher gebracht hatte.

Erst da löste Gorm sich aus seiner Erstarrung und stürzte mit einem wilden Schrei auf den Zwerg zu.

111 Vernichtung

Mit einem harten Aufschlag stürzte Gorm zu Boden. Steinwart, der einen Satz zurückgesprungen war, um sich in Sicherheit zu bringen, schaute verwundert auf den Mann, der vor ihm im Staub lag. Langsam drehte Gorm sich um seine eigene Achse und tastete nach seinen Füßen. Er schüttelte in Panik den Kopf. Seine Lippen formten lautlose Worte.

Steinwart trat näher und verstand.

«Ihr werdet mich nicht vernichten können. Niemals. Dazu seid ihr überhaupt nicht fähig. Ihr könnt mir meinen Körper nehmen, So, wie ihr das schon einmal getan habt. Aber nicht meine Kraft. Ich werde wieder zurückkehren. Nicht heute, nicht morgen. Aber eines weiß ich mit Sicherheit, du verlauster Zwerg. An diesem Tag wird von dir und deinesgleichen nichts mehr übrig sein. Aber ich werde leben. Ich werde leben. Ich werde leben …»

Gebetsmühlenartig wiederholte Gorm diese drei Worte unendlich oft.

Was aber wirklich besorgniserregend daran war, waren nicht die Worte selbst. Stattdessen die Tatsache, dass Steinwart ihm jedes Wort glaubte. Langsam wurde Gorms Körper ebenso zu Salz, wie kurz zuvor der Baum. Er hatte Gorm Leben geschenkt, nun brachte er ihm auf eine nicht zu erklärende Weise Vernichtung und Tod.

Misstrauisch sah Steinwart sich um.

Von den Qwarn drohte im Augenblick scheinbar keine Gefahr. Sie standen reglos herum, als ginge sie all das, was hier passierte nichts mehr an.

Vorsichtig näherte Steinwart sich Karlotta und Baldur. Er hatte Sorge, durch eine hektische Bewegung, die Aufmerksamkeit der echsenhaften Wesen auf sich zu ziehen. Doch sie schienen sich nicht im Geringsten für ihn zu interessieren.

Leise und ohne unnötige Worte band Steinwart die beiden los und gab ihnen Zeichen, die wenigen Überlebenden ebenfalls zu befreien. Als sich die Gefangenen bewusst wurden, was um sie herum geschah, brach Unruhe aus. Jeder war bestrebt, als Erster losgebunden zu werden und die Höhle zu verlassen.

Steinwart legte einen Zeigefinger an seine Lippen und gebot den Zwergen, Ruhe zu bewahren. Aufruhr und Aufmerksamkeit konnten sie jetzt beim besten Willen nicht gebrauchen.

Er wusste, dass er zu Gorm zurückkehren musste. Er wusste, dass etwas von ihm erwartet wurde, von dem er aber keine Ahnung besaß, wie er es erfüllen sollte. Genau aus diesem Grund vermied es Steinwart, sich erneut zu dem Sterbenden zu begeben.

Tief in Gedanken versunken, überlegte er krampfhaft, was zu tun sei. Vielleicht hätte Barina es gewusst. Doch sie war nicht bei ihm. Und ob sie noch lebte, wusste niemand zu sagen.

Ein Hinweis Baldurs, sich umzudrehen, riss Steinwart aus seinen Gedanken.

Er sah in Richtung Gorms. Und er erstarrte.

Drei Gestalten umringten den sterbenden Gorm.

Wenn Steinwart genau hinsah, besaßen sie eine körnige Struktur. Es sah aus, als hätten sie sich aus dem Salz gebildet, das eben noch den Boden bedeckte. Und tatsächlich war die Schicht sichtbar kleiner geworden.

«Du liegst richtig mit deiner Vermutung, Steinwart.»

Mit einem Mal erfüllten Stimmen den Raum.

Steinwart vernahm sie, doch er wusste, dass es nicht seine Ohren waren, welche die Frequenzen aufnahmen. Diese Unterhaltung erfolgte erneut auf eine, ihm unerklärliche Weise.

«Karlotta hat uns mit an die Oberfläche gebracht. Versuche nicht zu verstehen, von woher wir kommen. Du würdest es nicht begreifen. Sie war die erste, die uns getragen hat. Aber sie war nicht diejenige Person, die Gorms Schicksal besiegen konnte.»

Das Wesen wartete einen Moment darauf, dass die Worte sich bei Steinwart verfestigten und einen Sinn ergaben.

«Ihr meint, das sei meine Aufgabe?»

«Mit dir hat es begonnen. Du hast den ersten Kontakt mit unserer Schwester aufgenommen, als du von dem Trunk gekostet hast, der in den Wurzeln der Eiche auf dich wartete. Jetzt liegt es an dir, an dir ganz alleine, es zu beenden. Du musst wissen, dass Gorm ein Teil von uns war. Wir haben es verstanden, für unsere Sünden zu büßen. Für ihn wird das noch ein langer Weg sein. Ein langer und schmerzhafter Weg. Aber um sich dieser Prüfung zu stellen, wird er sterben müssen, Steinwart. Endgültig und ohne jede Chance auf Rückkehr.»

Gorm verdrehte die Augen, bis nur noch das Weiße zu sehen war.

Die Verkrustung hatte inzwischen seine Lippen erreicht. Das Reden war ihm nicht mehr möglich. Was Steinwart im Übrigen nicht bedauerte.

«Aber wie soll ich das tun? Warum macht ihr es nicht selbst? Ihr seid vermutlich mächtiger, als ich es jemals sein werde und kann.»

Ein Lachen durchdrang die Höhle.

«Mein Zwerg, wieso meinst du immer, dein Licht unter den Scheffel stellen zu müssen?

All das, was im Zusammenhang mit Gorm geschehen ist, wäre ohne dich niemals möglich gewesen. Du hast Stärke und Mut gezeigt, als es von dir erwartet wurde. Du bist schwach gewesen, als du zu dir selbst finden musstest. Und du hast eine Gruppe von Fremden zu Freunden vereint. All das macht dich mächtig, mein Freund. Du musst nur an dich glauben.»

Steinwart spürte, wie er rot anlief.

Er mochte es nicht, wenn ihm jemand Komplimente machte. Am liebsten war er für sich. Ein wenig stolz auf Dinge, die er tat oder wusste.

Nicht mehr und nicht weniger.

«Wir werden dich jetzt verlassen, Steinwart. Aber wir lassen dir etwas zurück. Wenn du es siehst, wirst du es einzusetzen wissen. Keine Sorge. Du brauchst uns nicht. Aber wir sehr wohl dich.»

Steinwart überlegte noch kurz, was wohl eine angemessene Antwort sein würde, in Gegenwart solch überirdischer Wesen, da verdichteten sie sich zu einem Nebel. Ganz kurz

tanzte der Nebel über Gorms Körper, dann verschwand er vollends.

Stattdessen fiel ein Messer klirrend zu Boden.

Das Heft aus einem Diamanten geformt. Die Klinge aus purem Salz.

Als Steinwart sie anfasste, spürte er unter seinen Fingern das Leben, das in ihr pulsierte.

War es das, was sie von ihm erwarteten?

Sollte er Gorm den Lebensfaden endgültig durchtrennen?

Steinwart näherte sich Gorm und erkannte, dass er nicht mehr atmete.

Was also wurde mit dem Messer von ihm verlangt?

Als er sich wegdrehte, registrierte er aus seinem Augenwinkel eine Aura, die über dem toten Körper schwebte. War es seine Aufgabe, diesen Faden zu durchtrennen?

Zitternd hielt Steinwart das Messer über Gorms Gesicht.

Langsam zog er es in Richtung der Füße. Und einmal wieder zurück.

Er hatte nicht das Gefühl, tatsächlich etwas zerschnitten zu haben. Als er aber ein weiteres Mal auf Gorms Körper sah, begann sich dieser vor seinen Augen aufzulösen. Bis er vollständig verschwand.

Die Klinge aus Salz löste sich auf.

Nur der Diamant in Steinwarts Händen blieb ihm erhalten.

112 Er kann alles sein, was du willst

Steinwart schaute fassungslos auf den prächtigen Stein, der in seinen Händen in phantastischen Farben glitzerte und strahlte. Woher der Diamant diesen Lichteinfall nahm, war ihm unbegreiflich. Fast schien es, als strahle er aus sich selbst heraus.

Ein Heer an Gedanken schoss durch den Kopf des Zwerges. Sie überholten sich, schoben andere Geistesblitze beiseite, sodass Steinwart kaum in der Lage war, einen dieser Gedanken zu fassen und ihm in Ruhe nachzugehen. Dabei war es nicht das erste Mal, dass er Edelsteine in Händen hielt. Im Laufe der vielen Jahre seiner Arbeit im Herz des Berges, war er oft genug auf ergiebige Adern gestoßen. Doch ein Edelstein von solcher Reinheit und Güte war ihm dabei niemals vergönnt gewesen.

Langsam beruhigte Steinwart sich.

Was ging da nur in ihm vor? Seit wann ließ er sich von plötzlichem Reichtum blenden? Und trotzdem. Da war etwas entstanden, das in ihm nagte und begann, vernünftige Ansichten und Einstellungen zu verdrängen. Steinwart erwischte sich immer aufs Neue dabei, wie seine Blicke magisch von dem Diamanten angezogen wurden. Es fiel ihm unendlich schwer, sich davon abzuwenden. Erst nachdem er sich zusammenriss, gelang es ihm, den Stein in seiner Hosentasche zu verstauen. Wenn ihn auch der Druck auf seinen Oberschenkel ständig daran erinnerte, was er mit sich trug, ging es ihm spürbar besser.

Steinwart straffte seine Schultern, atmete tief durch und machte sich auf den Weg zu Karlotta und Baldur, um seinen Freunden zur Hand zu gehen. Auch wenn es im Moment so schien, als sei die größte Gefahr dahin, war noch genug zu tun. Vor allem das Verhalten der Qwarn, die immer noch unschlüssig in der Höhle standen, jetzt aber begannen, sich an einer entfernteren Stelle zu versammeln, bereitete dem Zwerg großes Unbehagen. Sollten diese Wesen auf den Gedanken kommen, die Zwerge als Futter und leicht zu schlagende Opfer zu betrachten, würden sie keine Möglichkeit haben, sich dagegen zu erwehren.

«Steinwart?»

Der Zwerg blieb stehen, als unvermittelt diese zarte und vertraute Stimme in seinen Gedanken erklang.

«Hast du nicht etwas vergessen?»

Steinwart drehte sich um und ging die wenigen Schritte zurück, die er sich von der Stelle entfernt hatte, an der von dem Baumstumpf nur noch eine weiße Schicht zurückgeblieben war.

«Wir erwarten sicher nicht viel. Aber meint du nicht auch, ein kleines Wort des Dankes sei angebracht?»

Der Zwerg blieb stehen, als sei er gegen eine unsichtbare Wand gelaufen.

Er spürte, wie sein Kopf feuerrot anlief. Hatte er sich wirklich so sehr von diesem Edelstein ablenken lassen, dass er die grundlegendsten Begriffe von Anstand und Höflichkeit vergaß?

«Für dich mag es den Anschein gehabt haben, es sei für uns ein Leichtes gewesen, die Wurzel mit einer Lake aus Salz zu durchsetzen. Hast du bemerkt, wie der Dorn zerbrach, als er sich in den deinen Rücken bohren wollte? Das waren wir. Der Dorn mochte noch als ein solcher gefühlt haben, aber er war es schon lange nicht mehr. Er war nur noch ein zerbrechliches Gebilde aus Salz. Ist dir eigentlich bewusst, was ihr mit euch gebracht habt? Das war kein gewöhnliches Salz. Es war ein Rest an Lebenskraft, der von den geläuterten Personen aus jener unheilvollen Ära übrigblieb. Sie haben euch ein Stück von sich selbst mitgegeben, um nicht zu scheitern.»

Steinwart begann, sich immer unwohler in seiner Haut zu fühlen.

Das Wasserwesen klang beleidigt und missachtet. Was der Zwerg zum jetzigen Zeitpunkt sehr gut nachvollziehen konnte.

«Ich weiß es doch. Ich weiß es wirklich. Es ist mir mehr als peinlich, einfach so gegangen zu sein. Ich hoffe sehr, dass ihr mir verzeihen könnt. Vielleicht war das alles etwas viel für mich. Und ehrlich gesagt, ich war auch abgelenkt ...»

Steinwart klopfte mit seiner Hand unbewusst auf die Beule, die in seiner Hosentasche zu fühlen war. Er musste sich zusammenreißen, um den Diamanten nicht erneut herauszunehmen und in seinem fast überirdisch schönen Glanz zu versinken.

«Steinwart, was denkst du?»

Zu seiner Bitte, ihm zu verzeihen, nahm das Wesen keine Stellung.

«Ich, ich ...»

Der Zwerg begann zu stottern und seine Stimme brach.

«Sei ehrlich zu uns. Und sei auch ehrlich zu dir.»

Steinwart wusste, dass er sich zusammenreißen musste. Andernfalls würde er diesen Punkt bis an sein Lebensende als Ballast mit sich nehmen.

«Es ist dieser Diamant. Ich weiß nicht, warum er mir geschenkt wurde. Ich spüre, dass er mein Denken beeinflusst. Dass er immer mehr Raum einnimmt. Ich möchte ihn nicht haben. Ich brauche ihn nicht. Und doch ...»

Erneut brach seine Stimme ab.

«Wir können in dir lesen. Das weißt du. Daher wissen wir, vielleicht sogar eher als du selbst, dass du die Kraft haben wirst, diesem Druck zu widerstehen. Sieh diesen Diamanten nicht als das an, als was er dir erscheint. Auch wenn du denkst, er sei hart und unzerstörbar, so ist auch er nur eines. Ein Gebilde aus Salz. Seine wahre Kraft wird er an anderer Stelle entfalten. Aber diesen Punkt musst du selbst erkennen. Wir sind nicht dazu ermächtigt, dich dorthin zu führen.»

Verlegen drehte und wand Steinwart sich.

«Ach, noch etwas, Steinwart. Wir haben Verständnis für dich. Als du eben dachtest, wir seien beleidigt ... Lass dir gesagt sein, solche unnützen Gefühlsregelungen kennen wir nicht.»

Wenn der Zwerg gedacht hatte, sein Kopf könne nicht noch heißer werden, so sah er sich getäuscht. Das Blut schoss ihm ins Gesicht und Steinwart wünschte sich, er könne im felsigen Boden versinken.

«Ja ... es ... ich ...»

Das Wasserwesen kicherte.

«Müh dich nicht. Und pass auf, dass dein Kopf nicht platzt. Diese Farbe steht dir ganz und gar nicht.»

Steinwart lächelte und spürte, dass sich dieses unangenehme Gespräch dem Ende zuneigte. Er war froh, wieder für sich sein zu dürfen.

«Wir haben noch etwas für dich, bevor du jetzt gehst. Hab keine Angst. Sie werden euch unbehelligt lassen. Im Augenblick haben sie genug mit sich selbst zu tun.»

Unwillkürlich streifte Steinwarts Blick die Qwarn.

Tatsächlich verhielten sie sich noch immer ruhig.

Als Steinwart sich umwandte, um diesen Platz zu verlassen, ertönte die Stimme ein letztes Mal in seinen Gedanken.

«Nimm diese wenigen Worte mit. Du wirst erkennen, was sie zu bedeuten haben, wenn du begreifst, was zu tun ist, damit der Kreis sich schließt ...

Der Anfang ist vorherbestimmt,
für den der Mut und Herz sich nimmt.
Für den, der auch das Ende weiß,
schließt sich endlich nun der Kreis.

Merke dir diese Zeilen gut. Du wirst es spüren, wenn sich der Sinn offenbart. Und jetzt geh, Steinwart. Deine Freunde warten auf dich.»

Steinwart murmelte, dass er doch eigentlich Rätsel hasste. Doch mehr als ein erneutes Kichern erntete er für seine Worte nicht.

Während er sich von dem Wasserwesen verabschiedete, spürte er, wie sich die Worte tief in sein Gedächtnis einbrannten. Der Diamant hingegen war kaum noch wahrnehmbar.

113 Befreit

Ein Geräusch, als ließe man die Luft aus einem Blasebalg, nur ungleich lauter, ließ Barina und Karlotta zusammenzucken. Beide Frauen sahen sich um, konnten aber nichts entdecken, was dieses Geräusch hätte verursachen können. Karlotta sah sich ein weiteres Mal misstrauisch um, dann steckte sie ihren Kopf soweit es ihr möglich war in den Durchgang, hinter dem sie ihre Freundin wusste.

«Ist bei dir irgendetwas passiert?»

Es dauerte einen kleinen Moment, bis Barina antwortete.

Karlotta, die nicht auf diese Pause vorbereitet war, spürte, wie ein eisiger Schauer ihren Rücken hinab lief. Dann meldete Barina sich endlich.

«Nein, hier ist alles in Ordnung. Ich habe mich nur gehörig erschreckt, als ... Was ist das?»

Trotz wiederholten Nachfragens seitens der Zwergin, blieb Barina stumm.

«Barina, hör auf damit. Du jagst mir Angst ein. Sag endlich etwas.»

Barina lachte auf.

«Mach dich nicht verrückt. Ich beobachte nur, was hier vor sich geht. Und ich vermute ... warte mal kurz ... ich vermute, die Wurzel macht mir gleich den Weg frei, um zu dir zu kommen. Schau sie dir doch nur an.»

Erst jetzt drehte Karlotta ihren Kopf, um die Wurzel auf

Barinas Geheiß, näher in Augenschein zu nehmen. Tatsächlich war eine Veränderung vor sich gegangen und noch immer nicht zum Stillstand gekommen. An vielen Stellen klafften jetzt Löcher. Nicht nur dort, wo die Pflanze die wenigen Salzkristalle auf Steinwarts Gewand berührt hatten.

Karlotta rümpfte die Nase. Langsam breitete sich ein unangenehmer Verwesungsgeruch auf.

«Die Pflanze verdirbt innerlich», murmelte die Zwergin und rückte ein Stück zur Seite.

Mit dem Verfall der Wurzel, gab diese auch den Durchgang mehr und mehr frei. War eben noch fast der gesamte Durchbruch von ihrem glatten Körper besetzt gewesen, war Barina jetzt bereits in der Lage, einen Arm hindurch zu strecken.

«Es dauert nicht mehr lange.»

Barina war die grenzenlose Erleichterung in ihrer Stimme anzuhören.

Die Frage, wie sie von hier fortkommen sollten, war zwar damit noch nicht geklärt. Doch zumindest besaßen die beiden Frauen wieder eine Perspektive.

Was langsam begann, beschleunigte sich zusehends.

Nach kurzer Zeit lag nur noch eine leere Hülle, die sich schlaff an den Wänden und über den Boden zog. Mit einem großen Satz sprang Barina zu Karlotta herunter und nahm die Zwergin überglücklich in die Arme. Die bunten Linien auf den Armen der jungen Frau waren fast vollständig verblasst. Gefahr schienen ihnen gegenwärtig nicht mehr zu drohen.

Die Zwergin schob Barina grinsend ein Stück von sich weg.

«Versteh mich nicht falsch. Ich bin froh, dich wieder in meine Arme schließen zu können. Aber erstens stinkst du ganz erbärmlich. Und zweitens ist der Schleim an deiner Kleidung ekelhaft. Trotzdem schön, dich wieder bei mir zu haben.»

Barina grinste ebenfalls aus vollem Gesicht.

«Mir wäre es auch wohler, ich fände jetzt klares Wasser, um mir den Schmutz abzuwaschen, durch den ich gewatet bin. Doch dieser Luxus muss warten.»

Schlagartig wurde ihre Miene wieder ernst.

«Was meinst du? Was hat das zu bedeuten?»

Ihr Gesicht nahm einen Ausdruck an, als hege sie eine leise Hoffnung, wagte es aber nicht, diese auszusprechen. Karlotta war diesbezüglich ganz anderer Ansicht.

«Für mich gibt es nur eine mögliche Antwort darauf. Steinwart war erfolgreich. Mein Steinwart ist ein Held!»

Ihre Stimme brach ab und ihre Augen füllten sich mit großen heißen Tränen.

Erneut nahm Barina die Zwergin in den Arm. Diesmal ließ sie die Berührung zu.

«Du musst dir keine Sorgen machen, Karlotta.»

Vorsichtig strich Barina ihr das schweißnasse Haar aus dem Gesicht.

«Ihm wird nichts passiert sein. Frag mich nicht, woher ich diese Gewissheit nehme. Ich weiß es einfach. Das ist auch der Grund, weshalb wir uns schleunigst auf den Weg machen sollten. Er wird auf dich warten.»

«Ebenso wie Targor auf mich», fügte Barina leise und kaum hörbar hinzu.

Karlotta nickte dankbar, zog die Nase hörbar hoch und wischte sich die Tränen mit ihrem großen Taschentuch ab. Als sie langsam in Richtung des Tunnels ging, in dem sie kurz zuvor umgekehrt war, sah Barina ihr nachdenklich hinterher.

Sie hatte Karlotta mit ihren Worten Hoffnung machen wollen. Das wusste sie selbst ebenso gut, wie auch Karlotta. Trotzdem war es ihr damit gelungen, die Zwergin wieder ein bisschen zu beruhigen. Barina konnte nur für sie hoffen, dass Steinwart tatsächlich nichts zugestoßen war.

Für Karlotta. Und auch für sich selbst. Sie würde den

Gedanken nicht ertragen können, den Zwerg nicht mehr wiederzusehen.

Wortlos lief Barina ihrer Freundin hinterher.

Auch Karlotta sprach nicht mehr. Als habe sie Angst, durch eine unbedachte Äußerung den Zauber der augenblicklichen Phase der Hoffnung zu zerstören.

«Karlotta? Du wirst dich nicht erinnern. Vertrau mir. Ich werde euch hier hinausführen.»

Die Zwergin blieb wie angewurzelt stehen.

«Barina? Hast du das auch gehört?»

«Was gehört, bitte?»

«Diese Stimme. Sie hat mir gesagt, ich könne mich zwar nicht an sie erinnern. Aber man werde uns helfen, den Tunnel zu verlassen.»

«Dann vertrau ihr. Die Farben auf meinen Armen geben kein Signal. Es droht meines Erachtens keine Gefahr. Auch wenn ich nichts höre, bin ich überzeugt, dass man uns nicht schaden will. Ich vermute, es ist dieselbe Person, die uns auch hierher gebracht hat.»

Auch wenn Karlotta nicht wirklich wohl bei der Sache war, vertraute sie Barina und sich selbst dem nunmehr stummen Begleiter an. Sie konnte sich dabei nicht des Eindrucks verwehren, dass jeder Schritt, den sie taten, sie weiter beförderte, als das eigentlich möglich war.

Plötzlich und ohne, dass sie einen Übergang gesehen oder gespürt hätten, standen die Frauen im Freien. Es war Nacht und der Regen fiel in Strömen.

«Karlotta, ist das unser Wald?»

Barina reckte lachend ihr Gesicht in den Regen und genoss das kühle Wasser.

Karlotta nickte.

Ja, sie waren wieder Zuhause.

114

Nebel

Mit langsamen Schritten ging Steinwart auf Karlotta und Baldur zu, die sich zu dem kargen Häuflein von Zwergen gesellt hatten, welche überlebten. Sie unter anderem würden es sein, die versuchen mussten, ein neues Dorf aufzubauen. Wenn das überhaupt gewünscht war. Natürlich würden sie darüber reden müssen. Zu einem geeigneteren Zeitpunkt, als jetzt.

Sein Blick schweifte über die Herumstehenden, deren größter Wunsch es war, diese Höhle endlich zu verlassen. Sobald einer der Qwarn ein Geräusch von sich gab, das nicht in das normale Muster passte, zuckten einige zusammen. Andere wiederum ließen das Geschehen völlig teilnahmslos über sich ergehen. Als ginge sie all das hier nichts mehr an.

Steinwart blickte Karlotta tief in die Augen. Und die alte Zwergin verstand ihn auf der Stelle. Hier würden nicht nur ihre Fähigkeiten, als Heilerin des Körpers gefragt sein. Hier ging es auch um zerstörte Seelen.

Steinwart überflog die Gruppe. Etwa 30 waren dem Grauen entkommen. Einige Ältere unter ihnen, aber auch Jüngere, die über genügend Kraft verfügen sollten, etwas Neues aufzubauen und das Vorgefallene zu vergessen. Jetzt war es vorrangig an der Zeit, diesen Ort zu verlassen und zur Ruhe zu finden. So schwierig das auch für den einen oder anderen zu bewältigen sein mochte.

Sich um die Qwarn zu kümmern, ergab aus Steinwarts Sicht keinen Sinn. Vielleicht würde man zu einem späteren Zeitpunkt versuchen müssen, sie von hier zu vertreiben. Jetzt, mit den Wenigen, die ihm zur Seite standen, ein hoffnungsloses Unterfangen. Immer noch war keines der geflügelten Scheusale auf sie aufmerksam geworden. Würde das anders aussehen, wenn sie sich auf den Weg machten? Sie würden sehen, was geschah. Doch eine andere Chance gab es nicht.

«Wenn wir jetzt von hier verschwinden, dann möglichst langsam und möglichst leise. Wir sollten sie nicht unbedingt zu einem Angriff reizen. Sollten sie auf euch zukommen, so tut nichts und seid am besten auch still. Geht weiter, als sei nichts geschehen. Ich weiß, dass das sehr einfach klingt. Aber eine andere Chance werden wir kaum haben. Bevor jetzt jemand fragt, auch ich selbst kann nicht von mir sagen, ob ich die Stärke aufbringen kann, sie zu ignorieren. Aber ich muss. Wir müssen!»

Steinwart bildete die Spitze.

Ihm folgten die älteren Zwerge. Karlotta und Baldur gingen zwischen ihnen. Das Ende des Trecks nahmen die jungen Zwerge ein. Kurz bevor sie den Durchgang passierten, der den Ausgang der Höhle bildete, kam einer der Qwarn auf sie zu. Einige Meter seitlich von ihnen blieb er stehen. Steinwart klopfte das Herz wie ein Amboss. Wenn dieses Vieh jetzt etwas Unüberlegtes tat, würde es um sie alle geschehen sein.

Vorsichtig kam der Qwarn ein weiteres Stück auf sie zu und blieb vor einer älteren Zwergin stehen. Er näherte sein Gesicht dem ihren und begann an ihr zu schnüffeln.

«Er riecht die Angst», flüsterte Steinwart. «Reiß dich zusammen. Lass dir nichts anmerken.»

Große Schweißtropfen bildeten sich auf dem Gesicht der alten Frau und tropften zu Boden. Immer stärker wurde das Zittern der Zwergin. Ein jüngerer Zwerg kam langsam von hinten hinzu. In seinem Gesicht war deutlich abzulesen, was er vorhatte. Er wollte sich als Mann beweisen.

Steinwart schüttelte den Kopf. Sein Mund formte ein lautloses nein.

Und tatsächlich ließ sich der Zwerg davon beeindrucken. Steinwart schien mehr Autorität zu besitzen, als er sich selbst zutraute.

In diesem Moment brach die alte Frau zusammen.

Der Qwarn selbst erschrak und sprang ein Stück zurück. Ein Zischen aus seinem Maul deutete an, dass er mit der ungewohnten Situation nicht umzugehen wusste.

«Nehmt sie zwischen euch», raunte Steinwart. «Und dann nichts wie raus hier. Bevor sie es sich noch anders überlegen.»

Erst als die Gruppe ein weites Stück in Richtung des Ausgangs gelaufen war, gestatteten sie es sich, aufzuatmen. Keiner der Qwarn war ihnen gefolgt. Dass nun noch der Sumpf vor ihnen lag, mit seinen bekannten Gefahren, wussten sie.

Doch jetzt waren sie so weit gekommen, dass auch Brom kein wirkliches Hindernis mehr darstellen sollte.

Steinwart war der erste, der den Berg verließ.

Schwere Wolken jagten über den Himmel.

Es war Nacht, der Regen peitschte. Der Wind schlug ihnen Sturzbäche von Wasser in die Gesichter. Trotzdem war es jedem Einzelnen von ihnen, als hätten sie niemals etwas Schöneres erlebt. Nicht ein Einziger von ihnen hätte gedacht, dass es ihnen noch einmal vergönnt sein würde, Regen oder Sonne auf der Haut zu spüren.

Das eindrucksvollste und nachhaltigste Erlebnis für Steinwart war jedoch ein ganz anderes.

Er stand am Ufer des Sumpfes und überlegte, in welcher Formation sie den Weg nehmen sollte, der quer durch Brom führte. Einzeln oder gemeinsam.

In diesem Augenblick spürte er eine Hand auf seiner Schulter. Steinwart drehte sich um.

Ohne dass die Gruppe das abgesprochen hatte, kam einer nach dem anderen auf ihn zu und berührte ihn, vorsichtig und scheu. Als hätten sie Angst, er würde sie abweisen. Viele der Zwerge hatten Tränen in den Augen. Und sie scheuten sich nicht, diese offen zu zeigen.

«Sie wollen dir Danke sagen, Steinwart. Wir alle wollen uns bei dir bedanken. Ohne dich ständen wir nicht hier an dieser Stelle. Du hättest auch gehen können. Wohin auch immer. Doch du bist hierher gekommen. In die Höhle des Löwen. Steinwart, mein Freund, diese Tat wird dich unsterblich machen.»

Steinwart wurde erneut tiefrot und schüttelte den Kopf.

«Macht nicht so viel Aufsehen um einen alten Zwerg. Lasst uns besser sehen, dass wir jetzt endlich unseren Weg nehmen.»

Er drehte sich um, konnte aber dabei nicht verhindern, dass Karlotta die Tränen sah, die ihm jetzt aus den Augen liefen.

«Das ist nur der Regen», murmelte er. «Nur der Regen.»

Karlotta lächelte verständnisvoll.

Erneut schaute Steinwart über den Sumpf.

Immer noch lösten sich unter dem Wind die Nebelfetzen und trieben fort. Der Zwerg wollte sich gerade wieder umdrehen, als ihm etwas auffiel, das allen Naturgesetzen trotze. Einige der Nebelschwaden bewegten sich nicht mit dem Wind. Sondern dagegen. Steinwart kniff die Augen zusammen, um genauer hinsehen zu können. Und plötzlich begriff er.

Es waren die Seelen derjenigen, die hier ein gewaltsames Ende gefunden hatten. Jetzt waren sie frei. Hatte ihm nicht jemand vor langer Zeit gesagt, dass mit Gorms Ende auch etwas anderes einhergehen würde? Eine Erlösung derjenigen, die von ihm gequält wurden, deren Kraft er sich über Jahrhunderte bediente.

Warum aber existierten dann die Qwarn weiter?

Eine Frage, die Steinwart nicht in der Lage war, zu beantworten.

«Wir können gemeinsam den Weg durch den Sumpf nehmen. Wir haben nichts mehr zu befürchten.»

Alte Ängste fielen von Steinwart ab. Und plötzlich wusste er auch, dass die Freunde, die vor langer Zeit ihr Leben hier lassen mussten, aufgrund jugendlichen Übermuts mit unter den befreiten Seelen waren.

Steinwart lachte laut auf.

Keiner der Anwesenden verstand seinen Gefühlsausbruch. Aber sie ahnten, dass er einen guten Grund dafür haben würde.

Baldur trat neben ihn und klopfte ihm an die Schulter, um auf sich aufmerksam zu machen. Als Steinwart ihn ansah, flogen Baldurs Finger, um ihm etwas Wichtiges mitzuteilen.

«Schau, wer auf der anderen Seite auf uns wartet.»

Steinwart wischte sich den Regen aus dem Gesicht. Dann erkannte auch er die beiden Personen, die dort standen und winkten. Karlotta. Seine Karlotta. Sowie Barina.

Plötzlich hatte er es noch eiliger, endlich diesen Ort zu verlassen.

115 Vereint

Im Gänsemarsch bewegte sich die Gruppe durch den Sumpf. Mit traumwandlerischer Sicht fand Steinwart stets den richtigen Tritt, sodass er alle, die ihm folgten heil ans gegenüberliegende Ufer brachte. Ein letztes Mal schweiften die Gedanken des Zwerges ab zu dem Tag, der mehr als ein halbes Leben zurücklag. Damals war er zusammengebrochen, als er das rettende Land erreichte. Heute aber überzog ein Strahlen sein Gesicht. Karlotta kam auf ihn zu, drückte ihn und bedeckte sein Gesicht mit Küssen. Diesmal ließ Steinwart ihre Liebesbezeugungen in Gegenwart von Freunden und Fremden sogar zu.

Als sich Karlotta von ihm löste, fand Steinwart endlich auch Gelegenheit, Barina Hallo zu sagen. Sie versuchte, sich ein Grinsen zu verkneifen, schaffte es aber nicht ganz. Augenblicklich spürte Steinwart, wie ihm erneut das Blut ins Gesicht schoss.

«Du musst dich nicht schämen, mein Freund. Freu dich einfach nur darüber, dass Karlotta glücklich ist, dich gesund zurückzuhaben.»

Karlotta hörte bereits nicht mehr zu.

Sie stand bei ihrer namensgleichen Mentorin und war mit ihr in ein intensives Gespräch vertieft.

«Sie werden vermutlich ihre medizinischen Kenntnisse zu Rate ziehen, wie dem einen oder anderen aus unserer Gruppe zu helfen sein mag», lachte Steinwart, wurde aber sofort wieder ernst. «Habt ihr etwas von Targor, Fram und dem Rest der Mannschaft gehört?»

Barina schüttelte den Kopf.

«Ich vermute, dass ihr Weg nicht so einfach und kurz war, wie er uns gemacht wurde. Sie werden etwas länger brauchen als wir.»

Als sie bemerkte, dass Steinwart sie fragend ansah, weil er mit ihrer Aussage nichts anzufangen wusste, winkte Barina ab.

«Kein Grund, sich Sorgen zu machen. Wir werden noch genügend Zeit haben, uns gegenseitig die Erlebnisse zu schildern.»

Mit einem spitzen Schrei sprang die junge Frau zurück.

Steinwart ging augenblicklich in eine abwehrende Position, aufgeschreckt durch Barinas Reaktion. Als er sie jedoch lachen hörte, entspannte er zusehends.

«Schau dir an, Steinwart, wer uns hier besucht.»

Barina ging in die Hocke und stand mit einem völlig durchnässten Fellbündel in ihren Armen wieder auf. Der Fuchs, Frams Fuchs sah Steinwart aus seinen wachen und neugierigen Augen an und wendete seinen Blick nicht mehr ab, bis es der Zwerg selbst war, der sich mit Mühe löste. Hatte ihm Reineke etwas sagen wollen? Plötzlich fühlte Steinwart die Last des Diamanten wieder schwer in seiner Hosentasche.

«Ich habe dich nicht verstanden», flüsterte Steinwart und suchte erneut Augenkontakt mit dem Rotfuchs.

Dieser wandte den Kopf in Richtung des Zwerges, als habe er gespürt, dass Steinwart erneut seine Unterstützung benötigte. Noch einmal bohrte sich sein Blick in die Augen des Gegenübers. Als er sich diesmal löste, meinte Steinwart verstanden zu haben.

Er würde erkennen, wann der Punkt gekommen wäre,

aktiv zu werden. Und er würde auch begreifen, was zu tun sei.

Einigermaßen beruhigt widmete Steinwart sich wieder den Befreiten, die erst jetzt realisierten, dass sie tatsächlich einem qualvollen Tod entronnen waren.

Der Regen prasselte noch immer ohne Unterlass. Doch jetzt waren sie einmal nass. Da sich der nächste Unterschlupf in ihrem Dorf befand, gab es weit und breit keine Möglichkeit, sich unterzustellen, um Schutz zu finden.

«Wir müssen noch einen Moment warten», wandte Steinwart sich an die Zwerge. «Ich vermute und hoffe, dass wir in Kürze auf Targor, Fram, Melinae und die Zwerge stoßen werden. Bis dahin müssen wir warten. Den einzigen Unterstand würde uns die Höhle geben. Aber ich kann mir nicht vorstellen, dass einer von euch freiwillig dorthin zurückgeht. Ich werde es jedenfalls nicht tun.»

Eine Antwort, die er ohnehin kannte, wartete Steinwart gar nicht erst ab, da in diesem Augenblick die verschollene Gruppe um Targor mit lautem Hallo die Lichtung erreichte.

«Wie es aussieht, habt ihr uns wieder einmal nichts übriggelassen.»

Targor lachte, doch seine Augen zeigten eine gänzlich andere Sprache.

Misstrauisch blickte er sich um, eine Hand am Messer, um jederzeit reagieren zu können. Erst als Barina auf ihn zuflog und ihn küsste, begriff er, dass das Schlimmste überstanden war.

Barina trat einen Schritt zurück und zeigte auf Steinwart, der sich gerade wünschte, der Erdboden möge ihn verschlingen.

«Bei ihm haben wir uns zu bedanken. Wir alle. Steinwart, berichte uns, was vorgefallen ist.»

Der Zwerg schüttelte vehement seinen Kopf.

«Jetzt ganz bestimmt nicht. Ich bin dafür, dass wir uns

zum Dorf aufmachen. Wir müssen ins Warme, sonst haben unsere beiden Heilkundigen demnächst noch mit ganz anderen Problemen zu kämpfen.»

Zustimmendes Gemurmel aus dem Kreis der Wartenden zeigte ihm, dass er mit dieser Aussage richtig lag.

Obwohl die Beine Aller schwer wie Blei waren und obgleich die meisten der Anwesenden vieles dafür gegeben hätten, sich ausruhen zu können, machte sich der Treck auf den Weg durch die Nacht.

Im Morgengrauen erreichten sie endlich die ersten Ausläufer ihres Heimatdorfes. Der Regen hatte einem unangenehmen Nieseln bei schneidendem Wind Platz gemacht. Wie richtig Steinwart mit seiner Vermutung lag, dass die beiden Karlottas alle Kräfte würden aufbieten müssen, um Erkältungen, bis hin zur Lungenentzündung zu behandeln, sollte sich sehr schnell bewahrheiten. Auch er selbst gehörte zu diesen Patienten und musste sich manch ruppiges Wort gefallen lassen, weil er wieder einmal heftiger klagte, als seine eigene Pflegerin es für notwendig hielt.

Wenn auch von dem Dorf nicht mehr allzu viel stand, würden sie es wieder aufbauen. Die große Versammlungshalle war, den Göttern sei Dank, weitestgehend unversehrt geblieben. Hier erhielten alle Unterschlupf, bis sie wieder gesund waren und sich an den Aufbau neuer Häuser begeben konnten.

Erst jetzt fand Steinwart überhaupt die Muße von seinen Erlebnissen zu berichten, die zu Gorms Ende führten. An einem milden Frühlingsabend saßen sie alle zusammen um ein nächtliches Feuer. Steinwart erzählte. Alle hörten ihm gespannt zu. Und Melinae hatte, wie üblich einen Stift gezückt, um mitzuschreiben. Eines Tages schreibe ich diese Geschichte auf, pflegte er zu sagen.

Steinwart glaubte zwar nicht wirklich daran, aber er sah auch keinen Grund dazu, seinen alten Freund von diesem Weg anzubringen.

Erst als die Nacht bereits halb vorüber war, gähnte Steinwart herzhaft.

Unzählige Fragen waren zu beantworten gewesen.

Als einige der Anwesenden ängstlich nach dem Verbleib der Qwarn fragten und Steinwart darauf keine Antwort geben konnte, spürte er eine Gänsehaut.

Außerdem meldete sich der Diamant wieder als unnötiger Ballast in seiner Tasche.

«Lasst uns schlafen gehen. Es liegt noch viel Arbeit vor uns.»

Nach diesen Worten löste sich die Versammlung auf. Und schon bald kündeten regelmäßige Atemzüge sowie das ein oder andere Schnarchen von einem erholsamen Schlaf.

116 Steinwart nimmt sein Herz in die Hand

Am Tag nach dieser Zusammenkunft am Lagerfeuer begannen sie mit den Aufbauarbeiten des Dorfes. Barina und Targor, als auch Fram blieben bei den Zwergen, um ihnen bestmöglich zur Hand zu gehen. Auch wenn vieles an Material von dem Hagelsturm sehr in Mitleidenschaft gezogen worden war, fanden sie unter den Trümmern immer noch ausreichend Baustoff, um ein Haus nach dem anderen hochzuziehen. Wochenlang hörte man Hämmern und Klopfen. Das Leben nahm wieder einen ganz normalen Gang und nach und nach verblassten die schrecklichen Ereignisse.

«Schlimm genug, dass ich es sagen muss. Aber die Tatsache, dass Viele nicht mehr zurückgekommen sind, hilft uns jetzt. So schrecklich es auch sein mag, wir hätten nicht für alle Bewohner des Dorfes genügend Baustoff zur Verfügung gehabt.»

Es war Nacht geworden und Steinwart saß zusammen mit Targor, Barina, Fram, Baldur und Melinae auf der Terrasse seines Hauses, welches er genau an der Stelle wieder erbaute, an der er es genoss, am Abend auf den See zu blicken.

Die beiden Karlottas werkelten in der Küche. Schon bald zog ein verführerischer Duft durch das Haus. Steinwart, der gerade dabei war, sich eine Pfeife zu stopfen, erhielt eine klare Ansage von der Zwergin, die jetzt ihr Leben dauerhaft mit ihm teilte.

«Steinwart, weg mit dem Tabak. Das Essen ist gleich fertig. Niemand möchte sich den Appetit durch den Gestank deiner Pfeife verderben.»

Steinwart grinste und sah belustigt in die Runde.

«Sagt mir einen einzigen Grund, weshalb ich hätte denken sollen, es könne sich etwas ändern.»

«Änderung. Gut, dass du es ansprichst, Steinwart.»

Barinas seltsam trauriger Tonfall ließ den Zwerg aufhorchen.

«Was willst du mir damit sagen?»

Barina lächelte.

«Du weißt es doch bereits längst. Für uns, für Targor und mich», Barina griff nach der Hand ihres Freundes, «gibt es hier nichts mehr zu tun. Wir werden zurückkehren, an den Ort, von dem wir vertrieben wurden. Aber keine Sorge. Diesmal kommen wir gerne zurück. Um eine rauschende Hochzeit zu feiern. Du und Karlotta, Targor und ich. Was hältst du davon?»

Steinwart, der gerade an seinem Bier nippte, verschluckte sich dermaßen, dass Karlotta besorgt herbei eilte. Als sie sah, dass alles in Ordnung war, verschwand sie wieder.

Barina sah ihr hinterher.

«Sie weiß übrigens Bescheid. Im Herbst werden wir wieder hier sein. Und Steinwart, sei uns nicht böse, dass wir hinter deinem Rücken geplant haben.»

Normalerweise mochte der Zwerg es ganz und gar nicht, mit Überraschungen konfrontiert zu werden. Jetzt aber begriff er, dass er gute Miene machen musste. Es würde seine Karlotta zu sehr verletzen, wenn er seine nörgelnden Kommentare dazu abgab.

Es wurde ein wunderbarer Abend und eine ebensolche Nacht. Die Freunde saßen zusammen, bis Baldur der erste war, der laut schnarchend in seinem Sessel einschlief.

«Oh, sollte das ein Zeichen sein, dass es spät geworden ist?»

Steinwart hievte sich aus seinem Sessel und trat auf die Veranda.

Er genoss das Spiel des Mondlichts auf dem Wasser des Sees.

«Wunderschön, nicht wahr?»

Barina war neben ihn getreten.

«Wir werden euch unendlich vermissen, mein kleiner Freund. Aber wir sind nicht aus der Welt. Das weißt du.»

Natürlich wusste Steinwart das. Er verstand auch die Beweggründe der beiden.

Daher überraschte es ihn nicht wirklich, als beim Abschied am nächsten Tag auch Fram mitsamt seinem Fuchs Lebewohl sagte. Er hatte eine Zeitlang das Leben Steinwarts begleitet. Jetzt wurde es scheinbar auch für ihn Zeit, wieder seiner eigenen Wege zu ziehen.

Steinwart und Karlotta blieben noch lange stehen, um den Freunden nachzuschauen. Selbst als diese nicht mehr zu entdecken waren, konnten sie sich nicht von ihrem Platz lösen. Es war Karlotta, die den Bann brach.

«Komm, Steinwart, wir haben genug zu tun.»

Als Steinwart über die Schwelle des Hauses trat und auf das Regal sah, auf welches er den Diamanten platziert hatte, wusste er mit einem Mal, was er zu tun haben würde. Warum war er nicht bereits früher darauf gekommen? Es hatte keinen Sinn, diesen Edelstein zu behalten. Sie besaßen alles, was sie brauchten. Ein Zuhause, gute Freunde. Und sie hatten sich.

War es nicht eine klare Ansprache der Wasserwesen, dass er eines Tages den Sinn dieses Diamanten erkennen würde? Er könne alles sein, was Steinwart in ihm sehe. Dann war jetzt, genau jetzt dieser Zeitpunkt gekommen.

«Karlotta. Entschuldigung, ich muss nochmal weg.»

Die Zwergin kam aus ihrer Küche und sah nur noch, wie Steinwart nach dem Edelstein griff und das Haus verließ. Er würde wissen, was er tat. Karlotta kehrte an ihren Platz zurück, um die Suppe für das Mittagessen vorzubereiten.

Steinwart wusste, dass er nicht weit zu gehen hatte.

Wie oft war er in der Vergangenheit diesen Weg gegangen? Unzählige Male.

Als er die Eiche erreichte, brach ihm fast das Herz. Fast nichts war von diesem stolzen Baum übriggeblieben. Wie gerne hatte er sich im Schatten ihrer Krone ausgeruht. Jetzt war sie zerfressen, zerstört von der Bosheit eines einzelnen Wesens. Aber wenn noch Leben, eine winzige Spur an Leben in diesem Baum war, so würde der Zwerg die Schönheit und die Kraft wieder erwecken.

«Nimmst du mich noch wahr? Ich weiß, dass du das tust. Aber du musst es mir auch zeigen. Du weißt, was ich von dir erwarte.»

Als sei es erst gestern gewesen, verspürte Steinwart erneut Bewegung unter seinen Füßen. Ein Zucken, ein Strecken, Veränderung. Nicht so eindeutig wie damals, aber doch gut zu erkennen.

«Bemühe dich. Ich weiß, dass du es kannst.»

Plötzlich wurde Steinwart erneut sanft nach unten getragen. Die Wurzeln umfingen ihn. Nicht, um ihm zu schaden, sondern um ihn bei seiner Reise nach unten zu schützen.

Diesmal hatte der Zwerg kein Licht bei sich. Er wusste, dass er das nicht brauchen würde. Stattdessen holte er den Diamanten aus seiner Tasche und hielt ihn vor sich hin. Obwohl kein Licht ins Innere des Baumes fiel, erstrahlte der Edelstein in Millionen Farben.

«Man hat mir einmal gesagt, dieser Diamant könne alles

sein, was ich in ihm sehe. Dann schenke ich ihn dir. Gorm hat dein Herz zerstört. Ich werde dir ein Neues schenken. Auf dass es dich wieder zu dem mache, was du einmal gewesen bist. Wir beide gehören zusammen. Untrennbar verbunden seit jenem Tag, da du mich ausersehen hast, dein Geheimnis mit dir zu teilen.»

Im Wurzelwerk der Eiche öffnete sich eine Tasche, die in einem überirdischen Licht erstrahlte. Steinwart spürte, wie sich der Diamant in seinen Händen veränderte. Aus dem harten Kristall wurde warmes Holz, das aus sich selbst heraus pulsierte.

Unendlich vorsichtig trug Steinwart es nach vorne und legte es in die Tasche des Baumes. Als sich diese wieder schloss und das hölzerne Herz mit sich nahm, wusste Steinwart, dass er absolut richtig gehandelt hatte.

Langsam, fast zärtlich trugen ihn die Wurzeln wieder nach oben.

Steinwart trat ein paar Schritte zurück und beobachtete den Baum.

Täuschte er sich oder begann er tatsächlich bereits, sich zu verändern? Wahrscheinlich war an dieser Stelle nur der Wunsch der Vater des Gedanken.

Der Zwerg drehte sich herum und ging langsam wieder in Richtung seines Dorfes.

Hätte er sich noch einmal umgesehen, so wäre ihm der erste Vogel aufgefallen, der auf der verdorrten Krone der Eiche wieder Platz nahm.

Steinwart lächelte.

Er würde diesen Baum wieder besuchen.

Bald schon.

Sehr bald.

Widmung

Ich widme Band III der Trilogie um die Abenteuer von Steinwart Wurzelknopf unserem Enkelkind Anna. Sie lernt gerade das geschriebene Wort kennen und ich hoffe, dass sie diesem einmal ebenso verfallen wird, wie ich.

Außerdem widme ich den dritten Band meiner Schwester Eli, sowie unseren Schwiegerkindern Mine und Enrico.

Danksagung

Ein weiterer Traum hat sich erfüllt. Band III meiner Trilogie um die Abenteuer des Zwerges Steinwart Wurzelknopf und seiner Freunde liegt fertig vor mir.

Ich danke erneut meiner Frau Christel und meinen Kindern, Julia und Martin, die jedes Mal ohne Murren auf mich verzichtet haben, wenn ich mich wieder über Stunden in mein stilles Kämmerlein zum Schreiben zurückzog.

Danke an Christine Lichter, die sich mit ihren phantastischen neuen Grafiken selbst übertroffen hat.

Und selbstverständlich einen herzlichen Dank an die Freunde, die zur Probe lasen und an meinen Flüchtigkeitsfehlern schier verzweifelt sind. Oder die mir nach der Lektüre des zweiten Bandes gute und wohlgemeinte Ratschläge gaben. Auch diesmal erfolgt die Aufzählung willkürlich, so wie Ihr mir gerade in den Sinn gekommen seid:

Eli, Simone, Dr. Gitta Liebscher, Elisabeth Ruef, Ela, Sabine und Christine, Katrin, Dr. Beate Heisig, sowie allen Lesern, die auch nach Band II noch Spaß an der Geschichte hatten und haben.

Nicht zuletzt ein dickes Danke an die Verlegerin, Frau Karin Schweitzer, die auch die Fortsetzung mit ebenso viel Freude angegangen ist, wie ich das tat.

Ihr glaubt gar nicht, wie glücklich mich das macht, das fertige Werk in Händen zu halten.

Vita

Hans-Heinrich (Henry) Wimmer, geboren 1955, lebt in einem kleinen Ort, westlich von Köln. Er ist verheiratet und hat zwei erwachsene Kinder.

Neben seinem Beruf in der Geschäftsleitung eines mittelständischen Unternehmens ist er von jeher dem Reiz des Schreibens erlegen. Zuerst ausschließlich auf Reime und Gedichte bezogen, die als reines Hobby dazu dienten, abschalten zu können. Vor einigen Jahren kam der immer stärker werdende Wunsch hinzu, sich an einem Roman zu versuchen.

Diesen hat er mit «Die Legende von Steinwart Wurzelknopf» zur Veröffentlichung gebracht, ebenso den 2. Band «Steinwart Wurzelknopf und die Ebene von Marsandt»Und nun den 3. Band der Legende um die Abenteuer von Steinwart Wurzelknopf, «Steinwart Wurzelknopf und die Salzseen von Birudur».

Und er hört nicht auf, er schreibt fleißig weiter und wir dürfen sehr gespannt sein, was als Nächstes kommt. Und mit Sicherheit wieder ein spannendes Buch, das man nicht mehr aus der Hand legt.

Die Legende von Steinwart Wurzelknopf

ISBN Buch
978-3-86332-027-0 16,50€

ISBN E-Book
978-3-86332-136-9 9,99€

Steinwart Wurzelknopf und die Ebende von Marsandt

ISBN Buch
978-3-86332-035-5 16,50€

ISBN E-Book
978-3-86332-148-2 4,99€

Steinwart Wurzelknopf und die Salzseen von Birudur

ISBN Buch
978-3-86332-042-3 16,90€

ISBN E-Book
978-3-86332-156-7 4,99€